麥　田　人　文

王德威／主編

Edited by David D. W. Wang,
Professor of Chinese Literature, Columbia University
Published by Rye Field Publications, a division of Cité Publishing Ltd.
6F, No. 251, Sec. 2, Hsin-Yi Rd., Taipei, Taiwan

麥田人文37

中國現代學術之建立
——以章太炎、胡適之爲中心

編　　者／陳平原(Chen Pingyuan)
主　　編／王德威(David D. W. Wang)
責任編輯／陳重光　林志懋
發 行 人／陳雨航
出　　版／麥田出版
　　台北市信義路二段251號6樓
　　電話：(02)23517776　傳眞：(02)23519179
發　　行／城邦文化事業股份有限公司
　　台北市信義路二段213號11樓
　　電話：(02)2396-5698　傳眞：(02)2357-0954
　　網址：www.cite.com
　　E-mail: service@cite.com.tw
　　郵撥帳號：18966004　城邦文化事業股份有限公司
香港發行所／城邦(香港)出版集團
　　香港北角英皇道310號雲華大廈4／F，504室
　　電話：25086231　傳眞：25789337
新馬發行所／城邦(新、馬)出版集團
　　Penthouse, 17, Jalan Balai Polis,
　　50000 Kuala Lumpur, Malaysia
　　電話：(603)2060833　傳眞：(603)2060633
印　　刷／凌晨企業有限公司
初版一刷／二〇〇〇年五月
售　　價／四二〇元

ISBN 957-469-045-8

中國現代學術之建立

——以章太炎、胡適之為中心

陳平原◎著

作者簡介

陳平原

一九五四年生，廣東潮州人
一九八四年畢業於中山大學，獲文學碩士學位
一九八七年畢業於北京大學，獲文學博士學位
現爲北京大學中文系教授、博士生導師
一九九三年九月至一九九四年七月作爲日本學術振興會訪問學人在日本東京大學和京都大學從事研究
一九九七年三月至七月應美中學術交流基金會之邀在美國哥倫比亞大學從事研究

主要著作有：

《在東西文化碰撞中》（一九八七）
《中國小說敘事模式的轉變》（一九八八）
《二十世紀中國小說史》第一卷（一九八九）
《千古文人俠客夢》（一九九二）
《小說史：理論與實踐》（一九九三）
《學者的人間情懷》（一九九五）
《陳平原小說史論集》（一九九七）

《陳平原自選集》（一九九七）

《中華文化通志．散文小說志》（一九九八）等

治學之餘，轉寫隨筆，借以關注現實人生，並保持心境的灑脱與性情的溫潤，結集有《閲讀日本》等六種。

另外，出於學術民間化的追求，一九九一年起與友人合作主編人文研究集刊《學人》。

目錄

導言

西潮東漸與舊學新知

倘若從事學術史研究，章太炎或許是最佳入口處。原因在於，「他是中國近代第一位有系統地嘗試研究學術史的學者」。正如侯外廬所說的，章氏對於周秦諸子、兩漢經師、五朝玄學、隋唐佛學、宋明理學以及清代學術等，均有詳細的論述，不難從其著作中整理出一部「太炎的中國學術史論」❶；對於身處其間的晚清學界，章氏也有不少精采的評說，只是不像梁啓超那樣形成專門的著述。其實，作爲一代名篇的《清代學術概論》，也只是梁氏擬想中的《中國學術史》之第五種❷。

晚清那代學者，之所以熱中於梳理學術史，從開天闢地一直說到眼皮底下，大概是意識到學術嬗變的契機，希望藉「辨章學術，考鏡源流」來獲得方向感。同樣道理，二十世紀末的中國學界，重提「學術史研究」，很大程度也是爲了解決自身的困惑。因此，首先進入視野的，必然是與其息息相關的「二十世紀中國學術」。

沒有章、梁「從頭說起」的魄力，自是深感慚愧；退而集中討論「中國現代學術之建立」，目的是凸顯論者的問題意識。表面上只是接過章、梁的話題往下說，實則頗具自家面目。選擇清末民初三十年間的社會與文化，討論學術轉型期諸面相，揭示已實現或被壓抑的各種可能性，爲重新出發尋找動力乃至途徑。這就決定了本書不同於通史的面面俱到，而是以問題爲中心展開論述。

一、學術轉型與兩代人的貢獻

自從余英時借用庫恩(Thomas S. Kuhn)的科學革命理論，解釋胡適《中國哲學史大綱》在中國近代史學革命上的中心意義❸，關於學術轉型或範式更新的言說便頗爲流行。就像余先生所概括的，所謂「典範」或曰「範式」(Paradigm)的建立，有廣狹兩義，前者涉及全套的信仰、價值和技術的改變，後者指具體的研究成果發揮示範作用，既開啓新的治學門徑，又留下許多亟待解決的新問題。依照庫恩的思路，科學進步的圖景可以這樣描述：典範的建立——常態研究的展開——嚴重危機的出現——在調整適應中尋求突破，並導致新典範的建立。如何在傳統與變革之間維持「必要的張力」，乃是成熟的學者所必備的素質：可對於史家來說，最爲關注的，很可能是危機已被意識、新範式即將浮現的「關鍵時刻」❹。依余先生之見，「清代三百年的考證學到了『五四』前夕恰好碰到了『革命』的關頭」，《中國哲學史大綱》又恰好提供了「一整套關於國故整理的信仰、價值和技術系統」，故理所當然地成爲新典範的代表❺。此說有力地闡明了胡適的學術史地位，但並非對於現代中國學術轉型的完整敍述。倘若輔以王國維、梁啓超的思路，或許可以更好地詮釋這一學術史上的「關鍵時刻」。

在〈沈乙庵先生七十壽序〉中，王國維以「國初之學大，乾嘉之學精，道咸以降之學新」來概括有清三百年學術。此說常被論者引述，連帶也被用來爲王氏自家學術定位。其實，王國維並不認同龔自珍、魏源爲代表的「道咸以降之學」，因「其所陳夫古者不必盡如古人之眞，而其所以切今者，亦未必適中當世之弊，其言可以情感，而不能盡以理究」。就像他極爲推許的沈曾植一樣，王國維也是「其憂世之深，有過於龔、魏；而擇術之慎，不後於戴、錢」。承繼清學而又不爲清學所囿，乃章、梁、沈、王等晚清學人的自我期待，借用王國維的話來說，便是：

> 其所以繼承前哲者以此，其所以開創來學者亦以此。使後之學術變而不失其正鵠者，其必由先生之道矣。❻

並非只是「舊學邃密」，更難得的是其「新知深沉」，晚清那代學人的貢獻，實在不可低估。沈、王諸君，深刻意識到危機所在，走出「或托於先秦西漢之學，以圖變革一切」的「道咸以降之學」，追求的正是新範式的建立。

可與王說相發明的，不妨舉出梁啓超的《清代學術概論》。梁氏分學術思潮爲啓蒙、全盛、蛻分、衰落四期，而衰落期中，必有豪傑之士崛起，其推舊與創新，即導入「第二思潮之啓蒙期」。對於自家所處學術潮流，梁氏以全盛期正統派的眼光多有挑剔，但強調破除漢學專制、接引西方學術、回歸經世之學，實際上將其視爲「第二思潮之啓蒙期」。如此自我定位，目光所及，在於「開來」，而不是「繼往」。正如梁氏所稱，啓蒙期之所以值得懷念，在於「淆亂粗糙之中，自有一種元氣淋漓之象」❼。晚清的社會轉型與學術嬗變，或許不如五四新文化運動面貌清晰，但其對於二十世紀中國文化的深刻影響，足證其絕非只是「清學的殿軍」。

強調新典範的眞正確立與發揮示範作用，胡適當然值得大力表彰；可要是更看重危機中的崛起以及學術轉型的全過程，章太炎那一代學人便不可避免地進入視野。在我看來，由於五四新文化運動的大名如日中天，晚清一代的貢獻多少受到了遮蔽。即便如此，談論二十世紀中國的思想與學術，仍能找到不少喜歡「從晚清說起」的知音。

認準「言近三百年學術者，必以長素爲殿軍」的錢穆，在其名著《中國近三百年學術史》中，爲康有爲專列一章。而梁啓超的同名著作，對康氏著墨甚少，因其認定「清末三、四十年間，清代特產之考證學，雖依然有相當的部分進步，而學界活力的中樞，已經移到『外來思想之吸受』」[8]這一思路，在其此前所撰的《清代學術概論》中已有所體現，即認定康有爲經學成就不高，其貢獻在於「成爲歐西思想輸入之導引」[9]。如此立說，表面上相當謙恭，實則蘊涵開創新時代的大抱負。作爲世風推移及學術轉變的樞紐，康、梁、章、王等人的角色及功能也確實無可替代。

經學史家周予同稱康、章爲今、古文經學的最後大師，並斷言：「以後便沒有大師了，作爲經學，至此完結。」[10]如此單獨摘引，容易引起誤解，似乎康、章只屬於以經學爲主流的清代學術。實際上，周氏相當重視康、章新見迭現的經學研究對於「新史學」的貢獻。比如，將殷周以來的中國史學，分爲萌芽、產生、發展、轉變四期，而轉變期則「從清末民初以至現在」——周氏此文撰於四〇年代，斷言「新史學」的崛起「實開始於戊戌政變以後」，最初的動力來自康氏爲代表的今文經學[11]。經學、史學如此，哲學也不例外。賀麟撰《五十年來的中國哲學》，稱「要敍述最近五十年來從舊傳統發展出來的哲學思潮，似乎不能不從康有爲開始」[12]。至於使得西方哲學「與中國思想界發生關係的第一人」嚴復，也是康有爲的同代人。文學革新方面，康有爲影響甚微，但其弟子梁啓超之提倡「文界革命」、「詩界革命」與「小說界革命」，直接接上了五四新文學，其歷史功績正受到越來越多的學者的重視。

侯外廬四〇年代撰寫《中國近世思想學說史》時，將十七世紀的啓蒙思想、十八世紀的漢學運動以及十九世紀中葉至二十世紀初葉的文藝再復興作爲整體敍述；五、六〇年代開始醞釀分而治之，八〇年代因注重「近代的民主潮流在中國的現實解決」，方才明確從百日維新說起的論述策略[13]。侯氏的思路頗有代表性：八〇年代中期以後，晚清社會及學界生氣淋漓的新氣象，日漸吸引研究者的目光，即便不喜歡「二十世紀中國文化」這樣的大題目，也都傾向於將康、梁、章、嚴、羅、王等從清學中分割出來。

不管是章太炎、梁啓超，還是羅振玉、王國維，都喜歡談論清學，尤其推崇清初大儒的憂世與乾嘉學術的精微。對於清學的敍述成爲時尚，並非意味著復古，反而可能是意識到變革的歷史契機。假如將蔡元培、錢玄同、胡適、顧頡剛等五四一代學人對待清學的態度考慮在內，此一走向更能得到清晰的呈現。從宗旨、問題到方法，中國現代學術都將面目一新。之所以談論清儒家法，很大程度是爲了在繼承中超越、在回顧中走出。即便主張保皇的前清遺老（如沈曾植、羅振玉等），學術上也都頗具創新意識，絕非一句「清學的殿軍」所能簡單描述。晚清以降，不管是否曾經踏出國門，傳統的變異與西學的衝擊，均有目共睹。面對此「三千年未有之大變局」，學界雖有「激進」與「保守」之分，但上下求索、爲中國社會及學術闖出一條新路的心態，卻是大同小異。

承認晚清新學對於當代中國文化的發展具有某種潛在而微妙的制約，這點比較容易被接受。可是本書並不滿足於此，而是突出晚清和五四兩代學人的「共謀」，開創了中國現代學術的新天地。如此假設，非三言兩語所能說清，這裏先概述一二，具體的討論請參見書中各章。

有幸「獲聞光緒京朝勝流之諸論」的史家陳寅恪，對其時治經頗尚公羊春秋、治史喜談西北史地的風氣有深切的體會，強調其影響超越專門學問，而及於整個社會思潮：

> 後來今文公羊之學，遞演為改制疑古，流風所被，與近四十年間變幻之政治，浪漫之文學，殊有聯繫。[14]

相信「學為政本」或主張學術能轉移風氣的老輩學者，多能領會此中難以實證的奧妙。比如，錢基博曾提及王闓運「喜為異說而不讓，敢為高論而不顧」的說經，一轉手而為廖平、康有為，再轉手而為吳虞之「決棄一切」——後者已入「重新審查一切價值」的五四時代；錢穆則由晚清學風之「非怪誕，即狂放」，未能為即將到來的新時代「預作一些準備與基礎」，論證何以辛亥革命後幾十年，中國社會依然沒有走上正軌[15]。或由經學轉為文學，或從學風延及政治，二錢的論述，均不為現代學科設置所限。

「五四」一代學人，似乎更願意在具體學問的承傳上，討論其與先賢的聯繫。在《中國哲學史大綱》的〈導言〉部分，胡適高度評價章太炎用全副精力「發明諸子學」且能「融會貫通」，並稱〈原名〉、〈明見〉、〈齊物論釋〉三篇，更為空前的著作」。顧頡剛一九二六年為《古史辨》第一冊撰寫長篇自序，突出康有為、章太炎的影響；晚年所作〈我是怎樣編寫《古史辨》的？〉，則強調「我最敬佩的是王國維先生」。類似的論述，如魯迅懷念章太炎、鄭振鐸追憶梁啟超以及錢玄同談論康、梁、章、嚴、蔡、王等十二子的「國故研究之新運動」[16]，均能顯示晚清與五四兩代學人的勾連。

後世史家論及晚清與五四兩代學人的歷史聯繫，多兼及學業與精神。如余英時稱「不但五四運動打破舊傳統偶像的一般風氣頗導源於清末今古文之爭，而且它的許多反傳統的議論也是直接從康、章諸人發展出來的」，以及王泛森討論章太炎對於錢玄同、吳虞、魯迅、胡適、傅斯年、顧頡剛等新文化運動健將的影響，均著眼於精神的承傳[17]，而恰好又是余、王師徒，格外關注胡適、顧頡剛對於史學革命的貢獻[18]。

不過，倘若由此得出結論，晚清、五四可以合二爲一，則又非立說者的本意。周予同在高度評價康、章貢獻的同時，不忘強調「使中國史學完全脫離經學的羈絆而獨立的是胡適」，理由是，胡適「集合融會中國舊有的各派學術思想的優點，而以西洋某一種的治學的方法來部勒它，來塗飾它」，更能代表新範式的確立[19]。此說是否過譽姑且不論，有一點是肯定的：胡適那一代學者，確實不爲傳統經學的家法與門戶所限，對西學的汲取與借鑑，也比上一代人切實且從容。

事實上，五四那代學者，對上一代人的研究思路與具體結論，都做了較大幅度的調整。就以常被論者提及的顧頡剛對康、章學說的借鑑而言，「顧氏對他們的學說都只取一部分，捨一部分，對康有爲，捨的是尊孔的精神，取的是疑僞言論，對章太炎，取的是反孔精神，捨的是章氏對古文經的信仰」[20]。而顧氏之所以有此膽識、有此創穫，與清末今、古文經學激烈衝突，「各各盡力揭破對方的弱點，使得觀戰的人消解了信從宗派的迷夢」有關；更離不開曾出入今古兩家的錢玄同之指引以及胡適對「西洋的史學方法」的介紹[21]。古史辨運動與晚清經學的聯繫脈絡清晰，常被論者提及；至於哲學、文學的變革以及考古學、心理學、社會學等新學科的建設，也都適合於戊戌生根、五四開花的論述思路。

討論學術範式的更新，鎖定在戊戌與五四兩代學人，這種論述策略，除了強調兩代人的「共謀」外，還必須解釋上下限的設定。相對來說，上限好定，下限則見仁見智。在我看來，一九二七年以後的中國學界，新的學術範式已經確立，基本學科及重要命題已經勘定，本世紀影響深遠的眾多大學者也已登場[22]。另一方面，隨著輿論一律、黨化教育的推行，晚清開創的眾聲喧嘩、思想多元的局面也不復存在，取而代之的是立場堅定、旗幟鮮明的黨派與主義之爭，二十世紀中國學術從此進入了一個新的時代。

二、「西潮」、「古學」與「新知」

如何描述晚清及五四兩代學者創立的新的學術範式，實在不是一件容易的事情。起碼可以舉出走出經學時代、顛覆儒學中心、標舉啓蒙主義、提倡科學方法、學術分途發展、中西融會貫通等。構成如此紛紜複雜的圖景，既取決於社會思潮的激盪、個人機遇及才情的發揮，也有賴於學術演進的內在理路。三者兼而有之而且誰也逃避不了的嚴峻課題，則是如何協調「西潮」與「古學」之間的縫隙與張力。

晚清人眼中的「西潮」，一如其關於「古學」的言說一樣五花八門。反過來說，每個人心目中的「西潮」，往往與其關於「古學」的定義密不可分。倘就具體學者而言，主張「西學東漸」的，與提倡「舊學新知」的，很可能勢同水火；可對於理解歷史進程來說，二者缺一不可。

相對來說，「西學東漸」來頭更大，也更引人注目，即便心有疑慮者，也不便公開反對。尤其是從甲午慘敗的反省，到五四運動的崛起，中國西化步伐之疾速，實在令人嘆爲觀止。在時賢眼中，「西學」就是「新知」，中國變革的動力及希望，即在於傳播並借鑑「西學」。起而抵禦西化狂潮的，有極端保守派，但也有自認深知西學利弊，且對中國文化傳統持有信心的，比如《國粹學報》諸君。

《國粹學報》第七期上有一宏文，再三論證「國粹也者，助歐化而愈彰，非敵歐化以自防，實爲愛國者須臾不可離也云爾」[23]。如此曲爲辯解，就因爲其時的新學之士，已將「歐化」等同於「新知」。但實際上，《國粹學報》「痛吾國之不國，痛吾學之不學」的創刊宗旨，直接針對的，正是此「醉心歐化」的狂潮㉔。不妨以主辦人黃節、鄧實的兩篇文章爲例。前者稱：「不自主其國，而奴隸於人之國，謂之國奴；不自主其學，而奴隸於人之學，謂之學奴」；後者則希望藉表彰周秦諸子，「揚祖國之耿光」，進而實現「亞洲古學復興」㉕。依此思路，比起推動「西潮」來，復興「古學」更能獲得「新知」。這自然只是一家之言，但聚集在其旗幟下的，除了鄧、黃，還有章太炎、劉師培等一大批重要學者，實在不可等閒視之。

雖然也有「本報於泰西學術，其有新理特識足以證明中學者，皆從闡發」的表態，《國粹學報》依然「以發明國學、保存國粹爲宗旨」㉖。甲午戰敗後，時人普遍「覩歐風而心醉，以儒冠爲可溺」，提倡西學者理直氣壯，反而是鄧實等人的「攄懷舊之蓄念，發潛德之幽光」㉗，顯得有點不合時宜。可是，從晚清的《國粹學報》，到二、三〇年代的《學衡》、《制言》，再到九〇年代悄然升溫的「國學熱」，二十世紀的中國，並非「西學東漸」一枝獨秀。

一九二三年一月，新文化運動的中心北京大學創辦《國學季刊》，提出「整理國故」的三大策略：「用歷史的眼光來擴大國學研究的範圍」、「用系統的整理來部勒國學研究的資料」、「用比較的研究來幫助國學的材料的整理與理解」㉘。這篇由胡適起草的「宣言」，強調「國故」與「國粹」的區別，除了「擴充國學的領域」，更重要的是突出批判意識。「輸入學理」與「整理國故」並重，這本是「新思潮」的重要特徵㉙；但落實到具體語境，則往往各執一詞，互相攻訐。不少新文化人出於對「復古派」的高度警惕，很難認同「整理國故」思潮。像陳獨秀那樣破口大罵的固然不多，但憂心忡忡者不少㉚。實際上，經過五四新文化運動洗禮的學人，即便日後從事國學研究，也都很少完全拒斥西學，成爲眞正的「國粹派」。

同樣「整理國故」，《國粹學報》與《國學研究》的論述策略頗有差異。對前人的思想學說，到底是突出批判意識，還是強調「具了解之同情」，取決於對中國傳統文化的價值判斷。作爲西化的代表人物，胡適爲了緩和同人的不滿，強調自己鑽進「爛紙堆」，是爲了「捉妖」、「打鬼」。將「整理國故」的目的簡化爲「化神奇爲臭腐，化玄妙爲平常」[31]，這與其極力劃清界線的「愛國主義史學」，同樣屬於「主題先行」。某種意義上，這正是強調反叛傳統的五四新文化人的尷尬之處：爲了與復古派劃清界限，不便理直氣壯地發掘並表彰中國傳統文化的精華。至於具體論述中，傾向於以西學剪裁中國文化，更是很難完全避開的陷阱。即便如此，本世紀的中國學界，仍以「疑古」而不是「信古」爲主流[32]。

在國學與西學、信古與疑古、抵禦西學與批判復古截然對立的論述框架中，很難平心靜氣地體會對方的合理之處。於是，兼採東學西學、超越非此即彼的言說，成爲本世紀中國學者的最大願望。王國維「學無新舊，無中西，無有用無用」之說[33]，雖係至理名言，卻有些懸得過高；不若陳寅恪「對於古人之學說，應具了解之同情，方可下筆」，以及錢穆「對其本國以往歷史有一種溫情與敬意」的說法[34]，有其直接的針對性。撇開本世紀中國學界以反叛傳統、表彰異端爲主流，便無法理解陳、錢立說時深切的憂患。在社會思潮中，確有盲目復古的「愛國的自大狂」；但在學術界，最大的弊端，還是以西學剪裁中國文化。

章太炎《國故論衡》中有一段名言，常被論者所引用：

> 飴豉酒酪，其味不同，而皆可於口。今日中國不可委心遠西，猶遠西不可委心中國也。[35]

主張文化多元的太炎先生，表面上不偏不倚，但在「西潮」洶湧的歷史時刻，如此立說，明顯是爲處於劣勢的中國傳統文化辯護。同樣道理，賀麟以下的這段話，也是有感而發：

從舊的裏面去發現新的，這就叫做推陳出新。必定要舊中之新，有歷史有淵源的新，才是眞正的新。那種表面上五花八門，欺世駭俗，競奇鬥異的新，只是一時的時髦，並不是眞正的新。㊱

不同於淸學之「以復古爲解放」㊲，衆多現代中國學者之強調「舊中之新」，著眼的主要不是論述對象，而是價值取向。除了現實的刺激(如西學的泰山壓頂以及傳統的流水落花)以外，更因其普遍認同陳寅恪所表述的文化理想：

其眞能於思想上自成系統，有所創穫者，必須一方面吸收輸入外來之學說，一方面不忘本來民族之地位。此二種相反而適相成之態度，乃道教之眞精神，新儒家之舊途徑，而二千年吾民族與他民族思想接觸史之所昭示者也。㊳

比起學科之中外、對象之古今、方法之新舊來，是否對在歐風美雨沖刷下顯得日漸衰敗的傳統中國抱有信心，方才是關鍵所在。「輸入外來之學說」，此乃當世之顯學，其價值及意義無須論證；所有的言說，實際上最後都落實在「不忘本來民族之地位」。

如此立說，似乎過於「因循守舊」。這裏有幾點必須說明。首先，「西學東漸」乃大勢所趨，章太炎等人之「救學蔽」，至多不過是「扶微業，輔絕學」㊴。這一點，當事人心裏很清楚，絕無取而代之的野心，因而也就談不上走向自我封閉。其次，以上提及的，基本上都是以中國文化爲研究對象的人文學者，其職業特徵本就傾向於守護精神，抵抗流俗與時尙，在對待傳統中國的態度上，必然與信仰進步、講求效率的科學家群體有很大差異。再次，這些被後人籠統地歸入「國學大師」或「文化保守主義者」行列的學者，大都對西學有比較深入的了解，立說時不一定東西比較縱橫捭闔，但其談論「古學」，確與清儒有很大差別。最後，之所以強調「新知並不獨占西學」，既有對於晚清「古學復興」的歷史闡釋，也蘊涵著本書的論述框架：中國現代學術的建立，並不只是「西學東漸」的順利展開。

三、走向專門家之路

從「進士」到「留學生」——晚清讀書人身分及地位的急遽轉變，容易引起認同危機。對於二十世紀中國文化的發展來說，科舉制度的取消，無疑是頭等大事。因其既是教育與學術的轉型，也涉及文人學者的安身立命。由「不出如蒼生何」的「王者師」，一變而爲學有所長的專門家，對於許多讀書人來說，是很難接受的事實。撇開個人的功名利祿，也不談「致君堯舜上」的偉大抱負，單是由推崇「通人」轉爲注重「專家」，也可見學術風氣之轉移。原有的學派家法之爭，比起如此生死攸關的大轉折來，全都相形見絀。現代中國學者的「走向專門家」，有幾道重要的關卡，值得認眞評說：首先是學術與政治，其次是學科與方法，再次是授業與傳道，最後是爲學與爲人。

「有爲、啓超皆抱啓蒙期『致用』的觀念，藉經術以文飾其政論，頗失『爲經學而治經學』之本意」——《清代學術概論》所描述的困境，並不限於康、梁一派。晚清學界之爭論，有政治路線（保皇／革命），有門戶家法（今文／古文），有文化理想（中學／西學），更有將三者混爲一談的「求是與致用」——後者因其抽象與含混，跨越不同的時空，成爲二十世紀中國學界的共同話題。

古代中國的讀書人，既是官吏，也是學者，講求的是政與學的統一。這種知識傳統，晚清以降，受到嚴峻的挑戰。一八九八年七月，嚴復發表《論治學治事宜分二途》，批評古來「讀書做官」、「野無遺賢」的理想，強調政與學的分離：

> 國愈開化，則分工愈密。學問政治，至大之工，奈何其不分哉！[40]

比起康、章之爭論「以經術作政論」的得失，嚴復將學問政治的分而治之，作爲文明開化的標誌，似乎技高一籌。針對傳統經學缺乏獨立品格，淪爲意識形態工具的弊病，新學之士多喜歡強調「學術自身的使命與尊嚴」。用賀麟的話來說，便是「學術有了獨立自由的自覺」，既可「反對當時污濁的政治」，也「培養國家文化上一點命脈」[41]。

基於此「學爲政本」的理念，於是有了「二十年不談政治」，專注於思想文化建設的自我表白；也有了藉提倡學術獨立，「多少保留了一片乾淨土」，並進而影響未來中國走向的良好願望[42]。辛亥革命後，熊十力、黃侃、陳垣等人之退出政界，轉而專心治學，既基於其性格與才情，也與其對政壇及時世的判斷有關。五四新文化運動後，蔡元培「大學者，研究高深學問者也」的理想更是深入人心[43]，千古傳誦的「學而優則仕」的神話，終於被眞正打破。

蔡氏本人對其改革大學教育，進而鏟除「科舉時代遺留下來的劣根性」頗爲自得[44]。倘若此說只是針對滿腦子升官發財迷夢的壞學生，評價不會有分歧；一旦涉及政學不分的舊傳統，可就沒有那麼簡單了。看看章太炎在「求是與致用」之間的抉擇、胡適之在「政治與學術」之間的徘徊，起碼不會覺得這話題很輕鬆。所謂「爲學問而學問」，在二十世紀的中國，雖屢被作爲旗幟揮舞，卻不是一個普遍受歡迎的口號。除了學理上的缺陷，更重要的是，如此抉擇，與知識者憑個人良知干預時政的願望背道而馳。

談論此類話題，必須充分尊重個人志趣，方不至於陷入非此即彼、入主出奴的境地。另外一點同樣不能忽視：不同學科的專家，與現實政治的關係親疏有別，很難一概而論。比如，語言學家趙元任、佛教史家湯用彤與經濟學家馬寅初、政治學家張君勱，其議政、干政的願望與能力，本就有很大的差異。不管是否以「通儒」自許，大學者一般都不會將視野封閉在講臺或書齋，也不可能沒有獨立的政治見解，差別在於發爲文章抑或壓在紙背。

在一個急遽轉型的時代，兩種截然相反的力量，很可能各有其合理性。在走向專業化的過程中，學科的建設固然值得誇耀，對於學科邊界的超越，同樣值得欣賞。與「一事不知，儒者之恥」的傳統迥異，現代學術講求分工合作，分途發展。現代學者之專治一科，與清代儒生之專治一經，其含義大不相同，前者所代表的，不只是研究領域的拓廣，更是知識類型的變化。借助於大學、中學課程的設置，「新學知識」之必須分門別類，這一觀念得到了迅速推廣。晚清以降的讀書人，即使從未踏出國門，其知識結構，也與前人大不相同，最主要的，便體現在此知識譜系的建構。

中西學的並立、文史哲的分家，已經讓世紀初的中國人眼花撩亂；這還不算剛剛輸入但前途無量的經濟學、政治學、社會學、心理學等「新學科」。面對如此紛紜的局面，有兩種趨勢值得關注：一是新學科的建立與拓展，如胡適、魯迅在北大的講課以及《中國哲學史大綱》、《中國小說史略》的開山劈路；一是憑藉豐富的學識與敏銳的直覺，挑剔並敲打那似乎牢不可破的學科邊界，比如，章太炎便對以「哲學」涵蓋先秦諸子不太以爲然[45]。對比章太炎、胡適之關於中國學術思想史的描述，不難明白學科的界定，其實與治學方法互相勾連。

談論治學方法，胡適無疑是最佳例證，因其各種著述，據說均可作方法論文章讀。晚年口述自傳，適之先生稱「『方法』實在主宰了我四十多年來所有的著述」[46]。簡便而又萬能的「科學方法」的提倡，從一開始便受到不少專家的質疑；即便如此，「大膽的假設，小心的求證」這十字箴言，依然成了流傳最廣、影響極深的「方法論」。胡氏口訣之廣泛流傳，表徵著近百年中國持久不衰的「方法熱」。這一點，遠比口訣本身的利弊得失更值得關注。熊十力對此曾有過相當精闢的論述：

> 在五四運動前後，適之先生提倡科學方法，此甚要緊。又陵先生雖首譯名學，而其文字未能普遍。適之銳意宣揚，而後青年皆知注重邏輯，視清末民初，文章之習，顯然大變。但提倡之效，似僅及於考核之業，而在哲學方面，其眞知愼思明辨者，曾得幾何。思想界轉日趨浮淺碎亂，無可導入正知正見之途，無可語於窮大極深之業。

在熊氏看來，哲學乃智慧之學、精神之學，力圖解決的是人生之根本問題，故需要拓展心胸，窮究眞理。至於考核之業，「只是哲學家之餘事」。現代中國的教育體制，使得「學者各習一部門知識」，缺乏通識與悟性，且「無大道可爲依歸」。於是，一切典籍，皆被「當作考古資料而玩弄之」[47]。熊氏的抗議，直接針對的，正是將「哲學」等同於「哲學史」的適之先生。

批評時賢之於文字訓詁中求哲理，表面上接近康有爲當初的反叛；可添上一句哲學不是天文學，一轉而爲對於現代學科建設的反省。在章氏看來，不同學科應有不同的路徑與方法，比如，「經學以比類知原求進步」，「哲學以直觀自得求進步」，「文學以發情止義求進步」[48]。將一切學問的評價標準，歸結爲「拿證據來」，此等融合「科學精神」與「清儒家法」的迷思，頗有以實證史學一統天下的野心。章、熊所爭，似乎是胡氏方法的適應範圍，實則涉及對文化傳統的尊重、對研究對象的體貼以及區分內面與外面（主觀與客觀）兩種不同的言說。從外面描述，與從內面體會，路徑不同，得出的結論必然迥異。本來，二者各有其不可替代的價值，可由於「科學」在本世紀中國學界的崇高地位，無法實證的「主觀之學」明顯受到了壓抑[49]。

隨著現代學科的建立，原有的「師門」與「家法」，作用不太明顯。倒是學科之間的隔閡以及由此而萌發的「傲慢與偏見」，構成了學術發展的巨大障礙。圍繞學者胡適以及《中國哲學史大綱》的一系列論爭，凸顯了中與西、內與外、史與哲、文與理等不同學術路數的分歧，撇開其中無法完全避免的個人意氣之爭，不難窺見現代中國學術發展的各種可能性。

對於現代中國學術而言，大學制度的建立至關重要。廢除科舉，只是切斷了讀書致仕之路；推廣新學，方才是轉變學術範式的關鍵。有感於「科舉一日不停，士人皆有僥倖得第之心……學堂決無大興之望」，清廷只好於一九〇五年「諭立停科舉以廣學校」[50]。此前公布的《奏定學堂章程》（一九〇三），使得新教育在制度上眞正確立；此後的《大學令》和《專門學校令》（一九一二），規定「私人或私法人亦得以設立大學」或「專門學校」[51]，又使得高等教育有可能以較快的速度發展。從京師大學堂到北京大學，官辦的高等教育固然迅速成熟；大量私立或教會大學的出現，也使得中國的高等教育完全走出了「國子監」。

本世紀的中國大學，雖有官辦、私立之分，但從教育體制講，全都是「西式學堂」。對比一九〇二年的《欽定京師大學堂章程》與一九一三年的《教育部公布大學章程》，「綱領」有別，學科劃分與課程設置，卻是大同小異。不同時期不同地區的不同大學，由於師資力量及社會風氣的影響，所傳授的知識以及傳授知識的方法途徑，會有很大差別，但已非昔日的書院課業所能比擬。要說「西化」，最爲徹底的，也最爲成功的，當推大學教育。學科設置、課程講授、論文寫作、學位評定等，一環扣一環，已使天下英雄不知不覺中轉換了門庭。對於所謂的西方學術霸權，你可以抗議，也可以挑戰，可是只要進入此「神聖」的大學殿堂，你就很難完全擺脫其控制。

正是有感於此，力主「救學弊」的章太炎、馬一浮等，堅持傳統的書院講學，目的是「專明吾國學術本原，使學者得自由研究，養成通儒，以深造自得爲歸」[52]。不管是章氏國學講演會，還是復性書院、勉仁書院，就辦學的成效而言，談不上成功；其意義在於昭示中國高等教育的另一種可能性。這一點，不妨引用熊十力五〇年代的兩篇重要文章。在〈與友人論六經〉中，熊建議恢復內學院、智林圖書館及勉仁書院，直接針對的是「歐化東來，吾固有學術思想，似日就湮廢」。並非取而代之，而是補偏救蔽，藉傳統書院來改變西化大學的一統天下局面。熊氏等人所爭，表面上只是爲了「保存國學」，實則關係重大。〈與友人論張江陵〉中，熊對張因「惡理學家空疏，遂禁講學，毀書院」表示不滿，理由是：

> 學術思想，政府可以提倡一種主流，而不可阻遏學術界自由研究、獨立創造之風氣，否則學術界思想錮蔽，而政治制度，何由發展日新？

將教育、學術、政治三者掛鈎，特別強調「自由研究、獨立創造」的意義，這與北大校長蔡元培的教育理念相當吻合。實際上，二〇年代初北大、清華之陸續創辦研究院，以及二〇年代末中央研究院的設立，都力圖整合中西不同的教育與學術傳統。

倘講具體學問，融會中西，幾無疑義。提及安身立命，可就見仁見智，無法步調一致了。古來國人對於學者崇高人格的講求，晚清以降，不再「理所當然」。在專業化大潮衝擊下，立竿見影的知識被推到前臺，大而無當的精神被遺落在曠野。從章太炎之表彰五朝士大夫「孝友醇素，隱不以求公車徵聘，仕不以名勢相援為朋黨」，到陳寅恪的強調王國維乃「為此文化所化之人」，故「以一死見其獨立自由之意志」[53]，都是感慨士風之墮落。歷朝歷代，均不乏曲學阿世之徒。問題在於，現代社會之傾向於讓「學」與「人」脫鈎，讀書人更加無所顧忌。大學者尚且可以阿諛奉承[54]，「世風日下」的感慨，並非只是屬於九斤老太。

陳寅恪之表彰王國維，既強調其著作「可以轉移一時之風會，而示來者以軌則」，更突出其「歷千萬祀，與天壤而同久，共三光而同光」的「獨立之精神，自由之思想」[55]。學者的胸襟與情懷，與具體的著述或許關係不大，可切實規定著其學問的規模與氣象。正因如此，本書的觸角，不限於著作之成敗，方法之得失，更希望叩問學者的心路歷程。或者說，在思想史背景下，探討學術思潮的演進。

四、章、胡交誼及其象徵意義

本書希望涉及的問題很大——「中國現代學術之建立」，可論述的著眼點卻很小：極而言之，不過討論了章太炎、胡適之的文化理想、學術思路、治學方法以及晚清、五四兩代學人的文化心態。依照慣例，著書立說，必須先有相對確定的理論框架，而後才好設計章節並展開論述。本書的寫作，並非如此「順理成章」；若干作爲論述主線的設想，大多屬於「事後追認」。在具體問題的深入探討中，逐漸領悟題旨所在，並找到自認爲恰當的表達方式。一句話，本書所呈現出來的，並非完滿自足的「理論體系」，而是尋尋覓覓、衆聲喧嘩的「探索過程」。

對我來說，「學術史研究」既是一項著述計畫，也是一種自我訓練[56]。將學術史研究作爲一種「自我訓練」，故強調「親手觸摸」，對動輒抬出甲乙丙丁、一二三四的「治學準則」很不以爲然。至於作爲一項「研究計畫」，同樣不信任首先確立理論框架，而後逐步演繹開去的思路。我更欣賞「法從例出」的策略：在剖析個案的過程中，不斷反省原有的構想，逐漸形成自己獨立的眼光與立場。在這裏，個案的選擇至關重要，因其決定了最初的視角。

談論思想史視野中的學術轉型，注重的是研究思路的演進，而不是具體著述的品評，因而，本書作者毫不猶豫地選擇章太炎、胡適之作爲論述的中心。這一選擇，明顯超越具體學科的專業評價，兼及學與政、學與人、學與文。這是因爲，本書希望著力辨析的，不是作爲經學家的章或作爲史學家的胡，而是開一代新風的「大學者」章太炎、胡適之。

所謂「大學者」，除了在專業範圍內做出傑出貢獻，足以繼往開來外，更因其乃學術史上的中心人物，你可以引申發揮，也可以商榷批評，卻無法漠視他的存在[57]。此等「有思想的學問家」[58]，既是社會思潮激盪的表徵，其引領風騷，更構成思想史上絢麗的風景線。至於個中人對自身處境及潮流的深刻反省[59]，更使後人得以近距離地觀察那早已逝去的時代——雖則不免帶有自述者獨特的眼光。史家之所以格外關注某些「大學者」，還因其與師友弟子及論敵共同構成的網絡，本身便能初步勾勒一時代的學術走向——以上所有假設，全都適合於章太炎與胡適之。

除此之外，我還很看重以下三點。首先，章、胡作爲晚清及五四兩代學人的代表，其教養、經歷、學識、才情，均有明顯的差異；由於知識類型不同，而發展出大有差異的文化策略，這一點，在中國現代學術的創立期，尤爲重要。其次，借助於章門弟子(如錢玄同及周氏兄弟等)的勾連，原本可能產生嚴重「代溝」的章、胡及其代表的兩代學人，獲得了某種理解與溝通——在我看來，此乃新文化運動得以迅速展開並大獲全勝的重要原因。最後，提倡國學、爭持墨辯、嘗試白話詩、寫作哲學史、評論現代教育制度以及掀起軒然大波的「訂孔」與「疑古」，章、胡二人的立場並不一致，但「共同的話題」卻很多。這既表明章、胡二人學術思想上的「交誼」，更突出兩代學人思路及追求的連續性。正是這一點，回應了本書的基本設想：晚清及五四兩代學人的共同努力，促成了中國學術的轉型。

入手處爲個案分析，著眼點卻是學術轉型——這一「以小見大」的論述策略，使本書的體例，既不同於「通史」，也不同於「學案」，乃是以問題爲中心的專題研究。主要目的是展現中國學術轉型的複雜性，尤其是發掘各種被壓抑、被埋沒的聲音，挑戰已經相當嚴密的以西學東漸爲代表的「現代化敍事」。因而，本書對章、胡的生平及其學術經歷，未做認眞梳理；反而在後三章，藉討論「遊俠心態」、「文藝復興」以及「自我陳述」，展現學術轉型期的諸面相。前六章雖也不時插入康有爲、梁啓超、嚴復、王國維、劉師培、蔡元培、魯迅、顧頡剛等人的聲音，但畢竟以章、胡爲論述主線；後三章之平視諸子，不再惟章、胡馬首是瞻，著眼於影響全社會的思想潮流，某種意義上，更能顯示論者的視野及主旨。

❶參見侯外廬，《中國近代啟蒙思想史》（人民出版社，一九九三），第三章，第八節。該書據生活書店一九四七年版《近代中國思想學說史》第三編改寫，有關章太炎部分基本照舊。

❷參見梁啟超，《清代學術概論》的〈第二自序〉，及其早年撰寫的《論中國學術思想變遷之大勢》。

❸參閱余英時，《中國近代思想史上的胡適》（臺北：聯經出版公司，一九八四），頁一九—二一、七七—九一。

❹參閱庫恩，《科學革命的結構》，李寶恆、紀樹立譯（上海科學技術出版社，一九八〇）；及《必要的張力》，紀樹立等譯（福建：福建人民出版社，一九八一），第九章。

❺余英時，《中國近代思想史上的胡適》，頁八四。

❻王國維，〈沈乙庵先生七十壽序〉，《王國維遺書》（上海：上海古籍出版社，一九八三），第四冊。

❼參見梁啟超，《清代學術概論》，第一、二十三—三十三節。

❽朱維錚校注，《梁啟超論清學史二種》（上海：復旦大學出版社，一九八五）。

❾《梁啟超論清學史二種》，頁五。

❿參見《中國經學史講義》，中編，第八章，《周予同經學史論著選集》（增訂本）（上海：上海人民出版社，一九九六）。

⓫參見《周予同經學史論著選集》（增訂本），頁五一四、五二二、五一九。

⓬賀麟，《五十年來的中國哲學》（遼寧教育出版社，一九八九），頁三、二五。

⓭參閱侯外廬，〈中國近世思想學說史自序〉，《中國近代啟蒙思想史》，第一章；以及黃宣民為該書撰寫的〈後記〉。

⓮陳寅恪，〈朱延豐突厥通考序〉，《寒柳堂集》(上海：上海古籍出版社，一九八〇)。

⓯參閱錢基博，《現代中國文學史》(長沙：岳麓書社，一九八六)，上編，第一章，第一節；錢穆，《國史新論》(香港：作者自刊本，一九七五年再版)中的〈中國智識分子〉章。

⓰參見魯迅的〈關於太炎先生二三事〉(《魯迅全集》卷六)、鄭振鐸的〈梁任公先生〉(《小說月報》卷二〇，二號，一九二九年二月)，以及錢玄同的〈劉申叔先生遺書序〉(《劉申叔先生遺書》)。

⓱余英時，〈五四運動與中國傳統〉，《史學與傳統》(臺北：時報出版公司，一九八二)；王汎森，《章太炎的思想》(臺北：時報出版公司，一九八五)，第六章，第五節。

⓲參閱余英時的《中國近代思想史上的胡適》，以及王汎森的《古史辨運動的興起》(臺北：允晨出版公司，一九八七)。

⓳《周予同經學史論著選集》(增訂本)，頁五四二、五四四。

⓴王汎森，《古史辨運動的興起》，頁五七。

㉑參見顧頡剛的〈古史辨第一冊自序〉和〈我是怎樣編寫《古史辨》的?〉，以及胡適的〈古史討論的讀後感〉、錢玄同的〈重論今古文學問題〉等。

㉒如康有為、梁啟超、章太炎、羅振玉、王國維、嚴復、劉師培、蔡元培、黃侃、吳梅、魯迅、胡適、陳寅恪、趙元任、梁漱溟、歐陽竟無、馬一浮、柳詒徵、陳垣、熊十力、鄭振鐸、俞平伯、錢穆等，或開始撰寫或已經完成其代表作；湯用彤、馮友蘭、金岳霖、張君勱等也已學成歸來，並開始在大學傳道授業。本世紀中國人文學科(社會科學另當別論)的大學者，尚未露面的當然還有，但畢竟數量不是太多。

㉓許守微，〈論國粹無阻於歐化〉，《國粹學報》，第七期，一九〇五年八月。

㉔黃節，〈《國粹學報》敘〉，《國粹學報》，第一期，一九〇五年二月。

㉕黃節，〈《國粹學報》敘〉；鄭實，〈古學復興論〉，《國粹學報》，第九期，一九〇五年十月。

26 參見《國粹學報》第一期上的〈《國粹學報》略例〉。

27 鄭實，〈國學保存會小集敘〉，《國粹學報》，第一期。

28 胡適，〈《國學季刊》發刊宣言〉，《胡適文存》（上海：亞東圖書館，一九二四年），二集。

29 胡適，〈新思潮的意義〉，《胡適文存》（上海：亞東圖書館，一九二一），一集。

30 參閱陳獨秀的〈國學〉（《陳獨秀文章選編》，中冊〔北京：三聯書店，一九八四〕）、魯迅的〈所謂「國學」〉（《魯迅全集》〔北京：人民文學出版社，一九八一〕，卷一）、郭沫若的〈整理國故的評價〉（《創造週報》第三十六號，一九二四年一月）和茅盾的〈進一步退兩步〉（《茅盾全集》卷一八〔北京：人民文學出版社，一九八九〕）。

31 胡適，〈整理國故與「打鬼」〉，《現代評論》，卷五，第一一九期，一九二七年三月。

32 自從馮友蘭在〈中國近年研究史學之新趨勢〉、〈近年史學界對於中國古史之看法〉等文中，藉黑格爾的「正、反、合之辨證法」，將當代中國史學畫分為信古、疑古、釋古三派，時人紛紛對號入座。當事人顧頡剛晚年在〈我是怎樣編寫古史辨的？〉中提出異議，理由是「疑古」本身不能自成一派，因其有所「信」，方能有所「疑」。在我看來，如此代表辨證法三階段的三派說，大可懷疑；一定要區分，也只是「釋古」時之傾向於「信」或「疑」。

33 王國維，〈國學叢刊序〉，《王國維遺書》，第四冊。

34 參閱陳寅恪，〈馮友蘭《中國哲學史》上冊審查報告〉（《金明館叢稿》〔上海：上海古籍出版社，一九八〇〕，二編）；和錢穆，《國史大綱》（臺北：商務印書館，一九七四），頁一。

35 章太炎，〈原學〉，《國故論衡》（上海：大共和日報館，一九一二）。

36 賀麟，〈五倫觀念的新檢討〉，《文化與人生》（北京：商務印書館，一九八八）。

37 參閱梁啟超，《清代學術概論》，第二節。

㊳陳寅恪，〈馮友蘭《中國哲學史》下冊審查報告〉，《金明館叢稿二編》。

㊴參閱章太炎的〈救學蔽論〉和〈國學會會刊宣言〉，均見《章太炎全集》，卷五（上海：上海人民出版社，一九八五）。

㊵《嚴復集》（北京：中華書局，一九八六），卷一，頁八九。

㊶賀麟，〈學術與政治〉，見《文化與人生》。

㊷參閱胡適的〈我的歧路〉（《胡適文存》〔上海：亞東圖書館，一九二四〕，二集），以及賀麟的〈學術與政治〉。

㊸蔡元培，〈就任北京大學校長之演說〉，《蔡元培全集》（北京：中華書局，一九八四），卷三。

㊹蔡元培，〈我在北京大學的經歷〉，《東方雜誌》卷三一，第一號，一九三四年。

㊺參見章太炎的《國學概論》（曹聚仁記述，香港：學林書店，一九七一）中〈哲學之派別〉章和《國學講演錄》（南京：南京大學刊本，一九八〇年代）中〈諸子略說〉章。

㊻參見〈《胡適文存》序例〉（《胡適文存》〔上海：亞東圖書館，一九二一〕，一集）；和《胡適口述自傳》（北京：華文出版社，一九九二），頁一〇五。

㊼熊十力，〈紀念北大五十周年並為林宰平先生祝嘏〉，《國立北京大學五十周年紀念一覽》（北京：北京大學出版部，一九四八）。

㊽參閱章太炎，《國學概論》，第五章〈國學之進步〉。

㊾章太炎一九〇六年發表的〈諸子學略說〉（《國粹學報》第二年八、九號），稱「考跡異同」的經史之學為「客觀之學」、「尋求義理」的諸子之學為「主觀之學」，並斷言二者各有其論述思路，也各有其評價標準，可參閱。

㊿參見舒新城編，《中國近代教育史資料》（北京：人民教育出版社，一九六一），上冊，第二章，第一節「改革

科舉制度」所收諸文。

❺❶均見舒新城編，《中國近代教育史資料》，中冊。另，清末的私人辦學，限於中等以下學堂——教會學校例外。

❺❷章太炎之講學，參見本書第二章；馬一浮之創辦復性書院，參見馬鏡泉、趙士華著，《馬一浮評傳》（南昌：百花洲文藝出版社，一九九三），第十二章。

❺❸參見章太炎的〈五朝學〉（《章太炎全集》，卷四〔上海：上海人民出版社，一九八五〕），以及陳寅恪的〈王觀堂先生輓詞並序〉（《寒柳堂集》〔上海：上海古籍出版社，一九八〇〕）、〈清華大學王觀堂先生紀念碑銘〉（《金明館叢稿二編》〔上海：上海古籍出版社，一九八〇〕）。

❺❹參閱王元化的《清園論學集》（上海：上海古籍出版社，一九九五）中〈楊遇夫回憶錄〉一文對兩件學界逸聞的辨析。

❺❺參見陳寅恪的〈王靜安先生遺書序〉及〈清華大學王觀堂先生紀念碑銘〉，均見《金明館叢稿二編》。

❺❻參見拙文〈學術史研究隨想〉，《學人》（南京：江蘇文藝出版社，一九九一），第一輯。

❺❼參見余英時，《中國近代思想史上的胡適》，頁六。

❺❽魯迅稱章太炎為「有學問的革命家」（〈關於章太炎的二三事〉），我則傾向於將其作為「有思想的學問家」來論述，參見拙文〈有思想的學問家〉（《文學自由談》，一九九二年二期）。

❺❾參見本書第九章〈現代中國學者的自我陳述〉。

第一章 求是與致用

「實事求是」與「經世致用」，是兩種截然不同的學術思路。雖說爲人爲己、成德成學、有用無用之類學術分途的辨析，先秦以下代不乏人，但眞正標榜並實踐儒家經世之學的，當推明清之際諸大儒；而把求是之學推到極至的，則是隨之而來的乾嘉學派。清代學者談求是與致用，態度都比較決絕；到了晚清，求是與致用之爭更演變成了既含學派又含政術的大論戰。這場論戰對整個二十世紀中國思想文化界的影響，至今仍未消除。這並非一般意義上的學術是非之爭，更多的是體現適應傳統變革要求以及面對西方思想文化衝擊時中國知識分子的兩難處境——這是一個尋求政學分途而又需要知識分子的「鐵肩擔道義，妙手綉文章」的時代。這裏著重剖析求是派主將章太炎在論爭中的立場及其學術思路，間及其對手康、梁一派的主張。

一九一五年至一九一六年初，章太炎口述《菿漢微言》，頗多玄理，論及治學時稱：「學術無大小，所貴在成條貫，制割大理，不過二途：一曰求是，再曰致用。」[1]章氏一生對學術研究到底該求是還是致用有過許多論述，似乎立說歧異，以致他剛剛去世，弟子姜亮夫和孫思昉就因評述其師的學術宗旨打筆仗。姜氏稱：「先生學術之中心思想，在求『救世之急』」；孫氏則錄太炎先生《與王鶴鳴書》反駁，「是先生之學固以求是自揭矣」[2]。這場論爭最後不了了之，因雙方都言之有據，誰也說服不了誰。雙方都是章氏晚年入室弟子，都對其師十分尊敬且有較深的了解，但論及其師宗旨時尚且大相逕庭，這就難怪旁人覺得章氏學術思想不大好把握。

想當然的解釋是章氏論學本就兼及求是與致用，弟子於是各執一端；或者章氏論學前後宗旨不一，弟子缺少通盤考慮。這兩種解釋都不無道理，可是又都難以服人。首先，章氏論學宗旨大致前後貫通，說不上突變；其次，章氏的求是與致用有其特殊的界定，非單憑常識所能理解；最後，章氏深刻之處，正在於其對求是與致用之間微妙關係的詮釋，這其間蘊涵著大轉折時代學者的選擇與困惑，已經超越個人之是非得失。

一、「學在求是，不以致用」

太炎先生論學，一直標舉「實事求是」。這既有學術發展的內在理路，又與現實刺激密切相關。故其求是之學與漢儒、清儒不大一樣，頗多標新立異之處。侯外廬最先注意到這一問題，稱：「他於求是與致用二者，就不是清初的經世致用，亦不是乾嘉的實事求是，更不是今文家的一尊致用。」[3]此後的研究者，論及這一問題時，大都沿襲侯氏思路。只是侯氏和合求是與致用的設想實在過於籠統，既反附會又不墨守、既論驗實又論理要之類面面俱到的說法，又未免挫鈍了章氏學說的鋒芒。而張玉法將乾嘉學者的「求是」限定爲「文字訓詁」，將今文家的「致用」理解爲「追逐功利」[4]，都不大貼切，有過於簡單化之嫌；唐文權、羅福惠正確地指出章氏之「求是」不同於觀念先行的方法論，但「語必徵實說必盡理」其實正是樸學精神，後者亦非如唐、羅二君所設想的只是「分文析字」[5]。學者們都注意到章氏的求是與清儒之求是不大一樣，但究竟何同何異以及支配這一異同的學術思路，還有待於進一步深入探究。

最先提到「實事求是」的，是《漢書・河間獻王劉德傳》：「河間獻王德以孝景前二年立，修學好古，實事求是。」顏師古注曰：「務得事實，每求眞是也。」乾嘉學者推崇漢學，「實事求是」於是成了學者們的口頭禪，即所謂「通儒之學，必自實事求是始」[6]。

劉師培曾指出：「不求致用，而惟以求是爲歸」，乃清儒不同於明儒之處；而這一學術轉向，兼有利弊，「然亦幸其不求用世，而求是之學漸興」[7]。此說將求是與致用作爲兩種不同的學術路向，各有褒貶，而不是像後來學者那樣一味指責清儒埋頭書齋不問世事。今人余英時更爲清學正名，反對只從社會背景來解釋清代考據學的興起，而是突出思想史發展的內在理路(inner logic)，稱求是之學漸興「實與儒學之由『尊德性』轉入『道問學』，有著內在的相應性」[8]。章太炎對清學發展特別關注，多有評述，尤其是其論學主求是，更是直接承襲清儒的思路。

乾嘉學者講「實事求是」，除了原有的以文字訓詁求經史大義的治學路徑，以及無徵不信，言必有據的治學態度，更由於學者各自的特殊處境而另有引伸發揮。也就是說，「實事求是」作爲一句通行的口號，必須落實到特定語境中，聯繫「上下文」，明白提倡者反對什麼批評什麼，口號才有了具體內涵。比如，戴震力主「治經先考字義，次通文理，志存聞道，必空所依傍」[9]；故時人稱其「實事求是，不偏主一家」[10]，意在表彰其沒有門戶之見，超越漢宋，「空所依傍」，不像惠棟「唯漢是從」。錢大昕自稱：「桑榆景迫，學殖無成，惟有實事求是，護惜古人之苦心，可與海內共白。」錢氏講求是重點在「護惜古人之苦心」，不願效時人之「陳義甚高，居心過刻」[11]。王鳴盛也有一段自我表白：「以予之識暗才懦，碌碌無可自見，猥以校訂之役，穿穴故紙堆中，實事求是，庶幾啓導後人，則予懷其亦可以稍自慰矣夫。」王氏之「實事求是」，則是反對史家之「橫生意見，馳騁議論」，因「學問之道，求於虛不如求於實，議論褒貶，皆虛文耳」[12]。阮元說經，「推明古訓」，「非敢立異」，自稱是「實事求是」[13]；黃以周治禮，「博採衆論」，「惟善是從」，也被譽爲「實事求是」[14]。清人實在太喜歡標榜「實事求是」了，以致論學時好處都歸它所有。最有意思的是私淑戴震的凌廷堪，以區分「實事」與「虛理」來說「實事求是」，更可見清人思路及學術選擇：

> 昔河間獻王實事求是，夫實事在前，吾所謂是者，人不能強辭而非之；吾所謂非者，人不能強辭而是之也，如六書九數及典章制度之學是也。虛理在前，吾所謂是者，人既可別持一說以爲非；吾所謂非者，人亦可別持一說以爲是也，如義理之學是也。[15]

同是推崇「實事求是」，各家側重大有差異，籠統一句「限於文字訓詁之求是」，實未盡清代學者之意。

章太炎自稱「學問之事」，終以「東原先生爲圭臬耳」[16]，其對戴震的高度推崇，直接引發了五四前後學者對戴學的研究和討論。因此，章氏論學突出實事求是，本在意料之中。太炎先生特異之處，在於強調學在求是而不在致用。也就是說，將治學中求是與致用二者尖銳對立起來，揭示這一對概念本就存在的內在矛盾。此前的學者雖也意識到這兩者之間難以調和，可都小心翼翼地避免正面衝突。講求是者不忘帶上致用，免得無用之嘲；講致用者也總捎上求是，以顯學有根基。段玉裁爲《戴東原集》作序，稱：

> 先生之治經，凡故訓、音聲、算數、天文、地理、制度、名物、人事之善惡是非，以及陰

陽、氣化、道德、性命，莫不究乎其實……用則施政利民，捨則垂世立教而無弊。⑰

段氏強調戴學主求是，但「用則施政利民」；龔自珍論學重致用，但也不願完全抹煞考據訓詁：

夫讀者實事求是，千古同之，此雖漢人語，非漢人所能專。⑱

只有章太炎厭棄此等調和折中之論，以其特有的思維的徹底性，將二者推到極端，然後獨尊「實事求是」。一九〇六年，章氏在〈與王鶴鳴書〉中稱：

僕謂學者將以實事求是，有用與否，固不暇計。⑲

過了三年，章氏又強調：

學在求是，不以致用；用在親民，不以干祿。⑳

此前此後，章太炎不斷表述這一論學宗旨，並以此作爲評判前代學術以及指導自家研究的標準。前者如讚賞清儒，稱其所以能使「上世社會汚隆之跡，猶大略可知」，就因爲其治學：

不以經術明治亂，故短於風議；不以陰陽斷人事，故長於求是。㉑

後者如自述力作《官制索隱》的寫作宗旨時，再三強調：

> 吾今爲此，獨奇觚與衆異，其趣在實事求是，非致用之術。[22]

如此揚求是而抑致用，也是一種「口號」與「姿態」，很大程度源於其對康有爲的政見與學術的批判。政見合時尙且「論及學派，輒如冰炭」[23]；政見分後，章氏對康氏更是痛加詆毀不遺餘力。

康有爲治學風格與章太炎大相逕庭，爭論在所難免。只是康氏成名在先，章氏奮起反駁，故論爭中不免有時間差（如章氏常以十年前的康氏爲假想敵）；再說康氏自認「吾學三十已成，此後不復有進，亦不必求進」[24]，無暇也不屑與後學斤斤計較，故論爭中雙方並沒有眞正交手，近乎各自獨立闡述學術宗旨。即便如此，今古文之爭、中西學之爭以及改良革命之爭，作爲大的學術思想背景，還是明顯影響雙方（尤其是章太炎）的立論。所謂「康有爲抬出今文經學搞變法維新，章太炎用古文經學宣講種族革命」的說法，雖然簡單化了些，但畢竟注意到政治策略與學術思想之間千絲萬縷的聯繫；其間章太炎之反神道、反預言、反尊君、反托古改制、反微言大義等，更是隨學術思想與政治策略的論爭不斷推進[25]。既是論爭，難免夾雜些個人意氣；好在康、章二人都自覺將其學術追求放在清學三百年思潮中來考察，故能超越一時一地的意氣之爭。而且，在某種意義上，康、章二人也確實體現了清學中「求是」、「致用」兩股學術思潮的發展趨向，成爲橫跨清學與現代中國學術的橋樑。

康有爲論學主經世致用，對乾嘉學者的考據訓詁很不以爲然，斥之爲「無用之學」。康氏追求經世，力主變革，自然選中便於發揮微言大義的今文經學；頌揚托古改制的孔子，其目的也在於自家的托古改制。《孔子改制考》卷十一稱：

> 布衣改制，事大駭人，故不如與之先王，既不驚人，自可避禍。[26]

這話其實可作爲康有爲的「夫子自道」讀。「孔子以布衣而改亂制」，實多有不便，故不得不「加王心，達王事」，「記諸行事以明其義」；康氏又何嘗不是如此？作爲一種政治策略，「托古改制」自有可取之處；可作爲一種學術思路，「托古改制」則遺害無窮。《新學僞經考》和《孔子改制考》固然轟動一時，成爲「思想界之一大颶風」，學術上則從一開始就備受攻擊。其中一個重要原因是，這兩部很有理論穿透力的著作均披著考據的外衣；而從考據學的角度評價，此二書實在太不遵守學術規則，牽強武斷處不勝枚舉。這一點就連參加《新學僞經考》寫作的梁啓超也都不以爲然，「時時病其師之武斷」。康有爲之所以「往往不惜抹煞證據或曲解證據，以犯科學家之大忌」，並非只是「好博好異之故」；而是因其本意不在治經，不過「藉經術以文飾其政論」[27]。治經既非康氏所長，考據也非康氏所願，像戴震主張的那樣「由文字以通乎語言，由語言以通乎古聖賢之心志」[28]，固然可以避免「鑿空之弊」，卻難逃康氏「無用之學」之譏。只是這回作法自斃，輪到康氏自己來賣弄「無用之學」了。錢穆曾指出康有爲著述中這一邏輯上的矛盾：康氏的歷史功績在於「力反乾嘉以來考據之學，而別求闢一新徑」；但不巧的是，「其書亦似從乾嘉考據來，而已入考據絕途，與長興宗旨並不合，而長素不自知」[29]。

所謂「長興宗旨」，指的是一八九一年康有爲應陳千秋、梁啓超等人之請，「始開堂於長興里講學，著《長興學記》以爲學規」[30]。此書雖非康氏代表作，但因「長素學術生命可記者，則始於其長興之講學」[31]，更因傳道授業解惑中直陳學術宗旨，故此書值得充分重視。此前學者如戴震、姚鼐、章學誠等，都將古今學問之途分爲義理、考據、詞章三門，只不過各自使用概念及側重點略有不同而已[32]。曾國藩稱「爲學之術有四：曰義理，曰考據，曰辭章，曰經濟」[33]，與康有爲分類大致相同；只是曾氏強調「莫急於義理之學」，而康氏則獨標「務通變宜民」的「經世之學」。「凡六藝之學，皆以致用也」；只是三代以下，學術日異，難得再有足以致用者。隋唐人之詞章學，宋明人之義理學，清人之考據學，皆不如漢人經學之「近於經世者也」。康有爲對漢學的闡釋獨具一格：

> 孔子經世之學，在於《春秋》。《春秋》改制之義，著於《公》、《穀》。凡兩漢四百年，政事學術皆法焉，非如近時言經學者，僅爲士人口耳簡畢之用，朝廷之施行，概乎不相關也。

清儒甚爲自得的復興漢學，在康氏看來乃「緣木求魚」，只可謂之「新學」，不可謂之「漢學」。一方面劉歆「僞撰古文」雜亂諸經，爲王莽新朝效勞，「於是二千年皆爲歆學，孔子之經雖存，而實亡矣」；另一方面兩漢之學「皆實可施行」，非若清儒之學「相率於無用」[34]。

清儒治學講究識字——通經——達道，故特重音韻訓詁。康有爲對這一治學路徑很不以爲然，認爲「以此求道，何異磨磚而欲作鏡，蒸沙而欲成飯哉？」[35]改變這一「甚不智」的治學途徑，首先是不從「文字」而從「古聖賢之心志」入手，先讀通「微言大義」，然後再談考據訓詁。比如，「提出孔子改制爲主，字字句句以此求之，自有悟徹之日」。說具體點，就是「從此讀《新學僞經考》，別古今，分眞僞，撥雲霧而見青天」。有此「把柄在手，天下古今羣書皆可破矣」。

如此讀書，「數日可通改制之大義」，天資少滯者，「亦不待一月，俱可通貫」㊱。梁啓超遵師囑所作的《學要十五則》，更將這一速成通經法表現得淋漓盡致。

師從不同，學術淵源不同，康、章分屬不同學派，這本沒有什麼稀奇。章太炎之所以奮起反駁，除了不能同意「新學僞經」、「孔子改制」等石破天驚的怪論，更因其不能容忍康有爲專講經世大義，摒斥名物訓詁的治學方法。

廖平列《今古學宗旨不同表》，第一條就是「今祖孔子，古祖周公」。與此相關聯的還有「今經皆孔子所作，古經多學古者潤色史冊」；「今爲經學派，古爲史學派」兩條㊲。康有爲主今文說，斷「《六經》皆孔子所作也」，以孔子爲政治家，且稱：「學者知《六經》爲孔子所作，然後孔子之爲大聖，爲教主，範圍萬世而獨稱尊者，乃可明也。」㊳章太炎對康氏維新改制的努力甚爲讚許，早年與康門弟子共事時務報館，雖鬧至揮拳相向，但畢竟聽從孫詒讓勸告，沒有公開批駁康氏學術。一八九九年章氏作《今古文辨義》，原是針對廖平，且警告「經術文奸之士」，不得「藉攻擊廖士以攻擊政黨」，顯然有回護康有爲之意；但畢竟還是開啓了與康氏正面的學術論爭。針對廖平（其實也包括康有爲）六經皆孔子所撰，非當時語亦非當時事，孔子構造是事而加王心的說法，章太炎強調孔子乃「因其已成者以爲學」，「據此刪刊以爲羣經」，並針鋒相對地指出：「然則孔子自有獨至，不專在六經；六經自有高於前聖制作，而不得謂其中無前聖之前書。」至此還只是各說各的一套，六經是否孔子所撰尚未有定論；推崇「守己有度，伐人有序」的「魏晉之文」的章太炎，筆鋒一轉，發揮其邏輯嚴密的論學長處，討論起「極崇孔子」所可能造成的弊病來。廖平、康有爲爲「宗仰素王」而斷言其「自造六經」托古改制，以此推論，「安知孔子之言與事，非孟、荀、漢儒所造耶」？「若是，則欲以尊崇孔子而適爲絕滅儒術之漸，可不懼與？」[39]

要說「極崇孔子」，廖平實未及康有爲；而立孔子爲「神明聖主」，這對於始終將孔子視爲「古良史也」的章太炎，無論如何不能接受。康、章之爭於是不可避免。在章太炎看來，「有商訂歷史之孔子」（如刪定六經），「有從事教育之孔子」（如作《論語》），但就是不能有崇奉一尊立爲教主的孔子。就因爲孔子「夐絕千古」之功，正好在於其「變禨祥神怪之說而務人事，變疇人世官之學而及平民」[40]。以陰陽五行、象緯占卦入儒術，將儒學神學化，起於漢儒董仲舒。也就是章太炎批評的，「中國儒術，經董仲舒而成教」[41]。這就難怪立孔子爲教主的康有爲主張「因董子以通《公羊》，因《公羊》以通《春秋》，因《春秋》以通《六經》，而窺孔子之道」[42]；而反對神化孔子的章太炎則直斥「董仲舒以陰陽定法令，垂則博士，神人大巫也」[43]。民國初年，尊孔復古成風，甚至有倡以孔教爲國教者，章太炎作《駁建立孔教議》，繼續批評董仲舒之將儒學宗教化，使得「讖緯蜂起，怪說布彰」，「巫道亂法，鬼事干政」；而「今之倡孔教者，又規摹仲舒而爲之矣」[44]。在章氏看來，立孔子爲教主，最不能原諒的是定於一尊。「定於一尊」，必然窒息思想活力，其實際效果只能是愚民。故終其一生，章太炎對孔子的評價雖屢有變遷（《訄書》中的〈訂孔〉與《檢論》中的〈訂孔〉已是大有出入），但「孔氏之教，本以歷史爲宗」的提法基本沒變[45]。之所以強調孔子學說並非宗教教義，而是「以歷史爲宗」，就因爲「史學講人話，教主講鬼話，鬼話是要人愚，人話是要人智，心思是迥然不同的」[46]。

從鬼話與人話、愚民與智民來區分今古文，自然只是章太炎的一家之言。不過，將孔子視爲「古良史也」的章太炎，本身確實更像見識卓絕之史學家；而將孔子視爲「大教主」的康有爲，本身也帶有宗教家的人格魅力。章太炎早年譏笑「康黨諸大賢，以長素爲教皇，又目爲南海聖人，謂不及十年，當有符命」[47]，並非無中生有的造謠誹謗。就連梁啓超也對其師「好引緯書，以神秘性說孔子」不以爲然[48]，著《南海康先生傳》時且專列〈宗教家之康南海〉一章。這種精神氣質及思想方法的區別，其實已經決定了各自治學路向的歧異。政治家兼宗教家的康有爲之考六經爲孔子所作，其本意不在追問六經之成書過程，而在於推崇孔子。若孔子只是著《論語》刪《春秋》，「則孔子僅爲後世之賢士大夫，比之康成、朱子尙未及也，豈足爲生民未有範圍萬世之至聖哉？」[49]說到底考據只是追認，結論早已先有，即「先立一見，然後攬擾羣書以就我」[50]。康氏對其「主題先行」的治學風格並不諱言，相對於「撥亂救民」爲萬世立法之大義，經義史籍眞僞之考訂實在微不足道。當年針對朱一新「鑿空武斷，使古人銜冤地下」的批評，康有爲並沒認眞應戰，而是虛晃一槍，大談起「今日之害，學者先曰訓詁」來[51]。就因爲在康氏看來，「聖人但求有濟於天下」，完全可以「言不必信」，名物訓詁之類無關大義的學問可有可無。

章太炎繼承清儒實事求是之治學風格，認定孔子是否著六經，是個事實問題，與義理是非無關，必須精研故訓，博考事實，才能「每下一義泰山不移」。因此，由考據通經，由通經達道，才是章氏心目中的治經正路。至於撇開音韻訓詁而侈談通經致用，只能是「大言欺世」。關鍵還不在於如此治學必然趨於穿鑿附會，更因通經本就難以致用，治世也都不靠經術。因此，章太炎特別欣賞清儒「不欲以經術致用」以及「夷六藝於古史」的治學態度[52]，理由是：

> 自周、孔以逮今茲，載祀數千，政俗迭變，凡諸法式，豈可施於輓近？故說經者，所以存古，非以是適今也。[53]

治經固然可以「明流變」，「審因革」，但並非今文學家吹得神乎其神的以經術治國。所謂「求漢人致用之方，如《禹貢》治河，《洪范》察變之類」，還有「以《春秋》決獄，以三百五篇當諫書」[54]，在現代人看來都是「非愚即妄」[55]。而且，從根本上說，治經意在「求是」而非「風議」，不該以有用與否爲評斷標準。在《與王鶴鳴書》中，章太炎乾脆直截了當地提出：

> 學者在辨名實，知情僞，雖致用不足尚，雖無用不足卑。[56]

以孔子爲良史，主訓詁以通經，均非章氏獨創；唯獨力倡治經當實事求是而不必考慮通經致用這一點，章太炎把今古文之爭推進了一大步。

康有爲論學標舉「致用」，著力攻擊清儒的學問「破碎無用」。面對「附會鑿空」之類的批評，康有爲居然臉不變色心不跳，且能反咬一口，嘲笑對手未能識大體。就因爲對於追求修身齊家治國平天下的士子來說，「學而無用」的指責，遠比「附會鑿空」的批評，更嚴厲也更致命。更何況國難當頭，即便考得古言泰山不移，又將於世何補？康有爲的棒喝之所以不能忽視，自有其道理。對康氏立說影響甚深的廖平〈知聖篇〉，就曾批評清儒推崇備至的段王之學「語之政事經濟，仍屬茫昧」。並非「禁人治訓詁文字」，而是「以救時言」，從小學入手治經乃迷途[57]。關鍵在於國家並非承平，士子不能不追求學以致用。這一點康有爲的自述表達得非常清楚：

> 僕之忽能辨別今古者，非僕才過於古人，亦非僕能爲新奇也，亦以生於道、咸之後，讀劉、陳、魏、邵諸儒書，因而推闡之。使僕生當宋明，亦不知小學；生當康、乾，亦豈能發明今

古之別裁？[58]

這裏強調的主要不是學術的傳承，而是時勢對學術發展的刺激。道光咸豐之後突出通經致用的今文經學之所以大盛，有學術上由靜入動，反撥乾嘉之學的意味；有今文經學演進的內在理路；可是康有爲的「奇談怪論」之所以得到社會的容忍乃至激賞，最主要的還是國事日非人心思變的時代氛圍。

當年梁啓超等熱血青年之「聞有爲說，則盡棄其學而學焉」[59]，並非偶然。其中最要緊的是時人普遍希望「學以致用」，不願爲求章句訓詁名物制度而老死書齋。

已經毅然走出詁經精舍並有「謝本師」壯舉的章太炎，當然理解這種情緒。之所以還要站出來否定今文經學的「通經致用」，很可能有一破一立兩方面的考慮：「立」指主實事求是，「破」指批附會臆斷。

章太炎治學重稽古，主求是，即所謂「字字徵實，不蹈空言，語語心得，不因成說」[60]；反對在學術研究中摻雜個人主觀好惡，甚或藉學術作政論。最能體現這一學術宗旨的莫過於如下一段話：

> 稽古之道，略如寫眞，修短黑白，期於肖形而止。使妍者媸，則失矣；使媸者妍，亦未得也。[61]

《徵信論下》中的如法吏辨獄，《與王鶴鳴書》中的「無偏無黨」，都是與此類似的說法，強調學者不該以一己之好惡抹煞或歪曲證據，乃至製造冤假錯案。學者的個人道德，未必眞能保證證據絕對不受污染，立論沒有絲毫私心。即便講稽古之學，章太炎也是追求「窺大體」、「得大體」，不滿足於「逐瑣屑之末務」，「致謹於名氏爵里之間」[62]。憑什麼保證所窺「大體」(而不只是個別字詞之考據)不誤？章太炎對西方社會學、哲學的吸取，以及對傳統經籍的釋讀，或許比時人高出一大截，卻照樣依賴於某種帶主觀色彩的學術眼光與理論框架。只能評價這一眼光及框架是否高明，而很難以「無偏無黨」自詡。學術研究中並不存在純粹的「客觀性」，只不過學者以「求是」爲目的，還是能相對減少許多不必要的失誤。

章太炎之反考古適今，反通經致用，自然是針對康有爲的托古改制以及三統三世等宏論。各學科中愈近於人事者，本就愈可能因「治之者加以愛憎之見，則密術寡而罅漏多」[63]；更何況康氏公開提倡去訓詁而獨取大義，必然慫恿「高材之士」道聽途說牽強附會。當年戴震之力主「治經先考字義，次通文理，志在聞道」，就因爲反感宋以來儒者之喜「憑胸臆爲斷」；而康有爲治經之善附會多臆斷，比宋儒明儒有過而無不及。章太炎正是抓住這一點不放，再三敲打今文經學家論學中之「往往附以奇邪」，「視一切歷史爲芻狗」[64]。

今文經學派爲提倡變革，注重切於人事，傾向於「藉經術以文飾其政論」，故不免多牽強附會的說法。章太炎曾刻薄地稱此類自視甚高的「通經致用」爲「曲學干祿」[65]，這一指責康氏門徒無論如何不能同意。因爲康有爲攻擊只講考據不問世事的「今之學者」，正是詆其「利祿之卑鄙爲內傷」[66]。到底今文古文兩派孰爲「曲學干祿」，很難一概而論。

學術研究從來並非一塵不染，隨時可能被權力支配與利用，歷史上今文經學和古文經學都有過被導向「曲學干祿」的不光彩紀錄。所謂「一切經術，無不可爲篡盜之階」；「學術雖美，不能無爲佞臣資」[67]。章氏其實心裏十分明白，學術並不「純淨清白」。只不過今文經學家重在發揮微言大義，主動貼近現實政治，再加上康有爲提倡「不待一月俱可通貫」的速成經學，使得不學無術者更容易利用其曲學干祿或浮說惑人。而「實事求是之學，慮非可臨時卒辦」；經過一番「研精覃思，鈎發沉伏」的學術錘煉[68]，一般來說心志稍微安定，不至於過分浮浪驕奢——當然也可能因此頓失豪氣，變得迂腐守舊。這一點，章之友人劉師培頗有同感，在論及清儒之得失時，稱「經世之學」，易流於「假高名以營利」；不若「純漢學者，率多高隱」[69]。

二、「殫精考索」與「興起幽情」

章太炎斥公羊學之弊，曰「其極足以覆國」[70]，這跟康有爲罵劉歆僞《周禮》故「一言喪三朝」[71]，二者立論相反，思路卻相當接近，都是強調學術與政治（思想與權力）的密切聯繫。康有爲講通經致用，將學術與政治綁在一起是順理成章；何以治學講求實事求是的章太炎，也非扯上國家興亡不可？這牽涉到章氏論學的另一側面：反「致用」口號，而又有致用精神。在清末民初學者中，力主學術不該講求致用者，一是章太炎，一是王國維。王氏針對其時學分新舊、中西、有用無用的「不學之徒」，強調「余謂凡學皆無用也，皆有用也」，並眞的一輩子固守「無用之學」的學術[72]。章太炎不一樣，之所以大談「雖致用不足尙，雖無用不足卑」，很大原因是被康有爲逼出來的——論爭中雙方觀點都容易趨於極端，要不無法「旗幟鮮明」。

幾乎從入世之初起，章太炎從來都是積極關注現實政治，不曾眞正遺世獨立過。從著《訄書》、「解辮髮」，到成爲民國元勳、國學大師，幾十年風風火火，除二〇年代末短暫的隱居外，章氏始終是政治舞臺上不容忽視的風雲人物。以此政治家的眼光論學，焉能完全不講「經世致用」？

推崇明末諸大儒之「多留心經世之務」，乃清末民初的學術思潮。如梁啓超讚揚顧炎武等人：「皆抱經世之志，懷不世之才，深不願以學著，而爲時勢所驅迫所限制，使不得不僅以學著。」[73]劉師培論述角度略有不同：「當明清之交，顧、黃、王、顏，各抱治平之略，修身踐行，詞無迂遠，民生利病，瞭若指掌，求道德之統紀，識治亂之條貫。」[74]章太炎既不像梁氏強調「時勢所驅迫」，也不像劉氏注重「修身踐行」，對三大家也都略有微詞，但格外欣賞其立身處世之道：

> 雖著書，不忘兵革之事。其志不就，則推跡百王之制，以待後聖，其材高矣！[75]

因慕顧炎武之爲人而「改名絳，別號太炎」的章炳麟，一生行事確有追踪顧炎武之意味，尤其是在力圖兼合「求是」與「致用」這一點上。最能代表這一學術取向的，是章太炎的兩段自述：亡命日本主編《民報》時「提獎光復，未嘗廢學」；幽禁北京口授學術時則「雖多言玄理，亦有諷時之言」[76]。

即便當初埋頭講求稽古之學時，章太炎的去取也自有其深意在。正如章之老師俞樾所說，其時之是否言變革求西學，是與傳統的孟、荀之爭聯繫在一起的：

> 孟子法先王，而荀子法後王。無荀子，不能開三代以後之風氣；無孟子，而先王之道幾乎息矣。今將爲荀氏之徒歟，西學具在，請就而學焉。將爲孟氏之徒歟？……風雨雞鳴，願與諸君子共勉之。[77]

章太炎剛離詁經精舍，就著文評孟、荀之爭，斷言：「自仲尼而後，孰爲後聖？……惟荀卿足以稱是。」[78]合孔、荀在理論上頗有漏洞，不過章氏明顯取其「法後王」、「制天命而用之」的入世精神，以及其傳經衍學、納法入儒的貢獻。一直到晚年作《儒家之利病》的演說，章太炎仍堅持尊荀抑孟。雖然晚清的孟荀之爭，是與漢宋之爭、經學理學之爭以及今文古文之爭糾合在一起，章氏之尊荀有其特殊的學術背景，但我還是更注重其在思想史上的意義。

《太炎先生自定年譜》「光緒二十三年」稱：「余所持論，不出《通典》、《通考》、《資治通鑑》諸書，歸宿則在孫卿、韓非。」與此相呼應的是《菿漢微言》結語中的一段話：「遭世衰微，不忘經國，尋求政術，歷覽前史，獨於荀卿、韓非所說，謂不可易。」這兩段自述再清楚不過地說明章太炎治學之初之推崇荀子，本身就是「不忘經國尋求政術」的結果，而很難歸之於講求名物訓詁的「實事求是」之學。實際上章氏一生多次從哲學、政治學、倫理學角度評述先秦諸子，褒貶抑揚，變化甚大，有些甚至前後矛盾，其中固然有研究對象自身的複雜性以及論述中多角度多層次的原因，可關鍵還在於論者講求致用的治學態度。認定諸子學說乃「主觀之學，要在尋求義理，不在考跡異同」[79]，故治學時不局限於訓詁考釋，而是著力發掘其思想文化意義，這是章氏高明之處。但這麼一來，不能不涉及論者的價值觀念及理論體系，很難再保持「無偏無黨」的治學態度。即便講考據訓詁典章制度，也有個促成研究者選擇對象的思想文化背景以及從何入手的學術傳統，並非眞的「赤條條來去無牽掛」；更何況諸子這樣的「主觀之學」，如何做得到「字字徵實語語自得」？當然，「近遭憂患，益復會心」的讀《易》，與「余於政治，不甚以代議爲然」的議政[80]，二者還是大有區別的。前者基本上仍以「求是」爲目的，儘管借助於社會閱歷與人生體驗；後者則以「致用」爲歸宿，雖也涉及一點學理問題。

在今古文之爭中，章太炎明顯揚「求是」而抑「致用」；可是在自家的學術研究(佛學研究、史學研究和小學研究)上，章太炎又突出「致用」精神。這與前人(如汪中、凌廷堪)之區分典章制度考古之學與六經宏旨義理之學不大一樣，並非強調專業或學科之分，而是體現其「革命不忘講學，講學不忘革命」這一悲壯的努力。

章太炎之研讀佛經，起於「遭禍繫獄」，是否能達大乘深趣還在其次，主要是「學此可以解三年之憂」。鄒容不讀佛經，無以解憂，「年少剽急，卒以致病」；而章氏熬過三年苦獄且不墜青雲之志，頗得益於講萬法唯心的佛學[81]。基於這種人生體驗，章太炎出獄後即極力主張「用宗教發起信心，增進國民的道德」[82]。因爲在他看來，革命之難以成功，關鍵在於國民之道德淪喪與革命黨人之缺乏獻身精神；當務之急是發起信心增進道德，而最合適的思想武器莫過於佛學。合華嚴宗之「普度衆生」與法相宗之「萬法唯心」，提倡一種勇猛無畏的革命精神，最典型的說法是：

> 非說無生，則不能去畏死心；非破我所，則不能去拜金心；非談平等，則不能去奴隸心；非示衆生皆佛，則不能去退屈心；非舉三輪清淨，則不能去德色心。[83]

爲了去畏死心、拜金心、奴隸心而發起宗教提倡佛學，這與康有爲之「好言宗教，往往以己意進退佛說」[84]，其實沒有多大差別，最多是五十步笑百步。章氏後來雖有一些關於佛典翻譯以及大乘佛教緣起的論文，但始終不以佛教學理的研討見長。也就是說，其實事求是的治學準則，並沒有貫徹落實在佛學研究中。早年提倡佛學濟世，固然談不上「求是」；晚年批評佛法未足救弊，實也只是基於「致用」。當年章太炎同鐵錚、夢庵論爭佛學，與佛理本身是非眞僞幾乎全然無關，爭論焦點在於其術是否「可用於艱難危急之時」[85]。章太炎當然很清楚：

> 佛法的高處，一方在理論極成，一方在聖智內證，豈但不爲宗教起見，也並不爲解脫生死起見，不爲提倡道德起見。[86]

明明知道「若用佛法去應世務，規劃總有不周」，可是一旦意識到當今急務是「救人心」，「不造出一種輿論,到底不能拯救世人」，章太炎毫不猶豫地撇下「聖智內證」，轉而「提倡道德」[87]。如此注重佛學的社會功用而不是學理是非，很難說是學者應有的態度。

章太炎的史學,無疑比其佛學更有根基。「余少年獨治經史通典諸書,旁及當代政書而已」[88]，求西學、讀佛典都是遭世衰變後的事，而且時有抑揚，不若推崇史學之自始至終。章氏既以仲尼爲「古良史也」，且贊同章學誠「六經皆史」的命題[89]，治學中自然不能不更多注重史學。但照史學家呂思勉的說法，章太炎在史學上雖「是有一部分精確的見解的，然亦不過單辭碎義而已」[90]。呂氏是按舊時分類法，將章氏經學、子學的著述(如學術史、思想史)排除在史學之外；政治史方面章太炎沒有完整的著述，而希望能「熔冶哲理，以祛逐末之陋；鈎汲眢沉，以振墨守之惑」的百卷本中國通史，又只是一個良好的願望。章太炎也有不少考其典章制度，究其成敗得失的精采論文；可是除了思想學說史，在政治史、社會史和制度史方面，其著述確實不像他自己所預設的那樣既有眼界開闊的理論批評，又有鈎髮沉伏的實證研究，融會中外學說且自成一家之言。章氏大談史學而又未有系統條理的史學著述，其治史功績其實不在學理，而在經世。

章太炎主張「治史盡於有徵」，反對「微言以致誣，玄議以成惑」，對近世學人之「背實徵，任臆說，捨人事，求鬼神」大加嘲諷[91]。但這並不妨礙他藉史學言變革，爲後王立制或爲生民發起信心。一九〇二年章氏「有修中國通史之志」，在給梁啓超信中概述其治史的兩大目標：

> 一方以發明社會政治進化衰微之原理爲主，則於典志見之；一方以鼓舞民氣、啓導方來爲主，則亦必於紀傳見之。[92]

治史講求發明原理，或曰推求「社會政治盛衰蕃變之所原」，這自是針對傳統史學「皆具體之記述，非抽象之原論」，「昧其本幹，攻其條末」等弊病的反撥與超越[93]，與其時梁啓超之提倡史學革命爲同一思路，是屬於學術觀念與理論模式的轉變。至於「鼓舞民氣啓導方來」云云，則已不再是學理之分辨，而是注重學術之社會功能，與章氏平時力主實事求是，不計有用與否的論學宗旨未盡相符。

何以特別注重史學，章太炎曾一言以蔽之曰：「欲省功而易進，多識而發志者，其唯史乎？」[94]明清以降，頗有思想家論述史學經世者，如王夫之稱「所貴乎史者，述往以爲來者師也」；黃宗羲稱學「必證明於史籍，而後足以應務」；章學誠則直指「史學所以經世，固非空言著述也」[95]。章太炎明顯受此輩先賢啓示，晚年既不滿於疑古思潮，又哀痛國土淪喪，進一步發揮其民族主義史學思想，大談史學乃「今日切要之學」。因爲「不讀史書，則無從愛其國家」；「不講歷史，昧於往跡，國情將何由而洽？」[96]不過有一點，即便值此爲民族憂患而提倡讀史之際，章太炎仍嚴守其學術良心，強調「藉古事以論今事，所謂借題發揮者，亦讀史所忌」[97]。或許，這正是章太炎論學之異於康有為處：以「求是」反「致用」，自不待言；即使同講「致用」，也自有其特色。章氏受過嚴格的乾嘉學派的學術訓練，一旦由「求是」轉入「致用」，也還有個不可逾越的極限：嚴禁穿鑿附會妄言臆斷。也就是說，在「求是」的基礎上講「致用」，而不是捨「求是」而趨「致用」。

章氏格外推崇顧炎武，不無追蹤其治學路數的意向。一九〇八年，在與夢庵關於佛教功用的論爭中，章氏述及他所理解的顧氏：

> 若顧寧人者，甄明音韻，纖悉尋求，而金石遺文，帝王陵寢，亦靡不殫精考索，惟懼不究，其用在興起幽情，感懷前德，吾輩言民族主義者猶食其賜。[98]

顧氏的魅力在於，具體治學時「求其真，不取其美」，故「持論多求根據，不欲空言義理以誣後人」；可是治學之初衷以及學術之效用，卻關涉世事人道家國興亡。選擇史學研究作為切近人事經世致用的途徑，與進入具體操作時嚴格遵守學術規則，兩者並不完全矛盾。在學術研究中，「殫精考索」是「體」，「興起幽情」是「用」。稽古之道，期於肖形；至於刺激當代讀者的情感與理智進而達到某種社會效果，只能是第二位的考慮。《訄書・通法》從歷代政治制度中發掘出「可法」的五件「善政」；《五朝法律索隱》則總結出「五朝之法，信美者有數端：一曰重生命，二曰恤無告，三曰平吏民，四曰抑富人」——這些著述自是以「合符節於後王」為取捨標準[99]，可是操作中仍求「殫精考索」。到底怎樣才算識大體合後王而又不流於主題先行厚誣古人？其間的分寸實在不好把握，章太炎的經驗是以名物訓詁為立論的根本。倘若「訓詁未通，而以微言相侈」，章氏辛辣而又俏皮地譏爲「皮之不存，毛將焉附」[100]。

藉政制法律的歷史考察來言變革開後王，這點並不新鮮；可是在世人眼中最少意識形態色彩的語言學研究，章太炎居然也能寄託其家國興亡之感，足見其致用的強烈願望。在「比輯俚語」、定方言六例並逐一疏解的《新方言》中，章太炎同樣追求兼合「求是」與「致用」：「上通故訓，下諧時俗，亦可以發思古之幽情矣。」[101]方言研究如何才能達到經世致用的效果，劉師培《新方言後序》披露了章氏的良苦用心：

> 昔歐洲希、義諸國，受制非種，故老遺民，保持舊語，而思古之念沛然以生，光復之勛，灌蕍於此。今諸華夷禍與希、義同，欲革夷言，而從夏聲，又必以此書爲嚆矢。此則太炎之志也。[102]

此類研究不必曲意附會，只管精心結撰，若能著成「懸諸日月，不刊之書」，自有明顯的社會功用。也就是說，只要選題恰當，求是之作也能產生致用的效果(發思古之幽情)；而致用之作，必須符合學術規則(上通故訓，下諧時俗)，才能進入學術之林。求是與致用、學術與政治，完全可以透過這種特殊方式統一起來。

太炎先生入世之初，曾抨擊「五十年以往，士大夫不治國聞，而沾沾於聲病分隸」，希望維新志士「紬五洲書藏之秘，以左政法，以開民智」[103]。晚年國難當頭，章太炎又藉講學之機，批評清儒「考大體者少，證枝葉者多」，以致造成「雖欲致用亦不能也」的可悲局面[104]。雖說論學標舉求是，章氏一生其實非常關注政治，很不以一味把玩古董的「純學者」爲然。甚至其於艱難困厄中苦心講學，也不僅僅是「爲學術而學術」，而是寄託某種政治信念。黃侃曾如是披露章太炎的追求：

> 其授人以國學也，以謂國不幸衰亡，學術不絕，民猶有所觀感，庶幾收碩果之效，有復陽之望。[105]

此說大致可信，因章氏本人也曾多次述及保存中國的語言文字、歷史文化，乃是保國存種的關鍵。如稱「語言文字亡，而性情節族滅」；「史亡則國性滅，人無宗主，論爲裔夷」等[106]。

但即便如此，章太炎還是反對「通經致用」的說法，譏之爲漢儒藉以干祿的鬼話。不是說經世不可以借重學術，或者學術不屑於致用，而是反對將兩者直接掛鈎乃至等同起來的傳統說法。首先是政學分途，然後才談得上互相借重。也就是後來學者們強調的，「學術的獨立自由，不僅使學術成爲學術，亦且使政治成爲政治」[107]。章太炎雖讚賞黃宗羲之「重人民，輕君主」，但對其抹煞學校傳道授業解惑的特殊功能，「獨令諸生橫與政事」這一政學不分思路很不以爲然，甚至指責其「何因偏隆學校，使諸生得出位而干政治，因以誇世取榮」[108]。將學生干政概括爲「誇世取榮」，實在有失公允；不過主張政學分途，反對以政干學或以學干政，這一思路仍有其深刻性。以學干政，是否一定會造成朋黨之勢或黨錮之禍，可能言人人殊；而以政干學之阻礙學術發展，敗壞士人道德，則是有目共睹。因而，熱心政治的章太炎，論學時並不以「經世致用」爲終極目標：「致用本來不全靠學問，學問也不專爲致用。」[109]求是與致用、學術與政治，各有其內在理路，也各有其操作規則與評價標準，既不能混爲一談，也不能強其所難。

學者著述，因其偏於致用或偏於求是，可能選擇不同的切入角度與論述體式。表面上章太炎的文章大都談論典章制度與歷史人物，其實因著述宗旨不同，有政論小品和學術專著之分。前者針砭時弊，立論鮮明，語調尖刻，常失之偏激；後者更注重學理的推演與史料的斟酌，一般趨於穩重平實。章氏既是有政治興趣的學者，又是「有學問的革命家」，落筆爲文，既可議政，也可論學。流亡日本時，章氏同時在《民報》和《國粹學報》發表文章，但兩類文章大不一樣，前者論政，後者述學。隨著章氏政治興趣的起伏，其著述宗旨也各有所側重。了解論學論政內在理路的差異，明白具體著述的體式及其思想學術背景，才能比較通達地看待章氏某些學術觀點的前後矛盾。同樣推崇顧炎武的乾嘉學者汪中，有一自述，頗與章太炎接近：

> 中少日問學，實私淑諸顧寧人處士，故嘗推六經之旨以合於世用。及爲考古之學，惟實事求是，不尚墨守。[110]

章氏著述，實有「合於世用」與「實事求是」兩大類，具體甄別不易，但傾向性還是相當明顯的。蕭公權論及章太炎的政治思想時，有一妙語：「章氏言九世之仇則滿腔熱血，述五無之論則一片冰心，寒暖相殊，先後自異。」[111]汪榮祖對此「妙語」的詮釋，更可顯示章太炎兼合求是與致用的學術追求：

> 寒暖相殊，正見哲學與政治之異趣。演哲學需要冷靜沉潛的思考，搞政治（尤其是革命）則需滿腔熱血的情懷。冷熱雖殊，未必不能兼顧。[112]

唯一需要補充的是，不只哲學，史學、小學等「考古之學」也都「需要冷靜沉潛的思考」，章氏「未必不能兼顧」的，是「寒暖相殊」的學術與政治。

三、理器之分與眞俗之辨

區分學術與政治，承認求是與致用各有其存在價值，這自是持平之論。但理解是一回事，喜愛又是另一回事。章太炎雖篤嗜「不齊而齊，上哲之玄談」[113]，輪到辨析論學宗旨，還是有明顯的傾向性。倘若章氏論學只是既講實事求是又講經世致用，未免近於鄉愿，不可能一時間振聾發聵。就學術訓練及師承而言，章氏無疑傾向於實事求是，一輩子不能苟同康有爲的附會臆斷，或「藉經術以文飾其政論」；但生當衰世，良心未泯，章氏又不能不以某種形式介入現實政治，專講訓詁老死書齋絕非其所願。這麼一來，講求是章太炎不如乾嘉諸老徹底，講致用章太炎又不如康有爲明確；其特點是努力在求是與致用之間取得某種合理的平衡。但這實在不是一件簡單的事情，因爲「學術與事功不兩至」；或者說，「夫求是與致用，其道固異；人生有涯，斯二者固不兩立」[114]。最理想的設計似乎是：論學時講求是，議政時求致用。但什麼時候該論學，什麼時候該議政？政學是否眞能涇渭分明？還有，政治與學術能否固守井水不犯河水的原則？所有這些都是未知數。

一九〇六年，章太炎作《建立宗教論》，其中有這麼一句：

宗教之高下勝劣，不容先論。要以上不失眞，下有益於生民之道德爲其準的。[115]

這話移用來概括章氏論學宗旨，頗爲恰當：「上不失真」講求是，「下有益於生民之道德」求致用。問題是怎樣才能保證二者完美統一而不是互相拆臺？如若魚與熊掌不可兼得，到底先要魚還是先要熊掌？或許這才是關鍵所在。

二〇年代初，章太炎曾作題爲〈說求學〉的演講，分求是與致用二途，並比較其長短：

求學之道有二：一是求是，一是應用。前者如現在西洋哲學家康德等是，後者如我國之聖賢孔子、王陽明等是。顧是二者，不可得兼，以言學理，則孔子不及康德之精深；以言應用，則康德不及孔、王之切近。要之二者各有短長，是在求學者自擇而已。

求學理精深者講實事求是，求切近人事者講經世致用，二者不分長短高低，只是宗旨不同因而問學途徑有別。這自是通達之論。但章氏緊接下去還有一句話：

然以今日中國之時勢言之，則應用之學，先於求是。[116]

章氏晚年感於國勢衰微，論學頗多致用之說；再加上平日關注政治，活躍於清末民初政壇，二〇年代中期甚至發表暫停講學與著述的「專心國事之通啓」，這就難怪世人心目中的章太炎，以經世致用而非實事求是見長。用張灝的話來說，就是「年輕時他就被兩種不同的治學思想所吸引」，而「最終顯示更具力量的是倫理實踐思想」[117]。

最能體現世人對章太炎的評價的，是其弟子魯迅在〈趨時和復古〉中的一段話：

清末，治樸學的不止太炎先生一個人，而他的聲名，還在孫詒讓之上者，其實是爲了他提倡種族革命，趨時，而且還「造反」。[118]

世俗名稱與學術貢獻不說風馬牛不相及，也是關係不大。單純以學術成就而傾動朝野者，古今中外實爲罕見。公衆對古音之甄別與制度之考辨，遠沒有像對現實政治那樣感興趣。章太炎得名於提倡種族革命而不是音韻訓詁之學，這點毫無疑問。問題是能否因此斷言章氏只是個「有學問的革命家」，其業績「留在革命史上的，實在比在學術史上還要大」[119]？持此說者意在推崇太炎先生，但立論的基礎是置革命於學術之上，而不是章氏自述的求是與致用各有短長。其實，章太炎的業績到底以革命還是以學術爲大，這二者本身是無法折算並加以比較的，純因立論者的主觀視野及價值尺度而上下浮動。我想考察的是，章氏本人是如何看待政治與學術，或者說他論學時到底重求是還是重致用。

眞正體現章太炎置政治於學術之上的，或許是其與康門師徒的微妙關係。章氏論學與康有爲迥異，變法維新期間有過短暫合作，變法失敗後又著文多所回護，時人或不以爲然，章太炎於是解釋道：「說經之是非，與其行事，固不必同。」說經之是非可以爭論，而心術之邪正不容辯駁。以「揭邪謀」的名義「駁僞學」，實是藉政治權勢解決學術爭端，不管其說是否「中窾要」，都「自成其瘢痏」，都是心術不正的表現：

苟執是非以相爭，亦奚不可，而必藉權奸之僞詞以爲柄，則何異逆閹之陷東林乎？[120]

因此，儘管「論及學派輒如冰炭」，可是一旦共同的政敵以「僞學」攻康氏，章氏馬上拋棄門戶家法之見，挺身而出爲其辯護；著《今古文辨義》，反對「經術文奸之士」之「藉攻擊廖士以攻擊政黨」，力圖將今古文之爭限制在學術範圍內。一八九九年一月，避地臺灣的章太炎接到康有爲覆書，感激興奮之餘，將其加上識語刊於一月十三日的《臺灣日日新報》。「識語」中專門表白他對於政術與學問的看法：

> 或曰：子與工部，學問途徑故有不同，往者平議經術，不異升元，今何相昵之深也？余曰：子不見夫水心、晦庵之事乎？彼其陳説經義，判若冰炭，及人以僞學朋黨攻晦庵，時水心在朝，乃痛言小人誣罔，以斥其謬。何者？論學雖殊，而行誼政術自合也。余於工部，亦若是已矣。……由是觀之，學無所謂異同，徒有邪正枉直焉耳。[121]

應該說學有「異同」，只是比起心術之「邪正」來，這一「論學雖殊」顯得無關緊要——這自是有感於中國人之不屑於「執是非以相爭」，而喜歡藉「揭邪謀」、「駁僞學」置學術對手於死地這一卑鄙習性。

將政術邪正置於論學是非之上，這一點章太炎從來不含糊。戊戌前後因政術合而靠近康梁，不問雙方學派之歧異；一九〇六年後因政術分而斥罵康梁，不講雙方學術上之互補。儘管後來章太炎也承認《民報》時期與梁啓超的一系列論爭有利於刺激雙方深入思考，並非眞的水火不相容；可是當年章氏更願意強調的還是政術之異。一九〇七年三月，梁啓超將讀《說文》的數十條箚記編爲《國文語原解》，託人轉求精於此道的章太炎作序，希望章氏能超越「政見歧殊」，成就此「學問上一美談」[122]。可是章太炎根本不予理睬，或許是看不上梁氏的小學功夫（章太炎對梁啓超的學問歷來評價不高），更大的可能性還是因「政術歧殊」故。

章氏論人衡文，常以政治立場及氣節高下爲第一前提，尤其是在提倡種族革命時更是如此。評述時人尚且不能局限於道德判斷，更何況情況更爲複雜的古人。章氏論學因政治偏見而出現較大誤差的，當推其對清代學術思想的評論：就因爲當中橫著一個章太炎力圖推翻的滿清王朝。如批評魏源之「夸誕好言經世，嘗以術奸說貴人」[123]，前者指學派，後者則指氣節。不要說魏源曾出任清廷官吏，就是黃宗羲允許兒子入清王朝的明史館，在章氏看來也是不可原諒的過失。明末清初三大家中，章太炎獨不以黃宗羲爲然，以爲其「學術計會，出顧炎武下遠甚；守節不孫，以言亢宗，又弗如王夫之」。學術高下其實很難說，章之故意貶低黃氏，主要是認定其氣節有虧：「以《明夷待訪》爲名，陳義雖高，將俟虜之下問。」[124]一切以是否與清廷合作（其標誌是出仕）爲取捨標準，而不大考慮特定時期的歷史情境與思想潮流，以之衡量政治人物尚且偏頗，更何況以之褒貶思想家和學者。

章太炎品人評事重氣節而輕功業，尤其鄙薄世之所謂「有文無行」者。一旦「文」與「行」、「著述」與「氣節」、「學術觀點」與「政治立場」尖銳對立起來，章毫不猶豫地選擇後者。可是品人重氣節不能直接轉化爲論學主致用；相反，氣節之士很可能不屑「外託致用之名，中蹈揣摩之習」[125]，因而傾向於寂寞的求是之學。在某些特定場合，爲喚起民衆拯世救亡，章太炎也會大談學以致用；但正式論學時仍嚴格區分「學說」與「功業」，反對以有用與否來衡量學術：

學說和致用的方術不同，致用的方術，有效就是好，無效就是不好；學說就不然，理論和事實合才算好，理論和事實不合就不好，不必問他有用沒用。[126]

對於相信「大士說法，唯在應機」，且對「應機之云」別有新解的章太炎來說[127]，既然有意應政俗風雲遷變之機而化人，論學時不免有因時因地與誨人律己之別。表面上章氏既講求是又講致用，不說宗旨含混，也有折中之嫌。但我以爲，實事求是才是其論學宗旨，經世致用則是「應機說法」。

章太炎論學雖兼及學理精深與切近人事，卻重在求是而非致用。最能說明這一點的，還是其眞俗之辨。眞俗互存互轉，即所謂「眞妄同源」，或者「眞必有妄，捨妄無眞」，不應該孤立地談論眞俗之高下是非。《菿漢微言》中自述學術思想歷程，不也落在「轉俗成眞」與「回眞向俗」上嗎？可是，當章太炎用眞俗來概括兩種不同的論學宗旨時，還是蘊涵著某種價值判斷的：

人心好眞，制器在理，此則求是、致用更互相爲矣。[128]

雖說強調二者「更互相爲」，但一理一器，一眞一俗，已經顯出論者的傾向性。

理器之分與體用之辨，是中國哲學史上的老話題，或許有點玄虛，章太炎還有更通俗的說法。一九一〇年章氏以獨角爲筆名在《教育今語雜誌》發表專論「留學的目的和方法」的〈庚戌會衍說錄〉，其中論及致用與求是之別，純是推己及人的大白話：

況且致用的學問，未必眞能合用，就使眞能合用，還有一件致用的致用，倒不得不碰機會，機會不朽，講致用的還是無用。專求智慧，只要靠著自己，並不靠什麼機會。假如致用不成，回去著書立說。[129]

致用與求是，一需機會湊合，一靠自己努力。正如余英時指出的：「『經世致用』卻由不得儒者自己作主，必須要靠外緣。所謂外緣便是顧亭林說的『王者』，因此無論是顧亭林或黃宗羲都要有所『待』。從歷史上看，儒家所期待的『王者』似乎從來沒有出現過。」[130] 章太炎立身處世，歷來講「自貴其心，不依他力」[131]，自是推崇不必有待的「求是」。求是而不爲時人賞識，尚可著書立說，企求藏之名山傳之後世。這對讀書人來說是個很大的誘惑，或者說是必不可少的心理安慰——因千古文人多嘆懷才不遇，之所以還能活得挺認眞，就因爲「立德」、「立功」不成，還有此不待社會認可的「立言」。至於致用之學，成者固然風雲際會顯赫一時，可是「機會不巧」者畢竟占絕大多數。而致用之學一旦無用，那可眞是一錢不值。如此「應機說法」，沒多少理論思辨色彩，但挺實在的——此也可見論者的良苦用心。

以個人之利弊得失論治學門徑，自然不是「大道」。但即便從家國興亡著眼，章氏也仍傾向於學以求是而非致用。章太炎確實強調學術與政治之關係，如〈哀焚書〉中力主「建國家、辨種族」之根基在「言語、風俗、歷史」，故滅其國者必毀其史變其俗易其言，此「帝王南面之術」，古今中外概莫能外[132]。而提倡種族革命者，自然是反其道而行之，藉學術發思古幽情，進而光復故國。章太炎對「主義」（政治）之倚仗於「史籍」（學術），有過這麼一個妙喻：

> 故僕以爲民族主義，如稼穡然，要以史籍所載人物制度、地理風俗之類，爲之灌溉，則蔚然以興矣。不然，徒知主義之可貴，而不知民族之可愛，吾恐其漸就萎黃也。[133]

這話常被用來作爲章氏治學講致用的證據。其實，統貫章太炎此前此後論學思路，此乃強調經世必須借重學術，而不是治學必須講求經世。若把章氏論學宗旨簡單化明朗化，大約可化爲如下三句：治世必須借重學術；求學不必講求致用；求是之學爲無用之用。

求是之學爲無待之學，爲無用之用，故是「眞」是「理」是「體」；而致用之學相對來說只能是「俗」是「器」是「用」。至於說「趨於致用」容易「浮說致人」，而「趨於求是」則「佐證有事，攻守有法」[134]，其實倒在其次。關鍵還是在於眞俗之辨這一思維方式。之所以選擇「眞俗」來說求是與致用，實關聯到章氏對自身歷史地位及存在價值的估計。

章太炎在中國政壇上叱咤風雲幾十年，乃萬衆矚目的民國元勳，革命勝利後論功授勳，甚不以得二等勳位爲然，自稱其「首正大義，截斷衆流」，功在孫中山之上[135]。如此注重功業聲名，似乎走的是政治明星的路子。但實際上，章氏最爲自得的，還是自家學問。辛亥革命高潮中，章太炎致書吳承仕，稱：「僕輩生於今世，獨欲任持國學，比於守府而已」；「學問之事，終以貴鄉先正東原先生爲圭臬耳」[136]。此等表白，並非一般讀書人套話。

最能說明章太炎特重學術的，是兩次繫獄臨危時近乎「蓋棺論定」的「自祭文」。一九〇三年章氏因《蘇報》案繫獄，於獄中有一自記，劈頭就是「上天以國粹付余」；其中最爲憂慮的並非光復故國之大業能否成功，而是擔心自家學問及身而絕：

> 至於支那閎碩壯美之學，而遂斬其統緒，國故民紀，絕於余手，是則余之罪也！[137]

這種中華文化繫於自家一身安危的感覺，在章太炎並非一時戲言。一九一四年章氏被袁世凱囚於北京，致書黎元洪，稱「進不能爲民請命，負此國家；退不能闡揚文化，慚於後進」，決意絕食，以死抗爭。雖有「進退」之分，似仍以爲民請命爲大；但絕命書中最大的感慨還是：「吾死以後，中夏文化亦亡矣。」[138]二十年後，弟子朱希祖對此有過大致合理的詮釋：

> 先師嘗言經史小學傳者有人，光昌之期，庶幾可待，文章各有造詣，無待傳薪，惟示之格律，免入歧途可矣。惟諸子哲理，恐將成廣陵散矣。此二十年前在故都絕粒時之言也。至今思之，仍不能逾於斯言。[139]

不管章太炎對自家學問的估計是否恰當，但其自視爲並世中唯一能「爲往聖繼絕學」者，這一點幾乎是沒有疑義的。生死關頭之思念，最能體現個人之志趣。立意絕食時，「自分以一書生提倡大義，功成事遂，可以永終」；眞正引以爲憾的是「懷抱學術，教思無窮，其志不盡」——在給長婿龔寶銓信中，章太炎一再表白此「千古文章未盡才」的遺恨：

> 所著數種，獨《齊物論釋》、《文始》，千六百年未有等匹。《國故論衡》、《新方言》、《小學答問》三種，先正復生，非不能爲也。雖從政蒙難之時，略有燕閒，未嘗不多所會悟，所欲著之竹帛者，蓋尚有三、四種，是不可得，則遺恨於千年矣！[140]

章太炎生死關頭大談學術，或許眞的只是政治上「功成事遂，可以永終」，而學術上自覺未盡其才故遺恨千古；或許是認定政治上的功業別人也能完成，唯一不可替代的是自家「夐絕千古」的學問，或許是以政治上的成功猶如過眼煙雲，唯有學術上的貢獻方能流傳久遠……所有這一切，都只能任憑後人猜測，唯一確鑿不移的是那危難關頭以中華文化（國故或國學）守護神自居的獨特姿態。章氏晚年之不言「經世致用」，而只求「惇誨學人，保國學於一線」[141]，正是這一思路的合理延伸。這種解釋可能會稍稍動搖章氏「先前也以革命家現身，後來卻退居於寧靜的學者」的傳統說法[142]。不是否認章太炎前後期論學興趣有所轉移，而是試圖指出常被論者忽略的一點：即便高談政治投身革命之際，章氏內心深處可能仍以學術爲重。就注重學術之獨立價值及深遠影響這一點而言，章太炎前後期並沒有多大變化；同樣，論學中以「求是」爲「眞」、以「致用」爲「俗」這一獨特思路，基本貫穿章太炎一生。

---

❶章太炎，《菿漢微言》（一九一六年刊本），頁五三。

❷參閱徐一士，〈太炎弟子論述師說〉，《一士類稿・一士談薈》（北京：書目文獻出版社，一九八三），頁一〇三—一二二。

❸侯外盧，《近代中國思想學說史》（上海：生活書店，一九四七），頁八五一。

❹張玉法，〈章炳麟〉，《中國歷代思想家》（臺北：商務印書館，一九七九），卷九，頁六〇三二。

❺唐文權、羅福惠，《章太炎思想研究》（武漢：華中師範大學出版社，一九八六），頁三六七。

❻錢大昕，〈盧氏群書拾補序〉，《潛研堂集》（上海：上海古籍出版社，一九八九），頁四二一。

❼韋裔（劉師培），〈清儒得失論〉，《民報》，第十四號，一九〇七年六月。

❽余英時，《歷史與思想》（臺北：聯經出版公司，一九七六），頁一一五。

⑨戴震，〈與某書〉，《孟子字義疏證》（北京：中華書局，一九八二），頁一七三。

⑩錢大昕，〈戴先生震傳〉，《戴震文集》（北京：中華書局，一九八〇），頁二六四。

⑪錢大昕，〈《廿二史考異》序〉，《廿二史考異》（北京：商務印書館，一九五八）。

⑫王鳴盛，〈《十七史商榷》序〉，《十七史商榷》（北京：商務印書館，一九五九）。

⑬阮元，〈《揅經室集》自序〉，《揅經室集》（道光三年刻本）。

⑭俞樾，〈《禮書通故》序〉，轉引自張舜徽，《清儒學記》（濟南：齊魯書社，一九九一），頁二八六。

⑮凌廷堪，〈東原先生事略狀〉，轉引自錢穆，《中國近三百年學術史》（北京：中華書局，一九八六），頁三六四。

⑯章太炎，《章炳麟論學集》（北京：北京師範大學出版社，一九八二），頁三四九。

⑰段玉裁，〈《戴東原集》序〉，《戴震文集》，頁一。

⑱龔自珍，〈與江子屏箋〉，《龔自珍全集》（北京：中華書局，一九五九），頁三四六。

⑲《章太炎全集》（上海：上海人民出版社，一九八五），卷四，頁一五一。

⑳章太炎，〈與鍾君論學書〉，《文史》（北京：中華書局，一九六三），第二輯，頁二七九。

㉑章太炎，〈訄書清儒〉，《章太炎全集》（上海：上海人民出版社，一九八四），卷三，頁一五八。

㉒同⑲，頁八六。

㉓章太炎，〈致譚獻書〉，《章太炎政論選集》（北京：中華書局，一九七七），頁一四。

㉔朱維錚校注，《梁啟超論清學史二種》（上海：復旦大學出版社，一九八五），頁七三。

㉕參閱李澤厚，《中國近代思想史論》（北京：人民出版社，一九七九），頁三八七；王泛森，《章太炎的思想及其對儒學傳統的衝擊》（臺北：時報出版公司，一九八五），頁四九—五九。

㉖康有為，《孔子改制考》（北京：中華書局，一九五八），頁二六七。

27 梁啟超，《梁啟超論清學史二種》，頁六四、五。

28 戴震，〈《古經解鉤沉》序〉，《戴震文集》，頁一四六。

29 錢穆，《中國近三百年學術史》（北京：中華書局，一九八六），頁六四一—二。

30 康有為，〈康南海先生年譜續編〉，《康南海自編年譜》（臺北：文海出版社，一九七二），頁二二。

31 同29，頁六三四。

32 參閱余英時，《中國思想傳統的現代詮釋》（南京：江蘇人民出版社，一九八九），頁二八四—九六。

33 曾國藩，〈勸學篇示直隸士子〉，《曾文正公全集》（上海：世界書局，一九三六）。

34 康有為，〈長興學記〉，《長興學記．桂學答問．萬木草堂口說》（北京：中華書局，一九八八），頁一二—二〇。

35 同34，頁二〇。

36 康有為，〈桂學答問〉，《長興學記．桂學答問．萬木草堂口說》（北京：中華書局，一九八八），頁三〇—二。

37 廖平，〈今古學考〉，《廖平學術論著選集》（成都：巴蜀書社，一九八九），卷一，頁四四。

38 同26，頁二四四。

39 章太炎，〈今古文辨義〉，《章太炎政論選集》，頁一〇八—一五。

40 章太炎，〈諸子學略說〉，《章太炎政論選集》，頁二八八—九一。

41 章太炎，〈建立宗教論〉，《章太炎全集》，卷四，頁四一八。

42 康有為，〈《春秋董氏學》自序〉，《春秋董氏學》（北京：中華書局，一九九〇）。

43 章太炎，〈檢論．學變〉，《章太炎全集》，卷三，頁四四四。

44 章太炎，〈駁建立孔教議〉，《章太炎政論選集》，頁六九〇。

45 章太炎，〈答鐵錚〉，《章太炎全集》，卷四，頁三七一。

㊻章太炎，〈中國文化的根源和近代學術的發達〉，錄自湯志鈞編，《章太炎年譜長編》（北京：中華書局，一九七九），頁三二三。
㊼同㉓，頁一四。
㊽同㉔，頁六八。
㊾同㉖，頁二四三。
㊿同㉙，頁六五二。
51康有為，〈南海先生與朱一新論學書牘〉，《康子內外篇》（北京：中華書局，一九八八），頁一六一—二。
52同㉑，頁一五九—六一。
53章太炎，〈與人論樸學報書〉，《章太炎全集》，卷四，頁一五三。
54皮錫瑞，《經學歷史》（北京：中華書局，一九五九），頁三四二、九〇。
55周予同，〈《經學歷史》序言〉，《經學歷史》，頁一二。
56同⑲，頁一五一。
57廖平，〈知聖篇〉，《廖平學術論著選集》，卷一，頁二〇八。
58同51，頁一六六。
59同㉔，頁六四。
60章太炎，〈再與人論國學書〉，《章太炎全集》，卷四，頁三五五。
61同53，頁一五四。
62章太炎，《國學概論》（香港：學林書店，一九七一），頁一二九—三〇；《章太炎全集》，卷三，頁五九〇。
63章太炎，〈規《新世紀》〉，《民報》，第二十四號，一九〇八年十月。
64《章太炎全集》，卷四，頁六一、三七一。

(65)同⑲，頁一五一。
(66)康有為，〈與沈刑部子培書〉，《康子內外篇》，頁一九一。
(67)《章太炎全集》（上海：上海人民出版社，一九八二），卷二，頁八三七；《章太炎全集》（上海：上海人民出版社，一九八五），卷五，頁一一八。
(68)同(60)，頁三五五。
(69)同⑦。
(70)章太炎，〈漢學論上〉，《章太炎全集》，卷五，頁二〇。
(71)同(51)，頁一五八。
(72)王國維，《觀堂別集》的〈國學叢刊序〉，《王國維遺書》（上海：上海古籍出版社，一九八三），第四冊。
(73)梁啟超，〈論中國學術思想變遷之大勢〉，《飲冰室合集‧文集》（上海：中華書局，一九三六），第三冊，頁八〇。
(74)同⑦。
(75)章太炎，〈說林上〉，《章太炎全集》，卷四，頁一一七。
(76)《太炎先生自定年譜》（香港：龍門書店，一九六五），頁一四；〈《菿漢微言》題記〉，《菿漢微言》。
(77)俞樾，〈《詁經精舍課藝八集》序言〉，《詁經精舍課藝八集》（光緒二十三年刻本）。
(78)章太炎，〈後聖〉，《章太炎政論選集》，頁三七。
(79)同㊵，頁二八六。
(80)章太炎，〈自述學述次第〉，《太炎先生自定年譜》，頁五五—六〇。
(81)《章太炎全集》，卷五，頁二二九；《太炎先生自定年譜》，頁一〇。
(82)章太炎，〈東京留學生歡迎會演說辭〉，《章太炎政論選集》，頁二七二。

(83)同㊶，頁四一八。

(84)同㉔，頁八一。

(85)同㊺，頁三六九。

(86)章太炎，〈論佛法與宗教、哲學以及現實之關係〉，《中國哲學》（北京：三聯書店，一九八一），第六輯，頁三〇〇。

(87)同(86)，頁三〇九。

(88)同(80)，頁五三。

(89)參閱章太炎的《國故論衡》中〈原經〉、〈明解故下〉二章。

(90)呂思勉，〈從章太炎說到康長素、梁任公〉，章念馳編，《章太炎生平與思想研究文選》（杭州：浙江人民出版社，一九八六），頁一八二。

(91)《章太炎全集》，卷四，頁五七—八；〈學林緣起〉，《學林》，第一冊，一九一〇年。

(92)章太炎，〈致梁啟超書〉，《章太炎政論選集》，頁一六七。

(93)章太炎，《訄書．哀清史》，《章太炎政論選集》，卷三，頁三二八—九。

(94)章太炎，〈救學弊論〉，《章太炎全集》，卷五，頁一〇二。

(95)參閱王夫之，《讀通鑑論》，卷六；全祖望，〈甬上證人書院記〉；和章學誠，〈浙東學術〉，《文史通義》。

(96)章太炎，〈歷史之重要〉，《制言》，第五十五期，一九三九年八月。

(97)章太炎，〈略論讀史之法〉，《制言》，第五十三期，一九三九年六月。

(98)章太炎，〈答夢庵〉，《章太炎政論選集》，頁三九八。

(99)參閱《章太炎全集》，卷三，頁二四二—五；《章太炎全集》，卷四，頁七七—八六。

(100)同(98)，頁三九八。

101 章太炎，〈《新方言》自序〉，《新方言》（杭州：浙江圖書館，一九一九）；〈丙午與劉光漢書〉，《章太炎全集》，卷四，頁一五六。
102 劉光漢，〈《新方言》後序〉，《新方言》。
103 章太炎，〈譯書公會敘〉，《章太炎政論選集》，頁四五。
104 〈章太炎論今日切要之學〉，《中法大學月刊》，卷五，第五期，一九三四年十月。
105 黃侃，〈太炎先生行事記〉，《黃季剛詩文鈔》（武漢：湖北人民出版社，一九八五），頁三一一。
106 章太炎，〈規《新世紀》〉；《檢論・春秋故言》，《章太炎全集》，卷三，頁四一二。
107 賀麟，《文化與人生》（北京：商務印書館，一九八八），頁二五〇。
108 《章太炎全集》，卷四，頁一二五；《章太炎政論選集》，頁四二七。
109 獨角（章太炎），〈庚戌會衍說錄〉，《教育今語雜誌》第四冊，一九一〇年六月。
110 汪中，〈與巡撫畢侍郎書〉，《述學・別錄》（嘉慶二十年刻本）。
111 蕭公權，《中國政治思想史》（臺北：聯經出版公司，一九八二），頁九三二。
112 汪榮祖，《康章合論》（臺北：聯經出版公司，一九八八），頁九九。
113 章太炎，〈齊物論釋〉，《章太炎全集》（上海：上海人民出版社，一九八六），卷六，頁六一。
114 參閱章太炎的〈說林上〉和劉師培的〈清儒得失論〉。
115 同41，頁四〇八。
116 〈說求學〉，錄自湯志鈞編，《章太炎年譜長編》，頁六二〇。
117 張灝著，高力克等譯，《危機中的中國知識分子》（太原：山西人民出版社，一九八八），頁一四四—五。
118 〈趨時和復古〉，《魯迅全集》（北京：人民文學出版社，一九八一），卷五，頁五三六。
119 魯迅，〈關於太炎先生二三事〉，《魯迅全集》，卷六，頁五四五—六。

(120)章太炎，〈翼教叢編書後〉，《章太炎政論選集》，頁九六—七。

(121)〈章太炎旅臺文錄〉，《中國文化研究集刊》（上海：上海復旦大學出版社，一九八四），第一輯，頁三五七—八。

(122)丁文江等編，《梁啟超年譜長編》（上海：上海人民出版社，一九八三），頁三七八。

(123)同㉑，頁一五八。

(124)《章太炎全集》，卷四，頁一二四、一一七。

(125)劉師培，〈近代漢學變遷論〉，《國粹學報》第三十一號，一九〇七年七月。

(126)章太炎，〈論教育的根本要從自國自心發出來〉，《章太炎政論選集》，頁五〇七。

(127)同❶，頁三一。

(128)同❶，頁五三。

(129)同(109)。

(130)同㉜，頁二二〇。

(131)同㊺，頁三六九。

(132)《章太炎全集》，卷三，頁三二三—四。

(133)同㊺，頁三七一。

(134)章太炎，〈程師〉，《章太炎全集》，卷四，頁一三九。

(135)章太炎，〈與王揖唐書〉，錄自《章太炎年譜長編》，頁四二一。

(136)同⑯，頁三四七—九。

(137)章太炎，〈癸卯獄中自記〉，《章太炎全集》，卷四，頁一四四。

(138)徐一士，《一士類稿．一士談薈》，頁八三；湯國梨編次，《章太炎先生家書》（上海：上海古籍出版社，一九八五），頁四七。

139 朱希祖，〈致潘承弼書〉，錄自《章太炎年譜長編》，頁四七四。
140 章太炎，〈與龔未生書〉，《章太炎政論選集》，頁七〇二。
141 章太炎，〈致馬宗霍書〉，《章太炎政論選集》，頁八二七。
142 同 119，頁五四五。

第二章 官學與私學

章太炎平生治學，喜歡把話說絕說盡，故多驚世駭俗之論。世人或喜其新奇，或惡其新奇，卻難得深入探究其「奇談怪論」後面的學術思路及良苦用心。太炎先生最令人不解的怪論之一，就是以民國元勳身分而反對新式教育，認定廢科舉興學校不但不能使學術日進，反而必定「使學術日衰」；歷數文科學校五大弊病後，斷言「非痛革舊制不可治」，否則，「世以是亂，國以是危，而種族亦將以是而滅亡矣」❶。此論不出於墨守古制的遺老遺少，而出於提倡革命的勇猛之士章太炎，自是不能等閒視之。可惜學界對章氏此說或含糊其辭，不置可否；或以之為名士故作驚人之語，不必深究。我以為，章氏之反對學校（新式教育），具體結論可能因言辭偏激而不合時宜，但其論學思路發人深思。

辛亥革命後，昔年力主廢科舉興學校的康有為，也反過來斥責學校教育「以智為學而不以德為學」，使得舉國上下「人才衰落，志節衰頹，惟求利祿，何知仁義」❷；此等「曠邈千里，寂然無士」的局面，反不及科舉時「學道之風未輟」，「賢者以道德節行化其鄉人，其中才以下，亦復有文采風流之美」，至此方才明白「昔者科舉之以無用為用也」❸。同樣對學校「師歐媚美」，以及新學之士「道德淪喪」很不以為然，但章太炎的批判遠不止於此。首先，章氏談論學校功過，著眼點不在啓蒙教育，而在學術發展，故時賢最爲熱心的幼學、女學以及平民教育等，都不大在考慮之列。其次，章太炎注重學制與學術思想之間的聯繫，在談論學校的得失時，是把它與西學聯繫在一起的，反過來，書院講塾則是與國學密不可分。最後，章氏之抨擊新學堂，關鍵還不在新學堂作爲一種教育形式的優劣，而在政府倡辦新學堂這一決策的得失。也就是說，章太炎表面上講的是舊學與新學，而思考的中心其實是官學與私學的關係。因此，這一思考的意義主要不在教育史上，而在學術史和思想史上。章氏對新式教育體制的懷疑，其實是在思考中國學術傳統如何面對（適應）現代社會以及以西學爲背景的西方教育制度這麼一個重大問題。章氏沒能找到令人滿意的答案，但其提出的若干問題，至今仍困擾著無數中國學人，並未因時過境遷而自行消解。

一、「勸學」與「學隱」

晚清國運衰微，上自封疆大使，下至文人學士，紛紛謀求救亡圖存之道，科舉與學校之爭一時成了熱門話題。「果無外懼，百世不易可也」，可是到了「岌岌如不終日」的時節，守舊如王先謙者，也都主張以策論代制藝，「充之子史，以博其趣；推之時務，以觀其通」。問題是策論雖優於制藝，但是否眞是最好的「求才之道」，這一點連主張策論取士者也心中無數：「吾亦非謂策論即興起人才之本也，思先避制藝之害而已。」❹傳統學制內部改革的路子走不通，只好向西方尋求眞理。於是，廢科舉興學校的呼聲越來越高。從一八九二年鄭觀應的「學校者，造就人才之地，治天下之大本也」❺，到一八九四年譚嗣同的「故夫變科舉，誠爲旋乾斡坤轉移風會之大權，而根本之尤要者也」❻，再到一八九八年張之洞之「西國之強，強以學校，……我宜擇善而從也」❼，各家身分地位及政治傾向大有區別，論學的側重點也不一樣，可是都承認中國不再是天朝上國，而是隨時有亡國滅種的危險，不能再死守祖宗家法，唯有「師夷長技以制夷」，才有復興的希望。

從只承認西方「船堅炮利」，到意識到「泰西之所以富強，不在炮械軍兵，而在窮理勸學」❽，因而傾向於從變科舉與學校入手搞改革，無疑是一大進步。梁啓超對這一思潮，有一精采而簡潔的概括：

> 故欲興學校，養人才，以強中國，惟變科舉爲第一義。❾

目的是「強中國」，關鍵則在於「養人才」，至於「興學校」與「變科舉」何者爲「第一義」，倒也不必強分軒輊，說到底這是一個硬幣的兩個面。你固然可以說科舉不廢，學校難興，也可以反過來說學校不興，科舉難廢——晚清維新志士大致從這兩個不同角度論述改革學制的意義。這其中康有爲關於「治病」的比喻最爲精采：廢科舉是「吐下而去其宿痾」，興學校乃「補養以培其中氣」❿。

戊戌變法前後，章太炎以「以革政挽革命」爲「今之亟務」，論政時與康梁大致相同，也以廢科舉開學校之「昌吾學」、「強吾類」的良策⓫。〈論學會有大益於黃人亟宜保護〉中針對中國「人終以科舉爲清望，而以他途爲卑污庳下，則仍驅高材捷足以從學究矣」這一現狀，主張立學會開民智；〈變法箴言〉則認定「學堂未建，不可以設議院；議院未設，不可以立民主」，顯然以興學校爲變法之本；〈蠹廟〉中乾脆主張斥賣「淫祀寺觀」以「增置學堂」，當務之急是開民智以救亡圖存，故「鬼責無所懼，人言無所懼」。以上三文基本上是呼應康梁的主張⓬，還談不上獨立的政治見解。章氏頗有自知之明，政治上與康梁分道揚鑣之後，論及科舉與學校之爭時也都改弦易轍。〈論學會〉及〈變法箴言〉二文固然不曾收入文集，〈鬻廟〉雖入《訄書》初刊本，一九〇〇年作者手校《訄書》時也被斷然刪去。

不過，章太炎不喜歡新學堂，並非意氣用事，故意與康梁劃清界線。即便在附和康梁攻科舉倡新學時，關於學會的功能與作用，章太炎與康梁的看法實際上頗有距離。「學業以講求而成，人才以摩厲而出」⑬，對學會「聞見易通」這一基本功能，雙方沒有什麼爭議；只是在政府與學會的關係上，雙方意見很不一致，實際上已隱伏著日後分手的危機。康有爲提倡學會，是藉民間之力輔助政府辦學：

> 蓋政府之精神有限，不能事事研精，民會則專門講求，故能事事新闢。⑭

著眼於替政府「補天」，康有爲當然希望政府能對學會給予支持，尤其羨慕泰西之立學會，「自后妃太子親王大臣咸預焉」。在康有爲心目中，學會只是政府辦學的第二途徑，是一種專業性的學術團體(如農學會、礦學會、商學會)，「有一學即有一會」，便於師友講求疑義，切磋學問，可以作爲學校的補充。也就是梁啓超說的，辦學應該：

> 學校振之於上，學會成之於下。⑮

而章太炎之倡學會，首先針對的則是政府的愚民政策：

> 嗚呼！昔之愚民者，鉗語燒書，坑殺學士，欲學法令，以吏爲師，雖愚其黔首，猶欲智其博士；今且盡博士而愚之，使九能之士，懷寶而不獲用，幾何其不爲秦人笑也？[16]

正是基於對政府辦學誠意及能力的懷疑，章太炎才力主民間「搜徒索偶，以立學會」。不是政府「精神有限」，故辦學不力，而是辦學的責任與權利本就在民間，不待政府的提倡與獎勵。

> 政府不能任，而士民任之。[17]

這才是章太炎立學會的本意所在。此等「豪俊成學之任」，推其本意，乃民間「以繩墨自矯，而備世之急者」，符合「古之明訓」。以民間的「學會」（書院、講習會）與官府的「學校」抗爭，章氏此後論學、辦學的基本路向，在此已露端倪。

章太炎第一篇公開批評新式學堂的文章〈與王鶴鳴書〉寫於一九〇六年，這並非偶然。科舉與學校之爭，在晚清絕不只是個學術問題，而是一場激烈的政治鬥爭。章太炎即便對學校不以爲然，也不會在科舉未廢之時爲其辯護——其時攻擊學校很容易爲頑固的守舊派所利用。百日維新雖然以流血告終，但康、梁等人主張的新政實際上仍在悄悄實行，變科舉開學堂更是大勢所趨。一九〇一年張之洞等奏請遞減取士名額，以學堂生員補充；一九〇三年張百熙等奏請每年遞減三分之一的科舉取士名額，以便「將科舉學堂合併爲一」；到一九〇五年袁世凱等奏請「立停科舉以廣學校」，清政府詔准自丙午（一九〇六）科起停辦科舉[18]，至此，實行了一千三百年的科舉制度被完全廢止，這在中國教育史、學術史、政治史上都是一件了不起的大事。此前歷代雖不乏對科舉制度的尖銳批判，卻沒有能夠取而代之的教育體制；如今以西式學校來取代科舉取士，無論在野在朝，都會意識到這是一個重要的歷史轉折關頭。就在清帝諭立停科舉以廣學校後不到四個月，嚴復撰文歷數從設京師同文館以補舊學之不足到「一切皆由學堂」的經過，然後斷言：

> 不佞嘗謂此事乃吾國數千年中莫大之舉動，言其重要，直無異古者之廢封建、開阡陌。造因如此，結果何如，非吾黨淺學微識者所敢妄道。[19]

其實，當時文人學士對廢科舉開學校的「結果何如」多有議論，維新派、革命派大致上都持肯定態度，只是可惜此等好事乃由政敵來完成。章太炎的思路卻頗為奇特，昔年之攻擊科舉，如今一轉而為挑剔學校的諸多弊病。因為在他看來：

> 雖然，學術本以救偏，而跡之所寄，偏亦由生。[20]

興廢除弊，固是大好事，但淺學之士「以相誑耀，則弊復由是生」，此尚在其次；救偏除弊，不免矯枉過正，難得平心體會弊中之利、偏中之正，也難得警惕由此產生的新偏新弊，這才是最要命的。科舉未廢，倡學校可以救偏除弊；科舉已廢，則必須正視此救偏之「偏」、除弊之「弊」。章氏有時為抨擊學校之弊，頗有以為其不及科舉者，不過此乃激憤之語，當不得眞。章學誠認定「風尚所趨，必有其弊」（《文史通義•說林》）；其後學章太炎也不例外，斷言「大抵成氣類則偽，獨行則貞」[21]。循此思路，褒貶是非時不免嚴於氣類已成風尚所趨者，而寬於日趨衰落者；因為「衰則少僞」，起碼在人格上，固執己見勝於趨炎附勢。

針對「學校雖劣，猶愈於科舉」的時論，一九〇六年，章太炎作〈與王鶴鳴書〉，表達他對學校「使學術日衰，乃不逮科舉時也」的憂慮：

> 科舉廢，學校興，學術當日進，此時俗所數稱道者。遠觀商、周，外觀歐、美，則是直不喻今世中國之情耳。中國學術，自下倡之則益善，自上建之則日衰。凡朝廷所闓置，足以干祿，學之則皮傅而止。……今學校爲朝廷所設，利祿之途，使人苟偷，何學術之可望？[22]

這裏批評的實際上不是學校作爲一種教育體制的優劣，而是其由於得到朝廷的提倡而可能成爲新的利祿之途。

科舉制度最爲人詬病的是使舉子「求富貴而廢學業」，「乃至嗜利無恥，蕩成風俗，而國家緩急，無以爲用」[23]。時賢認定救弊之法在開辦學堂，教授對國家有用的新學。但學子必須衣食有著，方才談得上研精窮本，這也是人之常情。於是，勸學的最好辦法，莫過於由朝廷出面賜以利祿。既然中國人「最重科第」，「諸生有視科第得失爲性命者」，康有爲建議朝廷因勢利導，用獎勵出身的辦法來提倡譯書與遊學，比如「凡諸生譯日本書過十萬字以上者，試其學論通者給舉人。舉人給進士，進士給翰林，庶官皆晉一秩」[24]。梁啓超的辦法更直捷，所列興學校養人才的「上策」，實爲學校畢業與科舉出身同等待遇：

> 入小學者比諸生，入大學者比舉人，大學學成比進士；選其尤異者出洋學習，比庶吉士。

其餘歸內外户刑工商各部任用，比部曹。庶吉士出洋三年學成而歸者，授職比編檢。[25]

這一主張符合大多數舉子心理，而且短期內確實能見成效，故被清廷接受。一八九八年光緒下《明定國是詔》，宣布建立京師大學堂，而由梁啓超起草的《京師大學堂章程》即規定，「大學卒業，領有文憑作爲進士，引見授官」；因爲據說「前者所設學堂，所以不能成就人才之故」，「由國家科第仕進不出此途，學成無所用」[26]。百日維新失敗，但康、梁辦學思路仍被沿襲，一九〇三年公布的《學務綱要》規定「畢業升等獎給出身」：試官依據學生考試成績和平日品行，「分別奏請賜予各項出身，分別錄用」；一九〇五年清帝諭立停科舉以廣學校，也不忘添上一句：「總之學堂本古學校之制，其獎勵出身亦與科舉無異。」[27]這一制度的實行，對中國教育體制順利地從科舉向學校過渡起了很大作用。正如梁啓超所預想的，由於進學校也能得到出身，故「天下之士，靡然成風」；至於是否真的「八年之後，人才盈廷」[28]，那可就難說了。以獎勵出身勸學，固然使學校的興辦省卻許多阻力；但這麼一來，學校和科舉又有什麼區別，不都是「利祿之途」嗎？

前人批評科舉取士表面上是「以利祿勸儒術」，實際上則是「以儒術殉利祿」（章學誠《文史通義·原學下》）。今人「以利祿勸新學」，又何曾能逃脫「以新學殉利祿」的命運？章太炎對清廷之如此興學大不以爲然，認定以「宮室輿馬衣食之美」來「導誘學子」，只能使學子失卻求學眞意，但求報償，「趣於營利轉甚」。張之洞因斥巨資倡新學而享大名於晚清，章氏對此豪舉殊無好感，就因爲：

以其豪舉施於學子，必優其居處，厚其資用，其志固以勸人入學，不知適足以爲病也。……

以是爲學，雖學術有造，欲其歸處田野，則不能一日安已。自是惰遊之士遍於都邑，唯祿利是務，惡衣惡食是恥，微特遺大投艱有所不可，即其稠處恆人之間，與齊民已截然成階級矣。㉙

發展下去就是「遺其尊親，棄其伉儷」，故「人紀之薄，實以學校居養移其氣體使然」。譴責都市生活、學校教育的毒害，使得原本淳樸的「鄉邑子弟」，一旦「負笈城市」，即變得慕富貴患貧賤㉚，此說與七〇年代藉以將讀書人打入十八層地獄的「一年土，二年洋，三年不認爹和娘」頗爲相近。不過，章氏的著眼點在於強調學子「淡泊明志」的自我修養，而不是主張朝廷可以讓學子餓肚皮；學術發展的希望，在民間的自我努力，而不在官府的提倡獎勵。

作爲政治家，康梁熱中於走上層路線，希望從上至下推行其改良方案，故一切繫於朝廷的「詔令」。而終其一生，章太炎基本上是個在野的思想家，對官場始終沒有好感，對朝廷興學的誠意及效果抱懷疑態度，對「暴政」與「利祿」對學術的雙重摧殘有深刻的體會，故對康梁將振興學術的希望完全繫於朝廷的自新很不以爲然。章太炎曾評述有清三百年學術，主要尺度是入仕與否，對謀得一官半職的學者頗多微辭。而朱鶴齡等「學雖淺末，然未嘗北面事胡人」；江聲「亦舉孝廉方正，皆未試也」；陳奐等「以布衣韋帶，盡其年壽」，此等「嘉遁之風」大爲章氏所賞識。只可惜由於清廷改變策略，「以殿試甲第誘致其能文章者，先後賜及第無算」，士子逐漸醉心利祿，「嘉遁之風始息」㉛。對清代此類專心學術無心仕進的樸學家，章氏稱之爲「學隱」，並給予很高評價。魏源爲李兆洛作傳時曾譏諷乾嘉諸先儒「爭治漢學，錮天下智惠爲無用」，太炎於是針鋒相對：

> 吾特未知魏源所謂用者，爲何主用也？處無望之世，衒其術略，出則足以佐寇。反是，欲與寇競，即網羅周密，虞候迦互，執羽籥除暴，終不可得。進退跋疐，能事無所寫，非施之訓詁，且安施邪？[32]

將「學隱」作爲「進退跋疐」中別無選擇的選擇，這話講得相當沉痛，非切身體驗，難得有此平情之論。如此「低調」，高人不願言，烈士不屑言，僞君子更不敢言，但歷史中人就這麼點選擇的自主性。

強調「處無望之世」，即便像戴震那樣「揣其必能從政」者，也都寧願選擇「學隱」，這很容易給人一種錯覺，似乎章氏之推崇「學隱」，只是爲了反淸。章太炎論學確實有明顯的反淸和反官府的傾向，他之讚賞江藩所著《國朝宋學淵源記》「適可以嗣《春秋》，方太史也」，除了作者本人「沒世未嘗試府縣廷，韋帶布衣，以終黃馘」外，更因此書「所錄止於窮閻苦行，排擯南方諸浮華士。而仕滿洲一命以上，才有政治聲聞，即棄不載」[33]。章氏以爲，讀書論世，「當心知其意」，著力探討作者留在紙背的「微言難了者」，江藩之「不錄高位者一人」，眞正用心是鄙視「媚於胡族得登膴仕者」[34]。但江藩的自述並非如此，有鑑於學有所成的達官貴人已「具載史宬，無煩記錄，且恐草茅下士見聞失實，貽譏當世也」，故專門選錄「或處下位，或伏田間，恐歷年久遠，姓氏就湮」者[35]，本無章氏所表彰的種族意識，最多是偏愛在野之學。章氏其實也明白這一點，講完滿漢之爭，歸結點還是官民之別：

> 故知學術文史，在草野則理，在官府則衰。[36]

強調「學在民間」，突出民間社會在學術發展中的積極作用，是章太炎的一貫主張。至於讚賞江藩之表彰「窮閻苦行」，與斥責阮元之「錄諸顯貴人」，則是有感於世人的官本位思想。學者學術成就的高低，與其官職大小本沒有任何直接關係，但居高位者容易沽名邀譽，一時間也能夠轉移風氣，史家常被此類表面現象迷惑。

官府有錢有勢，占盡天時地利，何以提倡學術反不如民間？就因爲以權勢利祿爲誘餌，易以召誑世盜名之徒，難得赴艱苦卓絕之任。「學隱」之所以値得尊敬，並非因其政治傾向，而是因其不以「榮華」、「酒肉」爲意，故「驕淫息乎上，躁競弭乎下」[37]。而政治上的節守與學術上的節守兩者是相通的，耐不得寂寞者在官爲學均無大成。「凡學者貴其攻苦食淡，然後能任艱難之事，而德操亦固。」[38]這並非只是「士以氣節爲先」之類的道德說教，學術研究講究「明徵定保，遠於欺詐；先難後得，遠於徼幸；習勞思善，遠於偷惰」[39]，非淡泊之士，何以深入堂奧？

在此意義上，康梁靠獎勵出身來提倡學術的設想，頗有飲鴆止渴的味道。這一點，嚴復、王國維、蔡元培都有所反省。嚴復同意「學成必予以名位，不如是不足以勸」的說法，不過反對授予學成之人「政治之名位」，理由是：「國愈開化，則分工愈密，學問政治，至大之工，奈何其不分哉！」[40]嚴復還只是從政學殊途的角度來反對以官爵獎勵學者，王國維則斷然否定「今日上之日言獎勵學術」。因爲「今之人士之大半殆捨官以外無他好焉」，朝廷的決策只能助長「以學問爲羔雁」的傾向，故「以官獎勵學問，是剿滅學問也」[41]。王國維還只是發表發表意見，蔡元培則有能力將其教育主張付諸實施：一九一二年一月，時任教育總長的蔡元培主持頒布《普通教育暫行辦法》，廢止獎勵出身；一九一七年一月，就任北京大學校長的蔡元培，又屢次在演說中強調「大學者，研究高深學問者也」，不該有「養成資格」或「做官發財」的念頭[42]。

相對於嚴、王、蔡諸位，章氏對清廷以官爵獎勵學問的做法更爲深惡痛絕，攻擊也更加不遺餘力。就因爲章太炎評人論世，本就喜從道德操守落筆，實在不能容忍此種明目張膽提倡「爲利祿而學術」。一九〇六年出獄赴日，章氏首先提倡的便是「百折不回，孤行己意」的「神經病」性格，以及「用宗教發起信心，增進國民的道德」的革命方略[43]。因爲在他看來，革命之成功與否，繫於革命黨人之道德水準。「道德墮廢者，革命不成之原」；「道德衰亡，誠亡國滅種之根極也」，增進國民道德雖則標舉知恥、重厚、耿介、必信四者，其中心其實只是「忘情於名利」。只有忘情於名利，才能談得上「悍然獨往，以爲生民請命」。搞政治是如此，做學問也不例外，都以忘情於名利爲第一要素。「且道德之用，非特革命而已，事有易於革命者，而無道德亦不可就。」[44]評論歷代學術，章氏於是多注重其道德操守。

所謂「若夫行己有恥，博學於文，則可以無大過」[45]，此雖是老話，但章氏眞的以是否知恥來評論歷代學術，倒也時有新意。比如《諸子學略說》中批評儒家積極入世，病在以富貴利祿爲心；《五朝學》中讚嘆「五朝士大夫，孝友醇素，隱不以求公車徵聘，仕不以名勢相援爲朋黨，賢於季漢，過唐、宋、明益無訾」[46]，立說不見得精確，卻有發人深思之處。更重要的是，將利祿與操守作爲對立的兩極，要求眞正的學者遠離權勢利祿，站在代表利祿之源的官府之外來從事學術研究。這當然是有感而發，不能不牽涉到其特殊的學術背景。

二、「學在民間」之自信

章太炎論學主「實事求是」，反對康、梁等今文經學家的「經世致用」，譏笑其藉學術進入政權結構中心或憑藉政權力量來推行其學術主張爲「沽名釣譽」。而在具體的辦學方針上，一重官學，一尊私學，兩者更是大相逕庭。康、梁將政治乃至教育改革的希望全押在皇上的詔令上，自然不把民間辦學的熱情與傳統放在眼裏，幻想「但有明詔」，就能全面接管原就「皆有師生，皆有經費」的民間所辦書院、義學、社學、學塾等，進而推行其教學主張㊼。也就是說，只將民間私學作爲被動改造對象，突出政府干涉強行推廣某種教育制度的權力與作用。這種設想必然遭到堅信「學在民間」的章太炎的強烈反對，爭論的焦點不在教育要不要改革，而在支撐教育（學術）健康發展的，到底是朝廷官府還是民間社會。而這，牽涉到雙方對三代之學以及私學興起的不同評價。

戊戌變法前後維新派提倡廢科舉興學校，其口頭禪是「上法三代，旁採泰西」，或「遠法三代，近取泰西」㊽。所謂「遠法三代」，即康有爲等再三強調的學校之設乃先王之法。此說若只局限於爲「近取泰西」尋找理論依據倒也罷了，偏又坐實殷周時學制如何完美，春秋戰國之際的學術下移如何墮落，則不能不引起對「稽古之學」有濃厚興趣的章太炎奮起反駁。

一八九八年，康有爲上《請開學校折》，其中除論歐美學校之效益外，更突出學校乃先王之法：

> 吾國周時，國有大學、國學、小學之等，鄉有黨庠、州序、里塾之分，教法有詩書、禮樂、戈版、羽龠、言説、射御、書數、方名之繁，人自八歲至十五歲，皆入大小學。萬國立學，莫我之先且備矣。㊾

推崇周時學制，乃中國古代士大夫的傳統説法，也是康有爲的一貫觀點。一八八六年著《教學通義》，康有爲即稱：

> 道法備於周公，教學大備，官師咸修，蓋學之極盛也。[50]

藉推崇三代之學來貶抑秦漢以下的教育和學術，以達到其變革學制的政治目的，這是晚清的時髦高論。如陳熾即稱：「古之時，有家學，有鄉學，有國學。夏曰校，殷曰序，周曰庠，學則三代共之，皆所以明人倫也。」[51]此說源於《孟子・滕文公上》，其實沒什麼創見，但在晚清不斷被重複。參照其他古籍所記，今人可以大致了解三代學校的規模和性質。三代之學確實值得懷念，問題在於時人爲了以三代學校附會泰西學制，紛紛陳說自三代之學衰落，教育和學術因而誤入歧途。最典型的是鄭觀應的說法：

> 比及後世，學校之制廢，人各延師以課其子弟。窮民之無力者荒嬉頹廢，目不識丁，竟罔知天地古今爲何物，而蔑倫悖理之事，因之層出不窮。此皆學校不講之故也。[52]

康有爲顯然也是贊同此類說法的，在懷念三代之學的同時，康氏稱春秋末造之「天子失官，諸侯去籍，百學放黜」爲「學術之大變，後世人民不被先王之澤者在此」[53]。

如此批評學在四夷以及私學的興起，無論如何是章太炎所不能同意的。由三代之「學在官府」轉爲春秋戰國之「學在民間」，是中國學術史、教育史上值得大書特書的大事，豈能輕易否定。首先，三代之學並非爲「窮民之無力者」而設，六遂野人並沒有受教育的權利，章太炎這一點看得很清楚：

> 古之學者，多出王官世卿用事之時，百姓當家，則務農商畜牧，無所謂學問也。[54]

其次，三代時教師非官吏莫屬，談不上獨立的精神生產者，居官之人亦即教民之人，故「言仕者又與學同（《說文》：『仕，學也』），明不仕則無所受書」[55]。再次，三代時教師之職爲世襲，並非量才錄用或自由發展，章太炎再三強調這一點：「且古者世祿，子就父學，爲疇官」；「惟其學在王官，官宿其業，傳之子孫，故謂之疇人子弟。」[56]三代之學實乃「非仕無學，非學無仕」，與後世孔子主張的「有教無類」天差地別，遠非康有爲等人渲染的平等普及的理想的教育制度。

只是到春秋時，官學日趨沒落，文化及典籍逐漸擴散，私學開始興起，形成「天子失官，學在四夷」的局面（《左傳・昭公十七年》）。這一局面對教育發展學術繁榮起了很好的促進作用。令千古學人無限嚮往的先秦時代的百家爭鳴，有賴於這種書布天下、私相傳授的文化氛圍。故章氏即便在對孔子很不恭敬的年代，也都稱頌其「變疇人世官之學而及平民，此其功亦夐絕千古」[57]。因爲，章氏認定孔子「布彰六籍，令人人知前世廢興」，故「微孔子，則學皆在官，民不知古，乃無定臬」[58]。從教育普及文化擴散以及打破官府對學術的壟斷這一角度看，以孔學興起爲代表的私學的創設，可謂功德無量。

三代時官守其書，師傳其學，「私門無著述文字」（章學誠《校讎通義・原道》）；只是到了周末衰世，「官師既分，處士橫議，諸子紛紛著書立說，而文字始有私家之言」（章學誠《文史通義・經解上》）。這一官學衰落而私學崛起之大趨勢，爲古今學者所共同關注，只不過因各自理論思路迥異而評價天差地別。正如柳詒徵在論及中國文化史上至關緊要的「學術之分裂」時所說的：

> 惟歷史事跡，視人之心理爲衡，嘆爲道術分裂，則有退化之觀；詡爲百家競興，則有進化之象，故事實不異，而論斷可以迥殊。[59]

進化與退化歷史觀之爭，並非理解官學、私學之爭的關鍵。在晚清，「天演」、「進化」之說風行一時，並不妨礙思想學術界對三代之學的無限崇敬之情。

章太炎之讚頌私學，部分是基於其政治理想。一九〇二年第二次東渡日本，章氏接受民主共和、天賦人權等西方觀念，再加上中國古代的民本思想，於是在倡導反對帝制的政治革命的同時，在思想文化領域，也發表了不少以民衆爲本位的議論。比如編制道德等第表時以農、工、稗販、坐賈爲前四等，評價學者成就時特別推崇出身草野而「陵厲前哲」者[60]。這種民本思想，使得他特別能夠欣賞周末這場變官學爲私學的「學術之大變」。若干年後，錢穆仍沿襲這一思路，讚揚孔子「開平民講學議政之風」，評述諸子之「議論橫出」乃「平民階級之覺醒」[61]。晚清以來學者的這種「平民意識」，使得他們對孔子開啓私學的傳統評價越來越高，所謂「孔子是中國第一個使學術民衆化的，以教育爲職業的『教授老儒』」[62]，是一種絕高的讚譽，而並非像廖平所抱怨的是一種貶斥[63]。這一由章氏始作俑者的對孔子的重新定位，直接影響了二十世紀中國學者對中國古代學術思想的整體估計以及研究思路。

或許，章太炎的遠見卓識，主要還不在於強調私學創設的意義，倘若不是爲了「托古改制」

而必須神化三代之學以及聖化孔子，康有爲未必不能承認孔子收徒講學的歷史價值；關鍵還在於其對秦漢以下兩千年私學的高度評價。

秦時「禁遊宦」、「禁私學」，就因爲私學的存在不利於皇帝「別黑白而定一尊」，李斯的話說得很清楚：

> 私學而相與非法教，人聞令下，則各以其學議之，入則心非，出則巷議，誇主以爲名，異取以爲高，率群下以造謗。（《史記．秦始皇本紀》）

以後歷代禁私學者，都以與此大致相同的理由，只不過沒膽量再像秦始皇那樣理直氣壯地「焚書坑儒」罷了。漢雖興學，獨尊儒術，已無百家爭鳴的氣派，但畢竟「四海之內，學校如林，庠序盈門」（班固《東都賦》）。尤其重要的是，自漢武帝特別提倡今文經學，兩漢官學中雖只設今文經學博士，但並不禁止沒被立爲博士並進入太學的古文經學家以私學和私家講授方式與官學對抗。兩漢的學校分官學、私學兩大類，官學（如太學）得政府資助，又是利祿之途，自是勢大氣盛；但經師大儒自立「精舍」、「精廬」等開門授徒，聽講者也動輒以千人計。前人有以私家講授之盛始於東漢者，呂思勉則上溯孔門之講學：

> 然則孔子弟子三千，孟子後車數十乘、從者數百人之風，蓋自東周至秦，未之有改。秦之焚書，漢之興學，實皆受民間風氣之鼓動而不自知耳。[64]

兩漢以下，官學與私學並存的局面，一直延續到二十世紀中葉。其間名師大儒之聚徒講學，雖屢因「別標門戶，聚黨空談」、「搖撼朝廷，爽亂名實」（張居正語）等罪名被查禁，但屢禁屢興。除了私學的講授有其特色外，更因官府財力有限，碰上「國之大事戎馬爲先」的戰亂年代，更管不了學校之興廢，全賴民間自發維持。所謂「亂世則學校不修焉」（《毛詩・子衿序》），民間興學可補官學之闕，「私學」的這一功能歷代都得到普遍承認。另外，官學教育多集中於州縣，入學頗多不便，私學則有更大的靈活性，故更多承擔鄉村的啓蒙教育（包括村學、義學、家塾等），這一點也能被朝野共同認可。私學若只有這兩種功能，不會與朝廷產生大的磨擦。問題是有的名師大儒因與當權者政治主張或學術見解迥異，不願妥協和解，遂退而隱居授徒講學，以私學爲基地傳播其學術見解和政治主張。此等大儒，若只是獨善其身、遠離利祿的「學隱」，統治者最多蒙受「天地閉賢人隱」之類名譽上的損失；若像明代的東林書院，結成政治上的反對派，那對統治者來說可就是心腹之患了。而對「私學」之毀譽不一，自然主要是針對這種與官學相對立的有學術意義和政治效應的大儒講學。章太炎平生多次論及官學與私學，從來都是旗幟鮮明地揚私學而抑官學。

官學與私學，就其普及教育傳播知識而言，本可互相補充，因各有長短，不必強分軒輊。但倘若就其對學術發展的貢獻而言，私學可能眞的在官學之上。在撰於一九〇八年的《代議然否論》中，章太炎對此有過全面的論述：

> 學術者，故不與政治相麗。夫東膠、虞庠、辟雍、泮宮之制，始自封建時代，禮樂射御皆爲朝廷用。孔老起，與之格鬥，學始移於庶民。自爾歷代雖設大學，其術常爲民間鄙笑。漢

世古文諸師，所與交戰者十四博士；宋世理學諸師，所與交戰者王氏之《三經新義》。綜觀二千歲間，學在有司者，無不蒸腐殠敗；而矯健者常在民間。方技尤厲，張衡、馬鈞之工藝，華佗、張機之醫術，李冶、秦九韶之天元四元，在官者曾未倡導秒末，皆深造創穫，卓然稱良師。[65]

這麼一種官學、私學二千年互相對峙的發展模式，以及官學腐敗而私學矯健的總體評價，章太炎在其他文章中也不斷提及。比如，一九一〇年章太炎稱：「並不是兄弟有意看輕學校。不過看中國幾千年的歷史，在官所教的，總是不好；民間自己所教的，卻總是好。」[66] 一九二四年章太炎又稱：「究之方聞之士，經世之才，多於大師講塾，儒人學會得之，次則猶可於書院得之，而正式學校無與也。」[67] 而所有這些，都不是爲了製造「卑賤者最聰明」的神話，而是強調學術發展賴於實事求是精神，賴於自由探索的勇氣，以及擺脫朝廷一時一地之「用」，只有在這些方面，私學才有明顯的優勢。

強調私學對中國學術的決定性影響的，並非只有章太炎一人。現代著名史學家呂思勉也曾斷言：「學術之興盛，皆人民所自爲，而政府所能爲力者實淺矣；……學術之命脈，仍繫於私家也。」至於對學術發展的貢獻，何以財大氣粗的官學反不如私學，呂氏的解釋較爲平實，似不及章氏深刻：

亦以私家立學，爲衆所歸仰者，其人必較有學問，而歸仰之者，亦必較有鄉學之誠，就加資助，轉較官自立學者爲有實際也。[68]

呂氏將私學之得歸之於民衆的辨學熱情以及教師的道德學問；章氏則將官學之失歸之於官府（朝廷）的過分干預以及肉食者自身的追求利祿。探究中國歷史上官學、私學之得失，實非三言兩語所能窮盡。倒是章氏之區分「師」與「作述者」的不同功能，爲我們打開了另一條思路，有助於釐清這一錯綜複雜的難題。

在一九一〇年刊於《學林》第二冊上的〈程師〉中，章太炎區分重在制法發微的「作述者」與重在授業解惑的「師者」的不同功用，稱「以師爲作述者，則作述陋；以作述者責師，則師困」。二者各有所長也各有所短，對於一個健康正常的社會來說，二者不可偏廢。

> 世無師，則遵修舊文者絶，學不遍布。世無作述者，則師說千年無所進，雖有變復，非矯亂，則奇袤也。[69]

師者學問固然不及作述者，但授業的功效或許遠在其上。因爲對於傳道授業解惑的學校來說，一般情況下均鼓勵「襲蹈常故」，不必有太多的創造性發揮，這樣更便於學生的接受知識；而作述者往往「其法卓特，不循故常；其說微至，不與下學近。弟子既不能盡取前說，比其利病，亦無以見作述者獨至」。此等具有原創力的卓絶之士，應徵進入官學徒然取辱於不通之俗吏，何若「聚徒千人，教授家巷，而不與辟雍橫捨之事者也」？這裏區分兩種學者：聚徒講學的名德之士，其長處在於思考之獨特作述之精深；任職學校的官學之師，其職責在文化之普及學術之遍布。也就是說，在普及教育方面，官學可能起的作用相對大些；至於發展學術，則更多依賴不受官府控制的私學。章氏將其概括爲：

> 師者在官，作述者在野，其爲分職，居然殊矣。

這一提法起碼比完全否定官學的偏激之辭穩妥些。不過，不只對世人稱頌三代之學的神話不以爲然，對新學之士援引西例力主政府興學者，章氏也始終抱不信任態度，甚至斷言此種「諸材藝卓至者，一切陳力官府」的做法，是早就過時的「酋長貴族之治」[70]。

康有爲等追求辦學的規模以及短期內開花結果，故極力慫恿清廷包攬教育大權；章太炎也承認朝廷的干預有利於普及教育，但成也蕭何敗也蕭何，朝廷的過度干預，又使得學校無法培養第一流人才或發展高深學術。故章氏將教育和學術復興的希望，寄託在同人自由組合的「學會」，而不是由清廷控制的學校，原因是：「學會不受學部的管轄，也不受提學使的監督，可以把最高的知識，灌輸進去。」[71]循此思路，章太炎提出教育獨立的設想：

> 學校者，使人知識精明，道行堅厲，不當隸政府，惟小學校與海陸軍學校屬之，其他學校皆獨立。[72]

此說既植根於章氏對二千年私學傳統的推崇，又明顯受其時流行的西方現代政治思潮（包括無政府主義）的影響，並非只是「士大夫的山林清夢」。清末民初，不少第一流學者和教育家，都有過類似的想法。嚴復譏笑「野無遺賢之說，幸而爲空言，如其實焉，則天下大亂」，主張政學分途，學者應在政府之外自由地從事高深研究[73]。王國維的態度更明確：「今之時代，已進入研究自由之時代，而非教權專制之時代了」[74]，故「學術之發達，存乎其獨立而已」[75]。至於畢生從事教育改革的蔡元培，則主張「教育事業當完全交與教育家，保有獨立的資格，毫不受各派政黨或各派教會的影響」，理由是「教育是求遠效的；政黨的政策是求近功的」[76]。在二十世紀中國，「教育獨立」的口號，被塗上過分濃厚的政治色彩，以致人們很少考慮其政學分途的設想在中國學術思想史上的意義。

章氏之極力貶官學而揚私學，其實還有個今古文之爭的學術背景。公元前一二四年，漢武帝接受董仲舒等建議創立太學，太學的教官乃各經博士。太學博士代有增減，但漢代四百年所立博士幾乎全是今文經學。許多學術成就很高的經古文家，由於經今文家的「黨同門，妒道眞」（劉歆《移書讓太常博士》）而沒能被立爲博士並進入太學，只好自立精舍開門授徒。一般認爲，立爲官學的今文經學派只講一經，拘守家法；而作爲私學的古文經學派反倒能博通羣經，融會貫通。在朝者聲勢顯赫，在野者學業專精，雙方互相攻擊，各不相讓。晚清今古文之爭再起，成爲兼有政治與學術的大論戰。論戰雙方價值標準不同，但對兩漢官學的描述並無二致：康氏稱「兩漢所立博士皆今學」；章氏也稱「夫漢時十四博士，皆今文俗儒」[77]。章太炎歷來主古文經學，必然推崇這一在野的「私學」；反今文經學，也就必然連帶反立今文經學家爲博士的「官學」。

不過，今、古文之爭與官、私學之爭，畢竟不完全是一回事。前者是章氏立論的根基，後者則是連帶述及。兩漢崇尚今文經學，章氏連今文經學帶官學一塊罵。但魏晉時王肅借助政治勢力尊崇古文經學，「在漢代沒曾立官學的，三國也都列入官學；自此今文家衰，古文家興」[78]。對此章氏並不反感，反而頗爲推崇被立爲新官學的古文經學，稱「漢人牽於學官今文，魏晉人乃無所牽也」[79]。魏晉人何嘗「無所牽」，只不過囿於師法門戶之見，章氏無暇指摘其作爲新官學的弊病罷了。

講求氣節，反對曲學干祿，章太炎不只反對異族統治者，也反對一切朝廷之操縱學術。故其推崇「學隱」，並非反清的權宜之計。在他看來，學術獨立是學術發展的重要前提，而相對來說，私學比官學有更大的獨立自主性，故「學在民間」。「學在民間」之所以優於「學在官府」，主要不在於興學的誠意與求學的熱情，而在於私學提供更多自由思考和獨立探索的可能性。至於歷史上官學、私學的具體功過得失以及現代社會教育發展的趨向，章太炎並沒有進行過仔細的考察。章氏歷來主張讀史識大體，既然自認已經把握住總體傾向及基本精神，也就不屑於再做進一步的論證了。而這，不免影響了其立論的精確性。

三、書院講學的魅力

章太炎談論教育與學術的發展，從一開始就是「政府不能任，而士民任之」的調子，明顯是繼承中國古代私學的傳統。這一點與康有為大不一樣。康有為在〈教學通義〉中雖也大談公學、私學之分，但那是周公六官皆學下的公私學之分，並沒有後世官府之學與民間之學對峙的味道：

公學者，天下凡人所共學者也；私學者，官司一人一家所傳守者也。公學者，幼壯之學；私學者，長老之學。公學者，身心之虛學；私學者，世事之實學。[80]

至於秦漢以下的私學傳統，康有為不大注意，而其興學計畫也只是「上法三代，旁採泰西」。章太炎不大敬仰三代之學，倒是對「天子失官，學在四夷」後的局面感興趣，而對秦漢以下私學在中國學術史上的作用和地位更是十分關注。而其攻擊新式學堂的諸多弊端，並非主張毀學棄智，而是推崇眞正能出「方聞之士經世之才」的講塾、學會與書院。反過來說，章氏之攻擊「學校叢弊」，其所持的尺度其實賴於八年就讀詁經精舍的經驗以及其對中國書院教育的考察與認同。有人曾正確地指出：「雖時至晚清，國中學人如章太炎、康長素、蔡孑民、梁任公諸子，莫不曾在書院中講學。」[81]但還應當補充一句，眞正領略書院講學精神並力圖將其發揚光大的，則當首推章太炎。

兩漢以至隋唐，官學以外，名師大儒多聚徒講學，傳授經業。宋代學者在寺院教育的啓發下，將唐代藏書、校書乃至研究學術的書院改造成講學授徒的教育場所。自此以後，宋元明清數代，書院制度成爲一種獨特的教育形式，對中國教育和學術的發展起舉足輕重的作用。

書院雖有官立與私立兩大類，但最能體現書院特點的是私立書院(包括私人設立政府補助或地方政府所設)。書院作爲一種教育機構的創立與演變，雖有官方的支持與資助，但其基本精神則來源於私人講學的傳統。從孔墨講學，經稷下學官，兩漢隋唐的精舍或講塾，再到宋元以下的書院，此乃中國古代一脈相傳的私學傳統。黃宗羲曾撇開具體史實的考訂，直探書院崛起的內在原因：

> 其所謂學校者，科舉囂爭，富貴熏心，亦遂以朝廷之勢利一變其本領；而士之有才能學術者，且往往自拔於草野之間，於學校初無與也，究竟養士一事亦失之矣。於是學校變而爲書院。(《明夷待訪錄·學校》)

這裏所強調的「朝廷」與「草野」、「科舉」與「學術」之間的對立，正是官學與私學之紛爭。後世學者論及書院，也大都注意到這一點。正如張正藩所指出的：「考書院與官學最大的不同之點，即在其教育目標之爲『教育的而非科舉預備的』。」[82]明清雖也有一些由官府資助的作爲科舉預備學校的書院，但眞正的書院精神在於以義理之學修養之道爲教育中心，以學術爲生命，並不追求功名利祿。歷代書院大抵以朱熹的白鹿洞學規爲標準，具體規則可能變更，但述學以正人心，補官學之闕失，這一宗旨始終沒變。柳詒徵在述及宋元以下之所以在國學及府縣之學外，還有書院之設時稱：「蓋學校多近於科舉，不足以饜學者之望，師弟子不能自由講學，故必於學校之外，別闢一種講學機關。」在書院講授或受業者，須淡於榮利，故「志在講求修身治人之法者，多樂趨於書院。此實當時學校與書院之大區別也」[83]。

後世學者對書院的歷史總結頗有差異，而在我看來，書院教學最明顯的特徵莫過於如下四點：第一，講求身心修養和德操氣節，不重科舉出身；第二，教學中以自學爲主，注重獨立研究能力的培養；第三，提倡講會制度，學術上自由爭論互相辯難；第四，注重因材施教，師生間較多情感交流。至於「講習之餘，往往諷議朝政，裁量人物」（《明史．顧憲成傳》），以至成爲政治上反對派的重要基地，並非書院的普遍特色，也並非章太炎注目的重點，可暫時存而不論。

早期書院多爲理學家講學場所，故不專重知識講授，更講求「合禮」因而「合理」的生活習慣的培養。對後世教育（尤其是書院教學）影響甚大的朱熹所立白鹿洞書院學規，不只提出「博學之，審問之，愼思之，明辨之，篤行之」的「爲學之序」，更強調「窮理」之外的「篤行之事」：修身、處事、接物。求學最終必須落實爲做人，博學窮理自然歸結爲居敬篤行，朱熹對此學規有過如下詮釋：

熹竊觀古昔聖賢所以教人爲學之意，莫非使之講明義理，以修其身，然後推以及人；非徒

欲其務記覽，爲詞章，以釣聲名，取利祿而已也。（《白鹿洞書院揭示》）

章太炎反對學校成爲科舉新樣利祿之途，論辯中常針對新學之士「唯祿利是務，惡衣惡食是恥」，這與朱子之要學子講求身心修養頗多相通之處。只是不願染道學氣味，章太炎不屑絮絮叨叨教人如何修心養性，只拈出「攻苦食淡」四字作爲學者治學的準則。

章太炎對學校攻擊最烈的是其教學方式：「專重耳學，遺棄眼學。」「眼學」、「耳學」之分，不只是一般讀書方法的區別，而是兩種學制在教學方式上的根本差異。以耳學爲學問，乃古人治學之大忌，頗有但憑聽聞不加鑽研乃至道聽途說欺世盜名的味道。《文子》〈道德〉篇中專門批評導致「學問不精聽道不深」的「耳聽」，可作爲理解「耳學」的鑰匙。章氏之批評學校之重「耳學」，除強調其可能導致「學在皮膚」外，更將其與「眼學」相對立，突出治學中自力修持與他人輔助之別。在〈救學弊論〉中，章氏論讀史「其所從入之途，則務於眼學，不務耳學」；而在〈章太炎論今日切要之學〉和〈與鄧之誠論史書〉中，章氏又稱「歷史之學宜自修，不適於講授」；「史書宜於閱讀，不宜於演講」[84]。可見，章太炎心目中的「眼學」即「自修」，「耳學」即聽教師「講授」。「講授」固然利於啓發初學引導入門，可能讓大衆聽得進去的必是卑之無甚高論，眞正精微之處是無論如何難得以語言傳授的。讀書只能自家體會，教師最多從旁略加點撥，關鍵處助其一臂之力。倘若全憑講授，囿於耳學，最好也不過獲得些許高等常識——還難保不因教師的愚鈍而誤入歧途。借用朱熹的一句話：

讀書是自家讀書，爲學是自家爲學，不干別人一線事，別人助自家不得。（《朱子語類》卷

一一九）

書院教學之所以強調自學爲主，正是基於這一認識。教師「只是做得個引路底人，做得個證明底人，有疑難處同商量而已」（《朱子語類》卷十三）。如今變爲教師講授學生聽講，考試及格即予畢業，而及格與否的依據又是教師的講義，學生於是只能專重耳學老死講義了。在章太炎看來，這種「耳學之制」，其根本缺陷在於立制者過求速悟，乃至鼓勵偷懶僥倖，培養不肯虛心切己體察窮究的惡習，於治學爲害甚大：

> 制之惡者，期人速悟，而不尋其根柢，專重耳學，遺棄眼學，卒令學者所知，不能出於講義。[85]

章氏平生治學推崇自得，「耳學」自然不及「眼學」便於沉潛玩索。一九一二年章氏答張庸問，論及治學方法時稱：

> 學問只在自修，事事要先生講，講不了許多。予小時多病，因棄八股，治小學，後乃涉獵經史，大概自求者爲多。[86]

講究「自求」，並不抹煞導師的引路之功。只不過從師問學，不當「但據一先生之言，窮老盡氣，不敢少異」（全祖望《甬東靜清書院記》），而是自修爲主，「讀書有不明白處，則問之」，就像當年章氏「事德清俞先生，言稽古之學」時一樣[87]。求學貴自得，還在於學問並非全靠書本，倒是很大程度上得益於自家的人生體驗。章氏自稱：

> 余學雖有師友講習，然得於憂患者多。[88]

而這種「憂患」的人生體驗，別人（包括書本）無論如何是取代不了的。講理工醫農，或許不需要此等個人性的經驗；但講人文社科，則特別倚重這一純屬個人的體味。單有「思想精微」還不夠，「必須直觀自得，才是眞正的功夫」。當然，章氏此話的範圍只限於哲學家而不包括天文學家或物理學家。對於哲學家來說，「不能直觀自得，並非眞正的哲理」[89]。得出這一命題，自是基於章氏平素學佛參禪注重驗心，但也與其「近遭憂患，益復會心」，「邇來萬念俱灰，而學問轉有進步」的人生閱歷大有關係。自省學問之進展，「蓋非得力於看書，乃得力於思想耳」[90]，故對於世人之注重耳學不求自得甚不以爲然。

章太炎心目中理想的教育體制，是「倚席講論，羣流競進，異說蜂起」的「學會」[91]。這種「學會」的設計，其實源於中國傳統書院的「講會」。朱熹主持白鹿洞書院時，曾於淳熙八年（一一八一）邀陸九淵到書院講「君子喻於義小人喻於利」一章，自此開創書院講會傳統。到明代，書院講會盛極一時，且逐漸制度化，如《東林會約》中對書院講會儀式就有十一項明確規定。此等講會，有大師主講，有同學論辯，不拘一格，質疑駁難，頗有學術自由的味道。因爲正如明人呂涇野論及講學時所稱的：

不同乃所以講學，既同矣，又安用講耶？（《明儒學案》卷八）

講會上「異說蜂起」，此乃常事，不求定於一尊，更不待朝廷裁制。令章太炎惴惴不安的是，由允許「羣流競進，異說蜂起」的書院講會，轉爲由「國家預設科條，以爲裁制」的官立學校，很可能會窒息學子的獨立思考和自我判斷能力。關注「異說」，反對「一尊」，這一思路無疑更具有現代意識；但章氏立論時對新式學堂有所誤解，而對傳統書院又未免過分美化。其實，眞能貫徹自由講學原則的書院並不多見，往往還因山長個人成見而使得學子眼光和口味過分褊狹。而現代大學作爲「網羅衆家之學府」，倘如蔡元培所主張的，「循『思想自由』的原則，取兼容並包主義」[92]，更可能使學子眼界開闊思想活躍。也就是說，章氏立說的精華，其實不在於其對學校的批評或對書院的推崇，而在於其提倡自由講學的基本立意。

章太炎對「耳學之制」不滿，還有一個原因是學子才性不一，教師只管大班講授，無法因人施教，未免蹧蹋人才。因此，他主張對「高材確士」「以別館處之」，令其訪名師，赴學會，讓其自由發展。「此則以待殊特之士，而非常教所與也。」[93]因人施教不只是爲了便於把握傳授學問的深淺，更包括師生之間情感的交流和志趣的契合。古人說「從先生遊」、「從先生學」，非只是課堂上之傳授知識，更包括日常交談中的言傳身教。許壽裳曾著文回憶一九〇八年與魯迅、周作人、錢玄同等從章太炎先生學時「如坐春風」的情景：

> 先生講段氏《說文解字注》、郝氏《爾雅義疏》等，神解聰察，精力過人，逐字講釋，滔滔不絕，或則闡明語原，或則推見本字，或則旁證以各處方言，以故新誼創見，層出不窮。

即有時隨便談天，亦復詼諧間作，妙語解頤。[94]

此等「隨便談天」，其實更見性情，並非只是可有可無的點綴。一部《論語》，所錄何止先生論學之語，更包括孔門師徒的「隨便談天」。若干年後，弟子記得的，很可能不是先生傳授的某些具體的學術見解，而是業師的一個手勢、一個眼神，或者幾句無關宏旨的雋語。魯迅對其業師是這樣描述的：

太炎先生對於弟子，向來也絕無傲態，和藹若朋友然。[95]

若干年後，魯迅「聽講的《說文解字》卻一句也記不得了」，可是「先生的音容笑貌還在目前」[96]。

這並非鄙薄具體學問的傳授，而是認定傳道授業解惑中，最好能自然而然地體現一種學術境界和人生精神。相對於集中課堂分科講授專門知識的新式學堂來，傳統書院的講學更容易做到這一點。不同於章太炎的堅持獨立講學，二〇年代中期，梁啓超任教清華學校的國學研究院，希望「在這新的機關之中，參合著舊的精神」。具體說，就是「一面求智識的推求，一面求道術的修養，兩者打成一片」。但兩年多後，梁啓超不得不感嘆此理想的不易實現。一方面是學校上課下課，「多變成整套的機械作用」，一方面是師生之間，「除了堂上聽講外，絕少接談的機會」[97]。有專門教授指導治學的研究院尚且如此，一般中學大學更是可想而知。說到底，這是中西教育思想的差異，「西方教育重在傳授知識」，而「中國教育則在教人學爲人」。晚清教育改革的口號是「遠法三代，近取泰西」，但三代之學未免過於遙遠過於模糊了，實際上只能「近取泰西」。西化學校不可阻擋的崛起，使得整個教育界「師不親，亦不尊」，「所尊僅在知識，不在人」[98]。這對普及教育，增長知識，開拓學生的學術視野，乃至富國強兵救亡圖存，都是很有好處的；但對於蔡元培、章太炎、梁啓超乃至錢穆等人所設想的「完全人格教育」，卻是不小的打擊。這或許是現代人爲「進步」而不得不付出的代價。意識到「教育現代化」過程中某種傳統人文精神的失落，乃至爲之痛心疾首，章太炎不得不奮起疾呼「救學弊」——儘管在時人看來，這又是「章瘋子」別出心裁故作驚人之論。

有趣的是，青年毛澤東雖不治國故之學，但也對世人之「爭毀書院，爭譽學校」不以爲然，認定「從『研究的形式』一點來說，書院比學校實在優勝得多」：

> 一來是師生的感情甚篤，二來是没有教授管理，但爲精神往來，自由研究。三來課程簡而研討周，可以優游暇豫，玩索有得。[99]

只是毛澤東只注重書院的「研究的形式」，而不是像章太炎那樣將其作爲中國私學傳統的表徵；具體評價上也不像章太炎一邊倒，而是認爲書院和學校各有短長，希望能「取古代書院的形式，納入現代學校的內容」。

四、救學弊與扶微業

章太炎關於「救學弊」的呼籲以及「學在民間」的思想，難得爲後學所領會，常被誤讀爲只是對清廷的批判。這是因爲論者囿於「科舉廢，學校興，學術當日進」這一時俗之見，而又力圖爲賢者諱，不願置章太炎於「逆歷史潮流」反對新式教育的難堪地位，故曲爲辯解，而不是深入體會章氏獨特的學術思路。章氏平生治學，以「不惑時論」自詡，依常人之見推論，罕有不出差錯的。「反滿」固是章氏思想的一大特色，但將「學在民間」的設想限制於此，不免有買櫝還珠之嫌。侯外廬稱：

太炎是一個極端的民族主義者，最反對滿清統治的人，他最怕言致用有利於滿清，所以他對於清代的人物評價第一義，首先是基於反滿一點，以至於他說「學術文史在草野則理，在官府則衰」（《説林下》），「中國學術自下倡之則益善，自上建之則日衰」。（〈與王鶴鳴書〉）[100]

品其口氣，侯氏顯然不以章太炎之説爲然，似乎只是因其隸於反對滿清統治而差可原諒。姜義華述及章氏對學校之不滿時稱：「特別是在當時學校爲清廷所控制的情況下，他認爲更必須強調這一點。」[101]彷彿「學在民間」這一命題，只是在提倡反滿時才有意義。唐文權、羅福惠合著《章太炎思想研究》，把這意思説得更明白：

他曾多次表述對當時新式學堂的看法，「學校在官，其污垢與科舉等」，可説其主旨不在反對學堂的「新式」而在反對官辦。當時清王朝尚未推翻，官辦新式學堂雖然也能給學生傳播近代科學知識，但在政治上無疑是想造就維護封建王朝的奴才，向學生灌輸忠君敬長、追名逐利等陳腐觀念。[102]

照此類推，辛亥革命後「政權、教育權的問題已經解決」，章氏應該如唐、羅所斷言的，對學校的態度「來了一個大轉變」，可惜實際上並非如此。

章氏對學校的抨擊，並沒因清王朝的覆滅而中止，一九二四年發表的〈救學弊論〉口氣更爲強硬，甚至主張：「擇其學風最劣者悉予罷遣，閉門五年然後啓，冀舊染污俗悉已湔除，於是後來者始可教也。」章太炎攻擊的是使學校成爲利祿之途的「朝廷」，而不只限於「清廷」。「凡朝廷所闓罷，足以干祿，學之則皮傅而止。」[103]唐宋如此，明清如此，民國也不例外，只要是官學，都有成爲利祿之途的危險。這才是章氏強調「學校在官，其汚垢與科舉等」的本意[104]。章太炎是「看中國幾千年的歷史」，「又向旁邊去看歐洲各國」，然後才得出此「在官所教的，總是不好；民間自己所教的，卻總是好」的結論[105]。不管「學在民間」的提法是否精確，但無論如何不僅僅是一句服務於反滿鬥爭的政治口號，而是章太炎對中國學術思想史長期思考的結果。

章太炎之反對西式學堂，最表面的理由是蔑視不學無術而又主管教育的官吏，如稱「光大國學」則「肉食者不可望」；「教育部羣吏，又盲瞽未有知識」等[106]。但過分強調官吏的無知驕橫與新學之士的慕富貴患貧賤，很容易推導出學校當努力加強道德教育的結論，但這其實並非章太炎的本意。官學、私學之優劣比較，關鍵在教育體制而不在個人道德。本世紀初年，取法泰西興辦學校是大勢所趨，以書院爲代表的私學傳統正日趨沒落。正是有感於此，章太炎才著力發掘私學的合理內核，而不忍心落井投石。撇開諸多對新式學堂情緒化的攻擊，章氏之推崇私學確有眞知灼見，尤其是其關於百家爭鳴與定於一尊的思考。

像大多數中國讀書人一樣，章太炎十分嚮往先秦時代的百家爭鳴：

其時孟軻、郇卿、莊周、墨翟，各以其道遊説，轍跡遍天下。下逮刑名之學，堅白之辨，用兵如孫、吳，辨説如蘇、張，莫不搖舌抵掌，自昌其術。用則見於行事，不用則箸之竹素，雖或精粗不同，淺深殊量，而要皆一時之好，其流風餘烈，足以潤澤百世，傳之無窮，故學術莫隆於晚周，與其國勢之敝若相反。[107]

「潤澤百世」的晚周之學，最爲人稱道的是其百家爭鳴的學術風氣。而這，實有賴於私學的勃興。秦代的「偶語棄市」、「焚書坑儒」自然是摧殘學術，漢代的「罷黜百家，獨尊儒術」也是一種可怕的思想鉗制。章太炎也稱「學術衰微」，「實漢武罷黜百家之故」，與常見不同的是，章氏認定漢武帝之「專取五經」，「其實非只廢絕百家，亦廢絕儒家」[108]。學問成爲利祿之途，再加上思想上力求定於一尊，此乃學術衰微的根本原因，古今中外概莫例外。

章太炎對孔子的評價前後懸殊，但反對立孔子爲教主的立場始終沒變。除了認定一爲宗教，則必然「錮塞民智」，「令人醒醉發狂」，「非使學術泯絕，人人爲狂夫方相不已」外，更因爲章氏歷來反對獨尊一家：

> 夫欲存中國之學術者，百家俱在，當分其餘品，成其統緒，宏其疑昧，以易簡御紛糅，足以日進不已。孔子本不專一家，亦何爲牢執而不捨哉！[109]

不管所尊是眞孔抑或假孔，兩漢因「定一尊於孔子，雖欲放言高論，猶必以無礙孔氏爲宗」[110]，使得學術衰微，今世豈能重蹈覆轍？康有爲推孔子爲教主，教主是不容懷疑不可討論的，而且只此一家別無分店。章太炎則只稱孔子爲「古之良史」，良史雖尊，但可以討論可以懷疑，更重要的是並不需要「罷黜百家」。在章太炎看來，「過崇前聖，推爲萬能，則適爲桎梏矣」。「人事百端，變易未艾」，「豈可定一尊於先聖」[111]？姑且不說先聖不一定事事賢於今人，「定一尊」的思維方式尤其不可取。

章太炎對私學的推崇，最重要的一點便是這反對「定於一尊」與力主「互標新義」。官學爲朝廷所出資興建，也爲其掌握與利用。從培養朝廷(國家)需要的合格人才角度考慮，「法制不可不預立」。比如，「周之六德三藝，漢武之崇尚六經，漢宣之石渠講論，皆特立準繩，納之法度」。至於「唐之《五經正義》、宋之王氏《三義》、明之《四書五經大全》，且特著成書，頒之學宮」。立準繩，定法度，對於標準化教學當然很有必要；但此「統攝整齊之法」，即便十分高明，對卓絕之士聰明才智的發揮，仍然是一種壓抑。官學裏既然已有了欽定的答案，沒必要(也不允許)上下求索別立新說。於是，「著書騰說，互標新義」成了「在野學士」的專利。這正是章太炎區分「師在官，作述在野」的眞意所在。將「師」與「作述」完全分開，自然不是好辦法，章太炎當然希望能有熔教學、研究於一爐的教育體制，這就是他所設想的「學會」。「學會之講學」，跟「學校之教士」，最大的不同之處在於：

> 其在學會之學士，倚席講論，羣流競進，異說蜂起，而其是非去取，一任之學者之抉擇，無俟乎國家之預設科條，以爲裁制也。[112]

先秦時代百家爭鳴的局面已不可復得，但如若能保持「羣流競進，異說蜂起」的「學會」，對學術發展仍然很有意義。而由朝廷（國家）來「預設科條」裁制學術，則很容易走向獨尊一家，扼殺異說。章太炎之推崇以書院爲代表的私學傳統以及力主「合耦同志，以建學會」，都是基於這種對學術（思想）專制的高度警惕。

章太炎對書院精神的繼承，其實側重於清而不是宋與明。宋明兩代著名的書院，頗有攻擊朝政，代表一代清議的。章太炎對此甚不以爲然，批評「東林之興，爲學士叢藪，然急切干祿之念，浸益染汚，名爲講學，實以自植政黨」[113]；至於黃宗羲《明夷待訪錄・學校》中之「獨令諸生橫與政事」，更是章氏攻擊的對象[114]。反對學生議政干政與讚許清儒「不以經術明治亂，故短於風議；不以陰陽斷人事，故長於求是」[115]，兩者是相通的，都是力主政學分途，學以求是而非致用。

清代書院大致分爲三類：一重義理與經世之學，一以考課舉業爲目的，一推崇樸學精神倡導學術研究。章太炎就讀的杭州詁經精舍屬於第三類。阮元曾自述創辦詁經精舍的宗旨：

> 精舍者，漢學生徒所居之名；詁經者，不忘舊業，且勉新知也。（《西湖詁經精舍記》）

阮氏所辦詁經精舍太平天國期間毀於戰火，重建後的詁經精舍保持原有不涉科舉時務的特色。俞樾在《重建詁經精舍記》中稱：

> 肄業於是者，講求古言古制，由訓詁而名物，而義理，以通聖人之遺經。

章太炎後來的講學，大致也是這條路子。幾次開門授徒，都是講授「中國之小學及歷史」此等「中國獨有之學」[116]，而不像康有爲主講萬木草堂那樣包括泰西哲學、萬國史學、地理學、數學和格致學[117]。從《說文解字》、《爾雅》、《莊子》和《楚辭》中，的確是很難開出內聖外王或經天緯地的大道來的，好在章氏本就無意於此。范文瀾批評章太炎作爲清末古文經學的代表，「從古文經學中引申出政治上革命的思想來是很難的」[118]。實際上章氏也不屑於此，講學時一遵古文經學傳統，「由訓詁而名物，而義理，以通聖人之遺經」——唯一不同的是，所通者由「遺經」擴展到整個「文史之學」。不管是自己治學還是開門授徒，章氏都主學以求是，反對康有爲的經世致用。同樣是「昌言追孔子講學之舊」，藉書院學會告弟子以「求仁之方，爲學之門」[119]，康氏的講學近於清初重義理與經世之學的書院，而章氏的講學則近於乾嘉以下推崇樸學精神倡導學術研究的書院。

現代社會建設所需人才，已非傳統書院所能提供；所謂「治國之本在於五經」之類的大話，近乎癡人說夢。康有爲講學之兼重中西、文理，代表現代學校之發展方向。但在康梁等人對中國傳統教育的攻擊中，明顯有急功近利的色彩。這一教育思想——講求短期效用因而反對「無用之學」——雖有利於分途培養各科專門人才，但對整個民族文化素質的下降負有責任。章太炎考慮的不是整個國家教育的戰略決策，而是在思想史學術史背景下，如何藉保存國學來保存國性，抵禦日漸洶湧的西化狂潮。

若從「國故論衡」或者傳授「國學」的角度考慮，章太炎的學會之倡是可行的；但若想以傳統書院來取代學校教育，既不可能也不明智。章氏其實心裏非常明白這一點，故攻擊「學校叢弊」時，主要針對「文科」、「國學」、「文史之學」，至於「爲物質之學者」或者「治國際法者」，則只能聽其「參用遠西書籍」[120]，因爲書院山長對此實在無能爲力。批評朝廷提倡的學校之制不利於保存國學，並非眞的如王先謙主張的要求「輟講於堂，返士於家」[121]；而是發揚中國私學傳統，借助民間力量，辦書院、組學會，「爲往聖繼絕學」。晚年作《國學會會刊宣言》，章太炎正是從「繼絕學」角度立論：

> 深念扶微業輔絕學之道，誠莫如學會便。[122]

新式學校受西方教育體制（及制約著這一體制的文化思想）影響甚深，傳授「國故之學」未免不大得力，而且時有隔靴搔癢之感。眞能讓學子感同身受中國傳統文化學術魅力的，章氏提倡的書院與學會確有優於新式學堂之處。

章太炎對中國私學傳統的推崇，在學術精神上是力主自由探索「互標新義」，反對朝廷的定於一尊與學子的曲學干祿；而在具體操作層面，則是藉書院、學會等民間教育機制，來傳國故繼絕學，進而弘揚中國文化。

民間講學涉及到經濟、政治等一系列問題，並非一句「學術自由」就能解決。章太炎一生堅持私人講學，多次拒絕進入大學當教授，有其明確的學術追求。至於章氏私人講學所面臨的困境、所取得的實績，以及藉此建立學派設想之實現等相關問題，只能留待專文論述；這裏只是突出章太炎對中國私學傳統的體認與繼承。

---

❶參閱章太炎，〈與王鶴鳴書〉、〈救學弊論〉、〈論讀經有利而無弊〉等文。

❷康有為，〈中國顛危誤在全法歐美而盡棄國粹說〉，《康有為政論集》（北京：中華書局，一九八一），頁九〇三。

❸康有為，〈共和評議〉，《康有為政論集》，頁一〇四二—三。

❹王先謙，〈科舉論上〉，《葵園四種》（長沙：岳麓書社，一九八六），頁五—七。

❺鄭觀應，〈學校上〉，《鄭觀應集》（上海：上海人民出版社，一九八二），上冊，頁二四五。

❻譚嗣同，〈報貝元徵〉，《譚嗣同全集》（北京：中華書局，一九八一），頁二〇八。

❼張之洞，〈《勸學篇》序〉，《勸學篇》（兩湖書院刊本，一八九八）。

❽康有為，〈上清帝第二書〉，《康有為政論集》，頁一三〇。

❾梁啟超，〈論科舉〉，《飲冰室合集・文集》（上海：中華書局，一九三六），第一冊，頁二七。

❿康有為，〈請開學校折〉，《康有為政論集》，頁三〇五。

⓫章太炎，〈論學會有大益於黃人亟宜保護〉，《章太炎政論選集》（北京：中華書局，一九七七），頁一二—三。

⓬參閱康有為的〈京師強學會序〉、〈上海強學會後序〉、〈請尊孔聖為國教立教部教會以孔子紀年而廢淫祀折〉和梁啟超的〈變法通議〉。

⓭康有為，〈京師強學會序〉，《康有為政論集》，頁一六六。

⓮康有為，〈上清帝第四書〉，《康有為政論集》，頁一五五。

⓯梁啟超，〈論學會〉，《飲冰室合集・文集》，第一冊，頁三一。

⓰章太炎，〈論學會有大益於黃人亟宜保護〉。

⓱同⓰。

⓲參閱舒新城編，《中國近代教育史資料》（北京：人民教育出版社，一九六一），上冊，頁四七—六六。

⓳嚴復，〈論教育與國家之關係〉，《嚴復集》（北京：中華書局，一九八六），第一冊，頁一六六。

⑳章太炎，〈致國粹學報社書〉，《章太炎政論選集》，頁四九八。
㉑章太炎，〈思鄉原上〉，《章太炎全集》（上海：上海人民出版社，一九八五），卷四，頁一三〇。
㉒章太炎，〈與王鶴鳴書〉，《章太炎全集》，卷四，頁一五二—三。
㉓康有為，〈上清帝第二書〉，《康有為政論集》，頁一三〇。
㉔康有為，〈請廣譯日本書派遊學折〉，《康有為政論集》，頁三〇二—三。
㉕梁啟超，〈論科舉〉，《飲冰室合集・文集》，第一冊，頁二八。
㉖朱有瓛編，《中國近代學制史料》（上海：華東師範大學出版社，一九八三），第一輯，下冊，頁六七四。
㉗舒新城編，《中國近代教育史資料》，上冊，頁二一五、六六。
㉘梁啟超，〈論科舉〉，《飲冰室全集・文集》，第一冊，頁二八。
㉙章太炎，〈救學弊論〉，《章太炎全集》（上海：上海人民出版社，一九八五），卷五，頁一〇〇。
㉚章太炎，〈論讀經有利而無弊〉，《章太炎政論選集》，頁八六七—八。
㉛章太炎，〈說林上〉，《章太炎全集》，卷四，頁一一八。
㉜章太炎，《檢論・學隱》，《章太炎全集》（上海：上海人民出版社，一九八四），卷三，頁四八〇。
㉝章太炎，〈說林下〉，《章太炎全集》，卷四，頁一二〇。
㉞〈太炎先生自述學術次第〉，《太炎先生自定年譜》（香港：龍門書店，一九六五），附錄，頁六五。
㉟江藩，〈國朝宋學淵源記〉卷上，《國朝漢學師承記》（北京：中華書局，一九八三），附錄，頁一五四。
㊱章太炎，〈說林下〉，《章太炎全集》，卷四，頁一二〇。
㊲章太炎，〈五朝學〉，《章太炎全集》，卷四，頁七六。
㊳章太炎，〈救學弊論〉，《章太炎全集》，卷五，頁一〇〇。
㊴章太炎，《檢論・學隱》，《章太炎全集》，卷三，頁四八一。

❹⓿嚴復，〈論治學治事宜分二途〉，《嚴復集》，第一冊，頁八九。
❹❶王國維，〈教育小言十三則〉、〈教育小言十則〉，《王國維遺書》卷五，《靜庵文集續編》（上海：上海古籍出版社，一九八三），頁五六—七。
❹❷蔡元培，〈就任北京大學校長之演說〉和〈北大一九一八年開學式演說辭〉，《蔡元培全集》（北京：中華書局，一九八四），卷三，頁五、一九一。
❹❸章太炎，〈東京留學生歡迎會演說辭〉，《章太炎政論選集》，頁二七二。
❹❹章太炎，〈革命之道德〉，《章太炎政論選集》，頁三一〇—二三。
❹❺章太炎，《檢論．案唐》，《章太炎全集》，卷三，頁四五二。
❹❻參見《章太炎政論選集》，頁二八九；和《章太炎全集》，卷四，頁七七。
❹❼參閱康有為，〈請飭各省改書院淫祠為學堂折〉，《康有為政論集》，頁三一二。
❹❽參閱康有為的〈請飭各省改書院淫祠為學堂折〉和梁啟超的〈論科舉〉二文。
❹❾康有為，〈請開學校折〉，《康有為政論集》，頁三〇五。
❺⓿康有為，〈教學通義〉，《康有為全集》（上海：上海古籍出版社，一九八七），卷一，頁一一二。
❺❶陳熾，〈學校〉，《中國近代教育史資料》，下冊，頁九三〇。
❺❷鄭觀應，〈學校上〉，《鄭觀應全集》，上冊，頁二四五。
❺❸康有為，〈教學通義〉，《康有為全集》，卷一，頁一一八、一一四。
❺❹章太炎，〈諸子學略說〉，《章太炎政論選集》，頁二八七。
❺❺章太炎，《檢論．訂孔》，《章太炎全集》，卷三，頁四二四。
❺❻參閱章太炎，〈訂孔上〉和〈諸子學略說〉二文。
❺❼章太炎，〈諸子學略說〉，《章太炎政論選集》，頁二九一。

58章太炎，《檢論．訂孔》，《章太炎全集》，卷三，頁四二五。
59柳詒徵，《中國文化史》（北京：中國大百科全書出版社，一九八八），上冊，頁二一八。
60參閱章太炎，〈革命道德說〉和〈與王鶴鳴書〉二文。
61錢穆，《國學概論》（上海：商務印書館，一九三三），頁三九。
62馮友蘭，〈孔子在中國歷史中之地位〉，《三松堂學術文集》（北京：北京大學出版社，一九八四），頁一二六。
63廖平，〈知聖篇〉，卷上，《廖平學術論著選集》（成都：巴蜀書社，一九八九），卷一，頁一八九。
64呂思勉，《呂思勉讀史札記》（上海：上海古籍出版社，一九八二），頁六七五。
65章太炎，〈代議然否論〉，《章太炎全集》，卷四，頁三〇八。
66獨角（章太炎），〈庚戌會衍說錄〉，《教育今語雜誌》，第四冊，一九一〇年。
67錄自湯自鈞編，《章太炎年譜長編》（北京：中華書局，一九七九），頁七四七。
68呂思勉，《呂思勉讀史札記》，頁九〇四、九〇六。
69章太炎，〈程師〉，《章太炎全集》，卷四，頁一三七—九。
70同69。
71獨角（章太炎），〈庚戌會衍說錄〉。
72章太炎，〈代議然否論〉，《章太炎全集》，卷四，頁三〇六。
73嚴復，〈論治學治事宜分二途〉，《嚴復集》，第一冊，頁八九—九〇。
74王國維，〈奏定經學科大學文學科大學章程書後〉，《王國維遺書》卷五，《靜庵文集續編》，頁三九。
75王國維，〈論近年之學術界〉，《王國維遺書》卷五，《靜庵文集續編》，頁九七。
76蔡元培，〈教育獨立議〉，《蔡元培全集》（北京：中華書局，一九八四），卷四，頁一七七—八。
77康有為，〈萬木草堂口說〉，《長興學記．桂學答問．萬木草堂口說》（北京：中華書局，一九八八），頁七〇；

章太炎，〈漢學論下〉，《章太炎全集》，卷五，頁二二。

78 章太炎主講、曹聚仁記述，《國學概論》（香港：學林書店，一九七一年港新六版），頁三六。

79 章太炎，〈漢學論下〉，《章太炎全集》，卷五，頁二二。

80 康有為，〈教學通義〉，《康有為全集》，卷一，頁八五。

81 張正藩，《中國書院制度考略》（南京：江蘇教育出版社，一九八五），頁八二。

82 同81，頁三六。

83 柳詒徵，《中國文化史》，下冊，頁五七四。

84 三文分別見於《章太炎全集》卷五、《中法大學月刊》卷五第五期（一九三三），和《制言》第五十一期（一九三四）。

85 章太炎，〈救學弊論〉，《章太炎全集》，卷五，頁九八。

86 張庸，〈章太炎先生答問〉，《章太炎政論選集》，頁二五九。

87 參閱張庸，〈章太炎先生答問〉和章太炎，〈謝本師〉。

88 章太炎，《太炎先生自定年譜》（香港：龍門書店，一九六五），頁一四。

89 章太炎主講、曹聚仁記述，《國學概論》，頁一〇八。

90 參閱《太炎先生自定年譜》，頁五五；和《章太炎先生家書》（上海：上海古籍出版社，一九八五），頁四四—五。

91 錄自湯志鈞編，《章太炎年譜長編》，頁七九三。

92 蔡元培，〈致《公言報》函並答林琴南函〉，《蔡元培全集》，卷三，頁二七一。

93 章太炎，〈救學弊論〉，《章太炎全集》，卷五，頁一〇四。

94 許壽裳，《章炳麟》（南京：勝利出版公司，一九四六），頁七八。

95 魯迅，〈致曹聚仁〉，《魯迅全集》（北京：人民文學出版社，一九八一），卷一二，頁一八五。
96 魯迅，〈關於太炎先生二三事〉，《魯迅全集》，卷六，頁五四六。
97 周傳儒、吳其昌記錄，《梁先生北海談話記》；丁文江、趙豐田編，《梁啟超年譜長編》（上海：上海人民出版社，一九八三），頁一一三八—九。
98 錢穆，《現代中國學術論衡》（長沙：岳麓書社，一九八六），頁一六一、一六八。
99 毛澤東，〈湖南自修大學創立宣言〉，《新時代》，創刊號，一九二三年四月。
100 侯外廬，《近代中國思想學說史》（上海：生活書店，一九四七），下冊，頁八四八。
101 姜義華，《章太炎思想研究》（上海：上海人民出版社，一九八五），頁四三七。
102 唐文權、羅福惠，《章太炎思想研究》（武漢：華中師範大學出版社，一九八六），頁三〇八。
103 章太炎，〈與王鶴鳴書〉，《章太炎全集》，卷四，頁一五二。
104 章太炎，〈哀陸軍學生〉，《章太炎政論選集》，頁四一七。
105 獨角（章太炎），〈庚戌會衍說錄〉。
106 章太炎，〈致國粹學報社書〉和〈致袁世凱書〉，《章太炎政論選集》，頁四九八、六八六。
107 章太炎，〈華國月刊發刊辭〉，《章太炎政論選集》，頁七七九。
108 章太炎，〈致柳翼謀書〉，《章太炎政論選集》，頁七六四。
109 章太炎，〈示國學會諸生〉，《章太炎政論選集》，頁六九六。
110 章太炎，〈諸子學略說〉，《章太炎政論選集》，頁二八五。
111 章太炎，〈與人論樸學報書〉，《章太炎全集》，卷四，頁一五三—四。
112 錄自湯志鈞編，《章太炎年譜長編》，頁七九三。
113 章太炎，〈哀陸軍學生〉，《章太炎政論選集》，頁四一七。

114 章太炎，〈非黃〉，《章太炎全集》，卷四，頁一二五。

115 章太炎，《訄書‧清儒》，《章太炎全集》，卷三，頁一五八。

116 張繼，〈章太炎先生答問〉，《章太炎政論選集》，頁二五九。

117 參閱梁啟超，《南海康先生傳》，第五章〈教育家之康南海〉，《飲冰室合集‧文集》，第三冊，頁六五。

118 范文瀾，〈經學講演錄〉，《范文瀾歷史論文選集》（北京：中國社會科學出版社，一九七九），頁三三六。

119 康有為，〈長興學記〉，《長興學記‧桂學答問‧萬木草堂口說》，頁六。

120 章太炎，〈救學弊論〉，《章太炎全集》，卷五，頁一〇二。

121 王先謙，〈學堂論上〉，《葵園四種》，頁一三。

122 章太炎，〈國學會會刊宣言〉，《章太炎全集》，卷五，頁一五八。

第三章 學術與政治

對於在中國領風騷達四十年之久的胡適之先生，唐德剛有個妙喻：「他底一生，簡直就是玻璃缸裏的一條金魚；牠搖頭擺尾，浮沉上下，一言一笑……在在都被千萬隻眼睛注視著。」[1]注視還不算，還要評頭論足；而時機一旦成熟，又隨時準備將他拉出來「祭刀」。所謂「名滿天下，謗隨之至」，此之謂也。在胡適生前死後的諸多批評中，始終存在兩種不同的音調：一是將其作爲政治家來要求，一是將他作爲學者來評論。這兩種批評都有其合理性，胡適既非眞正的政治家，也不是純粹的學者。只是如果籠統地用「政治家兼學者」或「學者型的政治家」來爲胡適蓋棺論定，恐怕也不甚恰當。因爲，在我看來，胡適不過是個關心世事因而愛談政治的傳統意義的「書生」。政治既非其所長，也不是其眞正的興趣所在，只不過因緣和合，一次次捲進政治漩渦，居然成了重要的「政治人物」。在胡適去世後的諸多祭文悼詞中，北京大學同學會所撰輓聯最有意思：「生爲學術死爲學術自古大儒能有幾；樂以天下憂以天下至今國士已無雙。」[2]以「大儒」「國士」譽新文化鬥士胡適，表面有點滑稽；但稱頌其以學術爲重而又不忘天下興亡，我以爲是抓住了胡適精神風貌的基本特徵。

對胡適學術成就的評價歷來天差地別，但對其在思想界學術界的影響，則幾乎沒有人提出異議。正如余英時先生所說的，「適之先生是二十世紀中國學術思想史上的一位中心人物」❸。盡可對這位「中心人物」褒貶抑揚，但只有將其置於「二十世紀中國學術思想史」的背景下，才能眞正理解其價值和局限。尤其是他在學術與政治之間徘徊的身影，在二十世紀的中國並不孤單；好多第一流學者都在類似的困境中掙扎過拚殺過，儘管最後選擇的學術路向可能迥然不同。

因此，在本文論述範圍內，我不大考慮胡適的政治態度，而是關注他對「政治」的態度。前者決定了他對國共兩黨的親疏遠近，並惹來了許多褒美與斥罵，爲研究者所普遍關注；後者不大爲人所重視，但實際上它不只深刻影響了胡適本人的學術事業，而且凸現了本世紀幾代學者一直沒能解開的中心情結。

一、參政與迴向

在胡適一生中，有過多次不談政治的誓言，也有過無數高談政治的闊論。並非前後期興趣轉移因而出現這種尷尬的局面，而是他自始至終拿不定主意。不是該不該關心政治，而是如何關心才合適。胡適本人一再表白：「我是一個注意政治的人」❹；「我對政治始終採取了我自己所說的不感興趣的興趣(disinterested-interest)。」❺同是對政治感興趣，可以只是表示關注，也可以公開議政，更可以直接參政。由於胡適在現代中國的特殊地位，這三種選擇都適合他。歧路亡羊，太多的選擇餘地未必一定是件好事。胡適的困惑在於如何最大限度地發揮自己的特長，而又適應時代的需要。王世杰是這樣描述胡適的「政治興趣」的：

他最關心政治問題，他的關心高於一般實際從事政治工作的人，但是他卻不願意做官或從

事實際政治活動。❻

倘若由此推導出胡適是位不屑於從事實際政治活動的政治理論家，未免有點過奬；至於說胡適在政治方面「知識非常豐富」，「認識極爲深刻」，而且有一套獨立而又完整的政治理論❼，則近於諛詞。胡適之關注政治而又不願直接介入政治鬥爭，有其不得已的苦衷，也有他對政治與學術之間的關係的獨特理解。

留學時期，胡適不只密切關注國內政局變化，而且積極參加美國人的選舉等政治社會活動，這點在留學生中並不多見。按照胡適本人的解釋，這一切又都是順理成章：

> 余每居一地，輒視其地之政治社會事業如吾鄉吾邑之政治社會事業。以故每逢其地有政治活動，社會改良之事，輒喜與聞之。不獨與聞之也，又將投身其中，研究其利害是非，自附以吾所以爲近是之一派，與之同其得失喜懼。❽

「投身其中」的目的除便於觀察外，更重要的是「可養成一種留心公益事業之習慣」。

> 今人身居一地，若視其地之利害得失若不相關，則其人他日歸國，豈遽爾便能熱心於其一鄉一邑之利害得失乎？❾

也就是說，青年學子胡適很早就下決心，歸國後將從事「政治社會事業」。這從四冊《胡適留學日記》中衆多關於中國政局和國際形勢的分析，以及參加各種社會活動的紀錄中，可以得到證實。

但是這麼一個熱心社會活動的留學生，歸國後卻轉而提倡「不談政治」。不談政治不等於不關心政治，而是覺得有比「談政治」更要緊的事，那就是思想文藝的革新。目睹了國內「出版界的孤陋，教育界的沉寂」——

> 我方才知道張動的復辟乃是極自然的現象，我方才打定二十年不談政治的決心，更想在思想文藝上替中國政治建築一個革新的基礎。[10]

將思想革命(國民靈魂的改造)置於政治鬥爭之上，這種策略在晚清就曾頗爲時行過。但政治鬥爭手段的不斷升級，使得非政治的改革努力顯得過於「平實」，很難吸引日益激進的中國知識者。代表中國思想界傾向的《新青年》，一九一九年以前基本上是贊同胡適的主張，「不談政治而專注意文藝思想的革新」[11]；陳獨秀對此頗有怨言：「本志（《新青年》）同人及讀者，往往不以我談政治爲然。」[12]只是隨著歐戰結束、巴黎和會召開、五四運動爆發等一系列重大政治事件出現，中國知識者的政治熱情驟然高漲，談論陳獨秀所說的「關係國家民族根本存亡的政治根本問題」[13]，才成爲新的時尚和《新青年》同人關注的重心。

即便在這個時候，胡適對談論政治問題仍然很不熱心。只是在因陳獨秀被捕而接編《每週評論》時，「方才有不能不談政治的感覺」[14]。但在胡適看來，一九一九年四論「問題與主義」，基本上仍是思想與方法的論爭；眞正公開討論政治問題，是從一九二一年提倡「好政府主義」開始的[15]。此後一發而不可收，議政成了胡適的一大嗜好。辦《新月》雜誌、《獨立評論》、《自由中國》固然是爲了議政，晚年寓居海外，仍然喜歡對大小政治問題發表意見，更足見其興趣所在。

從歸國之初（一九一七年）發誓二十年不談政治，到親自起草〈我們的政治主張〉（一九二二年），前後不過五年時間，何以對「政治」的態度轉了一百八十度的彎？胡適自己對此有個大致合理的解釋：

> 我現在出來談政治，雖是國內的腐敗政治激出來的，其實大部分是這幾年的「高談主義而不研究問題」的「新輿論界」把我激出來。[16]

政府的腐敗以及政客的無能，固然是胡適決心議政的一個重要原因；但更主要的刺激其實是來自《新青年》團體的分裂以及《新青年》同人的日益左傾。「主義與問題」之爭，有思想方法的差異，也有意識形態的分歧，胡適是明白這一點的。只不過在他看來，前者更帶根本性：政治信仰可以自由選擇，而懷疑的精神和「注重事實尊崇證驗」的方法，卻是每個現代人都必須遵循的。在實驗主義者胡適看來，那些高談主義者動輒誇口「我們所談的是根本解決」，其實純是「自欺欺人的夢話」[17]。眞正的社會進步只能依賴於不懈的努力和點滴的改良。

> 我們因爲不信根本改造的話，只信那一點一滴的改造，所以我們不談主義，只談問題；不存大希望，也不至於大失望。[18]

軍閥政府無藥可治，「新輿論界」又只會放言空論，自信對政治頗有研究的適之先生，於是只好親自出馬了。

在促使胡適出而議政的諸多直接刺激中，丁文江的批評無疑起了很大作用。丁氏反對胡適改良政治先從思想文藝入手的說法，認定「良好的政治是一切和平的社會改善的必要條件」，故主張知識者「不應該放棄干預政治的責任」⑲。照丁文江的說法，官僚腐敗軍閥專橫並不可怕，「最可怕的是有知識有道德的人不肯向政治上去努力」⑳。三十五年後回憶這段往事，胡適承認當年之籌辦《努力週報》改談政治，「實在可以說是在君這種精神鼓動起來的」㉑。

作爲一個政論家，胡適在《努力週報》、《新月》雜誌和《獨立評論》上發表了許多有影響的時評和政治論文。值得注意的是，不只是胡適議政的內容，而且是其議政的特殊方式（或稱姿態）：首先，不願加入任何政黨，「只持政見，而不持黨見」，永遠只是作爲「獨立的政治批評家」發言㉒；其次，主張輿論家的職責不是「自動組織政府」，而是寄希望於「國中的智識階級和職業階級的優秀人才能組織一個可以監督政府指導政府並且援助政府的干政團體」㉓；最後，嚴守議政參政區別，只做諍臣，不加入政府，拒絕當官的誘惑。這三者其實互有聯繫，正因爲無意參政，才會滿足於監督並援助政府，才會否定在現代政治中發揮重要作用的政黨；至於是否藉此就能保證其超然於黨派之外的獨立地位，則實在不容樂觀。在胡適，眞正的最後防線是只談政治不干政治；但最後連這道防線也因抗戰爆發受命出任駐美大使而被衝破。胡適後來曾自我解嘲：「以前我們是不談政治的，結果是政治逼人來談。後來只是不干政治。」至於抗戰時出任外交官，「這是我立禁約的第二十一年，可算已超出於二十年不干政治的期限」㉔。

三〇年代中期以後，隨著與國民黨最高當局關係的日益改善，胡適有過很多次出任高官的機會，但都被他堅決拒絕了。除了一任駐美大使，胡適不再直接參政，也不再「做官」——在他看來，北京大學校長和中央研究院院長都不是官。這與中國傳統讀書人「正心誠意修身齊家治國平天下」的志向頗有區別，畢竟顯示了近代知識者不依附於中央政權不以當官為唯一出路的獨立個性。不再是仕隱、朝野簡單對應的兩極，而是可能出現一批非仕非隱並作為朝野之間過渡的獨立的知識者。學優而不仕，自甘處於政權之外，透過創造和傳播思想觀念和價值系統來影響社會發展，這是近代以來中國知識者的一種新的人生追求。胡適之不願從事實際政治，除這一大的思想史背景外，還有些非常具體的實際考慮。

在眾多辭謝各種官職的信件中，胡適不斷陳述不願從政的理由。除了因具體時地因素制約而略有增刪外，經常強調的是如下幾點。首先，胡適自認是「最沒有政治能力的人」㉕，勉強出任政治外交職務，「是用其所短而棄其所長，為己為國，都無益處」㉖。這似乎不是自謙之辭，從他不斷讚嘆丁文江和傅斯年既能治學又能辦事，是「最有組織才幹的天生領袖人物」，不像他「只能拿筆桿，不能辦事」㉗，可見他對自己的行政能力估計很低。幹政治不單需要組織才幹，更需要唐德剛所說的「大政治家的肩膀，中上級官僚的臉皮和政客或外交家的手腕」㉘，而所有這些胡適又都不具備。勉力混跡官場，確實不是上策。其次，胡適自命為自由主義的「輿論家」，希望保持無黨無派的獨立地位，關鍵時刻能為民眾也為政府說幾句有力的公道話，因而自信「在政府外邊能為國家效力之處，似比參加政府為更多」㉙。一旦入閣當官，不只「毀了我三十年養成的獨立地位」，而且「連我們說公平話的地位也取消了」㉚。或許最重要的是第三點：胡適其實對實際政治不感興趣，所謂關注政治只不過是想保持一種發表政見的權利。說到底，胡適只是入世的書生，而不是真正的政治家。或者借用他答記者的提問：「任駐美大使，也只是玩票性質。」㉛以此種厭惡實際政治的心理，即便勉強進入政府「玩票」，「也不過添一個身在魏闕而心存江湖的廢物，於政事無補，而於學問大有損失」㉜。

胡適對自己關心政治而又拒絕從政的特殊姿態，有過一個頗爲精采的說明：

> 我所希望的，只是一點思想言論自由，使我們能夠公開的替國家思想，替人民說話。我對於政治的興趣，不過如此而已。我從來不想參加實際的政治。這亦非鄙薄實際政治，只是人各有能有不能，我自有我自己的工作，爲己爲人都比較有益，故不願拋棄了我自己的工作來幹實際的政治。㉝

承認「實際政治」也是一門專門事業，並非每個「業餘愛好者」都能做得了；在從事「自己的工作」的同時，又想保持爲國分憂爲民說話的權利和義務——這兩點正是近代知識者不同於傳統士大夫之處。既非完全不問政治只管自己的專業研究，也非亂問政治以爲眞能憑常識治天下；這種心態在正常運轉的現代社會中容易被認同，而在急風暴雨的革命年代裏則似乎顯得過於拘謹。但幾十年過去了，許多爲了某種虛幻的理念而拋棄自己的專業違背自己的本性而從事實際政治的「書生」，終於發現胡適的話既適應於政府也適應於知識者自身：「國家是一件重器，政治是一件絕大的事，……沒有計畫的人是不配幹政治的。」㉞

從另一方面來說，無力問政或無意從政，但仍然關心政治，這又正是中國讀書人的本色。五〇年代，胡適在辭謝參加總統競選時，再一次重彈「過問政治不一定要做官」的老調，不過添了這麼一句：「讀書人談政治是中國歷史文化的優良傳統，從孔孟起直到現在，都是如此。」而他本人什麼都可以改變，唯有「那以天下爲己任的讀書人氣質，從未改變」㉟。縱觀胡適色彩斑斕的一生，這一表白大致可信。儘管胡適本人喜歡賣弄他之用實驗主義方法談政治，學者也常被他的自由主義、民主主義、世界大同主義、和平非戰主義等弄得暈頭轉向，但在我看來，胡適仍然不是一個成熟的政治家。這主要不是指他的政治信仰和他所選擇的政治道路，而是指他對「政治」不夠虔誠，也不夠專業化。他不過是從反對避世隱逸、反對獨善主義的角度，以一種普通知識者都應該具備的人間情懷，以一種佛家大慈大悲的「迴向」心態來關心政治、談論政治。也正因如此，胡適之議政雖不甚高明，但其「不以惡衆生故，嫌恨退沒，不行迴向；不以難調伏衆生故，退捨善根，不行迴向」（《華嚴經・迴向品》）的「姿態」，仍值得後人永遠懷念。倘若描述胡適議政的「姿態」，不妨暫時借用其〈迴向〉詩：

瞧呵，他下山來了，
向那密雲遮處走。
「管他下雨下雹！
他們受得，我也能受。」[36]

二、保國或著書

再三解釋自己之不從政「並非鄙薄實際政治」，這話近乎「此地無銀三百兩」。明明知道「政治是一種重要的公共生活」[37]，但實際政治中的機詐權謀惡濁骯髒，還是令潔身自好以獨立自主相標榜的適之先生裹足不前。而更重要的是，胡適自認爲找到了比實際政治更有價值、更值得自己傾全力去從事的事業，那就是思想啓蒙和學術著述。作這一判斷時，胡適其實兼顧了社會需要和個人選擇。換句話說，在他看來，思想革新比黨派的政治鬥爭更重要，學術著述比繁忙的社會活動更有意義；強調前者而淡化後者，並非權宜之計或不得已而求其次，而是一種更高層次的人生追求。這自然是「書生之見」。隨著年齡的增長，涉世的日深，胡適的這一想法日益強化。生在這風雲變幻的年代而又不幸成爲名流，難免被政治家所愚弄和利用；但即便強顏歡笑逢場作戲的時候，胡適仍然沒有完全忘記他的人生追求。這一點，在他現存的大量書信、日記、自傳和訪問記中時有表露。只是以往囿於將其作爲政治人物考察的研究框架，胡適的一切言行被過分意識形態化，世人也就難得平心靜氣體會其作爲關注政治的一代學者的內心苦惱及性格矛盾。

在政治學者看來，現代社會中的「出入仕隱」，全都是一種深具意識形態意味的「姿態」，本身就是權力鬥爭的一部分，根本談不上特立獨行，一切都跟政治鬥爭「自動掛鈎」。在這裏，當事人的主觀意願無足輕重，「有意栽花」與「無心插柳」都無法改變這一「姿態」在政治結構中的意義。可是作爲人文學者，我還是希望窺測當事人持這一「姿態」時的「心境」。即便這一切對改變當事人的政治命運和歷史評價毫無作用，但對展示現代知識者的心路歷程卻是至關重要的。並且，在我看來，後者比前者更有意義。胡適在現代政治史思想史上的地位固然值得斟酌；而更值得研究的是，在二十世紀中國紛紜複雜的思想學術潮流中，胡適如何「立身處世」，以及支撐著這一獨特「姿態」的內在動機。在某種意義上說，胡適的選擇是一面鏡子，從中不難窺見現代知識者在思考如何處理政治與學術關係時的困惑。這不是一個十分輕鬆的話題，也不存在絕對正確的答案，深入進去很可能只是「滿紙荒唐言，一把辛酸淚」。對於職業政客或純粹學者，這問題並不複雜；但對於既對政治感興趣又想在學術上有所建樹的人來說，這問題可就複雜得多了。胡適的內心苦惱，很大部分來自於他既想「保國」又想「著書」，魚與熊掌難以兼得。

「保國」與「著書」並非對立的價值體系，本不存在非此即彼的問題。只是在二十世紀中國政治鬥爭白熱化的特殊環境裏，才會出現這種不成問題的「問題」。胡適因其特殊地位（先是新文化倡導者，後又任北京大學文學院長、北京大學校長），一輩子多次對學生運動發表意見。主要是勸說引導青年學生，但也有自我說服的成分。在所有論及學潮的文章中，胡適談論的中心不是該取何種政治信仰，而是該如何處理問政與求學的關係。前期相對傾向於肯定學生的問政熱情，後期則突出學生求學的天職。由於學潮乃現代中國政治鬥爭的重要手段，胡適此等學究氣的勸說實際起不了多大作用，徒然被對立的政治集團同時曲解爲「煽動學潮」或「鎮壓學潮」。從二〇年代到四〇年代，胡適對學生運動的態度有個變化過程。但有一點，胡適從不抽象地肯定或否定學生運動，即使讚賞，也不忘指出此乃政治未上正軌時的權宜之計；即使批評，也樂於承認學生的問政「往往是由於很純潔的衝動」[38]。這種態度，與政治家處理學潮的策略頗有矛盾，因而往往兩邊都不討好。討論胡適與民國年間學潮的關係，不是本文的任務；我只是借用他論學時所使用的一對概念「問政與求學」（或曰「保國與著書」）來分析其學術取向。

五四運動第三年，胡適發表〈黃梨洲論學生運動〉一文，針對社會上對學生干政的攻擊，除重複前一年他和蔣夢麟聯合發表的文章中，認爲學生干政是因爲社會變態政府腐敗而國民又沒有正式的糾正機關的觀點外[39]，更引述黃梨洲《明夷待訪錄・學校》中的幾段話，說明學生運動乃三代遺風，沒什麼可指責的。黃梨洲認爲學校的價值不只在於養士，還在於使得「天子亦遂不敢自以爲非是」，故「東漢太學三萬人，危言深論，不隱豪強，公卿避其貶議。宋諸生伏闕捶鼓，請起李綱，三代遺風，惟此猶爲相近」。有趣的是，胡適對黃宗羲這段話的詮釋，其實已摻和進自己的人生選擇，而不全是評價古今學校的功能或學生運動的作用：

> 我並不想藉黃梨洲來替現在的學生吐氣。我的意思只是因爲黃梨洲少年時自己也曾做過一番轟轟烈烈的學生運動，他著書的時候已是近六十歲的人了，他不但不懺悔他少年時代的學生運動，反而正正經經的説這種活動是「三代遺風」，是保國的上策，是謀政治清明的唯一方法！這樣一個人的這番議論，在我們今日這樣的時代，難道沒有供我們紀念的價值嗎？[40]

文章本是引述黃宗羲言論爲學生運動張目，但結尾處突然插入黃氏生平。看來在胡適心目中可供紀念的，並不只是這種學生干政的「三代遺風」，更是黃氏少時保國老來著書這麼一種生存方式。沒有老來著書傳之後世以成不朽，不過是有正義感的熱血青年；而沒有少時保國謀求政治清明，則不外皓首窮經的老學究。清初大學者和大思想家黃宗羲之令胡適嘆服，就在於他將保國與著書（政治與學術）完美地統一起來。

現代學術史上，也有這種先從政後求學，而且做出很大學術貢獻的人物，比如只比胡適略長幾歲的黃季剛和熊十力，都曾是辛亥革命的積極參加者，又都很快棄政從學。章太炎和汪東分別爲黃侃做墓誌銘和墓表，一稱「季剛自度不能與時俗諧，不肯求仕宦」[41]，一稱「民國既建，君壹意學術，退然不與世競」[42]。而熊十力的自述更見眞切：

> 吾少誤革命，未嘗學問。三十左右，感世變益劇，哀思人類，乃復深窮萬化之原，默識生人之性，究觀萬物之變。[43]

近百年中國，風雲激盪，熱血青年罕有不投身政治鬥爭的；而從政後因不諧時俗，或者自度非事功才，轉而專心治學者大有人在。只是胡適少年得志，未免過高估計了自己的適應能力。從一開始議政，胡適其實就認準自己的名山事業在學術（思想文化）而不在政治。不過學有餘力，參與一點政治活動，也是公民不容推卸的職責，何況其時胡適已是全國思想界的領袖，根本不可能完全躲進書齋。當胡適自稱「哲學是我的職業，文學是我的娛樂，政治只是我的一種忍不住的新努力」時，他每週花在辦雜誌寫政論的時間只有一天㊹。但隨著名聲的增長，從事政治社會活動所占時間越來越多，胡適這才日益感到魚與熊掌不可兼得。更重要的是，政治與學術是兩種截然不同的「遊戲」，需要兩種截然不同的「規則」；同時使用兩套規則交叉進入兩種遊戲，本身不是一件輕鬆的事情，弄不好兩場遊戲都可能失敗。既然意識到這種困境，而又無法激流勇退，以其中之一爲終生事業，也就只好在議政的同時努力強調學術的價值，並逐漸把工作重心轉移到學術研究上來。

三〇年代中期，胡適對青年學生之頻頻使用罷課作爲政治鬥爭手段日益不以爲然，強調「青年學生的基本責任到底還是平時努力發展自己的知識與能力」㊺。這話雖是老生常談，跟政府反對學潮的腔調似乎也沒多大差別㊻。但在胡適，說這番話是有其理論依據的。除了堅持社會進步只能是點滴改良，不可能靠激烈手段根本改造外，更突出其對「政治解決」效果的懷疑。青年學生憑一腔熱血鬧學潮，在胡適看來，雖有所得（推動政治改革），但得不償失（荒廢學業）。所謂得失的權衡，其實受制於論者的價值尺度。胡適之所以強調對於學生來說，求學遠比問政重要，潛在的心理動機是將思想革新置於政治鬥爭之上。即便在大談政治的時候，胡適也仍「認定思想文藝的重要」：

打倒今日之惡政治，固然要大家努力；然而打倒惡政治的祖宗父母——二千年思想文藝裏的「羣鬼」，更要大家努力。[47]

到談政治「眞可謂止了壁了」之時，胡適更是主張：

我們還應該向國民思想上做一番工夫，然後可以談政治的改革。[48]

也就是說，胡適心目中建立在學術研究基礎上的思想文藝革新，既有其獨立的價值，又是政治改革的前提。

正是基於這一考慮，胡適晚年多次將五四運動稱爲新文化運動中的「一項歷史性的政治干擾」，因爲「它把一個文化運動轉變成一個政治運動」[49]。作爲一種鬥爭策略，力圖「在思想文藝上替中國政治建築一個革新的基礎」，是值得讚許的；但如果以爲這種主觀意圖就能保證這一運動不與現實政治發生任何關係，則又未免過於天眞。身爲史學家而又幻想有一種不染「政治」塵埃的「純粹的思想文化運動」，實在令人驚訝。這裏用得著胡適本人一九二二年說的一段話：

沒有不在政治史上發生影響的文化；如果把政治劃出文化之外，那就又成了躲懶的，出世的，非人生的文化。[50]

新文化運動之思想啓蒙性質，決定了其不能不對現實政治產生影響。其實，胡適也是津津樂道於孫中山曾在〈爲創設英文雜誌印刷機關致海外同志書〉中對新文化運動之政治效果大加頌揚，只不過五四運動後思想文化界日益左傾，這一點令胡適深惡痛絕。胡適考慮問題當然不會沒有政治傾向，但我還是希望從學理上做進一步的探討。

當胡適談論「思想」、「文化」、「學術」時，都是從與「政治」(實際政治)相對應的角度著眼。前期的注重「思想文化」與後期的強調「學術」，其內在思路是一致的，都是主張「學爲政本」。在這方面，胡適的見解相當固定，有時甚至近乎迂腐。比如，他會指責今日之「新政客」的最大毛病是「不做學問」[51]，而中國的最大危險則是「以一班沒有現代學術訓練的人，統治一個沒有現代物質基礎的大國家」[52]。這話擱在「有槍便是草頭王」的年代，純屬「癡人說夢」。不過，倘若將歷史尺度放大，不局限於一時一地之得失，則此等「說夢」自有其不可替代的價值。當年參與「說夢」的並不限於胡適一人，好多第一流人才都有此類「學術救國」的設想。民國二年吳稚暉日記中有這麼一段記載：

> 近日余與孑民、石曾、精衛等聚談，皆確然深信：唯一之救國方法，止當致意青年有志力者，從事於最高深之學問，歷二、三十年沉浸於一學。專門名家之學者出，其一言一動，皆足以起社會之尊信，而後學風始以丕變。[53]

學風變則民風變，民風變則國家才有振興的希望。這種說法，與張之洞〈勸學篇・序〉中對學術的尊崇基本上是相通的。

竊惟古來世運之明晦，人才之盛衰，其表在政，其裏在學。

如此揚學抑政，讀書人聽起來自是十分過癮。但我懷疑政治與學術之間的關係，遠非「表裏」、「體用」、「本末」之說能夠概括。徐復觀先生對政學之間關係的描述或許更可信：

從歷史上看，學術思想若與現實的政治處於分離狀態，則其影響力常係局部的，慢緩的。若與現實政治處於對立狀態，復無有力之社會力量加以支持，以改變當時之現實政治，則現實政治之影響於學術思想者，將遠過於學術思想之影響於現實政治。若在本質上係與現實政治相對立，而在形勢上又須有某程度之合作時，則現實政治對學術思想之歪曲，常大過於學術思想對現實政治之修正。學術思想的力量，是透過時間的浸潤而表現；現實政治的力量，則在空間的擴張中而表現；所以學術思想常無法在某一空間內與政治爭勝。[54]

你可以斷言學術比政治更永久，但無法說學術比政治更強大。現實生活中政治幾乎主宰一切——尤其是在政治未上正軌的社會中；而學術的影響則是潛在而久遠，很難收功效於一時。近百年多少有遠見的思想家、教育家力主「教育救國」、「學術救國」，雖說成效不大明顯，但說了不會白說，做了不會白做，這一點歷史將會證明。

胡適就有這種自信，自信他所從事的思想文化事業將影響中國歷史進程，故不屑於與新舊政客大小官僚爭一日之短長。這也是胡適不願從政的主要原因。「我不相信有白丟了的工作。……我平生的經驗使我深信，我們努力的結果往往比我們預料的多得多」；「我相信『多事總比少事好，有爲總比無爲好』；我相信種瓜總可以得瓜，種豆總可以得豆，但不下種必不會有收穫。」[55]這種「信仰將來」的不是宗教的「宗教」，始終激勵著胡適在思想文化界「嘗試」、「努力」。

有歷史癖的適之先生，當然熱切希望自己能名垂千古[56]。雖説曾試圖用賤者微者與英雄聖賢同不朽的「社會不朽」論，來修正中國古代三不朽學説；但其實胡適深知「三不朽論的影響和效果是深厚宏遠而不可估計的」[57]。「這古老的三不朽論，兩千五百年來曾使許多的中國學者感到滿足」[58]，因爲它賦予中國書生一種安全感，即藉立德立功立言來超越生命的有限性。少年胡適顯然曾被此三不朽論所懾服，以致五、六十年後仍牢記當初那種閱讀印象；而這種印象很可能一直是其奮鬥的中心動力。立德、立功、立言雖界説模糊，胡適還是很清楚他之可能「不朽」，不在「立德」與「立功」，而在「立言」。這一點促使他屢次表示希望脫離政治擺脫雜務專心著述；而晚年回首往事，更是突出學術著述而淡化政治活動，撰成一部別開生面、自成一格的學術自傳。

在胡適看來，不是所有形諸文字的東西都能稱爲「著述」，比如政論時評之類不可能藏之名山傳之後世者就不配稱爲「著述」。這一偏見在編輯出版自己的文集時，表現得十分突出。一九二一年《胡適文存》一集出版，卷四收入若干討論社會問題的雜文；一九二四年《胡適文存》二集出版，卷三收入若干討論政治的文章，不過〈自序〉中做了如下説明：

> 卷三的政治文字，大都是遷就朋友的主張，勉強編入的。〈這一週〉的短評，本無保存的價值。因爲有朋友説，這種體裁在今日或以後的輿論界也許有推行的必要，所以我暫時留在這裏。

一九三〇年《胡適文存》三集出版，政論文章只收入一篇〈名教〉。到一九三五年，乾脆將近年所作文章中關於學術思想部分抽出來編成《胡適論學近著》。「因爲有許多討論政治的文字——尤其是我這三、四年來討論國際政治的文字——在這個時候不便印行了。」[59]其實不只是時過境遷或不合時宜，而是胡適本人看不起論政文字，以爲不足以傳世。五〇年代《胡適文存》四部出版合集，胡適不單不增添歷年論政文章，反而將二集卷三的政論文字全部刪去，理由是「稍稍節省排印費」[60]。由作者本人刪去〈我們的政治主張〉、〈我的歧路〉、〈人權論集序〉等在現代史上產生過很大影響的文章，而保留一些相對零碎的論學文字，此事可見胡適對政論的態度。難怪時人對此提出尖銳的批評，胡適本人後來也表示「頗悔刪節之多」[61]。

不過，從其對論學文字的珍視，我們反過來考察胡適一生，才能更好理解其「保國」與「著書」之間的矛盾。一九二八年七月下旬，胡適在法國連續收到蔣介石三電，催請其出任駐美大使；七月三十日胡適給妻子江冬秀去信，解釋他爲什麼背棄「二十年不入政界」的誓言，準備覆電允任駐美大使：

> 那二十年中「不談政治」一句話是早就拋棄的了。「不入政界」一句話，總算不會放棄。……今日以後的二十年，在這大戰爭怕不可避免的形勢裏，我還能再逃避二十年嗎？……我只能鄭重向你再發一誓：至遲到戰爭完結時，我一定回到我的學術生活去。[62]

如果不考慮江冬秀一直不希望胡適走政治路[63]，不考慮胡適本人對學術近乎癡迷的執著，以上這段話很可能給人「矯情」的感覺。但我相信，胡適發此誓言時是眞誠的。同一天，胡適在給傅斯年的信上也表達了大致相同的意思：

> 萬不得已，我只能犧牲一兩年的學術生涯，勉力爲之，至戰事一了，仍回到學校去。[64]

四年多大使任內，胡適不曾做過一篇純粹學術文章，不免技癢難忍；一旦卸任，迅速轉入學術研究，「希望能有二十年的歲月得專心於思想史研究」[65]。

此後二十年，胡適眞的拒絕各種從政的誘惑，「專心著述」。當然，胡適生性愛熱鬧，再加上爲盛名所累，再「專心」也是不夠專心。不過，胡適確實是在感覺到老之將至，考慮「無論如何應在有生之日還清一生中所欠的債務」時，首先希望寫出《中國哲學史》下卷，其次完成《中國白話文學史》，第三判決《水經注》疑案，第四才是如果國家有事，盡力而爲，但「不一定擔任什麼公職」[66]。這一訂於一九五一年的「生日決議案」，後來不斷被提及，成爲督促胡適著述的一大動力。晚年的回臺北定居以及拒絕從政，都以此爲理由。可惜即便如此，胡適的三大著述計畫還是沒能眞正完成。

對於一個有事業心的學者來說，最大的痛苦莫過於時間流逝老之將至而自己竟然學業無成。自知沒能力達到某一治學目標是一回事，本有能力達到而因各種瑣事纏擾半途而廢，這種悔恨自是銘心刻骨。胡適在學術上自視甚高，因此更對各種可能打擾學術研究的行政瑣事不勝其煩。晚年反對數學家林致平出任學校行政，怕「毀了一個好科學家」[67]，或許正是有感於此。對學者專心治學因而對實際政治口出怨言這一現象如何評價是一回事，但沒必要將這一切意識形態化。「做了過河卒子，只能拚命向前」的題詩，並非表示跟共產黨勢不兩立；國民大會期間「我今天已經報到了，還不夠嗎」之類的怨言，也不表示對國民黨有多大意見。這些所謂的「政治寓言」，至多表達一種不得已從政干政的複雜心情，硬要從中發掘微言大義，似乎牽強附會——可惜此類說法至今仍很流行。

三、講學復議政

一九二一年九月十日，胡適探望老友任叔永、陳衡哲夫婦歸來，在日記中發了一通感慨：當年贈他們的賀聯是「無後為大，著書最佳」，但「莎菲婚後不久即以孕輟學」，「此事自是天然的一種缺陷，愧悔是無益的」[68]。此前，胡適本人也因「我實在不要兒子，兒子自己來了。『無後主義』的招牌，於今掛不起來了」，而寫了〈我的兒子〉一詩。其實世間事大都如此，不要兒子，兒子自己來了；希望著書，著書未必成功。唐德剛先生著《胡適雜憶》，述及胡氏之議政問政一章，就題為〈「不要兒子，兒子來了」的政治〉。「二十年不談政治」守不住，「二十年不干政治」也只能說勉強守住。不干政治是為了便於集中精力著書，胡氏日記、書信中常見此後專心著述的誓言，但到頭來又大都落空。一九四四年底，胡適再次拒絕參政，並在日記中寫下一段相當誠懇而又沉痛的話：

> 我是一個有病的人，只希望能留此餘生，做完幾件未了的學術工作。我不能做應付人、應付事的事業了。[69]

但此後的事實證明，胡適多少還是得做「應付人應付事」的事業，比如出任北京大學校長、中央研究院院長之類。

明知自己缺乏從事實際政治的興趣和能力，而且性之所近在學術而不在政治，但還是一次次地被捲入政治鬥爭漩渦，以致無法「了我十五年的學術舊債」，這對於當事人無疑是很大的精神痛苦。胡適不只一次表白如下心境：

> 一犬不能同時逐兩兔，又積習已深，近年稍任學校行政，每苦毫不感覺興趣，只有夜深人靜伏案治學之時，始感覺人生最愉快的境界。[70]

這話很能體現胡適治學的濃厚興趣，但如果由此推論胡氏希望完全脫離政治關門著述，則又差之毫釐謬之千里。三〇年代中期，胡適辦《獨立評論》惹來不少政治上的麻煩，而且明顯影響學業，周作人勸其少管閒事，多注意於學術。胡適在覆信中一面懺悔其「好事」的性情妨礙其「講學論學」，一面又作如下辯解：

> 三年多以來，每星期一晚編撰《獨立評論》，往往到早晨三、四點鐘，妻子每每見怪，我總對她說：「一星期之中，只有這一天是我爲公家做工，不爲吃飯，不爲名譽，只是完全做公家的事，所以我心裏最舒服，做完之後，一上床就熟睡，你可曾看見我星期一晚上睡不著的嗎？」她後來看慣了，也就不怪我了。[71]

爲什麼編雜誌就能睡得好？因編雜誌是議政，是介入現實政治鬥爭，是盡知識者對於社會的責任，因而「良心上的譴責減輕一點，上床時能熟睡」。在胡適看來，論學更多是爲己，議政主要是爲人；這種人我之分固然決定了他不可能全心全意投入政治鬥爭，但也使得奉孔仲尼、王介甫、張江陵爲「我的神龕裏」的「三位大神」，以天下爲己任以「努力」爲信仰的適之先生，終究不能完全忘情世事專心論學。對此，胡適頗爲自得地稱：「嗜好已深，明知老莊之旨亦自有道理，終不願以彼易此。」[72]倒不在乎這種「公家的事」是否可爲，關鍵是需要這種「爲公家做工」的自我感覺。之所以沒「爲公家做工」，就會有「良心上的譴責」，壓力來自中國古代讀書人以天下爲己任的傳統。這一傳統使得歷代士大夫推崇「知其不可而爲之」的悲劇精神，而鄙薄閉門讀書獨善其身者。胡適無疑是自覺認同於這一傳統的，早年的藉黃宗羲肯定學生問政是「三代遺風」，晚年的強調讀書人談政治是中國歷史文化的優良傳統[73]，都可見其價值取向。

在〈黃梨洲論學生運動〉一文發表之後三年，胡適又在一次演講中發揮黃宗羲的見解，用「講學與議政」來概括中國傳統書院的精神：

> 古時沒有正式代表民意的機關，有之，僅有書院可以代行職權了。如漢朝的太學生，如宋朝朱子一派的學者的干涉國家政治，如明朝的東林書院等。可知書院亦可代表古時候議政的精神，不僅爲講學之地了。[74]

正因爲書院不只是講學之地，更代表士大夫議政的精神，對最高統治者的思想控制極爲不利，故明清兩代屢被查禁，罪名是「廣收無賴，多聚生徒」、「搖撼朝廷，爽亂名實」。最能代表書院這一議政傳統的，是明代的東林書院，《明史·顧憲成傳》稱：

> 當是時，士大夫抱道忤時者，率退處林野，聞風響附，學舍至不能容。……講習之餘，往往諷議朝政，裁量人物。朝士慕其風者，多遙相應和。由是東林名大著，而忌者亦多。

書院本以讀書明理修心養性爲宗旨，只因中國沒有代表民意的機關，才會衍變爲議政的中心。這一傳統對後世讀書人的影響實在太大了，以致朱熹爲白鹿洞書院撰的楹聯「日月兩輪天地眼，讀書萬卷聖賢心」，或者張之洞爲廣雅書院擬的堂聯「雖富貴不易其心，雖貧賤不移其行；以通經學古爲本，以救世行道爲賢」，都遠不如顧憲成爲東林書院撰的「風聲雨聲讀書聲，聲聲入耳；家事國事天下事，事事關心」廣爲傳誦。除東林書院的名氣外，還因當下的「國事」比往昔的「聖賢」更爲時人所關注。

將學校辦成議政的中心，從長遠的角度考慮，不是一件好事情。像黃宗羲那樣「不但希望國立大學要干預政治，他還希望一切學校都要做成糾彈政治的機關」，那是因爲在黃氏設計的理想國家裏沒有國會一類的制度，才需要學校執行國會的職務[75]。正是基於以上想法，胡適才再三強調青年學生之干預政治是不得已而爲之；若在常態的社會與國家中，政治清明，且有代表民意的機關存在著，那麼學校就應該是傳授知識的場所，而不應該再肩負議政的重任。但問題是政治是否清明，民意機關是否有效，往往因各自權勢不同利益不同而見仁見智。就好像孔子說「天下有道，則庶人不議」（《論語．季氏篇》），但天下何曾眞正合於「道」？因此，這話也就必然被解釋爲「天下無道則庶人議」。看來，胡適對學校功能的界說仍然相當模糊。不過有一點，當胡適力主學校不應辦成議政中心時，並沒否認知識者議政的權利與義務。相反，當年留學歸國前夕，胡適作〈別叔永杏佛覲莊〉詩，其中述志部分有「從此改所業，講學復議政」；「學以濟時艱，要與時相應」等豪言[76]。終其一生，胡適基本上是信守這一誓言的。大概在胡適看來，求學時不當因干政而荒廢學業，學成後則因「濟時艱」而不免「講學復議政」。

在中國古代，「士」本就同時承擔學者與官僚兩重角色，「講學復議政」自是題中應有之義。所謂「士志於道」，所謂有「澄清天下之志」，所謂「先天下之憂而憂，後天下之樂而樂」，固是體現了中國古代讀書人的理想和豪情，但也跟其有可能成爲「王者師」並干預朝政這一特殊地位有關。隨著社會分工日益加劇，現代社會中知識者的角色和功能都受到很大限制，還能否保持先賢「志於道」的情懷和藉「道」與「勢」抗衡的氣概，實在令人擔憂。另一方面，中國知識者能否適應專業化趨勢，眞正走「學術救國」道路，也仍然值得懷疑。起碼清末民初的中國知識者，還習慣於亦學亦政的角色。一九一七年蔡元培出任北京大學校長，就職演說中就強調「大學者，研究高深學問者也」，不該「有做官發財思想」[77]。第二年開學演說，蔡元培又強調大學爲培養學者之場所，「學者當有研究學問之興趣，尤當養成學問家之人格」[78]。十幾年後回憶在北大進行的這場教育改革，蔡元培頗爲得意，稱其爲鏟除「科舉時代遺留下來之劣根性」[79]。所謂「大學學生當以研究學術爲天職」，不只是針對混文憑的壞學生，更針對政學不分的舊傳統。學而優不仕，不僅使學術成爲學術，亦使政治成爲眞正意義上的政治。學術界這種獨立自由態度，不是逃避社會責任，不是脫離政治，而是爲了更好地支持(或制約)政治。賀麟先生對這一新趨向評價甚高：

> 好在自從新文化運動以來，在中國大學教育方面，總算稍稍培植了一點近代學術自由獨立的基礎：一般學人，知道求學不是做官的手段，學術有學術自身的使命與尊嚴。因爲學術有了獨立自由的自覺，對於中國政治改進，也產生良好影響。在初期新文化運動的時代，學術

界的人士，完全站在學術自由獨立的立場，反對當時汚濁的政治，反對當時賣國政府，不與舊官僚合作，不與舊軍閥妥協。因此學術界多少保留了一片乾淨土，影響許多進步青年的思想，培養國家文化上一點命脈。[80]

不管這種評價是否過於樂觀，學術是否能夠眞正獨立自由，但作爲一種歷史現象，學者們區分政、學的意圖值得注意。這與古已有之的區分「學統」、「道統」、「政統」、「治統」不大一樣，關鍵不在於「道」、「勢」之爭，也並非以「學統」或「道統」的維繫自命，而主要是適應現代學術專業化趨向的一種角色選擇。當然，這種「選擇」是有其意識形態背景的，而且也確實產生了一系列嚴重的社會效果——起碼是對政治萬靈「神話」的消解以及對政治權威的質疑。這裏只限於其對學術界的深刻影響。

明確政、學殊途以後，對知識者來說，大致有如下四種選擇：第一，棄政從學；第二，棄學從政；第三，託政治於學術；第四，「講學復議政」。第一、二種選擇相對單純些，但在二十世紀中國，養成「爲學問而學問」的「學者的人格」，其實並不容易[81]；第三、四種選擇相對複雜些，選擇者必須承擔很大的精神壓力，如何處置兩股內心要求之間的緊張，不是一件簡單的事情。自稱「性近於學術而不宜於政治」，卻又偏偏不能不涉足政治的蔡元培，顯然也像胡適那樣感覺到「一犬追兩兎」的困惑：

我是一個比較的還可以研究學問的人，我的興趣也完全在這一方面。自從任了半官式的國立大學校長以後，不知一天要見多少不願意見的人，說多少不願意說的話，看多少不願意看的信，想騰出一兩點鐘看看書，竟做不到了，實在苦痛極了。[82]

照老友吳稚暉的說法，蔡元培最後選擇的是「託政治於學術，將恃以徹底救國」的道路：「學術所以救國，救國即為政治。」此種選擇，決定了蔡元培主要以其事功及人格，而不以具體的學術著述「存之於人人之心」[83]。

同樣是既不能眞正忘情於學術，又不想完全拋棄政治，胡適與蔡元培又自不同。前者比後者無疑更看重具體的學術著述。所謂「無後為大，著書最佳」並非只是一時戲言，胡適確實希望藉著述「不朽」。朋友們認定胡適的最大長處在於「教書做書」，對國家的貢獻對後世的義務不在談政治，而是「完成那《中國哲學史》、《文學史》，以及別的考據工作（《水滸傳考》那一類）」；胡適也「深覺人生只有這幾個十年，不可不趁精力未衰時做點能做又愛做的事」。可是在答應「重做故紙生涯」的同時，胡適給自己留了個口子：保留「愛說閒話，愛管閒事」的權利，理由是「自恨『養氣不到家』，但實在也沒有法子制止自己」[84]。胡適雖不曾像王國維那樣成為純粹的學者，卻相當推崇王國維的治學路向[85]。至於蔡元培等的「託政治於學術」，胡適甚不以為然。一九二四年為古史討論作總結，胡適強調研究的目的是「明白古史的眞相」，應該追求如何「去偽存眞」，而不是考慮是否「有害於人心」[86]。四年後，有人邀請他參與發起「中國學會」，胡適拒絕了，理由是不贊成其藉學術談政治的會章：

我不認中國學術與民族主義有密切的關係。若以民族主義或任何主義來研究學術，則必有誇大或忌諱的弊病。我們整理國故只是研究歷史而已，只是為學術而作工夫，所謂實事求是是也，從無發揚民族精神感情的作用。[87]

正如胡適所慨嘆的，「近時學者很少能了解此意的」。不只是政治家希望學術爲政治服務，學者本身也不甘心於「只是爲學術而作工夫」，上者追求「經世致用」，下者可就淪爲「曲學阿世」了。很可能並非耐不住寂寞坐不穩冷板凳，而是不忍風雨聲中「閉門讀書」。

同樣有此人間情懷，同樣關心民生疾苦、政局變幻，胡適寧願在政論時評中體現其政治意識，而在學術著述中仍嚴守「實事求是」原則。「講學」時不「議政」，「議政」時不「講學」，眞正讓政、學分開，保持兩者各自的獨立性。這是胡適處理政學關係的特殊策略。作爲學者，胡適追求學術的「純粹性」，更多從學科發展和學術規範建立的角度考慮問題；而作爲公民，胡適則希望「能夠公開的替國家想想，替人民說說話」。這本是正常社會中知識者立身處世的常規姿態，只不過在政治沒上軌道，知識者要不不問政治、要不亂問政治的特殊環境中，胡適的選擇才顯得有點奇異。

在胡適一生中，最能體現這種「講學復議政」理想的，是一九二二年五月創辦《努力週報》至一九三七年七月抗戰爆發投身實際政治這十五年。在此之前，胡適力主「不談政治」，目的是「想在思想文藝上替中國政治建築一個革新的基礎」。在此之後，或者出使美國，無暇「講學」；或者寓居海外，無法「議政」。四〇年代末任北京大學校長和五〇年代末任中央研究院院長，「議政」既不自由，「講學」亦少閒暇。這「講學復議政」的十五年，又可按所辦雜誌分爲《努力週報》（北京）、《新月》雜誌（上海）、《獨立評論》（北京）三個時期。胡適曾非常感慨地回憶他二〇年代末在上海的三年半：

那是我一生最閒暇的時期，也是我最努力寫作的時期。在那時期裏，我寫了約莫有一百萬字的稿子。[88]

所謂「閒暇」，只是不當官，不從事實際政治。這三年半裏，談人權惹了大麻煩，雖說胡適以來文「含糊籠統」邏輯混亂爲由退回了「國民黨政府教育部訓令」，但這並非只是筆墨官司，沒落得個「肉體解決」已屬萬幸[89]。就在這積極「議政」（不惜觸犯最高當局）的同時，胡適又確實潛心學問，這時期完成的《白話文學史》上卷、《荷澤大師神會傳》、《神會和尚遺集》、《中國中古思想史長編》等著作，都不是靈機一動就能弄出來的。一九三〇年二月至八月，胡適除寫作《中國中古思想史長編》（七章，十四萬字）外，還穿插作了好幾篇短文，如此著述速度，確實當得上「努力」二字。其實，在辦《努力週報》和《獨立評論》時期，胡適也是這樣「講學」、「議政」同時進行，互不干涉。《努力週報》還好說，才辦了一年半，出版七十五期；而《獨立評論》週刊可就不容易了，從一九三二年五月創刊，到一九三七年七月二十五日出完最後一期，五年間共出版二四四期。在此國難當頭時刻議政，而且「希望永遠保持一點獨立的精神」，「不倚傍任何黨派，不迷信任何成見，用負責任的言論來發表我們各人思考的結果」[90]，絕非易事。在《獨立評論》上發表了大量政論和時評（涉及對日外交方針、中國政治出路、民治與獨裁、信心與反省等一系列政治問題）的同時，胡適的學術研究也在積極進行。五〇年代擬議口述自傳大綱時，胡適還特別提到這幾年中他的四篇重要學術論文：〈說儒〉、〈評論近人考據《老子》年代的方法〉、〈《醒世姻緣》考證〉和〈顏李學派的程廷祚〉[91]。

至少從表面看，胡適政學分途、齊頭並進而又「井水不犯河水」的策略是成功的：在那風雲激盪的年代裏，他既盡了知識者問政的責任，也在學術研究領域做出了貢獻。但這種成功其實是付出了不小的代價的：這點對胡適後半生的治學途徑影響甚大。

爲了強調政學分途，胡適不免過分突出學術的「純粹」性。其實，「學術」不過是人類追求眞理的一種特殊方式，其疆域的畫定只是一種迫不得已的「假設」。什麼是「學術」，什麼不是「學術」，是隨著人類認識活動的發展而移動變遷的。把這種人爲的疆域凝固化，實際上限制了學術自身的發展，不是一種明智的舉動。新文化運動時期的胡適，從事思想文化革新，縱橫馳騁，不問是學術還是政治，能做什麼、該做什麼就做什麼。這一時期的胡適，對現代學術和現代政治的貢獻都很大。到有意識地區分政治與學術時，其論政固是影響加大，但學術上則無形中作繭自縛：重歷史而輕現實，重文史而輕社科，重訓詁而輕義理，重知識而輕價值論——後者都因可能接近現實政治而被視爲「非學術」。這麼一來，胡適治學的路子只能越走越窄，最後走到花二十年時間研究一部《水經注》[92]。胡適治《水經注》有各種原因，其中一點是在他看來，「這才是眞正的學術」。

胡適對考據有特殊興趣，其學術著述也以考據見長，以致梁啓超在《清代學術概論》中稱讚其「用清儒方法治學，有正統派遺風」[93]。一開始胡適顯然不滿足於清儒的考證訓詁，希望能再推進一步，「走向歷史，特別是思想史的綜合貫通的途徑」[94]。直到三〇年代中期，胡適還是企圖走戴震的路子：「深通訓詁，究於名物制度而得其所以然，將以明道也。」（章學誠〈朱陸篇書後〉）這一學術思路，從他專門爲清代學術史上兩位奇才戴震與章學誠分別撰寫專著[95]，而且盛讚其不以考據爲最後目的，可以看出來：

> 考訂只可以考訂爲目的，而不可談義理：這是當時一般學者的公共心理。只有戴震敢打破這個迷信，只有章學誠能賞識他這種舉動。[96]

在胡適看來，清儒治學的長處是重證據，能「據守」，短處是大家都「埋頭做那『襞績補苴』的細碎功夫，不能繼續做那哲學中興的大事業」；而要「建立有系統條理的哲學思想，只有力求通核一條路」[97]。撰寫《中國哲學史大綱》、《白話文學史》時，胡適頗有「通核」的氣派；而到治《水經注》，則只有據守的份了。

從主張「通核」講求「義理」，到推崇「據守」只求「考據」，胡適三〇年代中期學術路向的轉變，有其學理上的考慮，也有政治環境的制約。一個有趣的事實是，當生活中離政治越近時，胡適在學術上離義理就越遠(越非政治化)。四〇年代末期的中國，國共兩黨兩軍大決戰，炮火連天中，胡適忙於考辨《水經注》疑案。在一九四八年十一月二十八日致顧起潛信中，胡適不無自嘲道：

> 在天翻地覆之中，作此種故紙堆生活，可笑之至！[98]

其實一點也不可笑，正因爲「天翻地覆」，才更必要「作此種故紙堆生活」。這正是胡適處世治學的訣竅。一九四七年十月，作爲北大校長的胡適在滬對記者發表講話，其中有一句後來屢遭批判：「學生要解決思想苦悶，惟有埋頭研究學術。」[99]這話當然有壓制學潮的意圖，但在胡適並非存心騙人，起碼他本人是喜歡藉「研究學術」來「解決思想苦悶」的。在兵荒馬亂中撰寫一篇篇研究《水經注》疑案的文章，除了佩服胡適的學問癖之外，還得承認這種研究對其穩定情緒起了很大作用，其心理調整功能不下於其學術價值。這點胡適本人或許心中有數。

留學期間，胡適偶然讀了《歌德年譜》，深爲「歌德之鎮靜工夫」所懾服，以後多次引述此例說服急於用世的友人：

> 德國文豪歌德自言，「每遇政界有大事震動心目，則黽勉致力於一種絕不關係此事之學問以收吾心」。故當拿破崙戰氛最惡之時，歌德日從事於研究中國文物。[100]

第一個被說服的是其女友韋蓮司：一九一四年韋蓮司感憤於歐洲戰事之起，準備放棄學畫，投軍當看護婦，胡適「以歌德之言告之」，「女士以爲然，今復理舊業矣」[101]。第二個被說服的是德國魯溫斯坦親王：一九四一年底魯溫斯坦親王要求到中國參加抗戰，胡適覆信中又引述歌德不大爲常人理解的「有意置身於當時大事之外的態度」，希望親王繼續從事學術研究[102]。十九年後重逢，胡適方得知當年的勸告大見成效，「此君得我回信，頗受感動。後來他竟繼續作教授生活」[103]。或許是中國國情不同，同一番話卻沒能讓中國學生大受感動並改弦易轍。一九二五年八月胡適在天津寫了〈愛國運動與求學〉，照樣引述歌德的例子，告誡學生「在一個擾攘紛亂的時期裏跟著人家亂跑亂喊，不能就算是盡了愛國的責任」，而必須「立定脚根，打定主意，救出你自己，努力把你這塊材料鑄造成個有用的東西」[104]。在日益高漲的學潮中，胡適的勸告毫無作用，徒然提供了批判的靶子。

不管勸告是否有效，胡適說服的對象都是試圖棄學從政者，這與他所引述的歌德的例子實際上仍有距離。歌德本就是文人學者，並沒因戰事臨近而投身政治或改換職業，而是靠調整研究對象來擺脫現實政治環境造成的心理壓力，在一種相對穩定平靜的狀態中繼續從事自己所擅長的工作。眞正接近歌德這種在政治上不愉快的情形下，選擇遠離現實的學術工作「以收斂心思」者，不是別人，正是胡適自己。

靠遠離現實政治並排斥「義理」來維持學術的獨立和尊嚴，其合理性和有效性均很成問題。一個起碼的事實是，「埋頭著書不問政治」其實也是一種政治姿態；在現代社會中，誰也無法保證學術不與政治「自動掛鉤」。胡適晚年之集中精力研治《水經注》疑案，其良苦用心值得充分同情，只是這一特殊經驗未必適宜於推廣。

令人感慨不已的是，何以二、三〇年代還能「講學復議政」，到四、五〇年代就只能「單打一」？到底是胡適老了精力不濟呢，還是天地窄了施展不開？

---

❶唐德剛，〈寫在書前的譯後感〉，《胡適的自傳》（《胡適哲學思想資料選》，下冊）（上海：華東師範大學出版社，一九八一）。

❷《胡適之先生紀念集》（臺北：學生書局，一九七三再版）。

❸余英時，《中國近代思想史上的胡適》（臺北：聯經出版公司，一九八四），頁六。

❹胡適，〈我的歧路〉，《胡適文存》（上海：亞東圖書館，一九二四），二集，卷三。

❺《胡適的自傳》，第三章〈初到美國：康乃爾大學的學生生活〉。

❻〈王世杰談胡適與政治〉，《胡適之先生紀念集》。

❼參閱楊承彬，《胡適的政治思想》（臺北：中國學術著作獎助委員會，一九六七）一書的〈自序〉和〈導論〉。

❽《胡適留學日記》（上海：商務印書館，一九四七），頁一〇五三—四。

❾同❽。

❿同❹。

⓫胡適在〈紀念五四〉（《獨立評論》第一四九期〔一九三五〕）一文中稱《新青年》之有意不談政治主要是受他的影響；而「陳獨秀、李大釗、高一涵諸先生都是注意政治問題的」。

⓬陳獨秀，〈今日中國之政治問題〉，《新青年》，卷五，第一號，一九一八年。

⓭同⓬。

⓮同❹。

⓯一九二一年八月五日胡適做〈好政府主義〉演講，「第一次公開的談政治」；一九二二年五月十一日胡適起草〈我們的政治主張〉，「是第一次做政論」。參見《胡適的日記》（北京：中華書局，一九八五），頁一七五、三五二。

⓰同❹。

⓱胡適，〈多研究些問題，少談些主義〉，《每週評論》，第三十一號，一九一九年。

⓲胡適，〈這一週〉，《努力週報》，第七號，一九二二年。

⓳胡適，《丁文江的傳記》（臺北：啟明書局，一九六〇），頁三五—六。

⓴丁文江，〈少數人的責任〉，《努力週報》，第六十七號，一九二三年。

㉑同⓳。

㉒胡適，〈政治家與政黨〉，《努力週報》，第五號，一九二二年。

㉓胡適，〈中國政治出路的討論〉，《獨立評論》，第十七號，一九三二年。

❷❹胡適，〈報業的真精神〉，《胡適演講集(三)》(臺北：遠流出版公司，一九八六)。

❷❺胡適，〈致沈怡〉，轉錄自胡頌平編，《胡適之先生年譜長編初稿》(臺北：聯經出版公司，一九八四)，頁二一三九。

❷❻胡適，〈復雪艇〉，轉錄自《胡適之先生年譜長編初稿》，頁二〇〇三。

❷❼胡適，〈傅孟真先生遺著序〉，《傅孟真先生集》(臺北：臺灣大學，一九五二)；〈致周作人〉，《胡適來往書信選》(北京：中華書局，一九七九)，中冊，頁二九八。

❷❽唐德剛，《胡適雜憶》(北京：華文出版社，一九九〇)，頁四五。

❷❾胡適，〈致汪精衛〉，《胡適來往書信選》，中冊，頁二〇八。

❸⓿胡適，〈致傅斯年〉，《胡適來往書信選》(北京：中華書局，一九八〇)，下冊，頁一七三。

❸❶參閱胡頌平編，《胡適之先生年譜長編初稿》，頁二三六四。

❸❷同❷❾。

❸❸胡適，〈致李石曾〉，《胡適來往書信選》，中冊，頁九五。

❸❹同❶❽。

❸❺同❸❶。

❸❻錄自《胡適之先生詩歌手跡》(臺北：商務印書館，一九六四)，頁五。詩前有小引：「『迴向』是《華嚴經》裏一個重要觀念。民國十一年十月二十日我從山東回北京，火車上讀晉譯《華嚴經》的〈迴向品〉，作此解。」《胡適的日記》(北京：中華書局，一九八五)，頁四九一所錄〈迴向〉詩略有不同，詩人引錄〈迴向品〉後稱：「我的詩是用世間法的話來述這一種超世間法的宏願。」

❸❼胡適、陳獨秀等，〈新青年雜誌宣言〉，《新青年》，卷七，第一號，一九一四年。

❸❽藏暉(胡適)，〈論學潮〉，《獨立評論》，第九號，一九三二。

39 蔣夢麟、胡適，〈我們對於學生的希望〉，《晨報》，一九二〇年五月四日。

40 胡適，〈黃梨洲論學生運動〉，《胡適文存》，二集，卷三。

41 章太炎，〈黃季剛墓誌銘〉，《量守廬學記》（北京：三聯書店，一九八五）。

42 汪東，〈蘄春黃君墓表〉，《量守廬學記》。

43 熊十力，《十力語要初續》（臺北：洪氏出版社，一九七七年再版）。

44 同❹。

45 胡適，〈為學生運動進一言〉，《獨立評論》，第一八二號，一九三五年。

46 一九二八年五月四日胡適在上海光華大學作題為〈五四運動紀念〉演講，就肯定國民黨中央宣傳部禁止學生干政的決定，不過不說干政的學生「走入歧途」，而是嘆惜「實在犧牲太大了」（此演講紀錄稿刊於一九二八年五月五日《民國日報》）。

47 胡適，〈答伯秋與傅斯棱兩先生〉，《胡適文存》，二集，卷三。

48 胡適，〈一年半的回顧〉，《努力週報》，第七十五期，一九二三年。

49 《胡適的自傳》，第九章〈「五四運動」——一場不幸的政治干擾〉。

50 同❹。

51 胡適，〈歐遊道中寄書(一)〉，《胡適文存》（上海：亞東圖書館，一九三〇），三集，卷一。

52 胡適，〈知難，行亦不易〉，《新月》，卷二，第四號，一九二九年。

53 《吳敬恆選集(序跋遊記雜文)》（臺北：文星書店，一九六七），頁二二一。

54 徐復觀，《中國思想史論集》（臺北：學生書局，一九八八，八版），頁七—八。

55 《胡適的日記》（北京：中華書局，一九八五），頁四一九；《胡適來往書信選》，中冊，頁二九六。後者稱這種「耕種必有收穫」的信仰已成為「個人的宗教」。

56 唐德剛，〈寫在書前的譯後感〉，《胡適的自傳》稱「適之先生是筆者所熟識的，最看重身後之名的一位前輩」。

57 參閱胡適，〈不朽〉、〈我的信仰〉、〈中國人思想中的不朽觀念〉等文。

58 胡適，〈中國人思想中的不朽觀念〉，《中央研究院歷史語言研究所集刊》（臺北：中央研究院，一九六三），第三十四本，下冊。

59 胡適，〈《胡適論學近著》自序〉，《胡適論學近著》（上海：商務印書館，一九三五）。

60 胡適，〈《胡適文存》四部合印本自序〉，《胡適文存》（臺北：遠東圖書公司，一九五三），第一集。

61 李敖，〈從讀《胡適文存》說起〉，《胡禍呢？還是禍胡？》（臺北：遠流出版公司，一九八六）；胡適，〈覆周德偉〉，錄自《胡適之先生年譜長編初稿》，頁三一四〇。

62 參閱耿雲志的《胡適年譜》所錄一九三八年七月、十一月胡適致江冬秀信，《胡適研究論稿》（成都：四川人民出版社，一九八五），頁四七六。

63 同62，頁四七七。

64 錄自胡頌平編，《胡適之先生年譜長編初稿》，頁一六三九。

65 毛子水，〈胡適傳〉，《師友記》（臺北：傳記文學出版社，一九六七），頁四一。

66 引自胡頌平編，《胡適之先生年譜長編初稿》，頁二一九五。

67 同66，頁三五九二。

68 《胡適的日記》，頁二一一。

69 同68，頁六〇四。

70 同29。

71 胡適，〈致周作人〉，《胡適往來書信選》，中冊，頁二九七。

72 同71。

73 參閱胡適的〈黃梨洲論學生運動〉一文及《胡適之先生年譜長編初稿》頁二三六四所錄胡氏談話錄。

74 胡適，〈書院制史略〉，《東方雜誌》，卷二一，第三號，一九二四年。

75 同40。

76 《胡適留學日記》，頁一一四五。此詩收入《嘗試集》時改題〈文學篇〉。

77 蔡元培，〈就任北京大學校長之演說〉，《蔡元培全集》（北京：中華書局，一九八四），卷三。

78 蔡元培，〈北大一九一八年開學式演說辭〉，《蔡元培全集》，卷三。

79 蔡元培，〈我在北京大學的經歷〉，《東方雜誌》，卷三一，第一號，一九三四年。

80 賀麟，〈學術與政治〉，《文化與人生》（北京：商務印書館，一九八八），頁二五二。

81 如梁啟超論治學，多次在「學以致用」與「為學術而學術」之間搖擺，參閱《新史學》、《清代學術概論》和《中國歷史研究法補編》。

82 〈蔡元培口述傳略〉（高平叔記），《蔡元培先生紀念集》（北京：中華書局，一九八四）。

83 吳敬恆，〈通人與學人〉，《國風》，第十二期，一九四三年。

84 一九二九年八、九月間，胡適在上海談人權惹了麻煩，周作人等寫信勸他到北京「教書做書」，胡適覆信表白自己心境；第二年十一月，胡適終於離滬北上。參見《胡適來往書信選》，上冊，頁五三九、五四二。

85 在一九二二年八月二十八日日記中胡適慨嘆「現今的中國學術界真凋敝零落極了」，並斷言「只有王國維最有希望」（《胡適的日記》，頁四四〇）。

86 胡適，〈古史討論的讀後感〉，《胡適文存》，二集，卷一。

87 《胡適來往書信選》，上冊，頁四九七。另外，羅爾綱《師門辱教記》中提到胡適反對陳獨秀研究太平天國，可做此話註脚。一九三五年夏，陳獨秀在南京獄中請人代收集有關太平天國的書，準備做研究，胡適得知後說：

「仲甫是有政治偏見的，他研究不得太平天國，還是讓爾綱努力研究吧！」

88 胡適，〈《淮南王書》手稿影印本序〉，《淮南王書》（臺北：商務印書館，一九六二）。

89 羅爾綱，〈關於胡適的點滴〉（《胡適研究叢錄》〔北京：三聯書店，一九八九〕），記述胡適離開上海時，「人們認為特務會在車站狙擊胡適」，結果虛驚一場。

90 胡適，〈《獨立評論》引言〉，《獨立評論》，第一號，一九三二年。

91 參見臺北傳記文學出版社一九八一年版《胡適口述自傳》前附影印件：「胡適之先生親筆所擬口述自傳大綱」第三部分"Under Nationalist China"。

92 參閱費海璣，〈胡適先生研究《水經注》的經過〉，《胡適著作研究論文集》（臺北：商務印書館，一九七〇）。

93 《梁啟超論清學史二種》（上海：復旦大學出版社，一九八五），頁六。

94 余英時，《中國近代思想史上的胡適》，頁六二。

95 《章實齋先生年譜》（上海：商務印書館，一九二二）；《戴東原的哲學》（上海：商務印書館，一九二七）。

96 胡適，《戴東原的哲學》（臺北：商務印書館，一九六七），頁九六。

97 同96，頁一〇三、一二二。

98 《胡適手稿》（臺北：中央研究院胡適紀念館，一九六八），三集。

99 耿雲志，〈胡適年譜〉，《胡適研究論稿》，頁五〇六。

100 《胡適留學日記》，頁四八四。

101 同100，頁四八五。

102 胡適一九四二年一月二十九日覆魯溫斯坦親王信，錄自《胡適之先生年譜長編初稿》，頁一七五六。

103 胡適一九六一年十一月二十三日日記，錄自《胡適之先生年譜長編初稿》，頁三八一七。

104 胡適，〈愛國運動與求學〉，《現代評論》，卷二，第三十九期，一九二五年。

第四章 專家與通人

在現代中國學術史上，胡適始終是個「問題人物」。學術史上評價時高時低的人物有的是，但像胡適那樣一下被抬上天，一下被打入地的學者畢竟不多。開始是新舊學派拿他當戰場，後來是左右文人拿他做臺階；輪到學術史家上陣，胡適已是百孔千瘡。撇開那些純屬政治偏見的褒揚與謾罵，對一代學者胡適的評價仍然是見仁見智。沒人懷疑胡適是開風氣的人物，爭論在於胡適到底有多大學問，做出多大的學術貢獻。在世人眼中，胡適當然是個大學問家；但聽某些專門家評說，胡適又似乎沒什麼學問。胡適最初以介紹杜威哲學和從名學角度治中國哲學史名家，金岳霖卻說：「西洋哲學與名學又非胡先生之所長，所以在他兼論中西學說的時候，就不免牽強附會。」❶胡適自認對禪宗史的研究有「原始性的貢獻」❷，梁漱溟則批評他「對佛教找不見門徑，對佛教的禪宗就更無法動筆，只得做一些考證」❸。胡適治學以講方法論著稱，殷海光卻譏其大談「科學方法」爲淺薄且不長進❹。胡適好歹寫了上百萬字的文學史論著，可是劉文典說他樣樣都好，就是不大懂文學❺。批評者都是一時名家，而且都是蓋棺論定式的全稱判斷(而不是針對某本書某個觀點)，這就令人不能等閒視之。倘若胡適眞的在哲學史、佛教史、文學史和方法論方面的研究都站不住脚，那這「學問大家」的眞假可就很成問題了。好在推崇胡適學問的也大有人在，而且不乏權威人士；故胡適學問之大小恐怕一時難有結論。有趣的是，讚賞者往往是就「學者」胡適立論，而批評者則大都就「哲學史家」或「文學史家」胡適立論。兩種評判眼光顯然有很大區別，一是用來衡量「通人」，一是用來衡量「專家」。而胡適的學問路數，恰好是在「通人」與「專家」之間，評判時自然很容易上下其手。或許問題就出在這裏：生在一個學術分工日細的時代，卻居然成爲「學術界十項全能的楊傳廣」❻。照唐德剛先生的說法，近百年中國的學術，「始終是停滯在『發展中學術』(developing scholarship)這個階段之內」，胡適的學問正是他那個時代的「恰當學術」；正因爲是了不起的「恰當學人」(appropriate scholar)，胡適才可能成爲「朱子以後，對中國學術思想，繼往開來，影響最大的一位學者」❼。此說對胡適評價是否過高可以商榷，但論者將其置於中國學術思想發展的轉折關頭來考察，卻無疑是一種卓識。考慮胡適何以在「通人」與「專家」之間徘徊，遠比單純爭論胡適學問之大小有意思；因前者實際上是古今中外學術思想交滙的一個特殊投影。

一、古老命題的現代詮釋

「中西學術比較」這樣的大題目，在胡適看來可能是「不通」，因爲無法「拿證據來」。但實際上胡適也常常談論此類「不通」的話題，比如以不同時代不同學科的中西治學方法相比較❽。說好聽是「觸類旁通」，說不好聽則是「方法謬誤」。當論者泛言空談古今中西學術時，自然不能不將思路大大簡化，否則無法滿足兩極分化、二元對立因而簡捷明快易學易用的理論需要。當年胡適談中西治學方法是如此，半個世紀後錢穆談中西學術傳統也是如此，只不過錢氏把胡適也捎進來批一通。其實，兩人話語雖不同，思維方式卻相當接近。胡適提倡新文化運動，使得中國學術傳統斷裂，學者們不再求「融通體會」，而是「治學則務爲專家，惟求西化」。錢穆做這一判斷時，基於兩個理論前提：一是「中國重和合，西方重分別」；二是「求爲一專家，不如求爲一通人」[9]。後者涉及個人的學術選擇，可以存而不論；前者以「和合」與「分別」、「通人」與「專家」概括中西學術的不同傾向，雖則新鮮有趣，卻是個有待證實的「大膽的假設」。

就表面現象而言，錢穆的如下說法大致不錯：

> 民國以來，中國學術界分門別類，務爲專家，與中國傳統通人通儒之學大相違異。[10]

而這種「通人」與「專家」的區別，到底是中西之歧，還是古今之異？亞里斯多德、狄德羅、歌德都並非只是某一方面的「專門名家」，而乾嘉學派也談不上推崇「通人」。隨著社會分工的日益精細，「專家之學」逐漸占上風，這點中西同例；只不過當二十世紀中西學術交滙時，由於各自社會所處發展階段不同，西方學界顯得更爲注重「專家之學」罷了。

其實，這種「通人」與「專家」之爭，在中國「古已有之」，不過「於今爲烈」罷了。「古之學者，博學虖六藝之文」（《漢書·儒林傳》），自是無所謂專家與通人之分。秦始皇焚書坑儒，「六學從此缺矣」；及至漢武帝立五經博士，方才出現「一經說至百餘萬言」的專家。有死守一經離章析句的專家，也就有但通訓詁遍習五經的通人[11]。班固本人是「不爲章句，舉大義而已」（《後漢書·班固傳》），自然重通人而輕專家；不過《漢書·藝文志》中對中國學術史上這一重大轉折的描述還是大致可信的：

> 古之學者耕且養，三年而通一藝，存其大體，玩經文而已，是故用日少而畜德多，三十而五經立也。後世經傳既已乖離，博學者又不思多聞闕疑之義，而務碎義逃難，便辭巧說，破壞形體；說五字之文，至於二、三萬言。後進彌以馳逐，故幼童而守一藝，白首而後能言；安其所習，毀所不見，終以自蔽。此學者之大患也。

司馬遷提及「通人達才」，但未作界定（《史記・田敬仲完世家》）；班固描述了這一古今學術分途，但未擬專名；到了王充，才將「能說一經」的「儒生」與「博覽古今」的「通人」並舉（《論衡・超奇篇》）。王充所論的「儒生」，近乎後世的「專家」；而他所論的「通人」，則與後世「通人」有別：因其博聞強識弘暢雅閒但未必能「精思著文」，故不若「文人」與「鴻儒」等第高。即便如此，學界中專家與通人的分野大致就此確立；此後學風代變，歷朝歷代都有圍繞這一問題的爭論。

討論爲什麼在某種歷史氛圍中「專家之學」（或「通人之學」）占上風，是個很有趣而又很複雜的學術思想史課題，並非單憑常識就能解答。這裏只想指出，胡適面對的是個古老的論題，這個論題由於西學東漸而顯得更富挑戰性：今日學術界期待的通人，不只需要「古今兼通」，更需要「東西兼通」；而要達到這個目標，談何容易！當然，「雖不能至，心嚮往之」的，還是大有人在，起碼胡適就是一個。錢穆批評胡適開啓了注重專門之學的現代學術傳統，其實是過獎了；綜觀整個學術生涯，胡適始終在「通人」與「專家」之間依違徘徊。其學問缺陷在此，其在學術思想史上的意義也在此。

幾乎在留學時期，胡適就清醒地意識到自己所選擇的學術路向可能出現的問題和面臨的陷阱。《胡適留學日記》中翻來覆去討論「博學與專精」的關係，即便再三「自省」、「立誓」，也無法掩飾其時內心的矛盾。對許多留學生來說，讀書與擇業是順理成章的事，用不著費心思捉摸；而略有漢學根基但又充滿報國熱忱的青年胡適，卻躊躇滿志地忙於學術上的自我設計。一九一四年初，胡適作了一番痛切的自省：

> 余近來讀書多所涉獵而不專精，泛濫無方而無所專注，所得皆皮毛也，可以入世而不足以用世，可以欺人而無以益人，可以自欺而非所以自修也。後此宜痛改之。[12]

但同年年底，胡適又對這種專才教育的價值表示懷疑，似乎又傾向於追求博學多才：

> 若終身守一物，雖有所成，譬之能行之書櫥，無有生趣矣。今日吾國學者多蹈此弊，其習工程者，機械之外，幾於一物不知，此大害也。[13]

晉人葛洪以「藏書之箱篋」喻博涉羣書而胸迷蒼素者[14]，胡適則以「能行之書櫥」喻學雖有成但了無生趣者，也算是有異曲同工之妙。畢竟正在受嚴格的學院式訓練，胡適當然明白現代學術的專業化趨向。第二年開春，胡適的觀點趨於折中，既求精也求博：

> 學問之道兩面而已，一曰廣大(博)，一曰高深(精)，兩者須相輔而行。務精者每失之隘，務博者每失之淺，其失一也。[15]

這話絕對正確；但就因爲太正確，誰都懂，也就沒有多少信息量。十年後，胡適把這個意思編成兩句粗淺的口號：

> 爲學要如金字塔，要能廣大要能高。[16]

這兩句格言之所以流傳甚廣，與其說傳授了什麼治學秘訣，不如說道出了讀書人共同的苦惱：博與精何曾能「相輔而行」？學者只能根據自己更希望成爲「專家」或「通人」，而選擇「精」或「博」爲主攻方向。

胡適無疑是明白這一點的。當他自稱「余失之淺者也。不可不以高深矯正之」時[17]，顯然是以「專家」的標準要求自己。起先還計畫「讀書以哲學爲中堅，而以政治、宗教、文學、科學輔焉」[18]，後來發現這樣安排鶩外太甚失之膚淺，決心「屏絕萬事，專治哲學」[19]。「專治哲學」的決心剛剛下定，胡適又興致勃勃地研究詩詞進化的規則和白話文的發展趨向去了。不斷的懺悔自省，並不能保證胡適成爲治絕學的第一流專家，徒然顯示出學院派背景給他造成的沉重的心理壓力。終其一生，胡適都在這種心理壓力下「緊張」地工作。就志趣與性格而言，胡適傾向於「通人」；而就訓練與才情而論，胡適則更接近於「專家」。因外在環境的改變，胡適治學的興奮點不斷轉移；但「務精」兼「務博」這一悲壯的努力一直沒有完全放棄。

二、「具有廣博學識」的專家

一九一五年五月，在決心專治哲學時，胡適給自己下了個頗爲精采的判斷：

吾生平大過，在於求博而不務精。[20]

後人批評胡適的學問，也多著眼於其能「淺出」而不能「深入」。但作爲一代學術大師，胡適治學還是有其根據地的。余英時稱胡適學術的「起點和終點都是中國的考證學」[21]，這話稍微刻薄了點。不過，考據學確實是胡適學問的根基。當年留美考試，「亂談考據的短文」得了一百分[22]；應聘北京大學，主要是考據文字的功勞[23]；奠定胡適在中國學術界地位的《中國哲學史大綱》出版時，蔡元培首先強調的是其「稟有『漢學』的遺傳性」[24]；即使在此書早被超越的半個多世紀之後，另一位哲學史家馮友蘭也仍然認爲，此書「既有漢學的長處又有漢學的短處」[25]。

以考據爲根基，治學風格必然趨於小心謹慎，不至於肆無忌憚放言空論。胡適治學講究「小題大作」，目的是力求專精，這自然是「專家之學」的路子。一九二八年，胡適爲提倡「新學風」而立下如下「戒約」：

我們要「小題大作」，切忌「大題小作」。例如顧亭林舉一百六十多個例來證明「服字古音逼」，這是小題大作。若作二、三百字來說「統一財政」，或「分治合作」，那便是大題小作，於己於人都無益處。[26]

胡適後來屢次以此策略指導青年治學[27]。不過，將「小題大作」解釋爲縮小題目以便於集中精力作精深研究，似乎未盡其意。之所以稱「大作」，主要還不在於例證多且論證嚴密，更在於題目雖小而內涵豐富，經深入開掘能有重大發現，對整個學科的發展有深遠意義。也就是說，並非每個「小題」都適合於「大作」，並非每篇嚴謹的考據文章都能稱爲「小題大作」。「小題」只是強調了選擇的對象，「大作」方才眞正道出了治學的策略與方法。同是一個字的精采考證，可能是「小題小作」，也可能是「小題大作」，這就看研究者學術眼光之高低。胡適在「小題大作」與「大題小作」兩種治學策略之間做了明確的選擇，可是他沒考慮還有第三、第四種可能性：「小題小作」與「大題大作」。因迴避「大題」而失去從事「大題大作」的嘗試固然可惜，因偏愛「小題」而陷入「小題小作」的困境也實在不應該——胡適後期的治學，就有這種令人扼腕的偏頗。學者選擇何種治學策略，旁人實在無權說三道四；只不過因胡適占據足以影響一代學風的特殊地位，其相對漠視「義理」與「大題」的治學態度，受到了不少學者的攻擊[28]。

反對大題目，是因爲做大題目易流於空泛。胡適論人衡文，推崇從小題目小事情做起，並有將學問與人品掛鉤的傾向。從「問題與主義」之爭起，胡適關於社會只能逐步改良的論調迅速爲國人所熟知；因此，他治學注重小問題似乎不足爲奇。在胡適看來，「進步是一點一滴的積累造成的」，故「我一生只提出一兩個小問題，鍥而不捨的做去，不敢好高騖遠，不敢輕談根本改革」[29]；同理，「文化是一點一滴的造成的」，故「我們只想就各人的興趣，提出一些範圍比較狹小的問題，做一點細密的考究」[30]。無論事功還是學問，胡適都講功效，「細密」與「鍥而不捨」因而也就成了其求學與做人的基本準則。胡適晚年教人治學，總講「勤謹和緩」四字訣。有時說是「態度」，有時說是「方法」，有時又說是「習慣」；其實是兼而有之，即將爲人與治學統一起來。這自然無可非議，即使有時顯得有點迂腐，但也固執得可敬可愛。去世前一年，身爲中央研究院院長的胡適，居然會爲了晚報上一篇〈美國接吻的學校〉的小文章大動肝火，寫信表示抗議並要求作者出示「證據」。在他看來，此類「毫無常識的造謠」，不只是對美國教育的侮辱，更重要的是對「讀者常識的一種侮辱」[31]，自然也是對終生提倡「拿證據來」的胡適本人的一種侮辱。大人物管小事情，做小學問，而且一點也不難爲情，這種境界頗難得。

但如果因爲胡適總講「有幾分證據，說幾分話」，就相信他沒講過外行話或沒「大題小作」過，那未免太天真了。誰都有講外行話的時候，更何況身爲學界領袖因而也就必須到處做報告寫序言的適之先生。晚年因講了外行話受人嘲笑，胡適告誡自己「切不可輕談自己本行以外的專門問題」[32]。但綜觀胡適一生，在學問上講外行話的時候並不少——尤其是當他「大題小作」縱論中西文化的時候。有趣的是，提倡做學問應「小題大作」的胡適，其實也是「大題小作」的好手。翻開胡適著作目錄，一個突出印象是，題目小者小得驚人，題目大者也同樣大得驚人。花三兩千字談中國文化特質或國際發展趨勢，比他所嘲笑的用二、三百字說「統一財政」好不到哪裏去；而胡適本人恰好寫了不少此類文章。像用無政府主義的抗議、自由主義的教育哲學、極權政治的崛起和無爲政治的試行四點來概括中國古代政治思想（〈中國古代政治思想史的一個看法〉），像將八世紀到二十世紀的中國文化分爲文藝、哲學、學術三次文藝復興（〈中國傳統與將來〉），像以新的科學、新的工業和民主自由來描述近三百年世界文化的大趨勢（〈三百年來世界文化的趨勢與中國應採取的方向〉）……這一類文章，姑且不問其到底有多大的「科學性」，單是立論的過於大膽與論證的過於粗疏，都與胡適提倡的「小題大作」大相逕庭。有的是對外國人講中國文化，有的是根據演講稿改寫，讀者對象和文章形式決定了只能「大題小作」；但也有出於胡適的自覺選擇的。這就不能不涉及胡適治學的另一個特點：博。

儘管留學日記中一再對自己治學務博因而失之淺表示懺悔，但實際上胡適還是傾向於博學而非專精。一九三六年，胡適給他最喜歡的學生之一，後來成爲著名物理學家的吳健雄寫信，勸她在專業學習之外，「多讀文史的書，多讀其他科學」，這樣才能「胸襟廣大」、「見解高明」。一句話，「我是要你做一個博學的人」。胡適教人治學講究因材施教，所謂「取精用宏」、「由博返約」，不是每個學人都能透過努力達到的。「凡治學問，功力之外，還需要天才」，龜兎之喻是對中人以下講的，而對有天才者則可以講融通博學[33]。講「小題大作」是治學的具體經驗，而且中人以下都能採用，功效明顯；講融通博學則知音少且流弊多，非得其人不傳。公開演講與私下交談之所以說法不一，就因爲胡適在具體研究策略上主張精深的「專家之學」，但內心深處還是嚮往博大的「通人之學」。

胡適作文寫詩講究一個「通」字，晚年評論歷代詩文，仍然以「通」與「不通」作爲衡量標準[34]。可是論學時胡適講「博」不講「通」；即使偶爾提及「通人」，也未作認眞界定[35]。這跟胡適治學風格大有關係。雖然早年有過用社會學、人類學和民俗學方法治神話和《詩經》的設想與嘗試[36]，但胡適基本上是傳統的文史學者，而且不大注意人文社會各學科之間的融會貫通。嚴格地說，胡適在人文科學方面的研究，也是「博」遠勝於「通」。如何借助於「兼通」的知識結構優勢來做成「貫通」的大學問，胡適似乎不大考慮。

胡適對自己之知識廣博是引以爲傲的。國人如此評價不足爲奇，連羅素在《中國的問題》一書中也稱讚胡適「具有廣博的學識」[37]，這可就非同尋常了。胡適晚年有一段表面十分謙虛實則相當高傲的「自嘲」：

> 我到了六十二歲，還不知道我專門學的什麼。起初學農；以後弄弄文學，弄弄哲學，弄弄歷史；現在搞《水經注》，人家說我改弄地理。[38]

抱怨自己沒專業，實則誇耀自己不爲某一學科某一專業所限制，不至於像他早年所批評的「終身守一物」的專家那樣縱有所成亦無生趣。除了農業早被放棄外，文史哲各學科胡適都有許多專業水平甚高的論著。口述自傳時，胡適除了突出他在各個不同學科的貢獻外，更專門引錄了五〇年代中期中國大陸「胡適思想批判討論工作委員會」所擬批判胡適的九個專題（其中涉及哲學思想、政治思想、歷史觀點、文學思想、哲學史觀點、文學史觀點、考據學、《紅樓夢》研究等），然後頗爲得意地稱：

這張單子給我一個印象，那就是縱然遲至今日（一九五八），中國共產黨還認爲我做了一些工作，而在上述七項工作中，每一項裏，我都還留有「餘毒」未清呢！[39]

幾百萬字的批胡文章，據說胡適本人還是讀的；可是不但沒把他批倒批臭，反而使他自我感覺更加良好[40]。除了政治觀點歧異影響學術判斷外，更在於胡適作爲一個開風氣的人物，即使具體學術觀點過時，也仍有其特殊價值（即「餘毒」未清），這場大批判反而幫他從反面做了學術總結。余英時曾經這樣描述胡適在學術思想界的地位：

在許多思想和學術的領域內——從哲學、史學、文學到政治、宗教、道德、教育等——有人亦步亦趨地追隨他，有人引伸發揮他的觀點和方法，也有人和他從容商榷異同，更有人從各種不同的角度對他施以猛烈的批評，但是幾乎沒有人可以完全忽視他的存在。這一事實充分地說明了他在中國近代史上所占據的樞紐地位。[41]

在近代中國學術思想史上，與胡適地位相稱而且學風相近的，大概只有梁啓超了。而梁啓超對自己的學問有過淸醒的估計，其〈雙濤園讀書〉詩云：

> 我生大不幸，弱冠竊時名。
> 諸學涉其樊，至竟無一成。[42]

詩人吟詩總是「言過其實」，不過梁氏這一自省還是眞誠而且深刻的。十餘年後，梁啓超在〈《墨子學案》序〉中又表達了大致相同的看法：

> 若啓超者，性雖嗜學，而愛博不專；事事皆僅涉其樊，而無所刻入；何足言著述？[43]

治學中「博」與「專」幾乎是無法克服的矛盾，就像胡適早年所慨嘆的，「務精者每失之隘，務博者每失之淺」。要做到「博大精深」不容易，不過時刻警惕自己的治學風格所先天具有的缺陷，並做些力所能及的補救，那還是不難辦到的。可是胡適晚年缺少此類自省，反而爲「批胡」所反襯出來的自家學問之廣博和在中國現代學術思想史上的重要性所陶醉，這無疑是十分可惜的。

當然，胡適偶爾也會做點自我批評，但那只是抱怨自己沒能完成既定的寫作計畫（如完成《中國哲學史》和《白話文學史》），而不是認眞檢討自己的學術路向。也就是說，在胡適看來，他的問題是如何利用時間努力工作，百尺竿頭更進一步，而不是在學術上做某些必要的調整和修正。至於感慨改行太早，科學課程讀得太少，以致不懂現代的數理、生物和化學[44]，那更是大言欺世，談不上眞誠的自我反省。後輩學人之所以對胡適有過苛的批評，跟他本人後期學術上長進不大而又自我感覺過於良好大有關係。一九一六年六月，青年胡適在日記中表達了他對前輩學人馬君武的強烈不滿：

> 其所專治之學術，非吾所能測其淺深。然頗覺其通常之思想眼光，十年以來，似無甚進步。其於歐洲之思想文學，似亦無所心得。先生負國中重望，大可有爲，顧十年之預備不過如此，吾不獨爲先生惜，亦爲社會國家惜也。[45]

近半個世紀後，輪到胡適的學生輩來「爲先生惜」了。只是由於在四、五〇年代的中國，學術諍言與政治批判很容易攪和在一起，這一特殊情境促使胡適心安理得地拒絕幾乎一切批評。這一點既使得胡適思想前後一致，不至於爲順應潮流而曲學阿世；也使得他某種程度上自我封閉起來，學術上無大進展。孰得孰失，恐怕一時難以說淸。

三、「博學的人」與「國人導師」

胡適在學術上因求博而失之淺，除了個人因素外，更牽涉到中國的學術傳統和五四時代的特殊思想文化氛圍。中國學界之推崇「通人」，不只是因其「博通古今」，更因其有卓識能用世。漢人王充不單譏「守信一學，不好廣觀」的儒生「無溫故知新之明，而有守愚不覽之暗」，對「胸中懷百家之言」的「通人」也頗有微詞（《論衡・別通篇》）：因爲在他看來，「凡貴通者，貴其能用也」，而在「能用」這一點上，「好學勤力博聞強識」的「通人」就遠不如「著書表文論說古今」的「鴻儒」（《論衡・超奇篇》）。後世不再將書生分爲四等，「鴻儒」的功能因而併入「通人」。如唐人劉知幾批評「或耽玩一經，或專精一史」的專門名家，可是對博覽羣書而漫無主見者也很不以爲然：

> 假有學窮千載，書總五車，見良直而不覺其善，逢牴牾而不知其失，葛洪所謂藏書之箱篋，五經之主人。而夫子有云：雖多亦安用爲？其斯之謂也。（《史通・雜説下》）

讀書當有慧眼卓識，並藉論説古今影響世道人心或革新思想文化，這與主張直接介入現實政治鬥爭的「經世致用」之學仍有很大區別。前者立足於「道問學」，只不過保持學者的人間情懷；並非爲政治而學術，也不以治國平天下爲終極目的。當然，這裏的界線有時很難劃清，學界的「通人」也不無「爲王者師」的想法。不過，一般而言，劃分有學問的政治家與有議政參政意識的學者，還是可以辦到的。今人談論學人中之「通人」者，有強調「既須會通，又求切合時宜」[46]，也有主張「託政治於學術」，將「學術與政治，打成一片」[47]，都不只限於學問之博大精深。

胡適提倡做學問「當存一個『爲眞理而求眞理』的態度」，堅決反對治學中「狹義的功利觀念」[48]。這一治學態度，很大程度得益於他在美國所受嚴格的學術訓練。但當他面對中國古老的學術傳統，或者考慮他在中國所能發揮的作用時，不能不修正他的「純學術」追求。其實，這一矛盾早在留學美國時就已經出現，只不過那時身在「學院」，「專家」的一面自然占上風；一旦回國，形勢迅速逆轉，「通人之學」更令胡適嚮往。一九一五年，胡適爲自己治學之「求博而不務精」作了如下辯解：

蓋吾返觀國勢，每以爲今日祖國事事需人，吾不可不周知博覽，以爲他日爲國人導師之預備。[49]

這已經不是考慮學問怎麼做更深入，而是怎麼做更有用，有悖於其「爲眞理而求眞理」的治學準則。當然，日記中胡適對這種「謬想」做了自我批評。但後來的實踐證明，青年胡適的這一想法，其實根深柢固不可動搖，根本不是一兩次自我批評所能清除。爲當「國人導師」，胡適不得不「周知博覽」，也不得不求學有所用，自然只能傾向於「通人之學」，與他原來「專治哲學」或「爲學術而學術」的設想頗有距離。

在二十世紀的中國，學術有用無用之爭，是個很棘手的問題。正如王國維所指出的：

顧新舊中西之爭，世之通人率知其不然；惟有用無用之論，則比前二説爲有力。

王國維斷然否定「有用之學」與「無用之學」之爭，並以決絕的口氣稱：

凡立此名者，均不學之徒，即學焉，而未嘗知學者也。[50]

但像王氏這樣旗幟鮮明地主張「爲學術而學術」，並將其貫穿整個治學生涯，在同輩或晚輩學人中實不多見。更多的好學之士是在「有用」與「無用」之間徘徊，因時勢之轉移心境之變遷，而從「爲學術而學術」跳到「託政治於學術」（或反之）。梁啓超如此，胡適也是如此。留學美國時，胡適批評「白香山抹倒一切無所諷喻之詩，殊失之隘」，並對自己少年時代「不作無關世道之文章」的議論表示懺悔[51]。可是一回到國內，目睹諸多黑暗，又忍不住大作有關世道之文章（先是思想文化革新，後更打破「二十年不談政治，二十年不干政治」的戒約，直接議政參政），對白居易、元稹的文學主張自是刮目相看，將其概括爲「文學要爲人生而作，不爲文學而作」，並稱這一自覺的文學革新開創了「中國文學史上一個很光榮燦爛的時代」[52]。這當然不只是對某個作家評價的改變，而是對整個文學藝術功能理解的偏移。相對來說，「爲眞理而求眞理」的治學態度，胡適本人一直沒公開否定；不過是在具體實踐中，逐漸突出學術之「用」。

當胡適要求吳健雄做一個「博學的人」時，舉的榜樣是丁文江和翁文灝，而這兩位科學家當時正是胡適創辦的《獨立評論》的重要作者。從辦《努力週報》起，胡適就希望他們這批學有所長而又不靠政治吃飯的學者，能站出來「爲國人導師」，引導國內政治走上正軌。胡適曾回憶他和丁文江等人辦「努力」社時所立的兩個標準：「一是要有操守，二是要在自己的職業上站得住。」[53]第一條很平常，第二條有意思。第一流的專家不一定是第一流的政論家，學者議政，其實並非依靠他本行的知識（如丁文江之地質學）。之所以強調「在自己的職業上站得住」，除了增加發言的權威性外，更顯出這批人的學者本色：博通之中必須有專精在。或許在他們看來，在本行成爲第一流專家只是「專精」；出而議政，「爲國人導師」，方才算得上「博通」。

這自然與中國書生以天下爲己任的古老傳統大有關係，但也更因二、三〇年代的中國，留學生相對受重視，頗有「安石不肯出，將如蒼生何」（《世說新語・排調篇》）的自我感覺。當年胡適宣布下海談政治，理由是「中國的輿論界仍然使我大失望」[54]。一方面國內人才奇缺，一方面學者自視甚高，兩下一湊合，胡適輩也就不會滿足於死守書齋了。做幾篇精采的學術論文，與引導整個社會向前發展，兩相比較，「通儒達人」自然選擇了後者。一九三七年四月，《獨立評論》復刊，收到許多朋友的賀信，胡適選刊了復堂的來信並表示由衷的感謝，就因為其多少表達了他本人的想法：

在北平的環境中，學者們很自然的要流於漢學化。在過去，且有不少自命愛護胡適之的人，每嗟惜適之何不絕對漢學化。記得前年瞿秋白臨死時對新聞記者談話，也有這種口調。這是一種錯誤。社會上花多少力量，造成一個領導者，難道他的歸宿，只在《藝文志》一類典籍中增加幾行記述！何況我們的民族國家是什麼一個境界呢！[55]

這話說得相當沉痛，國難當頭，學者無權閉門讀書。但這話還有潛臺詞，那就是：「專家易得，而通人難求。」這裏的「漢學化」並非專指考據訓詁（《獨立評論》主要作者中也就胡適一人對考據感興趣），而是指「專家之學」。「專家之學」固然無法在短期內使一個民族起死回生，可是難道「通人之學」就有如此神奇的效用？胡適顯然被此類熱情洋溢的「讀者來信」蒙蔽了，以為我輩之出而議政真能左右歷史進程。一九四八年底，國民黨政權失敗幾乎已成定局，胡適在南京拜會美國大使司徒雷登時老淚縱橫，儼然要對這場戰爭的失敗負重要責任：

他痛悔抗戰勝利之後這些年他沒把（他的）才能用在這方面（指思想鬥爭——引者注），而是像他過去做的那樣自私地又埋頭於他所感興趣的學術活動了。[56]

胡適說這話時或許是眞誠的；但正因爲如此，更顯得胡適實在過分誇大了「通人之學」的作用。問題不在於胡適本人能否挽狂瀾於旣倒，而在於中國書生這種「爲王者師」的傳統思路在現代社會中是否仍然有效。表面上，三〇年代後胡適與蔣介石私交不錯，胡氏屢進國策（包括送自著《淮南王書》），蔣氏也甚表禮遇。但胡適應該明白，在這場精采的政治遊戲中，最關鍵的是雙方各自的「姿態」。至於治國方略，哪裏用得著胡適這樣的大學者來插嘴，自有「權力意志」和「集團利益」在。這裏不想評判胡適的政治行爲，而只是指出胡適將「通人之學」擴大到議政參政，不能不相對忽視了「他所感興趣的學術活動」，大大影響了其治學的實績。作爲一個啓蒙思想家來評價，胡適此舉是「得」；而作爲學者來要求，胡適此舉則是「失」。這就難怪當學者談論二十世紀中國學術史上的「通人」時，寧願舉王國維、陳寅恪等，反而不大談及有意追求「通人之學」的適之先生。自然，這是兩種不同的「通人」觀，一重學術發展，一重思想建設。要論在近代中國思想文化史上的地位，王、陳兩位遠不及胡適；但要講論著的學術價值，胡適可就只能退避三舍了[57]。

四、從「開山斧」到「綉花針」

胡適在學術上最受人詬病的，是其治學有頭無尾，故難得深入。最特出的例子是半部《中國哲學史大綱》和半部《白話文學史》，終其一生都沒能續完。此事令胡適十分尷尬，不斷預言而又不斷食言，大損學者胡適「清譽」。《中國哲學史大綱》上卷初版於一九一九年，《白話文學史》上卷初版於一九二八年，在此後三、四十年的學術生涯中，胡適曾經多次努力，但就是沒能如願。難怪學界人士頗有由此懷疑胡適的學術潛力的。胡適當然明白完成這兩部著作的象徵意義，六十一歲那年立「生日決議案」：謝絕一切長期職務，專心致志完成這兩部著作[58]。此前此後，胡適也不斷談論這筆「學術上的舊債」，一直到去世前撰寫〈《淮南王書》手稿影印本序〉（未完稿），還對此耿耿於懷。可以說，沒能完成這兩部開山之作，是胡適平生治學最大的遺憾。

儘管「會通之義大矣哉」，但「能極古今之變」（鄭樵《通志總序》）者不必一定撰寫通史。胡適之所以醉心於通史的寫作，並訂下計畫由專題研究和資料長編做起，大概以為不如此不能體現其「通人之學」的治學趨向。五〇年代口述自傳時，胡適稱自己從事的批判性的整理國故工作有兩大目標：一是中國文學史，一是中國哲學史[59]。兩大課題也都積累了許多研究成果，卻總是無法貫通古今成一家之言。胡適歷來稱「哲學是我的職業，文學是我的娛樂」[60]，文學史沒寫完還情有可原，哲學史續集一直難產可就說不過去了。到底是什麼因素使得很想撰寫完整的《中國哲學史》（胡適更喜歡稱為「中國思想史」）的適之先生半途而廢呢？這或許也算中國現代學術史上一個不大不小的「謎」。

尊崇胡適的人歸因於他治學嚴謹，晚年不願輕易著文；批評胡適的人則嘲笑他江郎才盡，只好學乖藏拙。或許問題稍微複雜，論者不應該意氣用事。最簡單的託辭，當然是議政參政忙，故沒時間治學。這樣既顯得憂國憂民，又不會有人懷疑其學術潛力。二〇年代胡適曾批評「但苦沒時間」這一「今日中國學者的通病」[61]，輪到自己大概也就不大好意思如此辯解了。雖也偶爾抱怨社交活動太多，但實際上四、五〇年代胡適有的是時間埋頭研究《水經注》，就是不理會那半部中國哲學史。除了若干禪宗史料考辨和大而化之的思想史性質演進外，胡適從抗戰起就基本沒再從事中國哲學史研究。只不過每當舊書重印或記者追問時，胡適都不忘虛晃一槍，表示仍在繼續奮鬥。在去世前尚未完稿的〈《淮南王書》手稿影印本序〉中，胡適追述他原來的研究計畫：

> 我在民國十八年到十九年之間，妄想我一個人去做幾十篇「中古思想史」裏的專題研究，當然是太大膽的野心，當然是不容易成功的。[62]

可是畢竟在六、七年間，胡適完成了《中國中古思想史長編》七章十四萬字，還撰寫了《說儒》、《荷澤大師神會傳》、《楞伽宗考》、《顏李學派的程廷祚》等一批很有分量的學術論文。照此方向努力，完成《中國哲學史》的寫作不是沒有可能的。

在我看來，胡適之所以沒能寫完《中國哲學史》，主要並非缺少研究時間或工程過於浩大，而是胡適自身有點「怯陣」。三〇年代的中國哲學史研究界，非五四時期可比。不算專題研究著作，綜論性質的就有蔣維喬的《中國哲學綱要》、李石岑的《中國哲學史十講》、范壽康的《中國哲學史通論》等；而最具挑戰性的當屬馮友蘭的《中國哲學史》上、下卷。陳寅恪、金岳霖分別爲馮著寫《審查報告》，不約而同地將其與胡適《中國哲學史大綱》作比較，並明顯地揚馮抑胡。胡適對此不會毫無感觸，可是除了就老子年代與馮友蘭等人爭論外，不曾有其他表示。倘若意識到馮著實際上已取自己的《中國哲學史大綱》而代之，身爲學界領袖的胡適將有何感想？學術研究本來就是後來居上，誰也不會否認胡適開創之功；但作爲被超越者，胡適難道不想重新領袖羣倫？一直到一九五八年，胡適已是六十八歲高齡，在爲臺北版《中國古代哲學史》作〈自記〉時，除照樣強調這部著作「在當時頗有開山的作用」外，還表示「將來我寫完了《中古思想史》和《近世思想史》之後，我可以用我中年以後的見解來重寫一部《中國古代思想史》」[63]。自然，這些願望最終都沒能實現；不過於其中也不難見出胡適的學術抱負。

這種學術抱負以及二〇年代以後胡適在中國學術界的領袖地位，反而成爲其沒能完成《中國哲學史大綱》的重要心理因素。當年寫作《中國哲學史大綱》卷上，正是少年氣盛，又「當此初次嘗試的時代」，胡適雖藉〈導言〉縱論哲學史寫作方法和宗旨，並懸出「理想中的《中國哲學史》」，即便未能達此目的，也有開天闢地的殊勳。既然是「一部建立典範的開風氣之作，而同時又具有『示範』的作用」[64]，具體結論之對錯也就可以略而不計了，胡適本人對此有充分自信。只是當時沒能完成，十年二十年後再寫續編，學界風氣已成，後來者已經趕上甚至超越，真不知胡適該如何落筆。要說「開風氣」，只有「卷上」和寫完「卷中」、「卷下」，意義是一樣的；要說另闢蹊徑，超越時賢和超越自己，則又談何容易。胡適後來之所以不想修訂《中國哲學史大綱》，準備另寫中國思想史，顯然是想走第二條路。一九一九年胡適在北京大學開設「中古哲學史」課程，並編有七章講義；十年後改爲撰寫《中古思想史長編》，整個研究角度和計畫都做了調整。這一調整，使得完成全書的希望更加渺茫。胡適是有學術眼光和學術抱負的，知道該如何超越自己，但就是力不從心。勉強出手，貽笑大方，那還不如深藏不露，讓人莫測高深。成名後過分注重自己在學界的名聲和形象，使得他不可能像早年那樣初生牛犢不怕虎，相信「自古成功在嘗試」。

胡適晚年曾慨嘆：「一生受了暴得大名之累。」[65]這話怎麼理解都行，胡適本人似乎傾向於指外界壓力，我則以爲還必須添上「自我形象」這一沉重的精神負擔。二〇年代，胡適曾就浙江一師毒案發表文章，專論大名之累：

古人說，「暴得大名，不祥。」這句話是很有理的。名譽是社會對於一個人或一個機關的期望的表示。……期望愈大，愈容易失望；失望愈大，責備也愈嚴重。所以享大名的人，跌倒下來，受的責備比常人更大更多。所以古人說，暴得大名是一件不祥的事。[66]

胡適說這話的時候，很可能融進了自己的心理體驗。其時，三十剛出頭的胡適已是新文化運動的領袖，「名滿天下，謗隨之至」。可惜胡適沒意識到「暴得大名」者可能出現的另一種困境：為了不讓社會(公衆)失望而曲學阿世或為了防止跌倒而畏縮不前。公衆(包括專家同行)對享有大名者的期待以及近乎苛刻的挑剔，很容易使其相信：要不不出手，出手就必須氣概不凡，方能博得滿堂彩。胡適後來提倡「勤謹和緩」四字訣，不斷修改自己的文章，去世後留下一大批未刊文稿[67]，固然如一般研究者指出的，體現了胡氏治學的認眞嚴謹，但似乎也顯示出其治學時巨大的精神壓力。別人可以隨便寫，他胡適就不能隨便寫；別人滿足於「抛磚引玉」，他胡適則必須「一錘定音」。懸得過高，以致成為精神負擔，自然不利於開拓性的學術研究。四〇年代以後，胡適之所以不再貿然全力以赴撰寫中國思想史，或許癥結就在這裏。

當然，這也跟胡適選擇的治學路向有關。胡適平生治學，希望既博通又專精，始終在「專家之學」與「通人之學」之間徘徊。早年胡適「暴得大名」，靠的是《中國哲學史大綱》等博通之作，那是「打倒一切成見，為中國學術謀解放」的年代[68]，粗疏一點無所謂；五四退潮後，學界轉入常規建設，追求紮實嚴謹，專精之作更受推崇。常能得風氣之先的適之先生，放下開山大斧，拿起綉花針，撰寫了不少專題論文。一九二二年，在完成《章學誠先生年譜》後，胡適解釋了他的學術轉向，也表達了某種憂慮：

此書是我的一種玩意兒，但這也可見對於一個人作詳細研究的不容易。我費了半年的閒空

> 工夫，方才眞正了解一個章學誠。作學史眞不容易！若我對於人人都要用這樣一番工夫，我的《哲學史》眞沒有付印的日子了！我現在只希望開山闢地，大刀闊斧的砍去，讓後來的能者來做細緻的工夫。但用大刀闊斧的人也需要有拿得起綉花針兒的本領。我這本《年譜》雖是一時高興之作，他卻也給了我一點拿綉花針的訓練。[69]

不幸而言中，胡適的哲學史「眞沒有付印的日子了」。不過並非如胡適所慨嘆的野心太大時間不足，而是綉花針與開山斧本就難以同時並舉。揮得動開山斧的人，很可能捏不穩綉花針；反之亦然。這是兩種不同的學問路數，學者很難兼備而又不互相牽制。胡適由於其實驗主義哲學和漢學根柢，順利地實現了由「開山斧」到「綉花針」的轉向。可是捏穩了綉花針後，回頭再看那些「開山闢地」之作，但見紕漏和空疏，而不見其氣魄和雄才。四〇年代以後，胡適玩考據上癮，學術趣味不允許他再寫《中國哲學史大綱》那樣「開風氣」、但「多紕漏」的著作。

胡適終生提倡「拿證據來」，而且稱其爲「不單是研究史學的精神，更是倫理、道德乃至於宗教家的精神」[70]。早年靠這一口號「截斷衆流」，撰《中國哲學史大綱》，從老子、孔子講起，一時石破天驚；成名後也因這一口號「作繭自縛」，不敢再揮開山斧。眞是「成也蕭何，敗也蕭何」。一九三六年，他的學生羅爾綱撰〈清代士大夫好利風氣的由來〉，胡適批評「這種文章是做不得的」，因爲沒法「拿證據來」。「我們做新式史學的人，切不可這樣胡亂作概括論斷。」[71]「胡亂」自是不妥，但「概括論斷」卻不能不做。過分追求「準確無誤」，力圖避免「概括論斷」，使得胡適不敢「大題大作」，「開山闢地」的工作也就只能成爲美好的回憶了。至於晚年泛論東西文化異同及世界文化發展趨向，並非嚴格意義上的學術論文，可以存而不論。

當然，這裏還牽涉到胡適「大膽假設，小心求證」的方法論以及其對清學的繼承與揚棄，這只能留待另文論述了。

---

❶金岳霖，〈《中國哲學史》審查報告〉，《中國哲學史》（上海：商務印書館，一九三四），上冊。
❷《胡適的自傳》，《胡適哲學思想資料選》（上海：華東師範大學出版社，一九八一），下冊，頁二二二。
❸梁漱溟，〈略談胡適之〉，《胡適研究叢錄》（北京：三聯書店，一九八九）。
❹殷海光，《殷海光、林毓生書信錄》（臺北，一九八一），頁一三一。
❺參閱唐德剛，《胡適雜憶》（北京：華文出版社，一九九〇），頁一五七。
❻同❺。
❼參閱唐德剛為《胡適的自傳》第十二章所做的評注，《胡適的自傳》，頁二八五—九〇。
❽比如胡適本人很看重而且確實影響很大的《治學的方法與材料》，就拿顧炎武、閻若璩比伽利略、牛頓，拿戴震、錢大昕比達爾文、柏司德。
❾錢穆，〈《現代中國學術論衡》序〉，《現代中國學術論衡》（長沙：岳麓書社，一九八六）。
❿同❾。
⓫漢人論學，往往「章句」與「訓詁」對舉，以示不同學術路數。張舜徽，《廣校讎略》（北京：中華書局，一九六三），頁一三八，對此有一合理的解釋：「蓋兩漢之世，訓詁與章句有辨，離章析句者語必求詳，失之繁瑣；若但通訓詁，則博習經傳，期於明練舊典而止，有融會貫通之功，無專己守殘之蔽。」
⓬《胡適留學日記》（上海：商務印書館，一九四七），頁一六八。

⑬同⑫，頁四六二。

⑭參閱唐人劉知幾，《史通》，卷十八〈雜說下〉。

⑮同⑫，頁五三八。

⑯胡適，〈讀書〉，《胡適文存》（上海：亞東圖書館，一九三〇），三集，卷二。

⑰《胡適留學日記》，頁五三八。

⑱同⑰，頁五六三。

⑲同⑰，頁六五四。

⑳同⑰，頁六五三。

㉑余英時，《中國近代思想史上的胡適》（臺北：聯經出版公司，一九八四），頁七二。

㉒胡適，《四十自述》（上海：亞東圖書館，一九三三），頁八九—九〇。

㉓胡適晚年回憶蔡元培聘他到北京大學教書，是因見到他十九歲時寫的〈詩三百篇言字解〉（見《胡適之先生年譜長編初稿》，頁二九四），此說大致可信。因除此文（刊於一九一三年的《留美學生年報》和《神州叢報》）外，一九一六年前胡適只發表數則讀書札記，而一九一七年一月陳獨秀致胡適信中已稱：「子民先生盼足下早日回國，即不願任學長，校中哲學、文學教授俱乏上選，足下來此亦可擔任。」（《胡適來往書信選》〔北京：中華書局，一九七九〕，上冊，頁六。）

㉔蔡元培，〈《中國哲學史大綱》序〉，《中國哲學史大綱》（上海：商務印書館，一九一九），卷上。胡適直到晚年才糾正他是乾嘉之際名學者胡培翬後人的說法（見《胡適的自傳》，第一章），大概以為此說雖不準確，但有道理，漢學確是其治學根基。

㉕馮友蘭，《三松堂自序》（北京：三聯書店，一九八四），頁二二三。

㉖胡適，〈《吳淞月刊》發刊辭〉，《胡適文存》，（上海：亞東圖書館，一九三〇），三集，卷七。

㉗參見胡頌平編，《胡適之先生年譜長編初稿》（臺北：聯經出版公司，一九八四），頁九九二、三四九七。

㉘徐復觀批評作為中央研究院院長的胡適：「他所選的中央研究院的院士，在人文科學方面，似乎只注重做了若干整理資料，校對若干文獻的學者，他們始終以一個研究者的助手所做的工作，為自己最高的殿堂。」徐氏譏此等學人「有點像寺院裏的尼姑，高貴而沒有生育」。（《中國思想史論集》〔臺北：學生書局，一九八八〕，頁二五六）。撇開個人恩怨（徐氏罵胡適不懂文學、哲學、史學、科學、佛學一事見《胡適之先生年譜長編初稿》，頁三八五八），徐氏說法雖刻薄但不無道理。

㉙胡適，〈高夢旦先生小傳〉，《東方雜誌》，卷三四，第一號，一九三七年。

㉚胡適，〈《文史》的引子〉，《大公報》，一九四六年十月十六日。

㉛參閱《胡適之先生年譜長編初稿》第三七八九頁所錄胡適致《大華晚報》編輯信。

㉜參閱《胡適之先生年譜長編初稿》，頁二七九八、三〇六八、三六五五。

㉝同㉜，頁一五四一。

㉞參閱胡頌平編著，《胡適之先生晚年談話錄》（臺北：聯經出版公司，一九八四），頁六一、六六、七七、九九。

㉟胡適一九三七年日記中有「作詩人必須有見地，只有通人可作詩人」語，這裏「通人」只作「有見地者」解，並非中國學術傳統中推崇的「通人」。參見《胡適的日記》（北京：中華書局，一九八五），頁五四一。

㊱參閱《胡適留學日記》，頁四四七；《胡適的日記》，頁三三六；和胡適等人〈「野有死麕」之討論〉（《歌謠週刊》，第九十四號，一九二五年）。

㊲參閱《胡適之先生年譜長編初稿》，頁四六〇——一。

㊳胡適，〈工程師的人生觀〉，《胡適演講集(三)》（臺北：遠流出版公司，一九八六）。

㊴《胡適的自傳》，頁二二一。

㊵參閱唐德剛，《胡適雜憶》，頁一五六。

41 余英時，《中國近代思想史上的胡適》，頁六。

42 梁啟超，《飲冰室合集．文集》（上海：中華書局，一九三六），第十六冊。

43 梁啟超，《梁任公近著第一輯》（上海：商務印書館，一九二三），下卷。

44 參閱《胡適之先生年譜長編初稿》，頁二七七一。

45 《胡適留學日記》，頁九三四。

46 錢穆，〈《現代中國學術論衡》序〉。

47 吳敬恆，〈通人與學人〉，《國風》，第一二期，一九四三年。

48 胡適，〈論國故學——答毛子水〉，《胡適文存》（上海：亞東圖書館，一九二一），一集，卷二。

49 《胡適留學日記》，頁六五三。

50 王國維，〈國學叢刊序〉，《王國維遺書》（上海：上海古籍出版社，一九八三），第四冊。

51 同49，頁七三七。

52 胡適，〈元稹、白居易的文學主張〉，《新月》，卷一，第二期，一九二八年。

53 胡適，〈丁在君這個人〉，《獨立評論》，第一八八號，一九三六年。

54 胡適，〈我的歧路〉，《胡適文存》（上海：亞東圖書館，一九二四），二集，卷三。

55 復堂的來信和胡適的覆書均刊《獨立評論》，第二三一期，一九三七年。

56 此乃司徒雷登向美國國務卿的報告，轉引自格里德著《胡適與中國的文藝復興》中譯本（南京：江蘇人民出版社，一九八九），頁三二七。

57 余英時稱：「對於這樣一個啟蒙式的人物，我們既不能用中國傳統『經師』的標準去衡量他，也不能用西方近代專業哲學家的水平去測度他。」（《中國近代思想史上的胡適》，頁六二—三）唐德剛也說：「我們如果把胡適看成個單純的學者，那他便一無是處」；「但是吾人如果把他看成一個開文化新運的宗師，那他就高不可攀了。」(《胡適雜憶》,頁七九)。

❺❽參閱《胡適之先生年譜長編初稿》,頁二一九五。

❺❾《胡適的自傳》,頁二六二。

❻⓪胡適,〈我的歧路〉。另,胡適晚年自稱:「如哲學算是我的職業的話,文學、歷史,都是我的玩意兒。」但同時他也承認,他的中央研究院院士,是歷史組而不是哲學組選出來(見《胡適之先生年譜長編初稿》,頁二七七三)。

❻①《胡適的日記》,頁四四〇。

❻②此文收入一九六二年九月臺北商務印書館版《淮南王書》。

❻③胡適,《中國古代哲學史》(臺北:商務印書館,一九五八)。

❻④余英時,〈《中國哲學史大綱》與史學革命〉,《中國近代思想史上的胡適》一書附錄。

❻⑤胡適致胡光麃信,參閱《胡適之先生年譜長編初稿》,頁二八二四。

❻⑥胡適,〈一師毒案感言〉,錄自《胡適之先生年譜長編初稿》,頁五三五。

❻⑦這些學術文章後來編成《胡適手稿》十集(每集線裝三冊),一九六六至一九七〇年由臺北中央研究院胡適紀念館影印出版。

❻⑧《胡適的日記》,頁四三八。

❻⑨同❻⑧,頁二七三。

❼⓪參閱《胡適之先生年譜長編初稿》,頁二三七八。

❼①胡適,〈給羅爾綱的信〉,錄自《胡適之先生年譜長編初稿》,頁一五二二。

第五章
作爲新範式的文學史研究

作爲學者，胡適的最大貢獻無疑是治中國文學史與中國哲學史——後者胡氏喜歡改稱「中國思想史」。五〇年代口述自傳，胡適稱這兩項工作是其「整個四十年成熟的生命裏(學術研究)的主要興趣之所在」❶。半部《中國哲學史大綱》與半部《白話文學史》，既是胡適的名山事業，也是其最大的心病。三〇年代拒絕從政，理由是「我個人在學術上負的舊債太多，哲學史與文學史皆有頭無尾，而兩鬢已斑白了」❷；五〇年代立「生日決議案」，「決心謝絕一切長期職務來還債」，首先要還的仍是這「有頭無尾」的哲學史與文學史❸。儘管這兩部專史最後還是只有卷上沒有卷下，但幾十年間胡適撰寫大量相關論著，略加排列，不難發現其努力方向。如果把《先秦名學史》、《中國中古思想史綱要》、《說儒》、《評論近人考據〈老子〉年代的方法》、《戴東原的哲學》、《顏李學派的程廷祚》以及關於禪宗史若干論著考慮在內，胡適在中哲史研究上花的工夫並不少。文學史的撰寫也是如此，胡適在明清小說研究上的突出成就，可補《白話文學史》沒能如願修訂的不足❹。更重要的是，胡適的這兩部大書都是建立「典範」(paradigm)之作，既開啓了新途徑，引進了新方法，提供了新觀念，又留下了不少待證的新問題。後來者可以繼承它，也可以批判它、超越它，但無法漠視它的存在。這種「起了劃時代的作用」的大著❺，有下卷和沒下卷其實關係不大；其意義主要不在自身論述的完美無瑕，而在於提供了示範的樣板。這點胡適心裏其實非常清楚，幾次提及，都強調其「開山的作用」，著重在「特別立場、特別方法」上做文章❻。

同樣是立「典範」之作，胡適的文學史研究可能比其哲學史研究影響更爲深遠。儘管留學時期主攻方向是哲學，拿博士學位和獲取教職也靠的是哲學，但胡適登上近代中國歷史舞臺，借助的卻是文學革命的東風。沒有《新青年》倡導的文學革命，哲學教授胡適不可能如此聲名顯赫。而胡適的文學史研究，與這一場改變歷史的「文學革命」密切聯繫在一起；有的是這場革命的理論準備，有的是這一場革命的自然延伸，有的本身就是這場革命的重要組成部分。三〇年代以後，《中國哲學史大綱》的「示範」作用逐漸喪失；陳寅恪和金岳霖爲馮友蘭著《中國哲學史》作審查報告，都明顯地揚馮抑胡，可見學界風氣的轉移❼。相對來說，胡適文學史研究的學術生命要長些，直到今天，胡氏提出的不少理論假設，仍參與文學史家的「對話」。

胡適治學之所以能獨闢蹊徑，一個重要原因是其「方法的自覺」。討論胡適的學術貢獻而不涉及其終生提倡的「科學方法」，那是不可思議的。在介紹治學方法時，胡適最喜歡舉的例子是其小說考證的成績。可能因其「假設」與「求證」的脈絡清晰便於敘說；但也不排除包含胡適本人對其學術研究的自我評價。倘若只是進行具體作品的學術定位，《中國哲學史大綱》當然是胡氏的第一大手筆；但研究胡氏的學術思路及方法論，《白話文學史》等或許更爲合適。

一、從「大膽假設」到「小心求證」

在中國現代學術思想史上，沒有人比胡適更喜歡「介紹我自己的思想」。少年得志，萬衆矚目，再加上身處社會（知識）轉型期，「先知先覺」的胡適之先生，於是再三強調「我要教人一個思想學問的方法」。這「科學方法」說來很簡單，「只不過『尊重事實，尊重證據』」；或者可以概括爲「大膽的假設，小心的求證」十個字[8]。從一九一九年撰寫《清代學者的治學方法》，到一九五二年在臺灣大學做題爲〈治學方法〉的連續演講，胡適幾十年金針度人，都是在「假設與求證」上做文章。「一以貫之」的好處是旗幟鮮明，以致今人一提到「科學方法」，似乎便帶上胡記的痕跡；褒貶暫且不論，單是一般讀書人的這一最初印象，便足證胡適的成功。當然，這種高度化簡因而便於傳播和接受的「科學方法」，從一開始提倡就受到不少專家的質疑。正因爲如此，半個多世紀關於胡適學術功過的爭論，往往圍繞其「科學方法」展開。

胡適一生所寫「注重學問思想的方法」的文章，據說總數約在百萬言以上[9]。這種統計當然是依照胡氏本人再三表白的，將其「用偷關漏稅的方法，來講做學問的方法的」小說考證包括在內[10]。一九二一年《胡適文存》首版，胡氏首次強調其各式各樣的講學文章，都可做方法論文章讀，因「我的唯一的目的是注重學問思想的方法」[11]。晚年回首平生，胡氏依然提醒讀者注意其著書立說均圍繞「方法」打轉，故「『方法』實在主宰了我四十多年來所有的著述」[12]。只是胡適在金針度人時，有時指的是思想原則，有時指的是治學方法，有時又力圖把這兩者結合起來。

胡適自述思想，總是強調赫胥黎和杜威的影響[13]。前者的懷疑主義以及「拿證據來」口號，使其得以展開對中國傳統思想文化的全面批判；後者的思想五步法，使其提出名揚四海的「大膽的假設，小心的求證」。可是，作爲一種思想原則的「懷疑」與「評判」（相對於「迷信」與「盲從」），乃五四新文化運動的基本立場，不一定跟赫胥黎掛得上鉤。連胡適論述「新思潮的精神是一種評判的態度時」，引述的也是尼采的「重新估定一切價值」[14]。所謂擺脫古今中外的偶像，防止被各式各樣權威「蒙著眼睛，牽著鼻子走」，撇開具體語境及針對性，這只是新文化人普遍認可的懷疑精神；胡適的特出之處是把「做學問的方法」與「做人處事的態度」結合起來⑮。「把態度和方法連在一起說」，強調「科學心態」(scientific attitude mind)和「思想習慣」(habit of thought)的重要性，這點杜威、胡適師徒一脈相承⑯。不過，胡適之得以在中國思想學術界獨樹一幟，主要還是歸功於其將杜威「思維術」與清人考據學巧妙地結合起來，弄出一套「對於中國社會簡直是『對症下藥』」⑰、因而極其容易推廣運用的「科學方法」。專家們盡可指手畫脚說三道四，可「大膽的假設，小心的求證」作爲這一科學方法的通俗表述，仍然不脛而走，成爲本世紀中國最響亮的學術口號。這裏準備探討的，並非口號本身學理上的得失，而是胡適本人如何運用這一「科學方法」從事學術研究。也就是說，不把胡適幾十年著述作爲其宣揚的「科學方法」的註脚或例證；而是借助其「假設與求證」的分析框架，來評判其學術功過。

講了一輩子「科學方法」，但根基在一九一九年——那一年將作爲胡適的「方法年」進入史冊，此後的無數文章都不過是在此基礎上引申發揮。年初出版的《中國哲學史大綱》卷上和年底發表的〈新思潮的意義〉，都涉及一點「科學方法」(比如「評判的態度」或「審定史料之法」)；但正面展開論述的當推〈實驗主義〉、〈少年中國之精神〉、〈論國故學〉和〈清代學者的治學方法〉四文。正是在這四篇文章中，胡適把杜威的思維術和清代的考據學做了成功的「嫁接」，爲日後大張旗鼓「整理國故」準備了有效的理論武器。

杜威論思想，分作五步說：疑難的境地；指出疑難所在；假設解決方法；決定何者有效；證明。這五步中，關鍵在第三步，故「杜威一系的哲學家論思想的作用，最注意『假設』」⑱。隨著胡適的興奮點逐漸從介紹杜威思想轉爲提倡科學方法，「假設」與「求證」的位置發生微妙的變化。先是思想五步法被化簡爲重事實、重假設和重驗證的科學方法三要旨，強調的是一切理想學說在未經驗證之前，「都只是待證的假設」⑲。這一程序的轉換，跟其時注重懷疑反叛權威的「新思潮」相吻合，且便於與胡適別有會心的考據學接榫。果然，在〈論國故學〉中，胡適表彰清儒的考據「暗合科學的方法」，今後的任務只是如何「把『漢學家』所用的『不自覺的』方法變爲『自覺的』」⑳。清儒「有『科學』的精神」，在胡適看來，此乃「中國學術史的一大轉機」。除了讚揚其實證精神外，胡適當然也不會忘了指出漢學家「很能用假設」。於是，清代學者的治學方法，經過一番杜威思維術的洗禮，就成了如下兩點：

㈠大膽的假設，㈡小心的求證。假設不大膽，不能有新發明。證據不充分，不能使人信仰。㉑

從「最注意假設」到「大膽假設小心求證」，再到後來提出的不二法寶「拿證據來」㉒，胡適對「科學方法」的理解與闡揚，越來越偏向於實證。

這種誤讀，與胡適本人的學術根基在文史考據大有關係。早在接受杜威思維術或赫胥黎的存疑主義之前，胡適就對清人的治學方法感興趣。《藏暉室札記》中記載早年考據文章的試作以及中外考據學思路的比較，都明顯體現乾嘉學術的影響。杜威對有系統思想的分析，使得胡適加深對科學研究基本步驟的理解；更重要的是，使得胡適悟出現代科學法則與古老中國的考證學在內在精神上是相通的。這一東西方治學方法原本一致的發現非同小可㉓，它既使胡適終生服膺的「科學方法」得以廣泛傳播，也使杜威的思維術和赫胥黎的懷疑說進入中國時幾乎毫無阻力。借助於清儒家法來引進杜威和赫胥黎，這種東西合璧的「科學方法」，自然只能以其最小公約數「實證」

爲根基。

世人總是假定留學生長於西學而短於中學，歸國之初胡適喜談考據，或許不無策略的考慮。這無疑是一著高棋，沒人因此懷疑胡適對西洋哲學是否眞的精通，只顧讚賞其「能兼治『漢學』」。蔡元培序《中國哲學史大綱》，首先指出的正是胡適的「稟有『漢學』的遺傳性」；而梁啓超著《清代學術概論》，更斷言其「亦用清儒方法治學，有正統派遺風」[24]。前輩名流的褒揚，使得新秀胡適迅速在學界站穩脚跟，但無形中也爲其塑造了新舊兼通少年老成的形象。爲了滿足這種社會期待，「暴得大名」的胡適不自覺地日漸「漢學化」。別人犯點常識性錯誤問題不大，他胡適則必須字字言之有據，免得留下千古笑柄。成爲學術明星後，胡適治學日趨嚴謹，不大敢像早年那樣，「亂發議論」。三○年代還有些「小膽的假設」（如關於《醒世姻緣傳》作者的考辨等）[25]，四○年代後則基本上只從事「小心的求證」。

自認有「歷史考據癖」的胡適，願意爲廬山的一座塔費幾千字的考據，或者爲一部《水經注》的版權花二十年的工夫[26]，這本無可非議。就像胡適致趙元任信中表示的：「我還在玩我的《水經注》。[27]」既然是「玩」，全看個人興致，旁人實在無權說三道四。只是由於胡適領袖羣倫的特殊地位，連「玩考據」也得說成是學界的頭等大事，這可就勉爲其難了。晚年胡適花許多筆墨爲自家研究《水經注》案辯解，但越說越不清楚。這也是名人的悲哀，公衆的期待成爲一種沉重的負擔：學界領袖胡適既不敢「大膽假設」，又無權只是「小心求證」。

二○年代著《戴東原的哲學》，胡適明顯重「通核」而輕「據守」。承認「清儒治學最重立言有據」乃是其「絕大貢獻」，但不忘強調「心知其意，而一時尋不著證據」時，「不妨大膽提出假設，看他能不能解決困難，能不能貫串會通」[28]。這種「通核之學」，必須有一點「高遠的想像力」，非只「勤謹和緩」四字訣所能囊括[29]。三〇年代中期胡適曾批評羅爾綱〈清代士大夫好利風氣的由來〉一文「題目根本就不能成立」，因「我們做新史學的人，切不可這樣胡亂作概括論斷」。胡適作概括論斷當然不可取；但堅執「有幾分證據說幾分話」，只能迴避文獻考訂之外的所有「假設」。六天後胡適再次去信，其中一句話或許有助於我們對其心境和思路的理解：

> 凡治史學，一切太整齊的系統，都是形跡可疑的，因爲人事從來不會如此容易被裝進一個太整齊的系統裏去。[30]

這話太像陳寅恪此前幾年對其《中國哲學史大綱》的批評——「其言論愈有條理統系，則去古人學說之眞相愈遠」[31]，以至於令人懷疑兩者之間有某種內在的聯繫。即使這只是巧合，三〇年代日漸專業化的學術界，對胡適「高遠的想像力」造成的壓抑，幾乎是不言而喻的。學術研究進入常規建設階段，不像五四時期到處是嚇人的「大假設」和「大結論」；加上學界羣雄並起，很難再允許誰獨領風騷。胡適深知其中利害，治學時不免如履薄冰。

余英時曾指出兼長考證與義理的戴震，「對來自考證派方面的批評的敏感在他的心理上造成了高度的緊張」；胡適似乎也有類似的表現。只是深愛義理的戴震，「時時有『超越的衝動』，不甘心訓詁字義自限」[32]；而以哲學爲職業的胡適，則逐漸喪失提出「假設」的能力和願望，陶醉於眞能「拿證據來」的考據之學。這一點胡適或許不如他爲之辯誣的前輩先賢，也有違早年超越漢宋會通中西的學術初衷。不過，倘因此議定胡氏的學術功過主要在考據[33]，則又言過其實。在我看來，儘管胡適的「歷史考據癖」吸引過無數青年學子，其「拿證據來」的口號也曾響徹雲天，但胡適對中國現代學術的貢獻，仍以早年的「大膽假設」為主。

胡適研究中國文學史的基本思想，或者說其主要假設，不外乎「雙線文學觀念」、「歷史演進法」和「《紅樓夢》自傳說」；再就是孕育和推廣這些「假設」的「文學革命」和「整理國故」。胡適無疑是這兩大思潮——尤其是後者——的始作俑者，解讀這些「假設」之得以形成的「思潮」，有利於我們對胡適學術功過的理解和把握。

二、雙線文學觀念

在《胡適口述自傳》的最後一章中，有一節專門介紹他在研究中國文學史時的主要假設「雙線文學的觀念」：

> 特別是我把漢朝以後，一直到現在的中國文學的發展，分成並行不悖的兩條線這一觀點。……這一個由民間興起的生動的活文學，和一個僵化了的死文學，雙線平行發展，這一點在文學史上有其革命性的理論實在是我首先倡導的；也是我個人(對研究中國文學史)的新貢獻。[34]

將中國文學按其「表現工具」(文言或白話)一分為二，構成互相對立平行發展的「古文傳統史」和「白話文學史」，這一「大膽的假設」，確是胡適首創的。儘管後來者對「死文學」和「活文學」的提法有很多非議，可是「雙線文學」這一基本框架仍在今天的文學史研究中發揮作用。關鍵不在於對具體作家作品或者流派思潮的評價是否得當，而在於這一研究思路打破了此前按朝代或文體討論文學演進的慣例，找到了一根可以貫穿二千年中國文學發展的基本線索。自此以後，中國文學史再也不是「文章辨體」或「歷代詩綜」，而是具備某種內在動力且充滿生機的「有機體」——這一點曾使不少文學史家興奮不已，也因此催生出不少名噪一時的文學史著。可以這樣說，「雙線文學觀念」是本世紀中國學界影響最爲深遠的「文學史假設」。這一假設被不斷修訂完善，甚至衍生出許多新的學術命題；人們往往關注這些具體命題(如樂府、彈詞、說書的研究等)，而忘卻使這些命題得以成立(進入學者視野)的理論框架。時過境遷，胡適的「大思路」已經變成常識，而其論述的空疏與偏頗則日益成爲後來者攻擊的理由。這無疑是不公允的。

從《藏暉室札記》中關於「死文學」、「活文學」的思考，到《文學改良芻議》中的「白話文學之爲中國文學之正宗，又爲將來文學必用之力器，可斷言也」，再到《五十年來中國之文學》和《白話文學史》中藉「古文——白話」的消長起伏構建文學史，二十多年間，胡適不只推動了以白話文爲先導的文學革命，也爲中國學界提供了一種嶄新的文學史觀。照胡適的說法，這種「新的文學史觀」，「給全國讀文學史的人們戴上一副新的眼鏡，使他們忽然看見那平時看不見的瓊樓玉宇，奇葩瑤草，使他們忽然驚嘆天地之大，歷史之全」[35]。這裏將著重剖析這副「新眼鏡」的構成、功用及其製作過程。

在論及白話文運動成功的原因時，陳獨秀強調經濟變革這一「最後之因」，胡適突出個人思考以及友朋爭論這一「逼上梁山」的過程，錢玄同則提醒我們注意「梁任公先生實爲近來創造新文學之一人」[36]。陳獨秀和胡適都曾在清末發表白話文章，從《安徽俗話報》、《競業旬報》走到《新青年》，歷史線索十分清晰。晚清志士之提倡白話文，蔚爲風氣，而且從啓蒙教育逐步擴展到文學革新，如梁啓超就大談「俗語文體」之審美價值：

文學之進化有一大關鍵，即由古語之文學，變爲俗語之文學是也。各國文學史之開展，靡不循此軌道。[37]

劉師培進一步論證中國文學史也「循此軌道」，並痛斥陋儒之攻擊「俗語入文」大趨勢：

及觀之中國文學，則上古之書，印刷未明，竹帛繁重，故力求簡質，崇用文言。降及東周，文字漸繁；至於六朝，文與筆分；宋代以下，文詞益淺，而儒家語錄以興；元代以來，復盛與詞曲：此皆語言文字合一之漸也。故小說之體，即由是而興，而《水滸傳》、《三國演義》諸書，已開俗語入文之漸。陋儒不察，以此爲文字之日下也。然天演之例，莫不由簡趨繁，何獨於文學而不然？[38]

這種循「天演之例」而力倡「語言文字合一」的主張，與後來胡適的「歷史進化的文學觀念」有不少相通之處；只是前者大都「不薄俗語愛古文」，不像後來者那樣直截了當地宣判「古文」（實爲「文言文」）死刑。

胡適正是憑藉這一點區別兩種「白話觀」，指責文言、白話並存這一主張是「把社會分作兩個階級，一邊是『我們』士大夫，一邊是『他們』齊氓細民」[39]。在讀書人紛紛標榜站在勞動人民一邊的年代，這一指責是致命的。可是當事人之不廢古文，其實非「階級立場」一詞所能涵蓋。就如劉師培之主張「文言合一」但不廢「古代文詞」，著眼點便是在保存中國傳統文化：

故近日文詞，宜區二派：一修俗語，以啓瀹齊民；一用古文，以保存國學，庶前賢矩範，賴以僅存。[40]

這裏涉及不同的文化立場，胡適平生講改良，但在語言(文體)上卻是徹底的革命派。不廢文言能否推廣白話，那是個策略問題，不應該成爲否定「並存說」的理論根據。時至今日，「文言」仍然沒有完全死亡，可見胡適的假設不無缺陷。

而正是這不無缺陷的「假設」——「用死了的文言絕不能做出有生命有價值的文學來」[41]，掀起了一場波瀾壯闊且影響極爲深遠的文學革命。也就是說，提倡白話文(作爲啓蒙工具或文學表現手段)實非胡適首創，胡適的發明權在於宣判「文言」的死刑。這一「判決書」一九一六年醞釀於美國，第二年、第三年逐漸完善並宣判於北京。

一九一五年八月，胡適的演講題目還是〈如何可使吾國文言易於講授〉，立論前提是「吾國文言，終不可廢置」。第二年起開始討論「作詩如作文」以「救此文勝之弊」以及中國文學史上的六次「文學革命」，基本上還沒超越傳統中國文學改革思路[42]。按照胡適本人追憶，大約在一九一六年二、三月間，「思想上起了一個根本的新覺悟」，悟出「一部中國文學史只是一部文字形式(工具)新陳代謝的歷史，只是『活文學』隨時起來替代了『死文學』的歷史」[43]。落實在《藏暉室札記》中，就是：「白話的文學爲中國千年來僅有之文學(小說、戲曲，尤足比世界第一流文學)。其非白話的文學，如古文、八股，如札記小說，皆不足與於第一流文學之列。」[44]由於施耐庵、曹雪芹等人早已證明「小說之利器在於白話」，而梁啓超等新小說家的努力也使「小說爲文學之最上乘」成爲可能，胡適的「嘗試」主要集中在以白話吟詩作文。繼《文學改良芻議》立白話文學爲「中國文學之正宗」後，胡適在〈歷史的文學觀念論〉中論證「白話之文學，自宋代以來，雖見屏於古文家，而終一線相承，至今不絕」；在〈建設的文學革命論〉中又有「大膽的假設」：「這二千年的文人所做的文學都是死的，都是用已經死了的語言文字做的。死文字絕不能產出活文學。」[45]至此，「文學革命」轟轟烈烈展開，胡適關於「文言——白話」的思考也大致完成。以後胡適不斷宣講「白話文學」，直到晚年還是認定中古時代文章「不通」的原因是「用死的文字來寫活的語言」[46]。

以一九二〇年各大報刊改用白話、教育部頒令改用國語、白話文運動取得決定性勝利爲界，此前，有很深歷史癖的胡適，藉「指出古今文學變遷的趨勢」和「從文學史的趨勢上承認白話文學爲『正宗』」，作爲「打倒古文學的武器」；此後，有強烈現實感的胡適，又藉文學革命的成果「推翻向來的正統」[47]。從一個文學革命倡導者轉爲文學史家，胡適的優點是有成見，缺點則是太有成見。倘若只是以史爲鑑，胡適的文學史知識綽綽有餘，也足以支撐其提倡白話文學之主張。但作爲一個史家，胡適抱定「白話正宗」說，閒置其終生信仰的「歷史的眼光」，將一部中國文學史簡化爲「古文文學的末路史」和「白話文學的發達史」[48]，其牽強附會之處，甚至遠比《中國哲學史大綱》爲多[49]。即便如此，胡適的文學史著仍然具有某種典範意義，因其畢竟提出了一套嶄新的研究思路。

這種重建「文學正統」的努力，既體現爲突出此前「不登大雅之堂」的小說在文學史上的地位，更體現爲斷言「白話文學史即是中國文學史」。雖然胡適本人強調將章回小說作爲「一項學術研究的主題，與傳統的經學、史學平起平坐」，乃是其主要的學術貢獻[50]；實則清末新小說家已有此趨向，海外漢學家也已著先鞭，同時代中魯迅起步早成就高，連胡適也不諱言[51]。從梁啓超之認定「自宋以後，實爲祖國文學之大進化」，到陳獨秀的主張「元明劇本，明清小說，乃近代文學之粲然可觀者」[52]，小說之升值及成爲學術主題，已是大勢所趨。也就是胡適所再三表述的，近人受西洋文學影響，漸漸懂得小說、戲曲的價值，「於是我們對於文學史的見解也就不得不起一種革命了」[53]。

眞正屬於胡適獨創的，是藉「白話文學史」與「古文傳統史」的對抗來把握兩千年中國文學發展的大趨勢。這一假設的前提，套用胡適早年幾篇文章中的兩句半話，即：㈠「中國的文學凡是有一些價值有一些兒生命的，都是白話的」；「用死了的文言絕不能做出有生命有價值的文學來」；故白話文學乃「中國文學之正宗」。㈡中國文學曾經「言文合一」；言文分離後「二千年的文人所做的文學都是死的」；在古文傳統壓迫下白話文學仍「一線相承，至今不絕」。㈢「若把雅俗兩字作人類的階級解」，則文言只能屬於「雅人」，而與「小百姓」無緣[54]。第三句話明顯「不完整」。這種以「文言」、「白話」配「貴族」、「平民」的思路，開始不被重視；只是在陳獨秀主張推倒「貴族文學」以建設「國民文學」、周作人提倡「平民文學」之後[55]，胡適才悟出這兩者的深刻聯繫。二〇年代以後，胡適在「死文學」、「活文學」的標籤外，又爲「文言文學」和「白話文學」找到了兩項稍微合適的帽子：「貴族文學」與「平民文學」，或曰「廟堂文學」與「民間文學」[56]。

前兩句話作爲白話文運動的理論武器十分有效。儘管朱經農、梅光迪、胡先驌等人的批評都有學理依據[57]，可是運動並不因此改變方向。提倡白話文的成功，顯然使得胡適誇大了他這一「假設」的適應性。在隨後撰寫的《五十年來中國之文學》和《白話文學史》中，仍以上述兩句話爲立論的根基，很少認眞考慮批評者的意見。爲了擴大理論的涵蓋面，使得「白話文學史」眞的成爲「中國文學史」，胡適採取了兩個補救措施。一是拓展「白話」的範圍，將「白話」釋爲三義：俗語；明白如話；「白話便是乾乾淨淨沒有堆砌塗飾的話，也不妨夾入幾個明白易曉的文言字眼」。二是拉長「白話文學」的歷史：從「古文在二千年前已經成了一種死文字」那一天起，就有「民間的白話文學」存在，於是這二千年中就有了「五個時期的白話文學」[58]。經過這麼一番改造，「白話文學」作爲中國文學史的中心部分，總算勉強確立。但時人馬上對胡適「白話之定義」、文言文死於二千年前的假設、論詩只講「淺顯易解」的趣味以及以一己之文學主張剪裁歷史的學術路數提出尖銳的批評[59]。

《白話文學史‧孔子》所標榜的兩大目標，「要大家知道白話文學是有歷史的」，獲得了巨大成功；而「要大家都知道白話文學史就是中國文學史的中心部分」，則留下許多問題。胡適的功績在於其對「白話文學」的發現(包括對樂府歌辭的製作及其深遠影響、對佛教文學及故事詩的流播、對王梵志和寒山的生平考證以及對晚清北方的評話小說和南方的諷刺小說的描述等)，其缺陷則在於爲了重建「文學正統」而故意貶低乃至抹煞二千年的「古文傳統」。二〇年代初期胡適爲了提倡戲曲研究，批評前人之囿於「正統文學」：

> 「正統文學」之害，眞烈於焚書之秦始皇！文學有正統，故人不識文學：人只認得正統文學，而不認得時代文學。[60]

這一反「正統文學」的理論武器，實在是一把「利刃劍」：既指向「文言正統」，也指向「白話正統」。可惜胡適撰史時，忘了當初自己對「正統文學」的攻擊。相對來說，胡適關於「廟堂文學」與「民間文學」的對抗構成二千年中國文學發展動力的假設，似乎更有理論活力，至今仍在發揮作用。

有趣的是，最早提醒胡適注意民間文學的革命意義的，竟然是日後的論敵梅光迪。一九一六年三月，胡適接到「研究過西洋文學史」的梅光迪來信，表示贊同其推崇宋元白話文學的主張，並補充道：「文學革命自當從『民間文學』(folklore, popular poetry, spoken language, etc.)入手，此無待言。」[61]正因爲「此無待言」，留學生們大都不在此做文章。五四新文化的倡導者普遍認可文學革命應從外國文學和民間文學汲取養分這一思路，並積極從事各種民間文學的搜集整理；至於歷史上「廟堂文學」與「民間文學」的關係，反倒缺乏認眞的研究。在《五十年來中國之文學》中，胡適開始構建「貴族文學」與「民間文學」對峙的研究框架；隨後又在〈《中古文學概論》序〉中描述「民間文學升作正統文學」的過程，由注重二者的「對抗」轉爲注重二者的「對話」。但所有這一切關於民間文學的文學史思考，只有到一九二六年〈《詞選》自序〉發表，才得到完整的表述：

> 但文學史上有一個逃不了的公式。文學的新方式都是出於民間的。久而久之，文人學士受了民間文學的影響，採用這種新體裁來做他們的文藝作品。文人的參加自有他的好處：淺薄的內容變豐富了，幼稚的技術變高明了，平凡的意境變高超了。但文人把這種新體裁學到手之後，劣等的文人便來模仿；模仿的結果，往往學得了形式上的技術，而丟掉了創作的精神。天才墮落而爲匠手，創作墮落而爲機械。生氣剝喪完了，只剩下一點小技巧，一堆爛書袋，一套爛調子！於是這種文學形式的命運便完結了，文學的生命又須另向民間去尋新方向發展

了。[62]一部《白話文學史》，正是這一「文學史通例」的最好說明。除了論證「中國三千年的文學史上」，「一切新文學的來源都在民間」，胡適著重研究「樂府」這種制度如何促成民歌與文人的接觸與相互影響。文人之仿作民歌，「一方面是文學的民衆化，一方面是民歌的文人化」。而唐代文學的輝煌成就，正是因其「充分承認樂府民歌的文學眞價值，極力效法這五、六百年的平民歌唱和這些平民歌唱所直接間接產生的活文學」。具體分析盛唐詩歌之借鑑樂府歌辭，胡適斷爲三步：「第一步是詩人仿作樂府。第二步是詩人沿用樂府古題而自作新解，但不拘原意，也不拘原聲調。第三步是詩人用古樂府民歌的精神來創作新樂府。」[63]《白話文學史》沒能按計畫寫完，因此樂府精神的失落也就沒能眞正展開，也就是說這種「文學方式的命運」尙未完結。按照胡適原先設計的「公式」，每種文體都有其生、老、病、死的過程。

促使胡適將「白話文學正統說」和「文學有機體」的設想結合起來的，是他的學生傅斯年。胡適晚年在傅斯年逝世兩周年紀念會的演講中，承認一九二六年巴黎聚會時，傅斯年關於「中國一切文學都是從民間來的，同時每一種文學都經過一種生、老、病、死的狀態」的設想，「影響我個人很大」[64]。一方面是胡適當年名氣遠比傅斯年大，且文章正式發表在前；另一方面傅斯年在將文學史類比生物史時，過於注重「有機體的生命」衰老的必然，描述文人借用「來自田間」的文學這一過程時，缺乏必要的彈性[65]，故其《中國古代文學史講義》遠不及《白話文學史》影響大。

三〇年代以後國人所撰文學史著，或多或少或明或暗都受到胡適描述的所謂「文學史通例」

的制約。就連魯迅、鄭振鐸兩位大家的研究思路，也打上這一印記。魯迅三〇年代稱：「舊文學衰頹時，因爲攝取民間文學或外國文學而起一個新的轉變，這例子是常見於文學史上的」；「士大夫是常要奪取民間的東西的，將竹枝詞改成文言，將『小家碧玉』作爲姨太太，但一沾著他們的手，這東西也就跟著他們滅亡。」66而鄭振鐸在《中國俗文學史》第一章描述「俗文學」和「正統文學」的互動關係時，基本上照抄胡適的說法67。將民間文學作爲中國文學發展的原動力，這一頗有新意的假設，到五〇年代演變成爲「民間文學主流論」68，越來越暴露其理論缺失。時至今日，過分貶低「文人文學」而高揚「民間文學」，仍是研究者必須面對的五四遺產——這一「遺產」的創造者當然包括極力推崇「白話文學」與「平民文學」的胡適之先生。

三、歷史演進法

在自稱「最精采的方法論」的〈古史討論的讀後感〉中，胡適讚揚顧頡剛「層累地造成的古史」乃今日史學界一大貢獻，其方法可概括爲「用歷史演化的眼光來追求每一個傳說演變的歷程」。由於顧氏曾自述其研究方法源於胡適辯論井田和考證《水滸》的文章，胡氏對此也樂於承認，這篇古史討論的總結，其實可作胡適學術自述讀69。所謂「歷史演進的方法」，胡適將其概括成下列公式：

㈠把每一件史事的種種傳說，依先後出現的次序，排序起來。

㈡研究這件史事在每一個時代有什麼樣子的傳說。

㈢研究這件史事的漸漸演進：由簡單變爲複雜，由陋野變爲雅馴，由地方的（局部的）變爲全國的，由神變爲人，由神話變爲史事，由寓言變爲事實。

㈣遇可能時，解釋每一次演變的原因。

照胡適的說法，「這個根本觀念是顚仆不破的」：「古史上的故事沒有一件不曾經過這樣的演進，也沒有一件不可用這個歷史演進的(evolutionary)方法去研究。」[70] 何止是「古史上的故事」，所有流傳久遠的故事、傳說乃至與此相關的小說、詩歌、戲劇等，都可借重這一方法。「歷史演進法」在邏輯與實際上都展開爲文學批評中對章回小說的解讀和史學研究中對古史傳說的考辨這麼兩種不同的取向，胡適的主要成就不在古史辨，而在爲中國小說研究開闢新境界。從一九二〇年作〈《水滸傳》考證〉，到一九二五年撰〈《三俠五義》序〉，胡適用故事的演進以及母題的生長來把握某一類型的中國小說，取得意料不到的成果，其基本思路直到今天仍然有效。

在明代「四大奇書」中，起碼有三種不是作家白手起家一氣呵成創作出來的，而是經過幾百年漫長歷程，從若干小故事逐漸演變成爲長篇的章回小說。考慮到《三國演義》、《水滸傳》和《西遊記》在中國小說史乃至中國文化史上的崇高地位，其獨特的生產過程值得關注。此前的研究者(不管是評點派還是考證派)，著眼的都是孤立的「文本」；只有胡適藉同一故事的不同流變考察此類小說的生產過程，強調解讀幾百年文學進化造成的《水滸傳》等，應該有不同於一般文人文學的批評眼光和研究方法。這一思路的形成，首先得益於歷史的眼光，其次是主題學方法，最後落實爲以版本考據爲中心的「剝皮主義」。

胡適治學，不重「新奇之學說，高深之哲理」，而重「求學論事觀物經國之術」，故方法是第一位的。早年談「方法」，多治學之入門常識；在解釋「歷史的眼光」時逐漸融進了自己的體會，總算頗具自家面目。一九一四年初，留學美國的胡適之先生終於發現了新大陸：「有三術焉，皆起死之神丹也：一曰歸納的理論；二曰歷史的眼光；三曰進化的觀念。」將此起死之神丹運用於古老的中國，果然大見成效。一九二二年撰〈國語文法的研究法〉，胡適列「歸納的研究法」、「比較的研究法」和「歷史的研究法」爲「三種必不可少的方法」。到一九二三年爲整理國故發宣言，胡適又提出「歷史的眼光」、「系統的整理」和「比較的研究」作爲同人努力的方向[71]。其中「歸納」乃治學之根基，「比較」則是身處東西方文化碰撞中學人的共識，而「進化」又被糅進「歷史的眼光」中，故最能代表胡適創見的，當屬「歷史進化的文學觀念」。

提倡文學革命時，胡適以「歷史進化之眼光」重讀中國文學史，得出「一時代有一時代之文學……凡此諸時代，各因時勢風會而變，各有其特長」的結論[72]。拆開來看，這結論並不新鮮，劉勰已有「文變染乎世情，興廢繫乎時序」的斷語（《文心雕龍》），焦循則明言一代文學有一代文學之勝（《易餘龠錄》），王國維說得更絕：「凡一代有一代之文學：楚之騷，漢之賦，六代之駢語，唐之詩，宋之詞，元之曲，皆所謂一代之文學，而後世莫能繼焉者也。」[73]胡適的結論之所以石破天驚，就在於其在「江山代有才人出，各領風騷數百年」之「歷史的見解」中[74]，摻進了「進化」的價值判斷。不只是文學隨時代變遷，故一時代有一時代之文學；胡適強調的是兩千年中國社會和中國文學不曾停滯、也不曾倒退，而是始終在發展進步。文言變爲白話是進步，傳奇變爲話本是進步，「唐朝的詩一變而爲宋詞，再變而爲元明的曲，都是進步」[75]。這種植根於達爾文和斯賓塞理論的文學進化觀，在十九世紀的西方曾經風行一時[76]；胡適、鄭振鐸等新文化人之所以對此特別青睞，關鍵在於其足以否定中國人根深柢固的崇古、擬古和復古的文學觀念，爲文學革命鳴鑼開道。

從文學革命轉入整理國故，胡適對「歷史的眼光」的詮釋略有不同。不再強調文學發展一浪高一浪，而是突出文學演進過程中的「遺形物」——藉此理解某一文類或某一作品賴以生存的文學時代。講「遺形物」本是解釋文學進化過程中，每經過一個時代，必然帶著此時代留下的許多「無用的紀念品」（如戲曲中的臉譜、臺步等）。照胡適原先的設想，「這種『遺形物』不掃除乾淨，中國戲劇永遠沒有完全革新的希望」⑰。所謂「掃除舊日的種種『遺形物』」的大膽假設，很快證明行不通。倒是在解讀各種「遺形物」時，胡適的「歷史的眼光」充分發揮作用。有感於許多學者品詩論文時不分秦漢混淆古今，胡適提出研究國學的第一步應是「各還他一個本來面目」。不管是古來神聖的高文典冊，還是今日民間小兒女的歌唱，都有個重新定位的問題。首先是還其本來面目，然後才談得上評判各家是非。在文學方面則是：

> 應該把《三百篇》還給西周東周之間的無名詩人，把《古樂府》還給漢魏六朝的無名詩人，把唐詩還給唐，把詞還給五代兩宋，把小曲雜劇還給元朝，把明清的小說還給明清。每一個時代，還他那個時代的特長的文學，然後評判他們的文學的價值。不認明每一個時代的特殊文學，則多誣古人而多誤今人。⑱

每個時代的文學，既有其「特長」，也有其「特短」。史家的任務不只是對其褒貶抑揚，更重要的是理解這種「特殊性」。解讀一部流傳久遠且定本較晚的章回小說，就好像翻閱一個民族的文學歷史，同樣可以發現「時代的烙印」。拿這種眼光閱讀「四百年的『梁山泊故事』的結晶」《水滸傳》，胡適得出一個「根本的文學觀念」：「這種種不同的時代發生種種不同的文學見解，也發生種種不同的文學作物。」接下來一大段不懂得宋元明三代的時代背景與文學進化的程度，就不懂得水滸故事何以如此發達變化的論述⑲，與三〇年代以後風行一時的唯物史觀，頗有相通之處，都是強調社會變遷對於文學發展的根本制約。只是對於胡適來說，這與其說是一種文學觀念，不如說是一種研究策略。胡適對文學與人生(時勢)之理解，大體不出傳統的詩教說和十九世紀現實主義文學觀，說不上有多少新發明。倒是其從「歷史進化的文學觀念」引申出來的「歷史演變法」，爲解讀中國古代章回小說另闢蹊徑，至今仍有其魅力。

據胡適考證，《三國演義》、《水滸傳》和《西遊記》都有「五、六百年的演化的歷史」[80]，其中既有原初的民間傳說，又有歷代作家的改造，最後再添上寫定者的藝術想像，故整部小說缺乏統一性，常有互相矛盾之處。閱讀此類積澱著不同時代文學趣味的長篇小說，不妨也來個藝術上的「還原」，先尋得「底本」，然後藉同一故事的不同變形來理解作家的藝術創造。胡適「最愛看年譜」，就因爲其能顯示譜主「思想學說變遷沿革的次序」[81]；爲一部有五、六百年演化歷史的小說編「年譜」，不也能顯示其「變遷沿革的次序」？只是胡適「用歷史演變的眼光來追求每一個傳說演變的歷程」，並非只是移用年譜的研究思路，而是別有淵源。最能體現胡適理論框架的，是《三俠五義》中關於母題演變的一段話：

> 傳說的生長，就同滾雪球一樣，越滾越大，最初只有一個簡單的故事作個中心的「母題」(motif)，你添一枝，他添一葉，便像個樣子了。後來經過衆口的傳說，經過平話家的敷演，經過戲曲家的剪裁結構，經過小說家的修飾，這個故事便一天一天的改變面目：內容更豐富了，情節更精細圓滿了，曲折更多了，人物更有生氣了。[82]

此類「傳說生長史」，既落實爲古人把一切罪惡都堆到桀、紂身上，而把一切美德賦與堯、舜；

又體現在不同時代的讀者都喜歡爲感興趣的故事添枝加葉。前者胡適稱爲「箭垛式的人物」——此說過於輕巧，用於傳說人物(如周公、包龍圖)甚妙，用於歷史人物(如屈原、曹寅)則易出偏差[83]。胡適的貢獻主要在於後者：藉母題的生長與擴張，理解中國章回小說的演進。

除小說外，胡適也曾試用「母題演進」來解讀《孔雀東南飛》，只是不及顧頡剛的孟姜女故事研究精采[84]。實際上胡適、顧頡剛師徒二人互相激勵互相啓迪，借鑑的都是民俗學方法。顧頡剛乃中國民俗學研究的開山祖，其《孟姜女故事研究集》至今仍有典範意義[85]；胡適雖無專門著述，卻屢次表示引民俗學方法入文學批評的願望[86]。「母題」作爲文學批評概念，在德國文學中淵源最爲久遠，也發展得最爲完整，這與格林兄弟收集編輯的童話故事在其文學史上的重要意義，以及德國學者對民間文學的濃厚興趣有關。因此，一般將以母題研究爲重點的「主題學」，視爲在十九世紀德國的民俗學熱中培育出來的一門學問[87]。很難說胡適、顧頡剛等人對西方的民俗學或主題學研究有多深入的了解，只不過五四新文化運動改變了已有的文類等級觀念，此前不登大雅之堂的各種「俗文學」(民謠、童話、民間故事等)，如今身價百倍[88]。研究此類「大同小異」的故事或民謠，自然有別於古來的品詩論文，無法強調其「獨創性」。引進「母題」這一概念，建立起故事的系譜圖，此類作品的價值才得以凸現。理論上胡、顧都承認，每一母題在演進過程中，「添上了不少的『本地風光』，吸收了不少的無名詩人的天才與風格」；而且「隨順了文化中心而遷流，承受了各時各地的時勢和風俗而改變，憑藉了民衆的情感和想像而發展」[89]。可是實際操作中，系譜的殘缺與無名詩人的難以確認、探尋「說話者的意念」的努力，往往被「時勢和風俗」的精采描述所掩蓋。這一點對於故事或民謠的研究尚非致命的弱點，但對於《水滸傳》等文學名著的研究來說，卻是難以原諒的缺失。在「因襲」與「創作」之間，研究者明顯重前者而輕後者。像胡適那樣輕率地斷言《三國演義》的寫定者爲「平凡的陋儒」的固然不多[90]，可是此類研究常常精於故事傳說的排列而疏於作者心態的探求，不免抹煞了天才作家的貢獻。

這一偏差，與胡適本人對母題研究的理解，依附於清代考據學的思路頗有關係。胡適曾將顧頡剛「層累地造成的古史」這一大膽假設,比喻爲「剝皮主義」，並稱其源於崔述的《考信錄》[91]；無獨有偶，在論及戴震和阮元的學術貢獻時，胡適照樣突出其「剝皮主義」：

剝皮的意思，就是拿一個觀念一層一層地剝去後世隨時渲染上去的顏色，如剝芭蕉一樣，越剝進去，越到中心。……我們對於一切哲學觀念也應該常常試用這種剝皮手段。[92]

哲學史家阮元搜羅古今論「性」的話，「略依時代的先後，排列比較，使我們容易看出字義的變遷沿革」[93]；文學史家胡適則搜羅幾百年間有關「水滸故事」或「包公故事」的作品，同樣「略依時代的先後，排列比較」，目的則是看出傳說的「變遷沿革」。二者研究範圍不同，可是基本思路卻相當接近：都是在返求「古本」的過程中理解時世變遷與文化學術的演進。清儒爲了這種學術上的「還原」，發展出一整套考據學理論與方法，這正是胡適所讚嘆不已的「科學精神」。在《清代學者的治學方法》和《戴東原的哲學》中，胡適概括漢學家治學的根本觀念爲：「歷史的眼光」與「證據的注重」。到一九二八年撰《校勘學方法論》，胡適強調校勘學的根本方法是：「先求得底本的異同，然後考定其是非」；研究者必須先「遍求別本」，然後「實事是正，多聞闕疑」。除此以外，還必須有關於所校書籍的背景知識，因爲，「要懂得一個時代的書，必須多懂得那個時代的制度，習俗，語言，文字」。這一切，在胡適看來，「是中國與西洋校勘學者共同遵守的方法」[94]。從留學時讀《大英百科全書》中關於「版本學」(textual criticism)條目，悟出「中西校勘學的殊途同歸」[95]，到晚年花二十年時間重審《水經注》案，胡適對文獻考據始終持有高度熱情。正因爲有此「歷史癖與考據癖」，一旦胡適將三說作爲與傳統經學、史學平起平坐的學術主題，必然以清儒治經史的方法治小說。以本事考異與版本校勘爲根基，再貫以歷史的眼光與母題研究思路，如此中西合璧的學術視野，使胡適得以在章回小說研究中縱橫馳騁。或許是三國故事的考辨和水滸版本的比較太有誘惑力了，胡適常常沉醉於此，而相對忽略了小說本身的藝術價值[96]。更重要的是，故事考辨和版本校勘可以做到言之有據確鑿無疑，不像藝術分析那樣「詩無達詁」——對於提倡「拿證據來」的適之先生，後者是必須盡量避開的危險的陷阱。「避虛就實」的研究策略，使得胡適的小說史研究功底紮實，可是相對缺乏靈氣——這一點比較魯迅的《中國小說史略》不難明白。「文學史」作爲一門學科，既是史學又是詩學；了解「版本變遷演革的痕跡」，不等於就「建立了科學的中國小說史學」[97]。胡適重「史」輕「詩」，對小說的藝術表現興趣不大；即便論及，也都不甚精采。以史學眼光讀「詩」說「詩」，有其偏頗，也有其深刻之處。重要的是引進了「歷史演進」這一觀念，打破了此前詩品、文論、小說評點中常見的隨意鑑賞和直覺評論[98]，找到了理解文類發展和作品形成奧秘的關鍵。至於由此造成的另一種缺失，只能由下一代學者來彌補。

四、《紅樓夢》自傳說

「雙線文學觀念」爲整個中國文學史的研究建立了新的理論框架，「歷史演進法」爲章回小說的解讀提供了有效的眼光與方法，「《紅樓夢》自傳說」則爲新紅學的發展奠定了根基——這一敍述並不意味著三者的學術價值依次遞減。實際上由於「新紅學」在本世紀中國學界聲名顯赫，再加上讀書人中「嗜紅成癖」者代不乏人，「自傳說」影響的深入與持久，甚至可能在前兩者之上。今人開口說「紅樓」，多少總是將其與曹雪芹的生平聯繫在一起，這一「共識」其實源於胡適的大膽假設。「自傳說」遠不只是爲《紅樓夢》考訂作者，更重要的是提供一種閱讀趣味與研究思路。胡適「介紹我自己的思想」時，喜歡強調其《紅樓夢》考證教人思想與學問的方法；而幾十年間紅學界圍繞胡適的風風雨雨，也都遠遠超越作者或版本的爭辯，涉及不同的思想立場和學術思路。這裏討論「自傳說」的出場與「新紅學」的建立，同樣希望將其置於較爲廣闊的學術史背景下，作爲「典範」轉移的最佳例證來解讀。這方面余英時的〈近代紅學的發展與紅學革命〉已有精采的論述[99]，需要進一步展開的是這一「典範」的核心概念「自傳說」的醞釀與形成。

〈《紅樓夢》考證〉乃「新紅學」的開山之作，也是胡適最爲成功的學術論文之一。胡適此文的改定，得益於他的學生顧頡剛和俞平伯。顧氏曾用兩句話概括胡適此文在學術史上的意義：

> 適之先生第一個從曹家的事實上斷定這書是作者的自述，使人把秘奇的觀念變成了平凡；又從版本上考定這書是未完之作而經後人補綴的，使人把向來看作一貫的東西忽地打成了兩橛。[100]

這兩點既是胡適研究《紅樓夢》的主要貢獻，也是「新紅學」的基本命題。此後的許多著述，都是沿襲這一思路，只不過考得更細論得更精。所謂「後四十回乃高鶚所補，非曹雪芹原作」這一假設，其實是從「自傳說」引申出來的——沒有追尋曹家歷史以證小說的衝動，也就不會疑及著者原意是否落實以及小說是否完整。不管是胡適本人還是論友論敵，都將「自傳說」作爲《紅樓夢》研究中這一新典範的核心。後世學者將胡、蔡之爭作爲「眞正的紅學」的開端，正是看中「自傳說」挑戰「影射說」所代表的學術轉型[101]。相對來說，版本考訂以及高鶚續書的評價，儘管對具體閱讀可能更有意義，但在學術史上遠不及前者有挑戰性。因此，代表這一新典範的，只能是胡適的〈《紅樓夢》考證〉，而不是俞平伯的《紅樓夢辨》——後者對《紅樓夢》本文的辨析以及高鶚續書的研究，明顯比胡適精細。

胡適將《紅樓夢》定爲「將眞事隱去」的「自敍傳」，這個後人看來「極平常的見解」，一旦與作者身世的考辨結合起來，便有了石破天驚的結論：

> 曹雪芹即是《紅樓夢》開端時那個深自懺悔的「我」！即是書裏的甄、賈(眞假)兩個寶玉的底本！懂得這個道理，便知書中的賈府與甄府都只是曹雪芹家的影子。[102]

強調「影子」、「底本」以及「深自懺悔」的敍述者「我」，這比後來爲了旗幟鮮明將曹雪芹直接等同於賈寶玉巧妙多了。「自傳小說」與「自傳」不是一回事，這點稍有文學常識的人都明白。胡適之先生再有「考據癖」，也不該將二者混爲一談。正因爲胡適及其同道過於沉醉在以作者家世證小說的成功，忽略了小說家「假語村言」的權力，「紅學」逐漸蛻變爲「曹學」，「自傳說」引來越來越多的批評。五〇年代初俞平伯對此有過認眞的反省，承認「《紅樓夢》至多是自傳性質的小說，不能把它徑作爲作者的傳記行狀看啊」[103]。其實這種區別傳記與小說的警惕，胡適等人當初未嘗沒有，只是「拿證據來」的誘惑實在難以抗拒，這才有了「紅學」向「曹學」的轉變。

蔡元培關於既然眞事隱去怎能以書中事爲眞、既然是自敍傳又何必有甄、賈兩寶玉的反批評[104]，胡適等人立說之初早已面臨。顧頡剛發現史料呈現出來的曹雪芹與小說中的賈寶玉頗有距離，俞平伯則大觀園在南在北尙且說不淸——這些並沒動搖「自傳說」的根基，因爲「孤冷」的性格與「鬧熱」的生活經歷並非絕對不相容，況且自敍傳小說「雖記實事，卻也不全是信史」[105]。既非「信史」，所謂「寫實」，也只是「以眞事爲藍本」，而不是史家的「實錄」。胡適甚至將《老殘遊記》也稱爲自傳[106]，可見其心目中的自敍傳小說，只是有作家本人身世的「影子」。可是落筆爲文，爲了強調與索隱派穿鑿附會的區別，胡適等人盡量坐實賈府與曹家以及寶玉與雪芹之「若合符節」，有意無意間泯滅了自傳與自敍傳小說的區別。即便如此，「自傳說」仍是本世紀《紅樓夢》研究中最爲成功的假設。原因在於它爲「新紅學」的發展奠定了堅實的根基，這一點是其他論著所無法比擬的。後世學者可能對王國維的〈紅樓夢評論〉更感興趣[107]，但王氏用藝術創作的一般規律來批評「作者自道其生平」的假設，近乎無的放矢。雖也承認考證「作者之姓名」與「作書之年月」對理解《紅樓夢》至關重要，王國維此文重點在發揮論者之悲劇觀念，無法爲後來者進一步的研究提供立足點[108]。同樣對《紅樓夢》的悲劇精神有深刻領悟，魯迅比較王、胡二家意見，認可胡適的「自傳說」，且以作者「獨於自身，深所懺悔」的敍述語調，印證此書的自敍色彩[109]。

在〈《紅樓夢》考證〉文末，胡適提出「打破從前種種穿鑿附會的『紅學』；創造科學方法的《紅樓夢》研究」的口號，明顯擺出重建學術規範的架勢。這一新「典範」的理論假設是「自傳說」，其方法論意識則是「實證」。胡適對此有明確的表述：

我在這篇文章裏，處處想撇開一切先入的成見；處處存一個搜求證據的目的；處處尊重證據，讓證據做嚮導，引我到相當的結論上去。[110]

這一注重證據的「科學方法」，其實已經內在地規定了胡適的《紅樓夢》研究只能在「著者」與「本子」上下工夫。在胡適看來，只有這兩者，才是「《紅樓夢》考證的正當範圍」。針對蔡元培文學閱讀重點在著作而不在作者的批評，胡適強調「作者的生平與時代是考證『著作之內容』的第一步工夫」；可是胡適本人如此執著於「第一步」，從沒希望再往前走，原因是後者無法「拿證據來」，不符合他所信仰的「科學方法」[111]。這就難怪胡適推出「自傳說」時，只以索隱派為舊典範的代表，而隻字不提早已存在且仍在發揮作用的評點派。

顧頡剛將舊紅學歸納為「浮淺的模仿，尖刻的批評，和附會的考證」三類[112]，何以胡適單挑出「附會的考證」作為論敵？就因為胡適對金聖嘆式的小說評點絕無好感，認定此類發掘「微言大義」且帶「八股選家氣」的批評毫無意義；撰〈《水滸傳》考證〉時還花筆墨掃蕩一番，到考證《紅樓夢》時連提都不提[113]。時人論及紅學派別，頗有將索隱派、考證派、批評派三足鼎立者[114]，其實應該先分重史、重文兩大陣營，然後再往下分門別派。胡適晚年分別兩種文學研究方法，並稱自己的小說考證「完全是文學史的看法，不是研究文學的看法」[115]。此文因係答問，並非正式論文，有點語焉不詳；但細察胡適一貫思路，不難明白他是將可以「拿證據來」的傳記考證與歷史演變的追尋作為「文學史的看法」，而把帶有明顯主觀色彩的藝術分析作為「研究文學的看法」。這種分類落實在紅學研究中，便是以「史家」抑或以「文人」的眼光讀小說。胡適之所以願意與索隱派一比高低，就因為二者都以史家眼光讀小說，有共同語言，也有可比性。考「本事」、考「作者」或考「版本」，都是實證研究，都得尊重證據。對於信仰「證據」的胡適來說，藝術分析根本就不是學問，無法使小說研究成為「與傳統的經學、史學平起平坐」的學術主題。胡適的這一偏見至老未改，認定注重批評的林語堂等人文章不值得收集，四十年來新紅學的發展只是在其開創的作者和版本的考訂上增加新資料116。從「假設」必須得到「證明」這一方法預設，胡適選擇了「自傳說」；而排斥文本批評，固然意在糾正前人之「穿鑿附會」，也跟其現實主義的文學觀以及對自傳的濃厚興趣有關。

胡適議政時少談主義而多講問題，論學時也不例外。即使轟動一時的「八不主義」，也只是針對具體問題的對策。五四新文化人喜歡談論的現實主義、浪漫主義、象徵主義等，胡適不大擅長。偶爾論及，胡適明顯傾向於現實主義。一九一八年撰〈論短篇小說〉，胡適稱唐人小說屬於理想主義，宋明話本近乎寫實主義，蒲松齡的《聊齋誌異》則是於理想主義中帶幾分寫實的性質。這裏對「理想主義」與「寫實主義」似乎不分軒輊，但很快地胡適對世人爭談「新浪漫主義」深表不滿，並強化其現實主義立場117。其實胡適對現實主義並沒深入研究，只是欣賞其「為人生而藝術」的創作態度以及寫實的筆法——後者使得小說能夠提供史家感興趣的社會史料。如此期待視野，帶有傳統中國文人「詩史」及「詩教」說的印記。

早年發誓「不作無關世道之文字」，留美時念了幾本文學概論，明白可以有專求美感的「無所為而為之」的文學，回過頭來對白居易之類專講「濟用」的「實際家」可就不以為然了118。只是胡適天生無法「浪漫」或「唯美」，回國後轉而重新要求文學關注世道人心，承擔修齊治平的重擔。於是元稹、白居易將文學作為「救濟社會，改善人生的利器」的主張，又得到胡適的高度讚賞，以為其開創了「中國文學史上一個很光榮燦爛的時代」。胡適將元、白的文學革新主張翻成現代術語：「爲人生而作文學」加上「寫實主義」。二者之所以密不可分，就因爲「文學既是要『救濟人病，裨補時闕』，故文學當側重寫實」[119]。依此思路，胡適對「空中樓閣」之類的說法不感興趣，褒揚《紅樓夢》時不忘強調其眞價值在於「平淡無奇的自然主義」[120]。「寫實」在胡適眼裏，不只是一種創作方法，更代表作家的良心與社會責任感。

胡適明明知道元、白的諷喻詩太重功效，不留餘韻，故「往往有史料的價值，而沒有文學的意味」，仍然對其推崇備至[121]。這種重史輕文的閱讀趣味，在小說研究中表現得更爲突出。不管是讀《兒女英雄傳》，還是讀《官場現形記》、《老殘遊記》，胡適都強調其中「社會史料」的價值；至於挑出女兒國一段，斷言《鏡花緣》「將來一定要成爲世界女權史上的一篇永遠不朽的大文」，著眼點仍然是社會歷史而不是文學[122]。蔡元培讀小說喜歡那些「有影事在後面」的[123]，其《紅樓夢》研究注重索隱；胡適讀小說欣賞「社會史料」，其《紅樓夢》也就偏於考證。都是對清代學術別有會心，也都像王國維所譏諷的那樣，「以考證之眼」讀小說[124]，蔡元培與胡適的紅學觀居然勢不兩立。除所謂「方法不同，訓練不同」外[125]，更重要的是兩位在小說中想找的東西本來就不一樣。對於文學史家來說，方法與趣味往往糾合在一起，學術訓練不能也不該完全剔除論者的「主觀色彩」。胡適對此缺乏清醒的認識，過分標榜其跟著證據走的「科學方法」；忘記了制約著「自傳說」的出場的，仍然是一種並非「六根清淨」的閱讀趣味。欣賞寫實筆法，注重社會史料，再加上漢學功底，胡適選擇「自敘傳」的假設，可以說是順理成章。

另外，討論「自傳說」的出場，不能不涉及胡適本人對傳記、年譜、日記、自敘等文體持續且濃厚的興趣。胡適晚年自述其《紅樓夢》研究思路，有一句話近乎「洩露天機」：

必須先作這種種傳記的考證，然後可以確定這個「作者自敘」的平凡而合情理的說法。[126]沒有曹家身世的考訂，「自傳說」無法證實，這只是研究過程的描述；爲什麼選擇傳記考證作爲文學研究的入手處，這一進入具體操作前的方法設定，或許更值得關注。胡適對人格進化的軌跡以及歷史演進的過程有特殊興趣，尤其是對其中起決定因素的「時間」格外敏感。早在留學時期，胡適就開始比較東西傳記的長短，特別強調中國的傳記「靜而不動」，西方傳記則注重「人格進化之歷史(the development of a character)」；中國缺少長篇自傳，但「吾國人自作年譜日記者頗多，年譜尤近西人之自傳矣」[127]。世人多已注意到胡適提倡傳記文學以及身體力行的努力[128]，其實胡適更感興趣的不是爲他人作傳，而是自我「樹碑立傳」。

這種說法並非語帶嘲諷。胡適認定大小人物都有其悲歡離合，也都受制於時代風雲，倘能「紀實傳眞」，「赤裸裸的記載他們的生活」，便能「給史家做材料，給文學開生路」。此類自傳，必須比出於仇敵的詆誣之作或出於親友的諛墓文章有價值[129]。除了到處鼓動長輩師友撰寫自傳，胡適三〇年代有《四十自述》、五〇年代有「夫子自道的『胡適學案』」——《胡適口述自傳》[130]；如果再加上〈逼上梁山〉、〈我的歧路〉、〈介紹我自己的思想〉、〈我的信仰〉等單篇文章，胡適自述生平及思想的文字數量可觀。雖然因心境變遷，早就許願的《五十自述》、《六十自述》最終未能完成[131]，但胡適的「自敘傳」並未因此而失落，翻閱臺北遠流出版公司一九八九年版十八冊《胡適日記：手稿本》，不難明白這一點。藏自傳於日記，這種設想並非無稽之談。早年稱國人之日記年譜近於西人之自傳，晚年幾次提及《胡適留學日記》即是其自傳的一部分[132]。唐德剛稱胡適「是個很可觀的『日記作家』(diarist)」，這話不是沒有道理的[133]。這不只是說胡適幾十年記日記不輟，對自家日記十分珍視；更重要的是胡適始終將日記作爲一種獨特的文體，記錄一時一地之思想及感受，目的是有朝一日公諸於衆。意識到讀者眼睛的存在，落筆爲文時不免有所顧忌。胡適的日記並非像他自己所說的「赤裸裸」，而是頗多修飾。一九一五年八月，身在異國的胡適「偶作綺語」，塡了一首詞；日記中錄下這首詞的同時，寫下如下注解：「詞中語意一無所指，懼他日讀者之妄相猜度也，故序之如此。」同年十月，胡適覆母親信辯解並無別娶之意，其有些權宜之語，日記中也加以刪節[134]。魯迅對「以日記爲著述」的李慈銘頗不以爲然，認爲從《越縵堂日記》中「看不見李慈銘的心，卻時時看到一些做作」。在文章末尾，魯迅順便掃了「也在做日記，並且給人傳觀了」的胡適之先生一筆[135]。

胡適確實欣賞《越縵堂日記》，斷言其價值在於「可補歷史」，並因讀此書而「重提起做日記的興趣」[136]。一求見人心，一圖補歷史，魯迅、胡適讀日記的角度不一樣，所撰日記也風格迥異，沒必要強分高低。

與李慈銘的「以日記爲著述」略有不同，胡適更傾向於「以日記爲自傳」。不單如此，胡適似乎對一切帶有自述色彩的文體都感興趣。司馬遷的〈自序〉、班固的〈敍傳〉、王充的〈自紀篇〉不用說，就連宋人把編年一體應用到「一人之史」而產生的「年譜」，也大受胡適青睞。胡適認定「年譜乃是中國傳記體的一大進化」，稱《羅壯勇公年譜》爲「最近一、二百年來最有趣味的傳記」[137]，其所撰《章實齋先生年譜》體例上頗多創新，爲梁啓超、姚名達師徒所激賞[138]。至於表彰《師門五年記》這樣描寫做學問的經驗和師友切磋樂趣的自傳中的「創體」，以及晚年讚賞各種回憶錄，除看中其「保存史料」的價值外，更注重敍述的眞切與表達的自由[139]。

注重「自傳」，這點胡適眞的有家學淵源。適之先生的父親名傳，字鐵花，號鈍夫，有《鈍夫年譜》及《日記》等著述多種。胡適對此非常得意，私下裏告訴友人「《鈍夫年譜》是一部很好的自傳，可惜沒有寫完」；如果加上《日記》，這樣就「可以成一部自傳」[140]。對傳記、年譜、日記、自傳等文體的一往情深，早在從事《紅樓夢》研究之前。這種閱讀趣味，對胡適建構「自傳說」的理論框架，不可能沒有影響。前人雖已有作者自道生平的提示，但眞地把《紅樓夢》當自傳讀，還是需要勇氣與膽識。「詩」、「史」互證，就研究方法而言並不新鮮；令人驚嘆的是其把一部長篇小說讀爲「自敍傳」的這一「大膽的假設」。此後的「拿證據來」，純爲漢學家法，其實並非胡適的「絕活」。時人多注意胡適跟著證據走的「科學方法」，而難得探究其建立假說的內在動因——包括其文體意識、欣賞趣味以及學術品格。

五、整理國故思潮

胡適的文學史著述，大都醞釀於文學革命運動時，成形於整理國故思潮中。從「文學革命」到「整理國故」，既是胡適從事著述的學術背景，也是其作爲學界領袖的內在思路。在這不大協調的兩大思潮之間架橋鋪路的，正是這位胡適之先生。單就個人著述而言，從《中國哲學史大綱》到〈《水滸傳》考證〉，不算多麼突兀的轉折；但從文化思潮著眼，從《新青年》到《國學季刊》，確實已經斗換星移。雖然留學時即有「文章革命何疑」的豪言壯語，胡適天性溫和，五四時期激進的反傳統姿態，很大程度是受陳獨秀影響[141]。談白話文學時強調其唐宋以下「一線相承，至今不絕」，論中國哲學時注重「古學昌明」的清代學術，甚至以之比擬歐洲的文藝復興[142]，這些都不是眞正的「革命家」口吻。就在文學革命摧枯拉朽的一九一九年，胡適連續寫了〈新思潮的意義〉、〈論國故學——答毛子水〉、〈清代學者的治學方法〉三篇很能體現其「歷史癖」的文章，正式亮出「整理國故」的旗幟。首先將新思潮概括爲「研究問題，輸入學理，整理國故，再造文明」四個密不可分的環節；其次以「人類求知的天性」爲出發點，確認「現在整理國故的必要，實在很多」；最後論證「中國舊有的學術，只有清代的『樸學』確有『科學』的精神」，儼然有提倡用樸學方法整理國故的意思[143]。因最後一點引起不少誤解和指責，胡適後來改用較爲籠統的「科學方法」。但問題不在這裏，而在於以「輸入學理」著稱的胡適之先生，一轉而「整理國故」去了，讓剛被喚醒而從古書堆中衝殺出來的青年學子茫然若失。

「文學革命」遠不只是以白話取代文言，更牽涉到對整個中國傳統文化的評價，故各方人士紛紛表態。一九一九年一月，擁護和反對新文化運動的北京大學師生，分別成立《新潮》社和《國故》社。前者主張「學術原無所謂國別」，中國應「漸入世界潮流」；後者則以「昌明中國固有之學術爲宗旨」[144]。除了對新文化運動評價決然對立以外，更大的分歧在於對待「國學」或「國故」的態度。新文化運動的反對者大多並非淺學之士，都對西方思想學說有一定的了解，起碼沒有公開表示拒絕西學。若林紓、嚴復、胡先驌、梅光迪等，也只是反對「取他人文化以代之」，強調「欲創造新文學，必浸淫於古籍」[145]。就連被魯迅譏爲不值一「衡」的《學衡》雜誌，其宗旨不過將「昌明國粹」擱在「融化新知」之前[146]。同樣道理，新文化人之推崇西學而貶抑國學，也主要是一種策略考慮：對中國人根深柢固的復古思想保持高度警惕。表面上陣壘分明勢不兩立，突然間新文化主將胡適臨陣倒戈，大談起「整理國故」來，昔日的朋友頗多表示不以爲然。魯迅還只是對那些「所謂『國學』」嬉笑怒罵，陳獨秀則直接指責胡適的研究國學「不過是在糞穢中尋找香水」；成仿吾和郭沫若的態度稍微溫和些，不主張籠統地反對國學，只是批評提倡者「欠少科學的素養」，一味「承襲清時的考據家」，且「大鑼大鼓四處去宣傳」，容易在社會上煽起

「亂翻古書」的復古風氣[147]。茅盾的〈進一步退兩步〉把新文化人因擔心「反動派」「借了整理國故的光」而回潮，故採取決絕態度的心理表現得十分清楚：

> 我也知道「整理舊的」也是新文學運動題內應有之事，但是當白話文尚未在全社會內成爲一類信仰的時候，我們必須十分頑固，發誓不看古書……[148]

正因爲只是策略考慮，魯迅等人與胡適在整理國故問題上的衝突，其實不像後世想像的那麼尖銳。事實上此時的魯迅、茅盾、郭沫若，都已開始或即將開始從事專門的中國古代小說、神話、社會研究。

在新文化人把工作重點從文化批判轉爲學術研究這一自我調整過程中，胡適的「整理國故」主張起了很大作用。並非所有的新文化人都對此不理解，一九二一年文學研究會成立，其〈簡章〉宣布「本會以研究介紹世界文學整理中國舊文學創造新文學爲宗旨」；一九二三年《國學季刊》創刊，「整理國故」頗遭非議，鄭振鐸主編的《小說月報》上刊出一組題爲〈整理國故與新文學運動〉的討論文章，「都是偏於主張國故的整理對於新文學運動很有利益一方面的論調」[149]。其中鄭振鐸論證「重新估定或發現中國文學的價值」，正是新文學運動的重要責任；王伯祥強調「『整理國故』和『新文學運動』在學術研究上的地位，實在同樣的重要」；顧頡剛則主張分途發展，喜歡文學創作的人盡可不做「歷史的研究」，「至於性情宜於整理國故的人，不可不及早努力」[150]。「國故」遲早需要整理，問題是從什麼角度用何種方法來整理。鄭振鐸、顧頡剛等支持者之所以理直氣壯，不只是意識到這一工作的重要性，更因爲自認掌握了整理國故的「科學方法」。

在二〇年代初的中國學界，「科學方法」幾乎成了胡適的「專利」。〈論國故學〉提出的「爲眞理而求眞理」的學術境界、〈新思潮的意義〉提出的「評判的態度，科學的精神」以及〈《國學季刊》發刊宣言〉提出的「歷史的眼光」、「系統的整理」、「比較的研究」，所有這些加起來，大概就成了「新青年」們心目中的「科學方法」[151]。爲了使「科學方法」能順利地在中國傳播，胡適借助於清代的考據學傳統，且將其簡化爲「拿證據來」。這麼一來，「科學方法」固然滿天飛，但胡適所設想的「爲中國學術謀解放」的「新史學」[152]，也就不免被世人誤解爲「新漢學」。胡適並非沒有意識到這一危險，在作爲整理國故綱領的〈《國學季刊》發刊宣言〉中，重提「高遠的想像力」，並對清學重功力而輕理解的學術傾向表示不以爲然：

> 這三百年之中，幾乎只有經師，而無思想家；只有校史者，而無史家；只有校注，而無著作。[153]

如此嚴厲的批評，儘可看作胡適本人「自我救贖」的努力。在此後的《戴東原的哲學》中，胡適仍然堅持批評清代「『襞績補苴』的漢學風氣」，讚賞戴東原「由考核以通乎性與天道」的學術路向[154]。儘管如此，有「歷史癖與考據癖」的胡適之先生，仍然抵擋不住「科學」的考證學的誘惑，其治學風格日趨漢學化。而且這不只是胡適的個人興趣，當年北京學人中頗有不滿提倡「直覺」高談「主義」因而「大有傾向陸王的趨勢」的時尚，故意強調實證研究的[155]。一個有趣的例證是，就在胡適大談「高遠的想像力」的《國學季刊》創刊號上，除了胡適、王國維的兩篇譯文，所刊論文幾乎一式考據：馬衡的〈石鼓爲秦刻石考〉、陳垣的〈火祆教入中國考〉、朱希祖的〈蕭梁舊史考〉、顧頡剛的〈鄭樵著述考〉、王國維的〈五代監本考〉以及沈兼士的〈國語問題之歷史的研究〉。在同時期的文化學術刊物中，沒有比這更「漢學化」的了。由於北京大學以及胡適等人在全國學界舉足輕重的影響，以科學方法「整理國故」的提倡，實際上對相對重理解而輕功力的學者造成一種壓迫，以致必須為自己非考證的研究方法辯護[156]。

至於胡適本人，則為其口號及名聲所累，不敢言之無據，也就談不上「高遠的想像力」或「大膽的假設」。這一點對文學史家的胡適影響甚大。研究文學畢竟不同於治經治史，考據不能解決所有問題。胡適在把小說研究提高到與傳統的經學史學平起平坐的同時，也把清儒治經治史的方法引進文學批評。早年也曾嘲笑「強為穿鑿附會」的歷代注《詩》腐儒，主張「用文學的眼光來讀《詩》」[157]。其實「沒有文學的鑑賞力與想像力的人」，何止「不能讀《詩》」，也無法從事眞正的文學批評。一方面是不斷出現的新史料讓胡適應接不暇，沒時間在作品的本文上下工夫[158]；另一方面胡適的文學鑑賞力也確實不高，批評時常有失誤之處。不管是《白話文學史》中對律詩的聲討，還是《中國章回小說考證》中的藝術風格分析，都明顯地暴露了胡適的缺陷。最令人難堪的是，新紅學的開山祖胡適之先生居然對《紅樓夢》沒有多少好感，認定其「思想見地」不如《儒林外史》，「文學技術」則比不上《海上花列傳》和《老殘遊記》[159]。這種偏差似乎不能用「詩無達詁」來解釋，四〇年代末胡適曾自述其讀《水滸傳》的感受：

> 我正看得起勁，忽然我的歷史考據癖打斷了我的文章欣賞！[160]

這並非只是一次「偶然事件」，對於相信「有證據的知識，才是眞正的知識」的胡適之先生來說[161]，閱讀中由「文章欣賞」迅速滑向「歷史考據」，完全可以理解。過分迷信「科學」，以致將「拿證據來」作爲其學術研究的中心，使得胡適的文學批評和哲學思考缺乏深刻的體味與闡發，並因此招來許多批評[162]。

顧頡剛在描述本世紀初中國的學術思潮時稱：「整理國故的呼聲倡始於太炎先生，而上軌道的進行則發軔於適之先生的具體的計畫。」[163]關於胡適的提倡整理國故頗受章太炎影響，從《中國哲學史大綱》中多處引述章氏著作並向其致謝意，以及《研究國故的方法》指出「自從章太炎著了一本《國故論衡》之後，這『國故』的名詞於是成立」，不難看出其中的蛛絲馬跡[164]。但同是研究「中國的一切過去的文化歷史」，章、胡立足點很不一樣。章太炎在《原學》中強調中國文化有其獨立價值，反對世人之「以不類遠西爲恥」，理由是：

> 飴豉酒酪，其味不同，而皆可於口。今中國之不可委心遠西，猶遠西之不可委心中國也。[165]

故章太炎之主持國學講習會、國學振興社等，目的是「振起國學發揚國光」[166]，這無疑與胡適整理國故是爲了「打鬼」的想法大相逕庭。

新文學運動的主將轉而「整理國故」，胡適當年確實承受了很大的壓力。爲了緩和同人的不滿，以免八面受敵，胡適強調自己鑽進「爛紙堆」，目的是「捉妖」、「打鬼」，證明所謂國故「也不過如此」[167]。抱定「化神奇爲腐朽」的宗旨來整理國故，必須難得細心體會中國文化的長處。五四新文化人大都有此傾向，劈頭就是「中國文學不發達的原因」，或者如何「研究這瘡痍滿體的中國文學」[168]，提問題的方式和角度已經決定了中國文學的位置。在同時代的研究者中，胡適還算對中國文學有較多的理解和同情。但即便如此，套用西洋文學觀念來批評中國小說和詩文，仍是胡適此類著述的主要毛病。「輸入學理」與「整理國故」之間，雖非關山萬重不可逾越，也不像胡適當初設想的那麼「和諧」。對於眞地開啓了新的學術時代的胡適之先生來說，這畢竟是一個不小的遺憾。

❶《胡適口述自傳》(北京：華文出版社，一九九二)，頁二七九。

❷〈胡適致汪精衛〉，《胡適來往書信選》(北京：中華書局，一九七九)，中冊，頁二〇八。

❸參閱胡頌平編，《胡適之先生年譜長編初稿》(臺北：聯經出版公司)，頁二一九五。

❹胡適在《白話文學史》(上海：新月書店，一九二八)的〈自序〉中錄有此書的「新綱目」，包括宋詞、元曲和明清小說。

❺余英時的《中國近代思想史上的胡適》(臺北：聯經出版公司，一九八四)第二十九頁指出：「他在中國思想史和文學史(特別是小說史)方面都起了劃時代的作用」；在〈《中國哲學史大綱》與史學革命〉和〈近代紅學的發展與紅學革命〉二文中，余氏具體分析胡適所著哲學史和文學史的典範意義。

❻參閱胡適的〈整理國故與「打鬼」〉、〈中國古代哲學史臺北版自序〉和《胡適口述自傳》第二三六頁。

❼陳寅恪、金岳霖的審查報告主要批評胡著根據一種哲學主張來撰史，對古人學說缺乏「了解之同情」。這其實是胡適等新文化人「整理國故」時的通病，故令陳、金二位「長嘆息」的非只一人一書。

❽胡適，〈介紹我自己的思想〉，《胡適文選》(上海：亞東圖書館，一九三〇)；〈治學的方法與材料〉，《新月》，卷一，第九號，一九二八年十一月。

❾參閱許冠三，《新史學九十年》（香港：中文大學出版社，一九八六），上冊，頁一三九。

❿胡適，〈治學方法〉，《胡適研究叢錄》（北京：三聯書店，一九八九），頁二八五。

⓫〈《胡適文存》序例〉，《胡適文存》（上海：亞東圖書館，一九二一），一集。

⓬《胡適口述自傳》，頁一〇五。

⓭胡適在〈介紹我自己的思想〉（《胡適論學近著》〔上海：商務印書館，一九三五〕）中稱：「我的思想受兩個人的影響很大；一個是赫胥黎，一個是杜威先生。赫胥黎教我怎樣懷疑，教我不信任一切沒有充分證據的東西。杜威先生教我怎樣思想，教我處處顧到當前的問題，教我把一切學說理想都看作待證的假設，教我處處顧到思想的結果。」

⓮胡適，〈新思潮的意義〉，《胡適文存》，一集，卷四，頁一六三、一五三。

⓯胡適在〈介紹我自己的思想〉中將「尋求事實，尋求真理」的「科學精神」、「只認得事實，只跟著證據走」的「科學態度」以及「大膽的假設，小心的求證」的「科學方法」三者並存陳說，作為其「教人一個思想學問的方法」的具體內涵。

⓰參閱周策縱的〈胡適風格——特論態度與方法〉（《傳記文學》，一九八七年第三期）所錄胡適答周氏問「態度」信，以及對杜威的《怎樣思想》(*How We Think*)一九一〇年初版本和一九三三年修訂本如何論述「態度的重要」的介紹。

⓱殷海光，〈論「大膽假設小心求證」〉，《思想與方法》（臺北：文星書店，一九六四），頁一五八—九。

⓲〈實驗主義〉，《胡適文存》，一集，卷二，頁一二〇、一二七。

⓳〈少年中國之精神〉，《少年中國》，卷一，第一期，一九一九年七月。

⓴《胡適文存》，一集，卷二，頁二八七。

㉑〈清代學者的治學方法〉，《胡適文存》，一集，卷二，頁二一六、二二〇、二四二。

㉒〈存疑主義〉，《努力》，第二十三期，一九二二年十月。

㉓參閱《胡適口述自傳》，頁一〇七—八。

㉔蔡元培，〈《中國古代哲學史大綱》序〉，《中國哲學史大綱》（上海：商務印書館，一九一九），卷上；梁啟超，〈清代學術概論〉，《梁啟超論清學史二種》（上海：復旦大學出版社，一九八五），頁六。

㉕〈治學方法〉中稱其「《紅樓夢》自傳說」是「小膽的假設」，而關於蒲松齡著《醒世姻緣傳》的猜測才是「大膽的假設」（《胡適研究叢錄》，頁二八三、二八七）；在我看來，二者剛好相反。

㉖參閱胡適的〈盧山遊記〉（《新月》，卷一，第三號，一九二八年五月）和〈《水經注》考〉（《胡適研究叢錄》）。胡適屢言「治《水經注》五年」，研究者則認定胡生命最後二十年的學術興趣，重點在考此《水經注》案。參見費海璣，《胡適著作研究論文集》（臺北：商務印書館，一九七〇）。

㉗錄自《胡適之先生年譜長編初稿》，頁二〇二九。另，胡適晚年屢次提及做考證文章「好玩」，可見「玩我的《水經注》」，並非一時戲言。

㉘《戴東原的哲學》（上海：商務印書館，一九二七），頁一二一。

㉙「想像力」；見〈《國學季刊》發刊宣言〉；「四字訣」參閱〈論治學方法——給王重民的一封信〉、〈致陳之藩〉和〈《水經注》考〉。

㉚參閱羅爾綱，《師門辱教記》（桂林：建設書店，一九四四），頁四九—五三。

㉛陳寅恪，《金明館叢稿二編》（上海：上海古籍出版社，一九八〇），頁二四七。

㉜余英時，《論戴震與章學誠》（香港：龍門書店，一九七六），頁一〇二。

㉝如馮友蘭在《三松堂自序》（北京：三聯書店，一九八四）第二二三頁指出：胡適的《中國哲學史大綱》「既有漢學的長處又有漢學的短處」；余英時在《中國近代思想史上的胡適》第七二頁認定，「胡適學術的起點和終點都是中國的考證學」。另外，五〇年代中國大陸的「胡適批判」，其中一個重要項目便是其考據學方法（參

閱三聯書店出版的八輯《胡適思想批判》）。

㉞《胡適口述自傳》，頁二八九—九〇。

㉟胡適，〈《中國新文學大系．建設理論集》導言〉，《中國新文學大系．建設理論集》（上海：良友圖書印刷公司，一九三五），頁二一。

㊱參閱陳獨秀的〈《科學與人生觀》序〉、胡適的〈逼上梁山〉和錢玄同的〈寄陳獨秀〉等。

㊲〈小說叢話〉中飲冰語，《新小說》，第七號，一九〇三年九月。

㊳劉光漢，〈論文雜記〉，《國粹學報》，第一期，一九〇五年二月。

㊴胡適，〈《中國新文學大系．建設理論集》導言〉，《中國新文學大系．建設理論集》，頁一一。

㊵同㊳。

㊶胡適，〈建設的文學革命論〉，《新青年》，卷四，第四號，一九一八年四月。

㊷《胡適留學日記》（即《藏暉室札記》）（上海：商務印書館，一九四七），頁七五九、八四四、八六二。

㊸胡適，〈逼上梁山〉，《中國新文學大系．建設理論集》，頁九。

㊹《胡適留學日記》，頁九四三；此段話錄入〈逼上梁山〉時略有刪改。

㊺參見《中國新文學大系．建設理論集》，頁四三、五七、一二九。

㊻參閱胡頌平編著，《胡適之先生晚年談話錄》（臺北：聯經出版公司，一九八四），頁七七。

㊼胡適，〈《中國新文學大系．建設理論集》導言〉，《中國新文學大系．建設理論集》，頁二〇。

㊽胡適，〈白話文學史．引子〉，《白話文學史》（上海：新月書店，一九二八）。

㊾金岳霖在馮友蘭著《中國哲學史》的〈審查報告〉中批評胡適之《中國哲學史大綱》「牽強附會」，理由是：「哲學要成見，而哲學史不要成見。哲學既離不了成見，若再以一種哲學主張去寫哲學史，等於以一種成見去形容其他的成見，所以寫出來的書無論從別的觀點看起來價值如何，總不會是一本好的哲學史。」這話移用來

批評《白話文學史》照樣合適。對古人思想學說的體味與同情，其實不可能也沒必要完全抹煞研究者的「成見」；只是在批評太多成見以致「牽強附會」這一點上，這種「不要成見」的說法才得以成立。

50《胡適口述自傳》，頁二五八。

51 胡適在《白話文學史》的〈自序〉中稱小說史研究「最大的成績自然是魯迅先生的《中國小說史略》」；日本學者鹽谷溫的《中國小說史略》在一九二一年已有郭希汾譯本問世；關於新小說家的文學觀念，參閱陳平原，《小說史：理論與實踐》（北京：北京大學出版社，一九九三），第十七章。

52 參閱〈小說叢話〉（《新小說》，第七號）中飲冰語，以及陳獨秀，〈文學革命論〉（《新青年》，卷二，第六號，一九一七年二月）。

53 參閱胡適，〈《中古文學概論》序〉和〈《曲海》序〉，見《胡適古典文學研究論集》（上海：上海古籍出版社，一九八八），頁一七一、六四八。

54 參閱胡適寫於一九一七、一九一八年的〈文學改良芻議〉、〈歷史的文學觀念論〉、〈建設的文學革命論〉和〈答朱經農書〉。

55 參閱陳獨秀的〈文學革命論〉和周作人的〈平民文學〉（《每週評論》，第五期，一九一九年）。

56 胡適，〈《中古文學概論》序〉。

57 朱經農致胡適信中稱：「『文學的國語』，對於『文言』、『白話』，應該並採兼收而不偏廢」（《胡適文存》，一集，卷一，頁一一二）；梅光迪指出：「古文白話之遞興，乃文學體裁之增加」，故宋元以降白話昌而古文不廢（〈評提倡新文化者〉，《學衡》，第一期，一九二二年一月）；胡先驌則批評胡適以古文比附拉丁文而以白話比附英、德、法文，乃「以不相類之事，相提並論，以圖眩世欺人，而自圓其說」（〈評《嘗試集》〉，《學衡》，第一期）。

58 參閱胡適〈答錢玄同〉（《新青年》，卷四，第一號，一九一八年一月）、〈五十年來中國之文學〉第十部分，以及《白話文學史》的〈自序〉。

59 參閱胡先驌的〈評胡適〈五十年來中國之文學〉〉（《學衡》，第一八期，一九二三年六月）和素癡（張蔭麟）的〈評胡適《白話文學史》上卷〉（《大公報》，一九二八年十二月三日，〈文學副刊〉，第四十八期）。

60 胡適，〈讀王國維先生的《曲錄》〉，《讀書雜誌》，第七期，一九二三年三月四日。

61 《胡適留學日記》（上海：商務印書館，一九四七），頁八四五。

62 《胡適古典文學研究論集》，頁五五四—五。

63 胡適，《白話文學史》，頁一九、三三、六三、二六二。

64 〈傅孟真先生的思想〉，《胡適演講集》（臺北：遠流出版公司，一九八六），二集，頁五七—八。

65 參閱《中國古代文學史講義》的〈敘語〉，《傅斯年全集》（臺北：聯經出版公司，一九八〇），第一冊。

66 〈門外文讀〉、〈略論梅蘭芳及其他（上）〉，《魯迅全集》（北京：人民文學出版社，一九八一），卷六，頁九五、卷五，頁五七九。

67 參閱鄭振鐸，《中國俗文學史》（上海：商務印書館，一九三八），上冊，頁二—三。

68 參閱《中國文學史討論集》（上海：中華書局，一九五九）中「關於民間文學在文學史上的地位和作用問題」一輯。

69 參閱胡適，〈介紹我自己的思想〉；和顧頡剛，〈《古史辨》第一冊自序〉，《古史辨》，第一冊，頁四〇。

70 胡適，〈古史討論的讀後感〉，《古史辨》（上海：上海古籍出版社，一九八二），第一冊，頁一九二—四。

71 參閱《胡適留學日記》，頁一六七；〈國語文法概論〉（初刊《新青年》時題為〈國語文法的研究法〉），《胡適文存》，一集，卷三，頁三六；〈《國學季刊》發刊宣言〉，《國學季刊》，卷一，第一號，一九二三年一月。

72 〈文學改良芻議〉，《新青年》，卷二，第五號，一九一七年一月。

73 王國維，《宋元戲曲考》的〈序〉，《王國維遺書》（上海：上海古籍出版社，一九八三），卷一五。
74 胡適讀趙翼此詩「大驚喜」，慨嘆「不料他有這種歷史的見解」，參見《胡適的日記》（北京：中華書局，一九八五），頁三九九。
75 參閱〈歷史的文學觀念〉、〈論短篇小說〉和《胡適的日記》第一二四頁。
76 參閱韋勒克著，丁泓等譯，《批評的諸神概念》（成都：四川文藝出版社，一九八八）中〈文學史上進化的概念〉章。
77 胡適，〈文學進化觀念與戲劇改良〉，《新青年》，卷八，第三號，一九二〇年十一月。
78 胡適，〈《國學季刊》發刊宣言〉。
79 《胡適文存》，一集，卷三，頁九〇、一四四—五。
80 〈《西遊記》考證〉，《胡適古典文學研究論集》，頁八九九。
81 〈《章實齋先生年譜》自序〉，《胡適文存》（上海：亞東圖書館，一九二四），二集，頁二七五。
82 〈《三俠五義》序〉，《胡適古典文學研究論集》，頁一一九三。
83 參閱胡適的〈《三俠五義》序〉、〈讀《楚辭》〉和〈與顧頡剛書〉（一九二一年五月三十日）。
84 《白話文學史》，頁一〇五—六。
85 陳鵬翔的〈主題學研究與中國文學〉一文高度評價顧頡剛的〈孟姜女故事研究〉，認為此文「民間故事衍變的關鍵與憑藉以及近年來西方主題學理論所強調的研究價值所在全都觸及了」（《主題學研究論文集》〔臺北：東大圖書公司，一九八三〕，頁一六）。
86 胡適幾次提及用民俗學、社會學方法研究《詩經》的設想，但都淺嘗輒止。參閱《胡適古典文學研究論集》，頁二八七、二九六、三三三。
87 參閱P・懷納編，《觀念史大辭典》（臺北：幼獅文化事業公司，一九八八），卷三，頁二四五；U・韋斯坦因著，劉象愚譯，《比較文學與文學理論》（瀋陽：遼寧人民出版社，一九八七），頁一二六。

88 參閱鍾敬文，〈「五四」前後的歌謠學運動〉，《鍾敬文民間文學論集》（上海：上海文藝出版社，一九八二），上冊，頁三五四—七〇。

89 參閱胡適，《白話文學史》，頁一〇一；和顧頡剛編著，《孟姜女故事研究集》（上海：上海古籍出版社，一九八四），頁七二。

90 〈《三國演義》序〉，《胡適古典文學研究論集》，頁七四一。

91 胡適，〈古史討論的讀後感〉，《古史辨》（上海：上海古籍出版社，一九八二），第一冊，頁一九二。

92 胡適，《戴東原的哲學》（上海：商務印書館，一九二七），頁一六三。

93 同 92，頁一五九。

94 胡適，〈校勘學方法論——序陳垣先生的《元典章校補釋例》〉，《國學季刊》，卷四，第三期，一九二八年三月。

95 參閱《胡適口述自傳》，頁一四〇—四。

96 如〈《三國演義》序〉以李商隱、段成式詩文論證晚唐已有說三國故事的，然後順流而下，理清五百年三國故事的演變；〈《水滸傳》後考〉則排列各種已知或假設的本子，做「《水滸》淵源表」。參閱《胡適古典文學研究論集》，頁七三六、八一四。

97 三〇年代胡適為孫楷第的《日本東京所見中國小說書目提要》作序，將「目錄學的根基」與「小說史學」混為一談，並非不可理解。見《胡適古典文學研究論集》，頁一二七一。

98 此乃五四新文化人的共識，參見鄭振鐸，〈研究中國文學的新途徑〉，《中國文學研究》（上海：商務印書館，一九二七），上冊。

99 借用庫恩（T. S. Kuhn）關於「典範」（paradigm）的改變的理論來為胡適作學術史定位，是余英時的一貫思路，參見〈近代紅學的發展與紅學革命〉、〈《中國哲學史大綱》與史學革命〉、〈《胡適之先生年譜長編初稿》序〉等文。

100 顧頡剛，〈《古史辨》第一冊自序〉，《古史辨》（上海：上海古籍出版社，一九八二），第一冊。

101 參閱潘重規《紅學六十年》（臺北：文史哲出版社，一九七四），頁一。

102 〈《紅樓夢》考證〉，《胡適文存》，一集，卷三，頁二一九。

103 俞平伯，〈《紅樓夢研究》自序〉，《紅樓夢研究》（北京：人民文學出版社，一九七三），頁一。

104 〈《石頭記索隱》第六版自序〉，《蔡元培全集》（北京：中華書局，一九八四），卷三，頁七三。

105 參閱《胡適紅樓夢研究論述全編》（上海：上海古籍出版社，一九八八），頁五〇、五四；俞平伯，《紅樓夢辨》（北京：人民文學出版社，一九七三），頁一一一、一一六。

106 一九二一年胡適在日記中稱《老殘遊記》為「一種自傳」（《胡適的日記》，頁二一四）；一九二五年為《老殘遊記》作序，胡適改口稱此書第一回乃作者的「自敘或自傳」，整部小說則是「作者發表他對於身世，家國，種教的見解的書」（《胡適古典文學研究論集》，頁一二五一、一二五五）。

107 如劉夢溪便認為王國維在紅學史上也是一個樹立典範的學者，其工作甚至比胡適還要優越，參見其《紅學》（北京：文化藝術出版社，一九九〇），頁二五七。

108 參閱《王國維遺書》，卷五，《靜庵文集》（上海：上海古籍出版社，一九八三），頁五八—六一。

109 參閱《中國小說史略》第二十四篇〈清之人情小說〉，《魯迅全集》（北京：人民文學出版社，一九八一），卷九，頁二三五—八。

110 〈《紅樓夢》考證〉，《胡適紅樓夢研究論述全編》，頁一一八。

111 參閱《胡適紅樓夢研究論述全編》，頁八六、一三九。

112 顧頡剛，〈《紅樓夢辨》顧序〉，《紅樓夢辨》，頁一。

113 參閱《胡適古典文學研究論集》，頁七四五—八；《胡適紅樓夢研究論述全編》，頁七五—八四。

114 余英時的〈近代紅學的發展與紅學革命〉稱對自傳派構成挑戰的有索隱派、鬥爭論和文學批評；劉夢溪的《紅學》第二五九頁將鬥爭論作為小說批評的變形，主張三分天下。

115 〈什麼是「國語的文學」、「文學的國語」〉，《胡適講演》(北京：中國廣播電視出版社，一九九二)，頁二七四。

116 〈答李孤帆書〉，《胡適紅樓夢研究論述全編》，頁三五七。

117 參閱《胡適的日記》，頁七五—六。

118 《胡適留學日記》，頁七三七。

119 參閱胡適《白話文學史》，頁四二三—六。

120 〈《紅樓夢》考證〉，《胡適紅樓夢研究論述全編》，頁一〇八。

121 胡適，《白話文學史》，頁四五八。

122 參閱《胡適古典文學研究論集》，頁一一六四、一二三二、一二六〇、一一四五—六。

123 蔡元培，〈追悼曾孟樸先生〉，《宇宙風》，第二期，一九三五年十月。

124 〈紅樓夢評論〉，《王國維遺書》，卷五，《靜庵文集》，頁五八。

125 參閱〈對潘夏先生論《紅樓夢》的一封信〉，《胡適紅樓夢研究論述全編》，頁二二四。

126 《胡適紅樓夢研究論述全編》，頁二二三；《胡適口述自傳》，頁二六三—七〇，也有類似的說法。

127 《胡適留學日記》，頁四一五—八。

128 參閱唐德剛《胡適雜憶》(北京：華文出版社，一九九〇)，頁一三九—四四。另外，可參見易竹賢的《胡適傳》(武漢：湖北人民出版社，一九八七)第九章中「『傳記熱』與《四十自述》節和章清的《胡適評傳》(南昌：百花洲文藝出版社，一九九二)第四章中「傳記文學的身體力行」節。

129 參閱胡適，〈《南通張季直先生傳記》序〉（《胡適文存》〔上海：亞東圖書館，一九三〇〕，三集）和〈《四十自述》自序〉（《四十自述》〔上海：亞東圖書館，一九三三〕）。

130 關於胡適如何口述自傳以及這部口述自傳的特點，參閱唐德剛為此書中文版所作的〈寫在書前的譯後感〉（《胡適口述自傳》）以及《胡適雜憶》頁三〇——一、二四六——六三。

131 參閱胡頌平，《胡適之先生年譜長編初稿》，頁二三七一。

132 胡適有時稱《胡適留學日記》為「自傳原料」，有時逕稱其為「自傳的一部分」，見《胡適之先生年譜長編初稿》，頁二三七一、三一九四。

133 唐德剛，《胡適雜憶》，頁一四〇。

134 參見《胡適留學日記》，頁七四九；和耿雲志，《胡適研究論稿》（成都：四川人民出版社，一九八五），頁三四九。

135 〈馬上日記〉，《魯迅全集》，卷三，頁三〇八；〈怎麼寫〉，《魯迅全集》，卷四，頁二四。

136 《胡適的日記》，頁四一一、二四。

137 參閱胡適，〈《章實齋先生年譜》自序〉和〈傳記文學〉（《胡適講演》，頁一九七——二〇〇）。

138 梁啟超的《中國近三百年來學術史》（上海：中華書局，一九三六）第三三五頁稱讚此書「不惟能擷譜主學術之綱要，並及其時代思潮」，乃「近代學術界一盛飾也」；姚名達為本年譜作增補，並在序言中將此書「體例的革新」概括為：「打破了前人單記行事的體裁；摘錄了譜主最重要的文章；注意譜主與同時人的關係；注明白史料的出處；有批評；有考證；譜主著述年月大概都有了」（《章實齋年譜》〔上海：商務印書館，一九三六〕）。

139 參閱《胡適之先生年譜長編初稿》，頁二〇四〇、二八二八、三三四〇。

140 同139，頁三二二〇、三一六九。

141參閱胡適，《嘗試集》（上海：亞東圖書館，一九二二），頁一九四；〈五十年來中國之文學〉，《胡適古典文學研究論集》，頁一五五。

142參閱《胡適古典文學研究論集》，頁四七；胡適，《中國哲學史大綱》，頁九。

143三文均作於一九一九年下半年，並收入《胡適文存》，一集；〈清代學者的治學方法〉初刊《北京大學月刊》時，題為〈清代漢學家的科學方法〉，更是直接將「漢學」與「科學方法」掛鉤。

144參見〈《新潮》發刊旨趣書〉，《新潮》，卷一，第一號，一九一九年一月；〈《國故》月刊成立紀事〉，《北京大學日刊》，一九一九年一月二十八日。

145引文見梅光迪的〈評提倡新文化者〉和胡先驌的〈中國文學改良論(上)〉，載《中國新文學大系·文學論爭集》（上海：良友圖書印刷公司，一九三五），頁一三二、一〇六。另外，林紓和嚴復的見解可參閱《中國新文學大系·文學論爭集》，頁七八—八一；和《嚴復集》（北京：中華書局，一九八六），第三冊，頁六九九。

146參閱魯迅，〈估《學衡》〉，《魯迅全集》，卷一，頁三七七—九；〈學衡雜誌簡章〉，《學衡》，卷一，第一期，一九二二年一月。

147參閱魯迅，〈所謂「國學」〉，《魯迅全集》，卷一，頁三八八；陳獨秀，〈國學〉，《陳獨秀文章選編》（北京：三聯書店，一九八四），中冊，頁四〇四；成仿吾，〈國學運動的我見〉，《創造週報》，第二十八號，一九二三年十一月；郭沫若，〈整理國故的評價〉，《創造週報》，第三十六號，一九二四年一月。

148《茅盾全集》（北京：人民文學出版社，一九八九），卷一八，頁四四五。

149參見〈文學研究會簡章〉，《小說月報》，卷一二，第一號，一九二一年一月；鄭振鐸為〈整理國故與新文學運動〉專欄寫的〈發端〉，《小說月報》，卷一四，第一號，一九二三年一月。

150參閱鄭振鐸的〈新文學之建設與國故之新研究〉、王伯祥的〈國故的地位〉和顧頡剛的〈我們對於國故應取的態度〉，均見《小說月報》，卷一四，第一號，一九二三年一月。

151 顧頡剛對此有明確的表述，參閱〈《古史辨》第一冊自序〉，《古史辨》，第一冊，頁七八、九四—五；《當代中國史學》（香港：龍門書店，一九六四），頁一二六。另外，鄭振鐸的〈研究中國文學的新途徑〉則基本上覆述經過胡適詮釋的「方法」，見《中國文學研究》（上海：商務印書館，一九二七），上冊。

152 《胡適的日記》，頁四三八。

153 〈《國學季刊》發刊宣言〉，《國學季刊》，卷一，第一號，一九二三年一月。

154 胡適，《戴東原的哲學》，頁一二一—二。

155 同154，頁一九六。

156 表面上有郭沫若嘲笑考證派不懂文學（見上引〈整理國故的評價〉），也有俞平伯辯解考證無礙於文藝的領略（《紅樓夢辨》，頁二一二），似乎鑑賞派占上風，其實大不然。

157 參閱《胡適留學日記》，頁七三七—四一；《胡適的日記》，頁三三七；和《胡適古典文學研究論集》，頁三二六。

158 顧頡剛為《紅樓夢辨》作序，稱：「適之先生常常有新的材料發見；但我和平伯都沒找著歷史上的材料，所以專在《紅樓夢》的本文上用力。」胡適治學之所以特重新材料，與他身處學界中心，不論研究《紅樓夢》還是重審《水經注》案，都能得到許多診貴的版本有關。

159 〈答蘇雪林書〉、〈與高陽書〉，見《胡適紅樓夢研究論述全編》，頁二七九—八〇、二九〇。

160 《胡適之先生年譜長編初稿》，頁一九九七。

161 《胡適之先生年譜長編初稿》，頁二七一一。

162 以哲學研究為例，章太炎批評胡適誤以說經之法治諸子，故多談訓詁而少及義理（〈與章行嚴論墨學第二書〉）；梁啟超稱胡適「凡關於知識論方面，到處發見石破天驚的偉論；凡關於宇宙觀人生觀方面，什有九很淺薄或謬誤」（〈評胡適之《中國哲學史大綱》〉）；熊十力肯定胡適提倡科學方法，但不滿其「僅及於考核之業」，「無可語於窮大極深之業」（〈紀念北京大學五十年並為林宰平祝嘏〉）。

163 顧頡剛，〈《古史辨》第一冊自序〉，《古史辨》，第一冊，頁七八。

164 參閱胡適，《中國哲學史大綱》，頁三〇和〈再版自序〉；《胡適講演》，頁四七。

165 章太炎，《國故論衡》（上海：大共和日報館，一九一二），頁一四九。

166 參閱《民報》第七、九號（一九〇六年九、十一月）所刊〈國學講習會序〉和〈國學振興社廣告〉。

167 胡適，〈整理國故與「打鬼」〉，《現代評論》，卷五，第一一九期，一九二七年三月。

168 參閱茅盾，〈中國文學不發達的原因〉，《茅盾全集》，卷一八，頁九七；鄭振鐸，〈中國文學研究者向哪裏去？〉，《中國文學研究》（北京：作家出版社，一九五七），頁一一六五。

第六章
關於經學、子學方法之爭

在本世紀的中國學界，章太炎的「提倡國學」與胡適之的「整理國故」，都曾引起廣泛的關注。胡氏並不諱言其對「國故」的理解得益於章氏，顧頡剛更直接點明二者的歷史聯繫❶。雖說同治國學，章、胡二君其實大有差異——這種差異某種程度上代表了學術轉型期「承上」、「啓下」兩代學者間的隔閡。這裏的「上」、「下」主要指學術訓練（傳統書院或新式學校），而不包含價值判斷。一九二二年四至六月，章太炎在上海做系列「國學講演」；一九二三年一月，北京大學出版了由胡適撰寫「發刊宣言」的《國學季刊》。可以把這作爲兩代學者交接的象徵：此前談國學者以章太炎爲翹楚，此後則是胡適們的天下。章、胡述學，有同更有異，本文只是藉發生在「交接期」的一場小小的爭論，窺探兩種不同的學術思路。

一、「治學方法上的根本問題」

一九二三年十一月，正熱中於發通電議國事、並已在報上「通啓」暫停專家著述的章太炎，就因爲章士釗的「撩撥」，重談墨學。二章在互相表彰的同時，連帶批評任公、適之治墨學之「武斷」。胡適年少氣盛，出而應戰；梁啓超則「視而不見」，大概明白自己只是「陪綁」。爭論諸文，收入《胡適文存二集》時，被冠以《論墨學》之題。其中太炎先生二書，與《華國月刊》刊出者詞句略有出入，不過無關大局。這場爭論，表面上是因《墨經》「辯爭彼也」一句的訓解不同引起，其實關涉到不同的治學方法以及兩代學者間的隔閡，大有深意在，值得認眞探究。

先是章士釗批評胡適將「辯爭彼也」中之「彼」斷爲誤字乃失之武斷，接著是章太炎給章士釗第一信，稱胡適「所失非獨武斷而已」，最大的毛病是「未知說諸子之法，與說經有異」。敏感的胡適撇開章士釗的具體批評，反而請其代爲詢問太炎先生，「究竟說諸子之法，與說經有什麼不同」？胡適自稱「淺學的人」，可是此問並非沒有答案：「經與子同爲古書，治之之法只有一途，即是用校勘學與訓詁學的方法，以求本子的訂正與古義的考訂。」爲了證明治經與治子方法上確無區別，胡適抬出高郵王氏父子以及章太炎的兩位師長兪樾、孫詒讓作爲例證。

正如胡適所強調的，說諸子與說經是否有異，此乃「治學方法上的根本問題」，章太炎也「不敢輕易放過」。其致章士釗第二書，除了繼續墨學之爭，主要是答覆胡適的提問：

前因論《墨辯》事，言治經與治諸子不同法。昨弟出示適之來書，謂校勘訓詁，爲說經說諸子通則，並舉王、兪兩先生爲例。按校勘訓詁，以治經治諸子，特最初門徑然也。經多陳事實，諸子多明義理(此就大略言之，經中《周易》亦明義理，諸子中管、荀子亦陳事實，然諸子專言事實，不及義理者絕少)。治此二部書者，自校勘訓詁而後，即不得不各有所主。此其術有不得同者。故賈、馬不能理諸子，而郭象、張湛不能治經。若王、兪兩先生，則暫爲初步而已耳。❷

適之雖同意太炎之譏「但做校勘訓詁的工夫而不求義理學說的貫通」者爲「暫爲初步而已耳」，可認定「今之談墨學者，大抵皆菲薄初步而不爲」，故還是必須大談「暫爲初步」的校勘訓詁。

由畢業於哥倫比亞大學哲學系的胡適之來提倡校勘訓詁，而由出身杭州詁經精舍的章太炎來批評清學，這本身就有點發人深思。針對章太炎的批評，胡適的辯解也頗有力：講義理不能不「根據於校勘訓詁」，而「欲求訓詁之愜意，必先有一點義理上的了解」❸。認眞追究起來，「義理」與「訓詁」之辨，很容易陷入詮釋的循環；再摻雜一點個人意氣，就變成了「古已有之」的漢宋之爭。在《葑漢微言》中，章太炎稱學者治學當「各從其志」，只要如「四民各勤其業」，「漢宋爭執，焉用調人」❹。「平視漢宋」之類的說法固然通達，但實行不易；就因爲落實到具體的歷史情境，每個發言者都有其特定的「憂慮」。主張「疏通知遠好爲玄談」抑或「文理密察實事求是」，除了學者個人的天性與志向外，更是一種針砭時弊的「對策」。有趣的是，晚年重提這場爭論，章太炎竟忘了自己當初的立場：

> 曩胡適之與家行嚴爭解《墨經》，未有所決。余嘗曉之曰：昔人治諸子多在治經後，蓋訓詁事實，待之證明，不欲以空言臆決也。今人於文字音義多未昭晰，獨喜治諸子爲名高，宜其多不安穩矣。❺

可見治諸子之學，訓詁、義理同樣不可偏廢。這道理實在太平常了，難怪後人不大在意章氏之區分治經與治子。但在我看來，章太炎此說，既體現他本人的學術追求，也包含他對整個中國學術史的思考，以及對五四以後學術走向的批評，不能等閒視之。

二、《莊子》的挑戰

其實，章氏所爭不在義理與訓詁孰先孰後孰重孰輕，而在治經治子經過校勘訓詁這一「最初門徑」後必須「各有所主」。在章太炎看來，說經之學，其用在考跡異同，發明歷史眞相，乃「客觀之學」，講究實事求是，「以比類知原求進步」；諸子之學，其要在尋求義理，陳說人生奧秘，乃「主觀之學」，講究自堅其說，且「以直觀自得求進步」[6]。章氏之不滿王、俞諸先賢，就因爲其以治經的方法來治子，只把先秦諸子作爲史學而不是哲學來研究；這正像近人之爭《墨辯》局限於辭義辯正，而不及於哲理探求。強調經學與子學不只在目錄學上、而且在學術史上有很大區別，進而突出治經與治子兩種不同的學術路向，這是章太炎的一貫思路。前一年章氏應江蘇省教育會邀請在滬講授國學，強調治哲學須「直觀自得」，不該如清人講學之「但從文字上求之」[7]，本就有對新派學人旁敲側擊的意味；這回正好藉談墨學正面表達他對胡適之亂捧清學的不滿。

自留學美國時藉嫁接中國的考據學、西洋的版本學(textual criticism)與杜威的思維術來領悟治學方法[8]，胡適就對清學頗多好感。受聘北大得益於一篇考據文章，《中國哲學史大綱》出版後更因「能兼治漢學」受揄揚[9]，胡適似乎對自己的考據功力過於自信，竟接二連三著文談清學。以一九一九年爲例，先是在《中國哲學史大綱》的〈導言〉中將清代學術比諸歐洲的文藝復興，繼而又在〈論國故學〉中表彰清儒的考據「暗合科學的方法」、在〈清代學者的治學方法〉中強調漢學家「有假設的能力，又能處處求證據來證實假設的是非」，故其研究有「科學的價值」。一時間「拿證據來」的口號滿天飛，「科學方法」一轉而爲「考據學」，再轉而爲「清儒家法」。面對這些似是而非的議論，被梁啓超許爲能替清學「大張其軍」的餘杭章炳麟[10]，竟沒有公開反駁。其中一個重要原因是，胡適提倡清儒家法，唯一表彰的當世學人便是此章君。太炎先生自然不會過拂人情，接續《中國哲學史大綱》後復言，雖有相當嚴厲的批評，但未循例公開發表。倘若不是現藏北京中國社科院的「胡適存件」逐漸公開，讀者不會想像胡適五〇年代之懺悔其〈莊子時代的生物進化論〉一章乃「年輕人的謬妄議論」，正是接受四十年前章太炎的批評⓫。

胡適之治中國哲學史，受章太炎影響甚大。《中國哲學史大綱》初版後兩個月即重印，胡適興奮之餘，對有功於此書的諸位師友表示感謝：

> 我做這部書，對於過去的學者我最感謝的是：王懷祖、王伯申、俞蔭甫、孫仲容四個人。對於近人，我最感謝章太炎先生。北京大學的同事裏面，錢玄同、朱逖先兩位先生對於這書都曾給我許多幫助。⓬

二王給予胡適的幫助主要是校勘與訓詁；餘下的四人全與章太炎關係密切，要不師長，要不學生。錢、朱不治子學；俞、孫雖以子學名家，仍以校勘訓詁爲主。既然認定清儒「多不肯做貫通的工夫」，「到章太炎方才於校勘訓詁的諸子學之外，別出一種有條理系統的諸子學」⓭，這就難怪《中國哲學史大綱》中徵引國人著述，涉及哲理者僅太炎一家。

這種徵引甚少，既體現了胡適當年確實讀書不多，也大致反映了其時諸子學研究的現狀。晚清諸子學興起，乃中國學術史上的一大轉機，這點越來越爲研究者所重視⓮。梁啓超稱清儒之研究諸子學，先是惟古是尚，藉諸子以校經，而後「校其文必尋其義，尋其義則新理解出矣」⓯，此說大致可信。但也不排除學者從挑戰主流意識形態的角度選擇諸子作爲研究對象，汪中便是一個很好的例證。梁啓超說墨學既廢二千年，清中葉後隨考證學而復興，「汪容甫最初治此學」；侯外廬則稱清初墨學便已逐漸引起學者的關注，「顧亭林傅青主都有崇章墨學之嫌，而顏習齋則六經其表而墨學其裏者」⑯。前者描述學術發展，後者著眼思想潛流，可互爲補充。起碼從汪中起，治荀治墨便不僅僅是作爲校經的輔助工具，《荀卿子通論》和《墨子序》不正因爲如此而被梁、侯視爲二千年來「思想蛻變之樞機」？即便純粹的考據著作，也蘊涵著價值評判。俞樾之所以「治經之暇旁及諸子」，固然有「西漢經師之諸論已可寶貴，況諸子又在其前歟」的考慮，但也因「周秦兩漢諸子之書亦各有所得」⑰。意識到諸子義理上的價值，不等於就能把這種價值發掘出來。清儒治學普遍重實證輕玄談，即便平視經書與子書，將諸子作爲「專門學」來研究，也不見得在義理上能鉤玄發微。清儒復興諸子，用力最多成績最大的當數荀子和墨子，至於老莊則「既非所嗜，益非所長」。胡適和梁啓超都強調章太炎的《齊物論釋》之所以「石破天驚」，與其精於佛學和「純粹哲學」，故長於思辨有關⑱。

章太炎治諸子，最爲世人稱道的當屬墨學和莊學。前者任公、適之均讚嘆不已，後者梁氏以爲未必符合《莊子》原意，胡氏則虛晃一槍，而後閉口不提⑲。《中國哲學史大綱》中論莊子的第九篇最爲薄弱，這與胡適的哲學訓練無法對付這種「東方神秘主義」有關，也與其過分追求「明白清晰」的學術思路有關。這一章事先曾以〈莊子哲學淺釋〉爲題刊於《東方雜誌》，另加小序更顯出胡適讀莊子確無多少心得：

> 從來的人，只因把莊子的哲學看得太神秘玄妙了，所以不能懂得莊子。依我個人看來，莊子的學說其實並沒有什麼十分玄妙神秘之處。所以我這篇述莊子的文字便叫做「淺釋」，不但要用淺近的文字去講莊子的哲學，並且要使人知道莊子的哲學只是粗淺的尋常道理。⑳

如此說莊子，絕非章太炎所能苟同。一九〇八年章太炎在東京民報社爲許壽裳、朱希祖、錢玄同及周氏兄弟等講學，除了《說文》、《爾雅》，還講《莊子》和《楚辭》[21]。講《莊子》部分整理爲《莊子解詁》，第二年連載於《國粹學報》上，文首的題記云：

> 若夫九流繁會，各於其黨，命世哲人，莫若莊氏。《逍遙》任萬物之各適，《齊物》得彼是之環樞，以視孔、墨，猶塵垢也。又況九淵、守仁之流，牽一理以宰萬類者哉。[22]

於諸子百家中獨推莊子，這種想法章氏後來有所修正，如《菿漢微言》中便以「文孔老莊」同爲「域中四聖」，且等乎「大乘菩薩」。不過佛家「出世之法多而詳於內典」，孔、老「世間之法多而詳於外王」，兼是二者唯有莊周[23]。而對《齊物論》這一「內外之鴻寶」，章太炎終生喜愛，且下了很大工夫。其《齊物論釋》自詡「一字千金」，「千六百年未有等匹」[24]，豈是胡適所能望其項背？故章太炎覆信批評《中國哲學史大綱》，便專在莊子上做文章。

三、清儒之得失

學者治學，各有宗旨，胡適抓住諸子的「名學方法」展開論述，不免有所捨棄。梁啓超稱《中國哲學史大綱》「凡關於知識論方面，到處發現石破天驚的偉論；凡關於宇宙觀人生觀方面，什有九很淺薄或謬誤」[25]，這批評不算過於苛刻。可惜胡適對此缺乏必要的自省，過分陶醉在蔡元培序言所表彰的「漢學家法」中，此後教人治學，由「大膽假設」逐漸走向「小心求證」[26]。章太炎之批評胡適以治經方法治子，顯然不局限於《墨辯》的一字之爭，而是對其整個研究思路的概括。

胡適舉出王氏父子及俞樾、孫詒讓之治經治子無別爲自己辯護，恰好證明他對清儒治學方法的局限性不大清醒。當初講諸子學在清代的發展，主要是「附庸蔚爲大國」，以及體例之「支離碎瑣」變爲「融會貫串」，很少及於內在思路。到了服膺清儒治學的嚴謹，到處宣講錢大昕考古音、王念孫說虛字，就更加無暇細辨清學之得失。

章太炎作爲清學殿軍俞樾、孫詒讓的高徒，對清儒治學的得失有遠比胡適切身的體會。所謂「經師六法」，便非未深入堂奧者所能道出：

> 審名實，一也；重左證，二也；戒妄牽，三也；守凡例，四也；斷情感，五也；汰華辭，六也。六者不具，而能成經師者，天下無有。[27]

緊接著的品評當世經師，以「研精故訓而不支，博考事實而不亂，文理密察，發前修所未見，每下一義，泰山不移」的俞、孫二師爲第一等。胡適大概以爲舉出章氏如此推崇的俞、孫二位，將使對方無法反駁；沒想到連俞、孫也被斥爲「暫爲初步而已耳」。並非爲了論戰故意「危言聳聽」，這裏牽涉到章太炎的學術理想以及對清學的整體評價。在評騭俞、孫諸經師的同時，章氏還著文介紹顏元、戴震等大儒[28]。也就是說，在章太炎心目中，即便是俞、孫等一流經師，也非治學至境。

區分九流之儒與經師之儒，乃章氏理解中國學術史的特殊視角。章太炎對經師與儒者的分疏與抑揚，隨著時勢的推移頗多變遷。這裏只能略述其對清學以及戴震的評價，因這一話題與胡適的治學關係密切。

章太炎文章中牽涉清代學者甚多，其間不少根於道德判斷，與其提倡「民族大義」相呼應，褒貶時難免有所偏頗（如對黃宗羲的前尊後抑，對龔自珍、魏源的全盤否定）。不過在整體判斷上，章氏的立場大致一貫。最能代表章太炎對清學的看法的，當屬前期的〈清儒〉和後期的〈漢學論〉。前者的譏今文經學和後者的罵疑古史學，頗有借題發揮的意味，但又都與其學術立場相通，無礙其基本立論。初見於一九〇四年《訄書》重印本的〈清儒〉，有一段綜述清代文化的斷語，爲後世不少學人所引申發揮：

> 清世理學之言，竭而無餘華；多忌，故歌詩文史楛；愚民，故經世先王之志衰（三者皆有作者，然其弗逮宋明遠甚）。家有智慧，大湊於説經，亦以紓死，而其術近工眇踔善矣。

具體到清儒治學，除今文經學外，大致的特點是「不以經術明治亂，故短於風議；不以陰陽斷人事，故長於求是」。就經師述學而言，清儒成績卓著，如日中天。去世前一年發表〈漢學論〉，章氏仍持此說：

> 清時之言漢學，明故訓，甄度制，使三禮辨秩，羣經文曲得大通，爲功固不細。

但這些讚美之辭，都是在排除經世與言理的可能性之後做出的。章氏理解清代讀書人處境的艱難，絕不同意魏源對戴震等人「爭治漢學」的攻擊[29]。但這不等於章太炎對清儒治學的路徑與方法完全認同。

東京講學時，章太炎把〈清儒〉一文中沒有正面表達的「潛臺詞」，明白無誤地披露出來：「到底清朝的學說，也算十分發達了。只爲沒有講得哲理，所以還算一方偏勝。」[30]隨著對魏普玄學領悟的日益深入，章氏一改晉人治經「附會鑿空」的舊說[31]，在〈漢學論〉中強調：

文有古今，而學無漢晉，清世經說所以未大就者，以牽於漢學之名，蔑魏晉使不得齒列。[32]

章氏之推崇魏晉經學，其中包含門戶之見。如稱其拋棄今文經學的穿鑿附會，故「無所牽也」；「漸知尊信古文」，故「雖精到不及漢儒，論其大體，實後勝於前」[33]。但有一點很重要，章太炎注意到魏晉學者不再獨尊儒術，而是廣採衆說，自立新義，旁理諸子，探研佛典，多「覃思自得」；故「眞以哲學著見者，當自魏氏始」[34]。此等好老莊善清談、甚至「往往與佛經相參」的玄言之士，雖不適合於治經，卻長於治子，如郭象的《莊子注》和張湛的《列子注》，都能發揮哲理。

清人不懂魏晉玄學的價值，一味追隨賈逵、馬融，殊不知賈、馬能說經「不能理諸子」，更不能言「玄理」。清儒也有讀佛典說諸子的，但不及玄理，終難大成。章太炎自稱中歲以後宗師法相，兼事魏晉玄文，方才明白清學的這一致命弱點：

嘗意百年以往，諸公多謂經史而外，非有學問。其於諸子佛典，獨有採其雅馴，摭其逸事，於名理則深甚焉。平時瀏覽，寧窺短書雜事，不窺魏晉玄言也。其文如是，亦應於學術耳。[35]

若是經師治學，只講音韻訓詁名物制度，如此讀書倒也無大礙；可是一旦由「多陳事實」的「經」

轉爲「多明義理」的「子」，淸儒之「不尙空談」便成爲明顯的缺陷。一九〇九年章太炎致信《國粹學報》，解釋其東京講學爲何選擇音韻與諸子：

蓋學問以語言爲本質，故音韻訓詁其管籥也；以眞理爲歸宿，故周秦諸子其堂奧也。㊱

章氏意識到以「求眞理」而不是「釋名物」的態度來治諸子，「非漢學專門之業」，與當世學人大異，不免有知音難遇的感嘆：「使魏晉諸賢尙在，可與對談。」

胡適其實也注意到章太炎治諸子學的革命意義，不過囿於學術興趣，多從「貫通」與「系統」著眼，而不大涉及章氏最有心得的「玄言」與「哲理」。對章太炎超越淸儒窠臼、不再「以治經的方法治子」的學術思路，胡適不大了然；但對與此相關的表彰戴震，胡適則心悅誠服，且「蕭規曹隨」。

四、章、胡之戴震論

正如錢穆和侯外廬所指出的，「近儒首尊東原者自太炎」，其《檢論》、《釋戴》等「啓發了近人研究東原的學術」㊲。論及戴學在本世紀的走紅，除章氏的開啓之功，便是胡適的闡揚之力。一九二三年，胡適、梁啓超及錢玄同、朱希祖等章門弟子發起戴震誕生二百周年紀念會，不無藉此爲「整理國故」思潮張目的意味。此前論及淸學，似乎羣星燦爛；此後「東原眞成獨霸了」——這一切都與胡適不遺餘力的闡揚有關㊳。以致後人探討戴學的復興，總是把章太炎與胡適之作爲關鍵來把握。

三〇年代錢穆著《中國近三百年學術史》，其中論戴東原一章只提章太炎而不提胡適之，但其中許多論斷明顯針對胡適的《戴東原的哲學》。四〇年代侯外廬著《近代中國思想學說史》，評論這場沒有正面展開的論戰，稱胡適承五四時代打倒孔家店餘緒，刻意高揚戴震的「反理學」，甚至將其推爲「清代哲學的大本營的元帥」，乃拔高了戴震思想；「錢氏與胡氏相反，把東原哲學的歷史地位輕輕抹煞」，除了過分注重承傳而相對忽略創新外，更因其「衞道的主觀態度」。按照侯氏的定位，東原哲學並非如胡適所說的「哲學的中興」，「而僅僅是在有限範圍內清初哲學的繼承」[39]。七〇年代錢穆的學生余英時重新肯定戴震及其代表的學術思潮，兼採章、胡、錢諸家之說，態度比較超然，因其不再糾纏理學優劣，而是從「儒家智識主義的興起」角度來強調「十八世紀的考證學在思想史上的意義」[40]。八〇年代日本的高田淳又以侯氏爲媒介，重提章、胡、錢之爭，不過其重點是分四個階段評介章太炎的「戴震論」[41]。

我的工作重點是研究章太炎的「戴震論」在多大程度上影響胡適的學術思路，而不只限於撰寫《戴東原的哲學》一書。從一九〇〇年的《學隱》，到去世前一年的《諸子略說》，章太炎著作中論及戴震的地方很多，大致可分爲政治態度、哲學思想、治學方法三個層面。胡適稱人多知戴東原爲清代經學大師，不知他是「朱子以後第一個大思想家大哲學家」[42]；其實，在一九二三年開始研究戴東原哲學以前，胡適基本也是將其作爲經學大師看待。《中國哲學史大綱》的〈導言〉部分提及「戴震以下的漢學家」注古書時有法度、用佐證、少猜測；〈清代學者的治學方法〉引戴震論《尚書・堯典》「光被四表」的「光」字，作爲胡適提倡的治學方法的最佳例證。一九二三年初發表的〈國學季刊發刊宣言〉，批評清代「只有經師，而無思想家；只有校史者，而無史家；只有校注，而無著作」時，將戴震、章學誠和崔述列爲例外，已經意識到東原哲學的價值。

這與此前作《章實齋年譜》、此後與章門弟子組織戴震紀念會不無關係。最早強調東原絕詣不在名物制度的考訂，而在論性原善之義理者，前有章學誠，後有章太炎。很難說治經、治子之爭給予胡適多大刺激，但緊接著撰寫的《戴東原的哲學》明顯受太炎先生啓發。

太炎先生論戴震，影響最大的是分別見於〈悲先戴〉和〈釋戴〉中的兩段話：

> 戴君生雍正亂世，親見賊渠之遇士民，不循法律，而以洛、閩之言相稽。哀矜庶戮之不辜，方告無辜於上，其言絕痛。
>
> 震自幼爲賈販，轉運千里，復具知民生隱曲，而上無一言之惠，故發憤著《原善》、《孟子字義疏證》，專務平恕，爲臣民愬上天。明死於法可救，死於理即不可救。

此前，在東京留學生歡迎會上，章太炎也曾引述戴震，稱雍正酷虐是理學助成的，並由此證明滿洲之可恨[43]。正因爲如此，錢穆將章氏此類論述，解釋爲「皆一時權言耳」[44]。著〈學隱〉、〈悲先戴〉和〈釋戴〉時，章太炎或許不無借題發揮的意圖；但完成於一九一四年的《菿漢微言》仍持此說，可見非「一時權言」。更具說服力的是，去世前一年作〈諸子略說〉，章氏仍一如既往地強調，批判宋儒「以理殺人」，乃東原論學主旨[45]。五四時代的打孔家店、反理學家，本就與章太炎頗多關聯；章氏關於戴震述學動機的發掘，很合胡適的口味，幾被全部接受，只是補充了一點〈大義覺迷錄〉的材料[46]。

《戴東原的哲學》論及宋明理學時，稱其在歷史上的作用有好有壞。侯外廬認爲此說根本不通，還須「請教於適之所師的章太炎」，無論是戴還是章，都不曾說過「好的宋儒理學」[47]。外廬先生大概沒有注意到，從〈釋戴〉起，章氏對理學的態度有所轉變。一方面肯定東原「自下摩上，欲上帝守節而民無瘴」的抗議精神，另一方面又認爲欲不可絕、理欲不相外之類的說法，會導致否定廉節而鼓勵奢淫。因此，理學也有其合理性：「洛、閩所言，本以飭身，不以隸政，震所呵又非也。」胡適將理學的合理性從「飭身」擴展到「理性」、「平等」以及「爭自由」，是否一廂情願是一回事，但不能說與章太炎絕然相反。與此相聯繫的是，章氏的日漸調和戴震與朱熹，也對胡適頗有影響。《菿漢微言》中有這麼一段話：

是故東原之術，似不與朱氏相入；而觀其會通，則爲朱學之干蠱者，厝惟東原。[48]

胡適的說法與此極爲相近：戴震雖反理學，但與程朱同屬致知窮理的學派，故「戴學實在是程朱的嫡派，又是程朱的諍友」[49]。

或許更應該注意的，是章氏表彰戴東原對胡適學術思路的影響，因其與上述治經、治子方法的爭論不無關係。戴震的「求學深邃」以及著作的「規摹閎偉」[50]，不待章氏表彰也都舉世皆知；太炎先生「戴震論」的最大特色，在於強調《原善》、《孟子字義疏證》的哲理性，以及其「推本於晚周大師」的述學風格。章氏指出，「法不去欲」很難說是「孟子意」，實取自老莊與荀子，只不過其時「學者以老、莊、商、韓爲忌」，故戴震只好「以孟子爲冢子」。如此以孟子爲「寓言」，章氏不譏其「鑿空」，而譏其對老莊領會不深，就因爲此乃「治子」而非「治經」[51]。章太炎歷來將孟子視爲先秦諸子之一，《清儒》中論及「十三經」，稱「《孟子》故儒家，宜出」；《經的大意》更明言「《孟子》分明是子書」[52]。戴震當初作《孟子字義疏證》，自以爲是治經；

但在章太炎看來，那是治子。既然是治子，著重在發明義理，是否「鑿空」也就不必深究了。故章氏評價此作，前後有別，但都是在義理而不是考據上做文章。

雖然對「哲學」一詞略有保留，二〇年代以後章太炎還是徇俗，或稱「古代關於哲學之書，以子類爲最多」；或乾脆斷言「我國的諸子學，就是現在的西洋所謂哲學」。因此，治子且主「不遏抑人欲」的戴東原，就被作爲哲學家來論述了[53]。章氏這轟動一時的系列講演，就發生在章、胡之爭前一年；想來胡適不曾留心，否則對其區分治經與治子不該感到如此詫異。雖然在覆信中胡適仍強調「訓詁明然後義理可定」，似乎沒接受章太炎的意見[54]；可是在隨後關於戴東原的論述中，胡適對清學的評價明顯改觀。首先是強調戴震在清儒中的特異之處是：「他不甘心僅僅做個考據家；他要做個哲學家。」戴氏的學術理想之所以能夠實現，就因爲他既反明人的「空談心性」，也反清人的「襞績補苴」；既有「格物窮理的方法」，又有「哲學化的能力」。其次，胡適感嘆戴震門下有傳經學的，有傳音韻學的，有傳古制度學的，唯獨哲學方面沒有傳人。可見清儒仍然習慣於「埋頭做那『襞績補苴』的細碎工夫，不能繼續做那哲學中興的大事業」。最後的「明志」尤其有意思，胡適大談戴東原竟是爲了反對近年國中學者傾向陸王的趨勢，而提倡一種「科學的致知窮理的中國哲學」。這裏無意討論《戴東原的哲學》學理上的得失，只是想指出，這篇「中間屢作屢綴，改削無數次，凡歷二十個月方才脫稿」的長文，不只在「戴震論」上受章太炎影響，而且在「治學方法」以及「學術功能」的理解上，也受章太炎影響。如區分經學與哲學：「經學家只要尋出古經典的原來意義；哲學家卻不應該限於這種歷史的考據，應該獨立地發揮自己的見解，建立自己的系統」；又如批評清人不能理解戴震之以考據談義理：「若考訂之學不能修正義理的舊說，那又何必要考證呢？」[55]但是，這種影響只是使得胡適對清學的得失有較爲深刻的理解。並在一段時間內警惕過於「漢學化」的傾向，而不可能改變其基本的學術思路。因後者與個人的生活經歷和文化理想密切相關，也與晚清到五四學術範式的轉換不無聯繫。

五、對於「漢學」的推崇與超越

章太炎乃晚清古文經學大家，其文字音韻之學、其以佛學解老莊，都非清學所能限，故梁啓超稱：「應用正統派之研究法，而擴大其內容、延闢其新徑，實炳麟一大成功也。」梁氏述清學，連帶提及「績溪諸胡之後」的胡適之，稱其「亦用清儒方法治學，有正統派遺風」[56]。一是「非清學所能限」，一是「有正統派遺風」，二者凸顯了章、胡學術背景的差異。從清學衝殺出來的章太炎，與有意承繼清學的胡適之，在評價清學時出現較大分歧，這一點也不奇怪，因各有各的「期待視野」。雖說都對小學、史學、哲學感興趣，不曾眞正治過經的胡適之，談論以治經爲主體的清學，難免有點隔閡。好在所謂「治經治子之爭」，其實與經學關係不大，主要是討論能否滿足於像俞樾那樣「用《羣經平議》之例，爲《諸子評議》」。

就在與胡適爭辯經學、子學方法之前一年，章太炎曾著文批評時人之「好言諸子」乃「務苟簡而好高名」，並稱治諸子比治經、治史還難：

其訓詁恢奇，非深通小學者莫能理也；其言爲救時而發，非深明史事者莫能喻也；而又淵源所漸，或相出入，非合六藝諸史以證之，始終不能明其流別。近代王懷祖、戴子高、孫仲容諸公，皆勤求古訓，卓然成就，而後敢治諸子。然猶通其文義，識其流變，才及泰半而止耳。其艱澀難曉之處，尚闕難以待後之人也。若夫內指心性，旁明物曲，外推成敗利鈍之故者，此又可以易言之耶？[57]

諸子學之所以難治，除了文義艱澀、流變不清，更因懂哲理者知其內不知其外，明興廢者識其外不識其內。章氏之強調諸子難治，在針砭時弊的同時，不無自我揄揚的意味。答胡適問時稱王、俞以治經方法治諸子，「特最初門徑然也」，並非一時衝動信口開河。出身杭州詁經精舍、受過嚴格的樸學訓練的章太炎，當然明白「通其文義，識其流變」的重要性，只是覺得此等入門工夫不必細說。針對時人之「好言諸子」，章氏突出「通其文義」；針對胡適之限於訓詁，章氏又強調「內指心性」。「以樸學立根基，以玄學致廣大」的章太炎[58]，兼有治諸子學必不可少的兩大基本功；即便如此，也仍感嘆「精理諸子，信其不易」[59]。對於「少時治經謹守樸學」的章太炎來說，治子之「不易」，主要在「玄言」而不在「名物」。在《菿漢微言》和《自述學術次第》中，章氏將其從經史政術走向佛學老莊作爲自家學術變遷的關鍵，且著力渲染領悟「華梵聖哲之義諦，東西學人之所說」時的喜悅[60]。這種對於「清談玄理」的執意追求，其實包含著太炎先生的自我反省。一九〇〇年，正值學術轉折關頭的章太炎，稱學者有二病，病實者宜瀉，病虛者當補：

鄙人夙治漢學，頗亦病實。數年來，以清談玄理滌蕩靈府，今實邪幸已瀉盡。[61]

正因爲對漢學家之「病實」有深切的感受，章太炎才敏感地意識到其時已名滿天下的胡適之及其《中國哲學史大綱》學術上的缺陷。

胡適的情況恰好相反，若借用章氏的說法，大概屬於「病虛者當補」。雖說考留美官費生得益於一篇考證文章，其實胡適從小接受的主要是新式教育，漢學並無根柢[62]。其留學日記中談漢學之處甚至比談哲學還多，就因為後者是主修，且正在做博士論文；前者乃自學，只能記下零星感受。胡適讀書興趣固然很廣，但「專治哲學，中西兼治，此吾所擇業也」[63]。作為留學生，胡適之治漢學，只能說是「補課」。即便如此，也都甚為難得——尤其是在那「尊西人若帝天，視西籍如神聖」的年代裏。故蔡元培為《中國哲學史大綱》作序，首先表彰的便是其「能兼治『漢學』」；至於「哲學」，乃胡君所專修，似乎更不在話下。胡適大概也有這種想法，《中國哲學史大綱》第一篇〈導言〉論哲學史寫作包括「明變」、「求因」、「評判」三部分，但重點落在史料的搜集與審定，至於自家的哲學立場反倒沒有認真界說[64]。相對於樸學家出身的章太炎，胡適之的哲學訓練應該說更系統也更完備。從早年「以哲學為中堅，而以政治、宗教、文學、科學輔焉」的讀書計畫，到晚年喜歡說的哲學是我的「職業」，歷史是我的「訓練」，文學是我的「娛樂」[65]，胡適始終以治哲學為第一選擇。但世人談論胡適的哲學史著，偏偏在考據而不在思辨上做文章。蔡元培指出《中國哲學史大綱》四大優點，第一點便是「證明的方法」，即考實年代、辨別眞僞的漢學功力；馮友蘭則稱胡適此書「既有漢學的長處又有漢學的短處」，「對於資料的眞僞，文字的考證，占了很大的篇幅，而對於哲學家們的哲學思想，則講得不夠透，不夠細」[66]。胡、馮二位歷來哲學思想和研究方法大異，且馮氏此說出於幾十年後；但排除意氣之爭，此說仍有合理處。講哲學而偏重實證，且以「漢學」見稱於世，與其歸因於胡適服膺的實驗主義哲學，不如追溯其藉赫胥黎的懷疑說、杜威的思維術糅合中西考據學思路而形成的「科學方法」。

《中國哲學史大綱》當年之所以有「石破天驚」的震撼力，除了「截斷衆流，從老子孔子講起」，讓「充滿著三皇五帝的腦筋」大受打擊外，更因其「排比時代比較論旨」等「系統的研究」，使得中國哲學顯出「遞次演進的脈絡」來[67]。正如蔡元培所說的，「中國古代學術從沒有編成系統的記載」，近人之治哲學史不能不依傍西洋人的著述形式。儘管世紀初就有梁啓超的《中國史敍論》和章太炎的《中國通史略例》——後者的《訄書》、《國故論衡》和《齊物論釋》等更不乏精采的哲學史論，但現代意義上的「哲學史」，卻只能從胡適的大著說起。胡適批評前人著述「流於支離碎瑣」，自稱「我做這部哲學史的最大奢望，在於把各家的哲學融會貫通，要使它們各成有頭緒條理的學說」[68]。五四以後的學術著述，注重「脈絡」與「系統」，鄙視傳統詩文評和札記、注疏的「不成體系」，甚至有譏爲「簡直沒有上過研究的正軌過」的[69]。這就難怪胡適提倡整理國故，特別注重「條理系統的整理」。古人很少「歷史進化的眼光」，其學術思想及著述「沒有條理，沒有頭緒，沒有系統」，故必須「從亂七八糟裏面尋出一個條理脈絡來，從無頭無腦裏面尋出一個前因後果來」。這種研究，以「構造」包括哲學史在內的「歷史的系統」爲歸宿[70]。也就是說，胡適所提倡的「現代學術」，不只涉及治學方法，還包括著述體例。在〈五十年來中國之文學〉中，胡適稱兩千年中國學術史上，只有《文心雕龍》、《史通》、《文史通義》、《國故論衡》等寥寥七、八部體例嚴謹、「內容與形式兩方面都能『成一家言』」的「著作」[71]。對傳統學人著書立說時之不講體例，缺乏論證，只是「結集」、「語錄」、「稿本」深表不滿，胡適希望其《中國哲學史大綱》、《白話文學史》等「新式史學」能爲中國學界開一新天地。這種「新式史學」，除了胡適歷來強調的文字淺顯明白、思路條理清晰外，還包括著作分章分節、引文注明出處、使用標點符號、開列參考書目、「去據而用證」等西方學術論文的寫作方式[72]。從蔡元培和張蔭麟對這兩部開山之作的批評中，可以看出胡適的「嘗試」效果甚佳；至於陳寅恪的批評治哲學史者過求「條理統系」而遠離「古人學說之眞相」，因牽涉到別的問題，留待下面再說⑬。

不知章太炎對胡適之的褒揚有何感想，這種著述體例「西化」或曰「科學化」的傾向，其實正是章氏所大不以爲然的。一九〇二年致書梁啓超談修「中國通史」事，章太炎批評日本人摹仿西方著作體例撰寫的支那史「無關閎旨」，「要之彼國爲此，略備教材，因不容以著述言也」⑭。日本講學時代，章氏更針對時人對中國史學「不合科學」的批評，反譏其開卷便是「歷史的統系，歷史的性質，歷史的範圍」乃「油腔滑調」。在章氏看來，中西歷史發展不同，著述體例自然也大有差異。西洋有「哲學史」，中國有「學案」；西洋有「文學史」，中國有「文士傳」，很難說孰高孰低。只不過現在爲了便於初學，必須編刪繁就簡、條理清晰的教科書；但不能說這就是理想的著述。本來「教科的書」就不同於「著作的書」，只求「簡約」不求「繁雜」，故容易顯得「科學」：

若說合科學的歷史，只在簡約，那麼合了科學，倒不得不「削趾適履」，卻不如不合科學的好。⑮

章氏對新式教育頗多非議，以爲遠不及「搜徒索偶，以立學會」，故其平生於顚沛憂患之中，三次倡辦國學講習會，但就是不願進大學教書。除了「幼慕獨行」，無法「屈意去做提學使的屬員」，以及不滿學校成爲「利祿之途」外⑯，更重要的是鄙視學校的教學宗旨：

制之惡者，期人速悟，而不尋其根柢，專重耳學，遺棄眼學，卒令學者所知，不能出於講義。

這一攻擊主要針對「最爲猖披」的文科，因其談論文學、哲學時只懂徵引「遠西之文」，而不懂「明道定性象山立大之術」；只懂寫作條理清晰的教科書，而不懂「尋其根柢」，「提要鉤玄」[77]。這裏暫時撇開兩種著述體例和兩種教育體制各自利弊得失的探求[78]，單從學術思潮角度理解章、胡之爭。

六、以西學剪裁中國文化？

章太炎受的是傳統的書院教育，自稱「余學雖有師友講習，然得於憂患者多」[79]。新式教育全憑講授，學生囿於耳學，章氏認定最多只能獲得些許高等常識，而無法探究玄妙的哲理。在章太炎看來，哲學研究不同於經學史學，「不能直觀自得，並非眞正的哲理」[80]。半年後，梁啓超也講治國學有兩條大路，一重客觀分析，一重內省工夫；不過梁氏的「內省」主要針對「躬行實踐」而不是「玄言哲理」[81]。但有一點是一致的，都對胡適等人講「科學」而不講「會心」的研究方法不大以爲然。此前章、梁二位都曾對胡適的《中國哲學史大綱》發表評論，梁啓超之稱此書長於知識論而短於宇宙觀、人生觀，其實還算客氣[82]；章太炎的批評更是致命：

> 諸子學術。本不容易了然。總要看他宗旨所在。才得不錯。如但看一句兩句好處。這都是斷章取義的所爲。不盡關係他的本意。[83]

雖然也說說「盡有見解」之類的好話，可是這段評語等於否定了胡適的治學方法。章氏治學，歷來主張「識其大體」，也就是此信所說的「看他宗旨所在」，而對「尋章摘句」乃至「斷章取義」的作法大不以爲然。日本講學期間多次抨擊西方和日本的「漢學」，其中一個重要話題便是嘲笑其不識大體而只務瑣碎。晚年之攻擊甲骨學與疑古史學，也與其不滿「專在細緻之處吹毛求瘢」的治學風格有關[84]。這裏明顯體現其時新、舊兩派學人以及東、西方兩種不同學術思路和著述體例的差異。

胡適對此有充分的自覺，一九二二年八月二十八日的日記中雖也謙稱自己爲「半新半舊的過渡學者」，但重點是將王國維、羅振玉、葉德輝、章炳麟列爲「舊式學者」，並斷言章「在學術上已半僵了」，而羅與葉的著作又「沒有條理系統」[85]。胡適將梁啓超與自己同列「過渡學者」，就因爲梁氏的著述從語言到體例，在同輩學者中最爲西化。至於像《菿漢微言》那樣深邃但零碎的著述，確實很難爲胡適所欣賞。胡適著作的條分縷析、論證翔實，代表了現代中國學術發展的方向。但章太炎的批評也並非毫無道理，尤其是其注重研究時的「個人體味」與研究對象的「論學宗旨」，更足以爲胡適的「提倡」補缺糾偏。章太炎晚年爲《制言》雜誌重寫「論以後國學進步」的四大路徑，只是把當初作「國學講演」時的經史一分爲二；胡適晚年口述自傳，也大段大段抄錄〈國學季刊發刊宣言〉，可見章、胡二君都把這作爲其「研究國學的『宣言』」。這兩份宣言剛好都提出三大對策，不妨略作比較。胡適的設計突出歷史的眼光、系統的整理和比較的研究，注重各學科共同的「科學方法」；章太炎的設計則區分經學、文學與哲學的不同路徑，注重各學科自身的特徵。可見章、胡之爭，遠不只治經、治子是否有異。提倡放之四海而皆準的共同方法的胡適之，強調其各式各樣的著作都可作方法論文章讀，因「『方法』實在主宰了我四十多年來所有的著述」；而主張不同民族、不同學科的研究須有不同路徑的章太炎，雖也不滿足於解決具體問題，但只是如戴東原之每有著述皆「發凡起例，始立規摹，以待後人塡採」[86]。都有教人治學的意圖，「方法」注重各學科的共同性，而「凡例」則必須更多考慮具體課題的特殊性，這裏隱約可見章、胡二君思維方式的不同。

針對章氏的批評，適之先生的辯解是：「諸子所明義理，亦何一非史家所謂事實？」將一切思想學說都作爲「史料」或曰「事實」來研究，是胡適的一貫思路。這一「平等的眼光」，使得胡適大大擴展了國學的研究範圍，「上自思想學術之大，下至一個字，一只山歌之細」，都具有同等的研究價值[87]。但胡適此說只是注重「某一學派持何種義理」這一「極重要的事實」，而相對忽略「義理」本身的內涵，頗有將「哲學史」等同於「社會史」的傾向。這與其治禪宗史不談教義、治《水經注》不談地理、治《紅樓夢》不談藝術一樣，胡適關注的始終是「文本」產生的歷史，而不是「文本」自身[88]。後起的馮友蘭正是從這裏尋求突破，其《中國哲學史》的〈自序〉開宗明義：「吾非歷史家，此哲學史，對於『哲學』方面，較爲注重。」陳寅恪、金岳霖爲此書作「審查報告」，在表彰馮著能「神遊冥想」，對古人立說孤詣「具了解之同情」的同時，或明或暗批評胡適的《中國哲學史大綱》「隔閡膚廓」，像是美國人在討論中國思想[89]。

這裏除了對中國哲學體會的深淺外，還包括如何看待研究中的「西洋眼光」。《中國哲學史大綱》的〈導言〉明白宣布：

> 我們若想貫通整理中國哲學史的史料，不可不借用別系的哲學，作一種解釋演述的工具。

〈國學季刊發刊宣言〉中提倡的「用比較的研究來幫助國學的材料的整理與解釋」，也是這個意思。金岳霖承認不該置普遍哲學於不顧而討論所謂「特別學問」的「中國哲學」，現代中國學者也無法完全擺脫「西學的影響」，但總須盡量避免「牽強附會」，尤其不能像胡適那樣「根據於一種哲學的主張」來寫哲學史[90]。

類似的說法章太炎早就表述過，只不過並非針對胡適。章氏批評世人治學「好舉異域成事，轉以比擬，情異即以爲誣，情同即以爲是」；如此「聞一遠人之言，則頓顙斂衽以受大命」，學術焉能自立？嚴復固然有照抄「遠西一往之論」而「引以裁斷事情」的毛病，沈曾植的完全否認徵引西學也非章太炎所能苟同：「是故知別相而不知總相者，沈曾植也；知總相而不知別相者，嚴復也。」[91]如何調適中西學術，兼顧「總相」與「別相」，不是一件簡單的事情。章太炎本人非常注意汲取西學，三次東渡日本，恰好完成三階段的西學吸收[92]。只是論及中國固有之學問，章氏又頗爲倨傲，根本不把洋人放在眼裏，文中常見挖苦「漢學家」的尖酸話語。「本國的學問，也能向別國去求麼？」如此提問，大有閉關自守的嫌疑；但章氏針對的主要是其時甚囂塵上的「歐化主義」[93]。批評不以「自己思量爲準」而專門「借重日本歐洲」的「無聊新黨」，稱其著述必然出現「比附」、「支離」與「謬妄」，固然有現實的針對性[94]，但更立足於章氏「依自不依他」的一貫思路——明知如此立說可能「偏於我見」，但相對於世人之猥賤怯懦，「厚自尊貴」、「徑行獨往」仍「於中國前途有益」[95]。

章太炎的這種學術態度，根源於其多元文化觀及「齊物哲學」。這裏暫不涉及「齊其不齊，下士之鄙執；不齊而齊，上哲之玄談」[96]，因此等「玄談」，非三言兩語所能說清。倒是〈原學〉中的一段話，與其批評「歐化主義」直接關聯：

飴豉酒酪，其味不同，而皆可於口。今中國之不可委心遠西，猶遠西之不可委心中國也。[97]

這種說法大概很難爲胡適所接受。儘管留學時胡適說過「吾於家庭之事，則從東方人，於社會國家政治之見解，則從西方人」；而且後人也有認定其爲人爲學均「三分洋貨七分傳統」的，但在幾十年的東西方文化論戰中，胡適的基本立場無疑是「西化」。將東西文化的差異理解爲「進步程度之不同」，故致力於用先進的西方文明來改造落後的東方文明的胡適之先生[98]，著書立說時自然傾向於用西學作爲「解釋演述的工具」。作爲現代中國不可多得的大學者，胡適治學注重懷疑精神和歷史眼光，常常修正自己先前的具體觀點；但適之先生唯獨不大「懷疑」其以西學剪裁中國文化的學術思路。五〇年代檢討《中國哲學史大綱》之以生物進化論比附莊子，結論竟是「眞是辱沒了《物種由來》那部不朽的大著作了」[99]。適之先生爲何不反省其「辱沒了」《莊子》這部同樣不朽的大著作呢？須知先生治的是「哲學史」而非「生物史」，要道歉首先是面對莊子而非達爾文。這種微妙之處，很能見出胡適的價值觀。從去世前三個月所作的最後一篇重要演講〈科學發展所需要的社會改革〉看，適之先生不單沒有改變對中國文化的偏見，而且仍然堅持用西方概念來「剪裁」中國思想。

章、胡的東西文化觀及其相關的哲學思想，並非本文論述的重點；這裏只想指出由於對中國文化的評價不同，導致「整理國故」時策略的差異：章氏重在發掘「中國特別的長處」，胡氏則是爲了「捉妖」、「打鬼」；章氏強調體會古人(中國)立說的苦衷，胡氏則突出今人(西方)思想的合理；章氏主張「守舊」而後「出新」，胡氏則認定「破舊」方能「立新」。

二〇年代以後的中國學界，就學術思路而言，基本上走的是胡適之而不是章太炎的路。這裏無意大作翻案文章或取而代之，只是發掘被埋沒的「另一種可能性」。胡適的「科學方法」、「文化理想」以及「著述形式」，自有其合理性，但因幾十年處於主流地位，正日益暴露其內在缺陷。理解章氏爲代表的相對古老且正在被遺忘的「述學」傳統，或許有助於我們調整學術思路——正是基於這種設想，本文不大討論太炎先生學術上明顯的「門戶之見」。

❶參閱胡適的〈研究國故的方法〉（《東方雜誌》，卷一八，第十六期，一九二一年八月）和顧頡剛的〈《古史辨》第一冊自序〉。

❷《華國月刊》卷一第四期（一九二三年十二月）所刊〈與章行嚴論墨學第二書〉似有脫漏，這裏以收入《胡適文存》二集的〈太炎先生的第二書〉為準。

❸《胡適文存》（上海：亞東圖書館，一九二四），二集，卷一，頁二二二。

❹「章氏叢書」本《菿漢微言》（杭州：浙江圖書館，一九一九），頁七四。

❺章太炎，〈菿漢閒話〉，《制言》，第十三期，一九三六年三月。

❻參閱《章太炎政論選集》（北京：中華書局，一九七七）中〈諸子學略說〉一文和《國學概論》（香港：學林書店，一九七一）中〈國學之進步〉章。

❼參閱張冥飛筆述，《章太炎國學講演集》（上海：新文化書社，一九三五年四版），頁一七一。

❽參閱《胡適的自傳》，第六章〈青年期逐漸領悟的治學方法〉。

❾據胡適晚年回憶，蔡元培聘他到北京大學教書，是因見到他的〈詩三百篇言字解〉（《胡適之先生年譜長編初稿》，頁二九四）。「能兼治漢學」云云，見蔡元培為《中國哲學史大綱》寫的〈序〉。

❿梁啟超，〈清代學術概論〉，《梁啟超論清學史二種》（上海：復旦大學出版社，一九八五），頁七七。

⓫參見白吉庵，《胡適傳》（北京：人民出版社，一九九三），頁一九九所錄「胡適存件五七四號」；以及胡適，〈《中國古代哲學史》臺北版自序〉（《胡適學術文集：中國哲學史》〔北京：中華書局，一九九一〕，頁四一五）。

⓬〈《中國哲學史大綱》再版自序〉，《胡適學術文集：中國哲學史》，頁三。

⓭《胡適學術文集：中國哲學史》，頁二七。

⓮如張灝，《危機中的中國知識分子》（中譯本於一九八八年由山西人民出版社刊行），第一章，將諸子學的興起作為影響晚清思想潮流的三大本土資源之一；王汎森，《章太炎的思想》（臺北：時報文化出版公司，一九八五），第二章，第二節，勾勒晚清諸多學者對諸子學的看法值得參考。

⓯〈清代學術概論〉，《梁啟超論清學史二種》，頁四九—五〇。

⓰參閱梁啟超，〈中國近三百年學術史〉（《梁啟超論清學史二種》，頁三五九）；和侯外廬，《近代中國思想學說史》（上海：生活書店，一九四七），頁四八一。

⓱俞樾，〈《諸子評議》序目〉，【國學基本叢書】本《諸子評議》（上海：商務印書館）。

⓲參閱《胡適學術文集：中國哲學史》，頁二七；《梁啟超論清學史二種》，頁三六三。

⓳同⓲。另，胡適在《中國哲學史大綱》的〈導言〉中稱讚章太炎的「〈原名〉、〈明見〉、〈齊物論釋〉三篇，更為空前的著作」。前兩篇正文中屢見徵引，〈齊物論釋〉則未再出現，大概是懾於其大名而不得不提及。

⓴胡適，〈莊子哲學淺釋〉，《東方雜誌》，卷一五，第十一、十二期，一九一八年十一、十二月。

㉑魯迅的〈關於太炎先生二三事〉和許壽裳的《章炳麟》都只提及《說文》和《爾雅》；現存北京圖書館的《朱希祖日記》則有聽講《莊子》和《楚辭》的記載。同時受業的汪東更述及章氏以佛解莊的特色：「所講以《說文》、《莊子》為主，其說《莊子》，除明訓詁外，啟發玄言，多與釋氏相契，後簡括其義為《莊子解詁》。」

（《寄庵隨筆》（上海：上海書店，一九八七），頁六）。

㉒【章氏叢書】本《莊子解詁》（杭州：浙江圖書館，一九一九），頁一。

㉓【章氏叢書】本《蓟漢微言》，頁三八、二六。

㉔參閱章太炎，〈自述學術次第〉；《太炎先生自定年譜》（香港：龍門書店，一九六五），頁五三；和〈與龔未生書〉，《章太炎政論選集》，頁七〇二。

㉕梁啟超，〈評胡適之《中國哲學史大綱》〉，《時事新報・學燈》，一九二二年三月十三——十四日。

㉖參閱本書第五章〈作為新範式的文學史研究〉。

㉗〈定經師〉，《民報》，第十號，一九〇六年十二月。

㉘〈悲先戴〉，《民報》，第九號，一九〇六年十一月。

㉙〈學隱〉，《章太炎全集》（上海：上海人民出版社，一九八四），卷三，頁一六一。

㉚〈教育的根本要從自國自心發出來〉，《章太炎的白話文》（臺北：藝文印書館，一九七二），頁五六。

㉛戴震〈與某書〉批評世人「以己之見硬坐為古聖賢立言之意」，追溯「晉人附會鑿空益多」之過；章太炎在《訄書・清學》中承其說，稱經學「亂於魏晉，及宋明益蕩」（《章太炎全集》，卷三，頁一五五）。

㉜〈清儒〉見《章太炎全集》卷三，〈漢學論〉見《章太炎全集》卷五。

㉝參閱〈漢學論〉和〈經學略說〉（《章氏國學講習會講演紀錄》，第三、四期，一九三五年十一月）。

㉞〈案唐〉，《章太炎全集》，卷三，頁四五一；章太炎，〈論中古哲學〉，《制言》，第三十期。

㉟章太炎，〈自述學術次第〉，《太炎先生自定年譜》，頁五九。

㊱章太炎，〈致國粹學報社書〉，《國粹學報》，己酉年第十號，一九〇九年。

㊲錢穆，《中國近三百年學術史》（北京：中華書局，一九八六），頁三五九；侯外廬，《近代中國思想學說史》，頁三七九。

㊳〈戴東原在中國哲學史上的位置〉，《胡適學術文集‧中國哲學史》，頁一一〇六。

㊴參閱《近代中國思想學說史》，第七章，第二節「戴東原學術底歷史地位何在？」。

㊵參閱余英時的《論戴震與章學誠》（香港：龍門書店，一九七六）一書〈自序〉和第三章〈儒家智識主義的興起〉。

㊶參閱高田淳的《辛亥革命と章炳麟の齊物哲學》（東京：研文出版，一九八四）中〈章炳麟の戴震論〉一章。

㊷〈戴東原在中國哲學史上的位置〉，《胡適學術文集：中國哲學史》，頁一一〇五—六。

㊸章太炎，〈東京留學生歡迎會演說辭〉，《民報》，第六號，一九〇六年七月。

㊹錢穆，《中國近三百年學術史》，頁三五九。

㊺章太炎，〈諸子略說〉，《章氏國學講習會講演紀錄》，第七、八期。

㊻胡適，《戴東原的哲學》（上海：商務印書館，一九二七），頁五六。

㊼參閱《戴東原的哲學》，頁五三—五；《近代中國思想學說史》，頁三八四—六。

㊽【章氏叢書】本《菿漢微言》，頁四七。

㊾《戴東原的哲學》，頁一九二。

㊿參閱《章太炎全集》，卷三，頁一五七、一六二。

51章太炎，〈悲先戴〉，《民報》，第九號，一九〇六年十一月。

52〈清儒〉見《訄書》重訂本，〈經的大意〉見《章太炎的白話文》；晚年作《經學略說》，章氏仍主張「《孟子》應入子部」。

53參閱《章太炎國學講演集》，頁一一五—六、一三九；和〈說新文化與舊文化〉一文（《太炎學說》，一九二一）。

54〈論墨學〉，《胡適文存》，二集，卷一，頁二二一。

55《戴東原的哲學》，頁二六、八二—三、一〇三、一九六—七、一四二、九七。

56〈清代學術概論〉，《梁啟超論清學史二種》，頁七八、六。先是蔡元培在〈《中國哲學史大綱》序〉中稱「適之先生於世傳『漢學』的績溪胡氏，稟有『漢學』的遺傳性」；後又有梁啟超將胡適列為世傳經學的「績溪諸胡之後」。這種對胡適頗為有利的「誤會」，適之先生一直到五〇年代口述自傳時才予以糾正（參閱《胡適的自傳》，第一章），不無可議之處。

57章太炎，〈時學箴言〉，轉錄自湯志鈞，《章太炎年譜長編》（北京：中華書局，一九七九），頁六六一。

58許壽裳，〈紀念先師章太炎先生〉，《制言》，第二十五期，一九三六年九月。

59【章氏叢書】本《菿漢微言》，頁五二。

60參閱【章氏叢書】本《菿漢微言》，頁七二—四；和《太炎先生自定年譜》，頁五三—四。

61章太炎，〈致宋燕生書三〉（一九〇〇年十月一日），《中國哲學》，第九輯。

62參閱胡適，《四十自述》（上海：亞東圖書館，一九三三）。

63《胡適留學日記》（上海：商務印書館，一九四七），頁六五四。

64《中國哲學史大綱》的〈導言〉稱「述學的所以難，正為史料或不完備，或不可靠」；五〇年代在〈《中國古代哲學史》臺北版自記〉中胡適方才強調其「在當時頗有開山的作用」的「特別立場」，即「抓住每一位哲人或每一個學派的『名學方法』」。

65參閱《胡適留學日記》，頁五六三；《胡適之先生年譜長編初稿》（臺北：聯經出版公司，一九八四），頁二七七三；和唐德剛《胡適雜憶》（臺北：傳記文學出版社，一九八〇），頁三七。

66蔡元培，〈《中國哲學史大綱》序〉；馮友蘭，《三松堂自序》（北京：三聯書店，一九八四），頁二二三。

67參閱蔡元培的〈《中國哲學史大綱》序〉和顧頡剛的〈《古史辨》第一冊自序〉。

68《胡適學術文集：中國哲學史》，頁二八。

69 鄭振鐸，〈研究中國文學的新途徑〉，《中國文學研究》（上海：商務印書館，一九二七），頁四。

70 〈新思潮的意義〉，《胡適文存》（上海：亞東圖書館，一九二一），卷四，頁一六二；〈《國學季刊》發刊宣言〉，《胡適文存》，二集，卷一，頁一一—八。

71 【胡適作品集】本《五十年來中國之文學》（臺北：遠流出版公司，一九八八），頁一〇四。

72 《胡適留學日記》，頁七五二，批評中國人習慣於「據」而不懂得「證」，即只知「據經典之言以明其說」，而不曉得依事實、法理歸納演繹。馮友蘭，《三松堂自序》，頁二一六稱《中國哲學史大綱》一改為古人作注，以古人的話為主的傳統著述形式，「把自己的話作為正文」，對當年的青年學子有很大的觸動。胡適對學術著述的「形式」相當講究，一九三七年二月二十二日的日記在讚嘆陳寅恪治史學淵博且有識見的同時，不忘指出：「但他的文章實在寫得不高明，標點尤懶，不足為法。」

73 參閱蔡元培的〈《中國哲學史大綱》序〉、陳寅恪為馮友蘭《中國哲學史》寫的〈審查報告〉以及素癡（張蔭麟）的〈評胡適《白話文學史》上卷〉（《大公報》，一九二八年十二月三日）。張文表彰胡著「方法上，於我國文學史之著作中，闢一蹊徑」，其中多為學術思路及著述體例。

74 〈章太炎來簡〉，《新民叢報》，第十三號，一九〇二年。

75 章太炎，〈中國文化的根源和近代學術的發達〉，《章太炎的白話文》，頁二二三。

76 參閱章太炎的〈論學會有大益於黃人亟宜保護〉（《時務報》，第十九冊，一八九七年三月）、〈留學的目的和方法〉（《章太炎的白話文》，頁一—一二）、〈與王鶴鳴書〉（《章太炎全書》，卷四，頁一五一—三）。

77 〈救學弊論〉，《章太炎全集》（上海：上海人民出版社，一九八五），卷五，頁一〇二。

78 參見本書第二章〈官學與私學〉，以及《小說史：理論與實踐》（北京：北京大學出版社，一九九三），頁二六—三三。

79 《太炎先生自定年譜》，頁一四。

80 章太炎主講、曹聚仁記述，《國學概論》，頁一〇八。

81 梁啟超，〈治國學的兩條大路〉，《時事新報·學燈》，一九二三年一月二十三日。

82 梁啟超，〈評胡適之《中國哲學史大綱》〉。

83 章太炎，〈致胡適之〉，轉錄自白吉庵，《胡適傳》，頁一一九。

84 參閱章太炎一九三三年所作演講〈歷史的重要〉（《制言》，第五十五期）。

85 《胡適的日記》（北京：中華書局，一九八五），頁四四〇。

86 參閱〈《胡適文存》序例〉、《胡適的自傳》第五章「實證思維術」一節和〈自述學術次第〉（《太炎先生自定年譜》，頁五三）。

87 參閱胡適收於〈論墨學〉中的兩封信和〈《國學季刊》發刊宣言〉。

88 常有人據此嘲笑胡適不懂佛學、不懂文學，這不大公平。適之先生的辯解是：「研究文學有兩種看法」，他的小說考證屬於「文學史」而不是文學批評（《胡適演講集一》〔臺北：遠流出版公司，一九八六〕，頁二四〇）；治禪宗史也有兩種基本立場，鈴木大拙和柳田聖男乃「禪宗信徒」，「而我是一個中國思想史的『學徒』，是不信仰任何宗教的」（《胡適手稿》〔臺北：胡適紀念館刊行〕，第七集，上冊，卷一，頁三一）。

89 參閱馮友蘭的《中國哲學史》〈自序〉和陳寅恪、金岳霖分別為馮著寫的〈審查報告〉，見《中國哲學史》（上海：商務印書館，一九三〇、一九三三）。

90 金岳霖，〈《中國哲學史》審查報告〉。

91 〈信史上〉，《章太炎全集》，卷四，頁六四；【章氏叢書】本《菿漢微言》，頁五〇。

92 參閱唐文權、羅福惠，《章太炎思想研究》（武漢：華中師範大學出版社，一九八六），第二章；近藤邦康，〈章太炎與日本〉，見《先驅的蹤跡》（杭州：浙江古籍出版社，一九八八），頁二九—四五。

93 參閱〈留學的目的和方法〉、〈東京留學生歡迎會演說辭〉。

94〈教育的根本要從自國自心發出來〉，《章太炎的白話文》，頁六一、六九。

95〈答鐵錚〉，《章太炎全集》，卷四，頁三七一、三七四—五。

96〈齊物論釋定本〉，《章太炎全集》（上海：上海人民出版社，一九八六），卷六，頁六一。

97章太炎，〈原學〉，《國故論衡》（上海：大共和日報館，一九一二年再版），頁一四九。

98胡適關於東西方文化比較的論述很多，這裏從略。可參閱《胡適留學日記》第四四三頁關於「家庭之事則從東方人」的表態、唐德剛的《胡適雜憶》中〈三分洋貨七分傳統〉章，以及耿雲志的《胡適研究論稿》（成都：四川人民出版社，一九八五）中〈評胡適的中西文化觀〉章。

99〈《中國古代哲學史》臺北版自序〉，《胡適學術文集：中國哲學史》，頁五。

第七章 晚清志士的遊俠心態

一九〇六年十二月，章太炎在《民報》一周年紀念會上發表演說，區分古今革命之不同：「以前的革命，俗稱強盜結義；現在的革命，俗稱秀才造反。」秀才造反的最大特點，在於舞槍弄棒的同時，不忘舞文弄墨：既宣傳政治主張，又表達豪情壯志。這就爲後人研究「造反者」的心態留下了珍貴的史料。我們幾乎無法知道陳勝、黃巢或者李自成揭竿而起時的眞實心態（儘管有一些傳說、詩文和告示，但多涉及軍事行動而非歷史人物的心理活動），而晚清志士則爲此提供了大批文獻。除了後者的革命獲得成功，有關史料得到很好的保存；更因後者本來就是擅長舞文弄墨的秀才，有意無意地在造反的同時創造關於革命的神話。把「歷史」與「神話」對照起來閱讀，有利於把握這代人的特殊心態。當然，這麼一來，涉及的史料，跨越一般的政治史和文學史兩個不同領域。其研究思路，接近於法國年鑑學派提倡的心態史學與想像史學。

時賢多注意到晚清知識界的激進主義思潮，這一思潮對此後近百年的中國政治運作影響甚大。本文之闡釋晚清志士認同於中國古代遊俠這一特殊心態，或許有助於世人對激進主義思潮的解讀。

一、遊俠之「逍遙法外」

晚清乃中國歷史上少有的大變動時代，面對此國運飄搖風雨如晦的艱難局面，崛起一大批救亡圖存的仁人志士。這些人分屬於不同的政治集團，彼此間有過咬牙切齒的論戰與紛爭。從政治學角度考察革命與改良兩大派別的功過得失是必要的，而我更傾向於將這種論戰視爲策略（激進與保守）之爭。在改良羣治變革中國社會，推動中國歷史近代化進程這一根本點上，兩派宗旨大致相通。至於以身許國的志向，更不會因政治策略的得失而磨滅其光輝。有趣的是，這一代充滿擔當精神與悲劇意識的仁人志士，頗多以遊俠許人或自許的詩文，而其生存方式與行爲準則也有古俠遺風。

如果只是「南社四劍」（劍公高旭、鈍劍傅專、劍華俞鍔、劍士潘飛聲）、劍霜、劍靈、劍俠或者公俠、孟俠、心俠、鑑湖女俠之類的字號，也許可以理解爲文人好爲大言的積習；可是晚清報刊書籍中那麼多以劍以俠自號或談劍論俠的文人，不單坐而論劍，而且起而行俠，不能不令人刮目相看。「拔劍欲高歌，有幾根俠骨，禁得揉搓」❶——譚嗣同的感慨，表達的是那一代人特有的共同心態。亂世英雄起四方，但時人不一定非炫耀俠骨不可。英雄與遊俠雖然都是卓異之士，但安身立命之處不同，澄清天下之術也有異。晚清是個英雄輩出的時代，其人卻偏喜歡以豪俠相標榜。

梁啓超稱譚嗣同「好任俠、善劍術」❷；陳去病稱秋瑾「好《劍俠傳》，習騎馬，善飲酒，慕朱家、郭解之爲人」❸。至於詩文中直接稱壯士（烈士）爲某俠者更比比皆是。「任俠」不分階層與出身，不論是文人學士還是江湖豪客，只要投身革命，作傳者似乎都喜歡強調其豪俠性情。一九一〇年，光復會首領陶成章著《浙案紀略》，列傳部分即突出諸烈士之俠骨。如陳伯平「專習劍擊事」，「常語人曰：『革命之事萬端，能以一人任者，獨有作刺客』」；馬宗漢「祖道傳，素任俠，貧民皆倚爲重」；徐順達「善拳勇，以信義推重於鄉里」；宗孟庭「喜技擊術，有大志，不屑從事農商」；劉耀勳「雖曰辦事憒憒，然其重然諾、輕死生之氣概，有足多者」；徐象輔「以身殉友，爲知己死，其即古聶政、豫讓之流亞也與」❹。老同盟會員馮自由三、四〇年代撰寫《革命逸史》，也渲染革命志士的任俠好義。如楊衢雲「爲人仁厚和藹，任俠好義，尤富於國家思想」；秦力山「賦性豪俠，好與會黨遊」；李紀堂「性任俠，好與秘密會黨遊」；楊卓霖「少以任俠聞於鄉，邑中秘密會黨多樂與之遊」；許雪秋「性慷慨，任俠好客，縉紳大夫江湖俠客咸樂與之遊，有小孟嘗之稱」；王和順「少負奇氣，以行俠尚義聞」；王漢「覺亡國無日，憤慨而究兵書，講劍術，結納當代豪俊」；張百祥「少有大志，自負非凡，任俠好義，排難解紛，隱以朱家、郭解自命」❺等等。似乎不能簡單歸因於史家（如陶成章、馮自由）的概念貧乏，將「任俠好義」作爲一句隨意贈送的套語；因諸多後人視爲大英雄者，也都喜歡彈劍論俠。

以辛亥革命後曾任陸軍總長的黃興爲例，詩文中不乏此類遊俠口吻：「英雄無命哭劉郎，慘澹中原俠骨香」（〈輓劉道一烈士〉）；「窮圖又見荊卿苦，脫劍今逢季札賢」（〈爲宮崎寅藏書條幅〉）；「不道珠江行役苦，只憂博浪錐難鑄」（〈蝶戀花・贈俠少年〉）；「吳楚英豪戈指日，江湖俠氣劍如虹」（〈和譚人鳳〉）。最典型的是黃興爲被孫中山稱爲「今之俠客」的宮崎寅藏❻所作的一首七律：

獨自蒼茫自詠詩，江湖俠氣有誰知。
千金結客渾閒事，一笑逢君在此時。

浪把文章震流俗，果然意氣是男兒。
關山滿目斜陽暮，匹馬秋風何所之？

此詩若出於高旭、柳亞子之手，一點也不稀奇；但由職業革命家黃興口中吟出，總覺得別有一番意味。因爲，宋元以降，文人退居書齋，連遊俠詩文也難得一見。晚清志士不但拔劍高歌，而且眞的舞劍上陣，一時間「江湖俠氣劍如虹」，創下了不朽功業。面對著這一代「最後的遊俠」，後人可以批評其政治信仰、鬥爭策略，但對其飛揚踔厲的生命形態，或許只有品味而無評判的權利。

只是什麼是「遊俠」，歷來衆說紛紜：急公好義趨人之急是俠，鋤強扶弱藉交報仇是俠，狂放不羈、慷慨好施是俠，被酒殺人、雞鳴狗盜也是俠。俠之爲名，可謂多且雜矣。表面上晚清志士歌吟讚嘆的俠客，大都局限於《史記》「遊俠列傳」和「刺客列傳」中的人物，似乎認可了司馬遷對遊俠的詮釋。但實際上「俠」並非特定的社會階層，「俠風」、「俠氣」、「俠骨」、「俠情」的解說更是變幻不定，「俠」的觀念往往因時因地因人而異[7]。也就是說，千古傳頌的「俠」，其實「不是一個歷史上客觀存在的，可用三言兩語描述的實體，而是一種歷史記載與文學想像的融合、社會規定與心理需求的融合，以及當代視界與文類特徵的融合」[8]。因此，討論遊俠文學或者遊俠心態，著眼點應是這種「融合」的趨勢與過程，而不在於給出一個確鑿的定義。探究晚清志士的特殊心態，所爭不在所謂的「古俠」的眞面目是否被歪曲，而是這代人如何在自己特有的期待視野中重新詮釋「遊俠」，以及由此體現出來的價值取向。

遊俠「以布衣之細，竊殺生之權」，爲大一統帝國的統治者所絕對不能容忍。漢人荀悅稱遊俠「生於季世，周秦之末尤甚。上不明，下不正，制度不立，綱紀廢弛」（《漢紀》卷十），近人梁啓超論「中國之武士道，與霸國政治相始終」，興起於春秋，極盛於戰國，漢初尚有流風餘韻，不過已成強弩之末，天下一統，封建絕跡，「此後亦無復以武俠聞於世者矣」[9]。二者價值觀迥異，卻都是強調大一統帝國對遊俠生存的致命威脅。經漢代文、景、武三朝的明摧暗殘，「千百年養之而不足，數十歲鋤之而有餘」的遊俠連同其代表的尚武精神，從此一蹶不振，「但每到統一集權政府崩壞而農民蜂起的時候，還是有相類的人物出現」[10]。只要「制度不立，綱紀廢弛」，原有的階層劃分和道德規範失落，個人遊離於社會組織與社會結構的可能性大大增加，遊俠就得以縱橫馳騁。魏晉以降，不乏兵荒馬亂、改朝換代的年頭，遊俠因而得以大展身手。但如要講俠風高揚，仍當推晚清。

柳亞子詩云：「亂世天教重俠遊，忍甘枯槁老荒邱」（《題錢劍秋〈秋燈劍影圖〉》）。不只是「以中材而涉亂世之末流」（《史記・遊俠列傳》）者，格外需要遊俠的拯救，俠客崇拜心理易於瀰漫流播；更因只有亂世，才爲俠客之磨劍與舞劍提供必要的舞臺。晚清內憂外患，自是「制度不立，綱紀廢弛」，更值得注意的是，晚清志士之得以「仗劍遠行遊」，很大程度上得益於朝廷鞭長莫及的日本、香港以及國內租界的存在。「遊俠」不再只是隱身江湖以逃避朝廷的捕殺，而是流亡海外繼續抗爭，這一俠客行遊空間的拓展，對晚清俠風高揚起了重要的作用。如果考慮到晚清最激進的言論和行爲多出自海外(尤其是日本)留學生和流亡者，而孫中山等人也都將海外和香港作爲輸入革命的基地，你就不難理解這個時代的知識者反叛心理的特殊性。不必要揭竿而起落草爲寇，只要踏出國門，你就可以放言高論，不把朝廷權威放在眼裡。這對於此前的士大夫來說，幾乎是不可想像的。孫中山回憶最早「致力於革命之鼓吹」時，「常往來於香港澳門之間，大放厥辭，無所忌諱」⑪，此後雖有倫敦蒙難日本被逐種種困厄，但只要不入國門，清政府便不能將其「明正典刑」。

身在異國他鄉，可以「無所忌諱」地討論、計畫革命，這對於醞釀情緒、激動人心是至關重要的。雖有《民報》被封等等事件，但起碼在日本罵清帝倡造反是沒有生命之虞的，這與「避席畏聞文字獄，著書都爲稻粱謀」（龔自珍《詠史》）的乾嘉學子，眞是天差地別。晚清學人之指點江山慷慨激昂，固然是民族情緒高漲民主思想洶湧的必然產物，但也與清廷無力像文、景、武三代對待遊俠那樣「絕其將衰者於現在，而刈其欲萌者於方來」⑫有關。眼睜睜地看著反清志士一出國門即「逍遙法外」，在清廷是無可奈何，在士民則大受鼓舞。至於流亡者對遊俠的認同，除了反抗官府外，可能也與「仗劍遠行遊」這一意象和四海爲家所產生的飄泊感有關。眞不敢想像當初若沒有此等海外反清基地的存在（包括出國遊學的自由），知識者是否如此勇敢，俠風是否如此高揚，革命能否如此迅速成功。

章士釗在回憶一九○三年上海發生的《蘇報》案時稱：「前清末造，士夫提倡革命，其言辭之間，略無忌諱，斥載湉爲小醜，比親貴於賊徒者，惟香港東京之刊物能爲之，在內地則不敢，抑亦不肯。」⑬正如章氏所言，查晚清內地報紙放言革命自甘滅亡者，「《蘇報》實爲孤證」。而《蘇報》案中「主犯」章太炎、鄒容等固然大有捨生取義的俠風⑭，可是如此案情如此判決，也只能發生在晚清的上海租界。孫中山曾述及此案當時的政治影響：「此案涉及清帝個人，爲朝廷及人民聚訟之始，清朝以來所未有也。清廷雖訟勝，而章、鄒不過僅得囚禁兩年而已。於是民氣爲之大壯。」⑮不是清廷寬厚，只因涉及租界的治外法權，故屢欲置章、鄒於死地而不得。章太炎事後追憶，頗有得意之色：「時清政府自貶，與布衣訟」，「聞者震詫」；「時清廷自處原告，故不得不假判決於各國公使，然自是革命黨與清廷居然有敵國之勢矣」[16]。不再是獨掌生殺定奪大權，堂堂大清帝國居然無力懲治政敵；對簿公堂，則成了「漢滿兩種族大爭訟」[17]。初時，清政府也曾以「大逆不道，煽惑人心，謀爲不軌」的罪名，力爭將章、鄒「引渡」，以便處以極刑殺一儆百，只因公使團之間的矛盾以及社會輿論的壓力，只好改由會審公廨從輕發落。此案改由上海會審公堂審判，則「清官之絕望，黨人之重生，皆意中必有之事」。因此案不只關涉章、鄒等人性命，更直接影響上海乃至整個中國的風氣輿論。「向使清官既可以封報，又可以殺人，未嘗不少沮國民之銳氣；而今有一線之光明也。倘藉黃帝在天之靈，幸而獲免，則雖封蘇報，而如蘇報者既可以興；雖捕黨人，而爲黨人又可以脫」（《黃帝魂・蘇報案》）。故時人特別看重此案的判決，審判結果因而也才會使得「民氣爲之大壯」。

各領事及工部局所以不把案件移交滿清政府，主要並非出於維持正義，而是保護租界的治外法權。這一點章太炎看得很清楚。就在公使團與清政府就是否引渡爭持不下之時，章太炎作〈獄中答《新聞報》〉，稱「吾輩書生」「相延入獄，志在流血」，「而租界權利爲外人所必爭，堅持此獄，不令陷入內地。此自各行其志，與吾輩宗旨不同」[18]。說這話似乎很不領情，就因爲租界的存在固然可以成爲晚清志士宣傳和策畫革命的基地，但畢竟是中國的恥辱。兩者雖則相關，可是宗旨不同，不能混爲一談：「一方面是外力入侵的基點，中國主權被剝奪的象徵；另一方面也是西洋文化的櫥窗，中國改革的借鑑，政治犯的庇護所。」[19]此前此後，革命黨人樂於利用租界不受清廷干涉這一有利條件，辦報出書集會演講，宣傳政見乃至直接策畫暗殺和武裝暴動。對此，蹈海自盡以圖警醒國人的陳天華在述及《蘇報》案時，說了兩句大白話：一是「報館開在租界內，中國不能干涉，所以該報館敢如此立言」；一是「那些志士，幸得在租界，稍能言論自由，著書出報，攻擊滿洲政府，也算不幸中之一幸」[20]。正因爲有此「不幸中之一幸」，章、鄒等人才得以肆無忌憚地攻擊滿清政府。如此立說，並非有意抹煞志士之豪氣，只是強調即使在內地，晚清志士之行俠，也比宋元明及清中葉以前之俠客多了個「庇護所」——這一「可能」的庇護所的存在，應該也是晚清「民氣爲之大壯」、俠風日益高揚的必要條件。

二、「中國之武士道」

「世間無物抵春愁，合向蒼冥一哭休。四萬萬人齊下淚，天涯何處是神州」——譚嗣同的〈有感〉作於一八九六年中日甲午戰爭後，可作爲其時有良知的知識者的共同心聲解讀。晚清國勢日益衰微，隨時有亡國滅種的危險。仁人志士奔走呼號，只求警醒世人起來救亡圖存。《孽海花》中的奴樂島，《老殘遊記》中的沉船，還只是寓言筆法；《瓜分慘禍預言記》則乾脆斷言「中國光緒甲辰年以後，萬民遭劫，全國爲墟」。志士們似乎也相信中國難逃此厄運，陳天華蹈海前留下〈絕命辭〉，預言「中國去亡之期，極少須有十年，與其死於十年以後，曷若於今日死去，使諸君有所警動，去絕非行，共講愛國」，這樣「中國或可以不亡」[21]。這種強烈的危機感，促使這代人上下求索。

「新民爲今日中國第一急務」[22]，不只是梁啓超，幾乎所有仁人志士都持此見解。只是如何「新民」，諸家說法才不一致。嚴復開出的藥方是：「是以今日要政，統於三端：一曰鼓民力，二曰開民智，三曰新民德。」[23]梁啓超說得更乾脆：「一言以蔽之，曰廣民智振民氣而已。」[24]至於何以民智民氣必須並重，《杭州白話報》的解釋最爲精采：「不開民智，便是民氣可用，也是義和團一流的人物；不作民氣，便是民智可用，也不過是做個聰明的奴隸。」[25]開民智的辦法很多，主要是介紹西方的各種人文思想與科學知識，大體可用五四時期的德先生和賽先生來涵蓋。振民氣則集中在「招國魂」，一如金天翮的詩篇所云：「瓜分慘禍免不得，魂兮歸來我祖國」（〈招國魂〉）。

有感於近代中國的積弱貧困，屢遭列強欺侮，梁啓超等不免感嘆「詩界千年靡靡風，兵魂銷盡國魂空」（《讀陸放翁集》）。雖說其時呼喚的國魂包括冒險魂（山海魂）、軍人魂（武士魂）、遊俠魂、宗教魂、平民魂等[26]，關鍵還在於重鑄兵魂。也就是說，要重新高揚尚武精神。

晚清文人頗多侮儒冠而尊兵劍之作，絕非矯揉造作故吐豪言，實有切膚之痛。周實詩云「四海尋仇憑俠劍，百年多難悔儒冠」（〈重九〉）；陳去病則「寧惜毛錐判一擲，好攜劍佩歷三邊」（〈將赴東瀛賦以自策〉）；柳亞子感慨「忍看祖國淪非種，苦恨儒冠誤此身」（〈元旦感懷〉）。金松岑則認定「儒者有死容而俠者多生氣，儒者尚空言而俠者重實際」，故「國亡於儒而興於俠，人死於儒而生於俠」，欲「鑄吾國民之魂」，必先「溲儒冠、裂儒服」（〈國民新靈魂〉）。倒是「我家數世皆武夫，只知霸道不知儒」（〈湖南少年歌〉）的楊度不無得意之色。當然，最好還是「學書成時去學劍，健兒身手文豪才」（柳亞子〈回憶詩〉）；但有誰能保證此等文武雙全的如意算盤到頭來不是「少年擊劍吹簫意，劍氣簫心兩渺茫」（柳亞子〈惆悵詞六十首，四月十七日夜作〉）？當務之急，還是努力改變國人「好鐵不打釘，好男不當兵」一類重文輕武的積習。

國家練兵固然要緊，更重要的是國人須弘揚尚武精神。早在戊戌變法前，譚嗣同就對古往今來「儒者之輕詆遊俠，比之匪人」很不以爲然，認爲「莫若爲任俠，亦足以伸民氣，倡勇敢之風，是亦拔亂之具也」[27]。這一思路爲各派志士所沿襲。一九〇一年梁啓超作〈中國積弱溯源論〉，強調「爲君相者不可以好兵，而爲國民者不可以無勇」，並呼喚尚武精神之「中國魂」[28]。一九〇二年蔡鍔在《新民叢報》著文宣傳軍國民精神，批評「漢族之馴良懦弱，冠絕他族」，此乃「二千餘年來，鮮不爲異族所踐踏」之根本原因㉙。楊度則把國民之儒弱歸因於楊朱之學盛行以及「秦漢以前輕死尚俠之武士道」的失落，「以儒敎爲表，以楊敎爲裏，而斬除此武士道者，中國之所以弱也。」㉚一時間討論尚武精神成爲熱門話題，「尚武尚武之聲」，「日不絕於憂時者之口」。所謂「秦漢以來，日流文弱」，士子「終身袖手雍容」，以致遺傳成爲天性，不只體骨柔弱，「其志氣亦脆薄而不武，委靡而不剛」，無力抵抗異族之侵陵㉛，幾乎成爲晚淸志士的共識。最能代表這一思潮的是梁啓超《新民說》中的〈論尚武〉：「尚武者國民之元氣，國家所恃以成立，而文明所賴以維持者也。」至於中華民族之「不武」，梁氏「察其受病之源」，一爲國勢之一統：不若戰國時首重國防，「人鶩於勇力，士競於武功」，而是「習爲禮樂揖讓，而相尚於文雅」，「重文輕武既成，於是武事廢墮，民氣柔靡」；二爲儒敎之流失：孔子也曾以剛強剽勁激發民氣，只可惜「後世賤儒，便於藏身，摭拾其悲憫塗炭矯枉過正之言，以爲口實，不法其剛而法其柔，不法其陽而法其陰」；三爲霸者之摧蕩：「一人剛而萬夫皆柔，一人強而天下皆弱，此霸有天下者之恆情也」，這一統治術的訣竅在於，不柔不弱者殺無赦，「經二十四朝之摧陷廓淸，士氣索矣，人心死矣」；因爲習俗之濡染：「中國輕武之習，自古然矣」，「學人之議論，詞客所謳吟，且皆以好武喜功爲諷刺，拓邊開釁爲大戒」，此惡風潮飄蕩，必然使得世人雄心頽損豪氣銷磨㉜。

對於宋元以下中國人過崇文雅而貶斥武事，讀書人手無縛雞之力，以致國難當頭空有許身之志，此前也有過零星的批評，但從來不曾如此尖銳且集中。世人之批評「中國以文弱聞於天下，柔懦之病，深入膏肓」㉝，除了國事日非外，更重要的是日本「大和魂」的啓示。時人有談斯巴達的，有談華盛頓的，但對中國人刺激最深的，還是「蕞爾小國」日本的崛起。據說日本的崛起主要得益於「大和魂」的鑄造，梁啓超於是感嘆：「吾聞日本人有所謂日本魂者，謂尚武精神是也。嗚乎！吾國民果何時始有此精神乎？」[34]

最早注意到日本民族的尚武精神的，或許當推黃遵憲。「日本二千年，本以武立國」（〈陸軍官學校開校禮成賦呈有棲川熾仁親王〉）；「況復五百年來武門尚武國多賁、育儔，（〈赤穗四十七義士歌〉）。〈日本雜事詩〉中對日人遊俠習氣的歌詠，對時人影響尤大：「解鞘君前禮數工，出門雙鍔插青虹。無端一語差池怒，橫濺君衣頸血紅。」黃氏自注云：「士大夫以上，舊皆佩雙刀，長短各一，出門橫插腰間，登席則執於手，就坐置其旁。《山海經》既稱倭國衣冠帶劍矣。然好事輕生，一語睚眥，輒拔刀殺人，亦時時自殺。今禁帶刀，而刺客俠士猶縱橫。史公稱『俠以武犯禁』，惟日本爲甚。」中國古代也有士大夫佩劍之俗，可是正如李贄抱怨的，「古者男子出行不離劍佩，遠行不離弓矢，日逐不離觿玦」，本意在「文武兼設」，而後世則成了純粹的裝飾品（《焚書‧讀史‧無所不佩》），絕無以武犯禁的俠氣。黃遵憲對日本衣冠帶劍、好事輕生的習俗還只是客觀介紹，譚嗣同則將此風習斷爲日本民氣激盪國勢強盛的內在原因：「其變法自強之效，亦由其俗好帶劍行遊，悲歌叱吒，挾其殺人報仇之氣概，出而鼓更化之機也。」[35]此後，不斷有人吟詩撰文，推崇日本「書生劍客，慷慨國事」之尚武精神（章太炎〈變法箴言〉）。唐才常的〈俠客篇〉云：「我聞日本俠，義憤干風雷，幕府權已傾，羣藩力亦摧，翻然振新學，金石爲之開。」梁啓超《自由書‧祈戰死》和《新民說‧論尚武》均稱頌日本之武士道：「入隊之旗，祈其戰死；從軍之什，祝勿生還。好武雄風，舉國一致。」[36]蔣智由、楊度爲梁啓超《中國之武士道》一書作序，也都將日本之強盛，歸因於其「向所固有之武士道」。至於梁啓超的《記東俠》、陳獨秀的《東海兵魂錄》、黃海鋒郎的《日本俠尼傳》、舟子的《尚武說》等，都是頌揚日本的「荊、聶肩比，朱、郭斗量」[37]，輕死好戰，尚武輕文。更有推而廣之，將日本及歐美維新、獨立、革命之成功，全都歸之於「日本男兒之俠腸」、「美利堅人之俠骨」與「法蘭西人之俠心」[38]。

推崇祈戰死的「大和魂」，目的自然是在中國呼喚尚武精神。像鄒容那樣怒斥國人「不復有仗義敢死之風」，「不敢為鄉曲豪舉、遊俠之雄」是一條路[39]，像陳獨秀那樣編完《東海兵魂錄》，再編《中國兵魂錄》與之對抗又是一條路[40]。明知「今欲以一新道德易國民，必非徒以區區泰西之學說所能爲力也」[41]，故「用國粹激動種性，增進愛國的熱腸」[42]——在這一點上，梁啓超和章太炎（改良派與革命派）並沒有什麼區別。蔡鍔慨嘆在四千年中國歷史中尋找尚武之國魂，「蓋杳乎其不可得矣」[43]，那只能怨蔡氏過執名相不曉變通。若梁啓超先前也曾慨嘆「我所謂中國魂者，皇皇然大索於四百餘州，而杳不可得」，但既然「今日所最要者，則製造中國魂是也」[44]，於是乎上下求索，很快找到此國魂，且著成一冊《中國之武士道》，「發吾宗之家寶以示子孫」，使世人得以「取古人武勇之精神，因時勢而善用之」[45]。梁啓超「既述春秋戰國以迄漢初，我先民之以武德著聞於太史者，爲《中國之武士道》一卷」，乃作〈自敍〉述志：「泰西、日本人常言，中國之歷史，不武之歷史也；中國之民族，不武之民族也。嗚乎！吾恥其言，吾憤其言，吾未能卒服也。」考我先民好氣任俠慷慨悲歌，「橫絕四海，結風雷以爲魂；壁立萬仞，郁河岳而生色，以視被日本人所自侈許曰武士道武士道者，何遽不逮耶？何遽不逮耶？」[46]只不過統一專制政體確立，民族武德逐步淪喪，難得再有以武俠聞於世者。

「欲返將來祖國魂，憑茲敢戰英雄氣」（楊度〈湖南少年歌〉）。由國勢衰微而招國魂、呼喚尚武精神，因求尚武而追憶、發掘早就隱入歷史深處的遊俠兒。終於，遊俠兒在被正統士大夫拋棄了近兩千年後，再次浮出歷史地表，迎接歐風美麗的嚴峻挑戰。「十載江湖求女俠，隱娘紅線已無多」（柳亞子〈夢中偕一女郎從軍殺賊，秦凱歸來，戰瘢猶未洗也，醒成兩絕紀之〉）；「我亦十年磨劍者，風塵何處訪荆卿？」（柳亞子〈題錢劍秋「秋燈劍影圖」〉）不要說荆卿難訪隱娘無多，即便江湖中果有此等奇才，復出的遊俠承擔得了救亡圖存的重任嗎？時人對於桀驁不馴的遊俠在政治鬥爭中的作用是否估計過高？或者說，如何將「以軀借交報仇」的遊俠兒轉變爲有明確政治信仰的鬥爭力量，並不是一件很輕鬆的事情。

三、對於流血的崇拜

高旭〈海上大風潮起放歌〉吟道：「中國俠風太冷落，自此激出千盧騷。要使民權大發達，獨立獨立聲囂囂。」盧梭乃晚清志士的精神導師，《民報》創刊號刊人類歷史上四大偉人圖片，盧梭赫然在列（餘三者爲黃帝、華盛頓和墨翟）。只是盧梭等西方思想家的民權、獨立、平等、自由等觀念，與遊俠又有何關係？倘若不是俠風冷落，難道就沒必要「激出千盧騷」？盧梭的出現，居然促使中國文人追憶起千古遊俠來。這種因接受西方近代思潮而禮讚某些早被歷史塵封的古人的傾向，在晚清相當普遍。這裏面蘊涵著一種思想方式，那便是將古人現代化。重新詮釋遊俠形象，此乃遊俠浮出歷史地表的必要前提。儘管此前（宋至清中葉）也出現過一些遊俠詩文，但像晚清志士們那樣眞把它當回事、眞把它作爲改造社會的重要力量，尚屬首創。因此，遊俠的復出，首先必須正名：務使世人相信遊俠不只是藉交報仇，更重要的是捨生取義，完全値得志士們推崇和效仿。

追憶遊俠，本就是爲應付世變而求助於傳統資源；詮釋遊俠，更離不開這一思路。說是托古改制也罷，古爲今用也罷，傳統的創造性轉化也罷，晚清志士必須讓「儒、墨皆排擯不載」（《史記・遊俠列傳》）的遊俠，獲得某種具有權威性的傳統思想的支持。儘管實際上是盧梭的思想、虛無黨的行爲觸發了世人對遊俠的追憶，但不經過一番有效的價值轉換，遊俠還是沒能爲文明社會所接納。

對「遊俠」的重新解讀，得益於晚清諸子學與佛學的復興。平生「撫劍起巡酒，悲歌慨以忼。束髮遠行遊，轉戰在四方」（〈河梁吟〉）的譚嗣同，頗喜「斗酒縱橫，抵掌《遊俠》之傳」[47]，〈仁學〉中對「任俠」極爲推崇，〈自敍〉則將其歸於墨。「墨有兩派：一曰任俠，吾所謂仁也」[48]。此一「任俠」之墨，即譚氏自我表白的「挾一摩頂放踵之志，抱持公理平等諸說，長號索偶，百計以求伸」[49]。俠出於墨之說，晚清以降相當流行。梁啓超一九〇二年作〈論中國學術思想變遷之大勢〉，分墨爲兼愛、遊俠、名理三派，並斷言遊俠一派自戰國以至漢初極盛，「朱家、郭解之流實皆墨徒也」[50]。蔣智由不說俠是否出於墨，而是強調區分大俠小俠公武私武。朱家、郭解借交報仇，非國之大俠，遠不及「墨家者流，欲以任俠敢死，變國風，而以此爲救天下之一道也」。以「俠之至大，純而無私，公而不偏」爲標尺，以墨家「爲千古任俠者之模範」[51]，與其說是一種歷史溯源，不如說表達了現代人對「大俠」的期待。

同樣是對急公好義的大俠精神的召喚，以「俠骨崢嶸」著稱的章太炎，則傾向於將俠與儒掛上鉤。時人也有「俠之不作，皆儒之爲梗」、「儒爲專制所深資，俠則專制之勁敵」[52]之類的說法，章氏卻「儒俠」並舉，且稱「世有大儒，固舉俠士而並包之。而特其感慨奮厲，矜一節以自雄者，其稱名有異於儒焉耳」[52]。世人言儒多近仁柔，章氏則舉出《韓非子・顯學》中漆雕氏之儒與《禮記・儒行》中的十五儒，前者「最與遊俠相近」，後者「皆剛毅特立者」。既然儒者不懦不弱，而俠者「殺身成仁」、「除國之大害」的宗旨又與儒之義之用相若，又有什麼理由禁止儒俠並舉呢？雖說「漆雕氏之儒廢，而閭裡有遊俠」的溯源未足以服人，但強調遊俠「當亂世則輔民，當治世則輔法」[54]，實際上已爲被九流擯斥的俠士爭到一席地位。「天下有亟事，非俠士無足屬」[55]，這才是晚清志士心裡最想說的，至於俠到底出於墨抑或出於儒，考據均未見精采。黃侃釋俠時，明顯追隨章氏，一句「俠之名，在昔恆與儒儗。《儒行》所言，固俠之模略」，考證就此帶過；主要落筆在「古之聖哲，悲世之沉淪，哀烝民之失職，窮阨不變其救天下之心，此俠之操也」[56]。梁啓超很可能也受章太炎影響，一九〇四年作〈中國之武士道〉，改稱墨子爲「救世之患，急人之難」的「聖人」，而以孔子爲中國武士道之開端。同樣引《韓非子・顯學》，以漆雕氏之儒爲「後世遊俠之祖」，且稱頌「孔門尚武之風，必甚盛矣」，而譏「《說文》訓儒爲需弱，其去孔子之眞，不亦遠乎」[57]。

遊俠歸儒歸墨的學術論爭，時人其實不大關注，只不過是想以墨家的「摩頂放踵以利天下」或者儒家的「殺身成仁」來規範遊俠狂蕩不羈的生命活力，將其改造成爲利國利民而不是報恩報怨的理想的「大俠」。章太炎將世人推崇的遊俠分爲四等，頭等爲「不世出」的大俠，其次爲朱家、劇孟，再次爲荊軻、高漸離，最後一等是「冒法抵禁」的郭解、原涉[58]。何以如此分等，章氏沒有明說。梁啓超倒是表白了他對史書記載的遊俠的取捨原則，不過與章氏的分等眼光不大相同。〈中國之武士道〉之「凡例」稱：「本編去取，微有權衡。如專諸與荊、聶同類，以其爲一私人野心之奴隸，非有所不得已，且無與全國大計，故黜之。如季布與朱、郭齊名，以其亡命齷齪，且貴後無所建白，而以暮氣損民族對外之雄心，故黜之。」去專諸而取荊軻、聶政，與去季布而取朱家、郭解，或出於政治眼光，或出於道德修養，都是突出俠之利民與成仁，努力洗刷掉這一古老的歷史形象身上可能存在的污點。經過一番意味深長的選擇與改造，大俠作爲聖潔的殉道者與拯世濟難的英雄，重新出現在世人面前。

於是，遊俠不只是「赴士之阸困」（《史記・遊俠列傳》），更「以夾輔羣生爲志」；且「儒者言仁義，仁義之大，捨俠者莫任矣」[59]。遊俠也不只是「時扞當世之文罔」（《史記・遊俠列傳》），其理想之高，近乎「今所謂無政府論者」[60]。遊俠更不只是報一人之恩仇，而是像曹沫那樣「安國家定社稷」，建「曠古之奇功」。最後，遊俠「非膂力之謂，心力之謂也」，胸有大志的張良外表如婦人好女，仍不失爲「天下之大俠也」[61]。經過章太炎、梁啓超、黃侃等人再三詮釋的「遊俠」，自是有百利而無一弊。梁啓超還只是爲古俠之以武犯禁辯解：「俠之犯禁，勢所必然也。顧犯之而天下歸之者何也，其必所禁者，有不慊於天下之人心；而犯之者，乃大慊於天下之人心也。」[62]黃侃則乾脆認可遊俠之永恆魅力：「搏搏大地，自西自東，自南自北，苟強種不除，暴政不戢，富人不死，俠其得羣黎百姓之心乎？」[63]

在對遊俠的諸多溢美之辭中，尙武精神、平等意識、鋤強扶弱等等都不是關鍵；最令晚清志士傾心的，其實是其「尙俠輕生」（譯成儒家語言是「殺身成仁」）。對「流血」的崇拜，以及對「犧牲」的渴望，使得晚清志士們在解讀遊俠形象時容易將其刺客化——不只因其暗殺的手段，更因其必死的信念，在最後一擊中體現（鑑賞）生命的輝煌，這一意象令時人深深陶醉。最著名的莫過於譚嗣同戊戌變法失敗後的拒絕出走：「各國變法，無不從流血而成。今日中國未聞有因變法流血者，此國之所以不昌也。有之，請自嗣同始！」[64]這種烈士心態，在晚清志士中相當普遍。所謂「文明者購之以血」，「列國文明皆自流血購來」[65]這樣的判斷，以及法國大革命的場景、虛無黨人的氣概，都讓這代人堅信：「我今早死一日，我們之自由樹早得一日鮮血；早得血一日，則早茂盛一日，花方早放一日。」[66]

認準「流血成河，死人如麻，爲立憲所無可倖免者」[67]，暴力革命自然是最佳選擇。革命需要流血，「流血」因而也就獲得一種神聖感。在革命派與改良派的論爭中，主張革命者在道義上占有明顯優勢，因其敢於欣賞「流血」。章太炎稱革命之難得成功，根本原因在於黨人之缺乏道德，而「道德者，不必甚深言之，但使確固堅厲，重然諾，輕死生，則可矣」[68]。主張「激烈」、「破壞」並眞能輕死生的吳樾，在〈敬告我同志〉中這樣指責論敵：「夫至今日而言建設、言平和，殆亦畏死之美名詞耳。」[69]黃侃批評立憲黨人，也是抓住「畏死」二字做文章：「今既囂囂然以救國自豪，而畏死特甚，則其心直可謂之僅能好名、慕勢、競利，而不能救國，可也。」政治策略可以爭論，學術思路也可以爭論，惟獨「敢死」與「畏死」二者在道德天平上之傾斜與高低，無可爭論。這就難怪黃侃喊出「吾黨之志，以敢死爲先」[70]這樣響亮但含糊的口號。其時，「敢死」與否幾成了品評人事的最高尺度。陳天華述及暗殺時稱：「此無論所抱持之主義與吾黨同，或與吾黨立於正反對之地位，其敢死有足多者。」[71]只要「敢死」，便「有足多者」，就因爲世人皆貪生怕死，能克服這一怯懦天性者，不論其政治主張如何，都值得敬仰。陳天華蹈海自盡，時人有作〈敢死論〉，譏其「乃類於匹夫匹婦之所爲」；章太炎爲此文加「附識」，認定「自戕之風，當開之，不當戒之」。理由是：「若必選擇死所，而謂鴻毛泰山，輕重有異，則雖値當死之事，恐亦不能死矣。」先秦法家反對世人對待犯禁的遊俠「罪之，而多其有勇也」（《韓非子·五蠹》）的模稜兩可態度，現代政治家也不會讚賞「與吾黨立於正反對之地位」的「敢死」者。而晚清志士則管不了那麼多，當務之急是激勵民氣，「主義之爭」倒在其次。故「今欲伸民氣，則莫若行此暗殺主義」[72]。

要論「敢死」，古代的遊俠與刺客無疑是第一流的：「俠客不怕死，只怕事不成」（元稹〈俠客行〉）：「縱死俠骨香，不慚世上英」（李白〈俠客行〉）。無論是《史記》、《漢書》，還是此前此後無數評頭論足的騷人墨客，對遊俠、刺客的道德修養與政治作用評價抑或有高低，但沒有人懷疑這些「亡命之徒」的確「不愛其軀」。晚清志士之推崇遊俠，很大程度正是敬佩這種獻身精神。大概時人眞的相信「何必怯舟師，何必畏利器；苟得死士心，無敵有大義」（黃節〈宴集桃李花下，與言邊患，夜分不寐〉），因而，置生死於度外便成了慷慨赴國難的第一要求：「一念輕死生，千秋定是非」（王大覺〈贈周志伊獄中〉）；「我欲天涯求死所，十年磨劍悔蹉跎」（柳亞子〈次韻和陳巢南歲暮感懷之作〉）。正是這種「輕死生」、「求死所」的烈士心態，使得晚清志士很容易認同遊俠的生命意識。

四、暗殺風潮之鼓吹

晚清志士歌詠之遊俠，其實多近於刺客。秋瑾〈寶刀歌〉：「不觀荊軻作秦客，圖窮匕首見盈尺；殿前一擊雖不中，已奪專制魔王魄」；高旭〈俠士行〉：「荊卿歌市中，聞者肝膽裂；漸離擊筑和，相樂更相泣」；柳亞子〈聞萬福華義士刺王之春不中感賦〉：「君權無上俠魂銷，荊聶芳蹤黯不豪。如此江山寥落甚，有人呼起大風潮。」當初司馬遷著《史記》，刺客和遊俠分別立傳，實不無深意。遊俠以武犯禁，「時扞當世之文罔」，雖有「不愛其軀，赴士之阨困」的壯舉，但並非政治鬥爭的得力工具。而刺客雖也被酒使氣，但講劍術報恩仇，一怒而天下驚，「流血五步，天下縞素」（《戰國策·魏策》），成爲列國爭強的重要手段。魏晉詩人基本上還是遊俠與刺客分詠，只是陶淵明的「撫劍獨行遊」中已出現「風蕭蕭兮易水寒」的意象（〈擬古〉其八）。到了唐代詩人和小說家手中，遊俠與刺客已混爲一談，不再界限分明了[73]。晚清志士要讓遊俠死國事守大義，而不只是逞強恃勇睚眥必報，必然驅使其走上刺客一路。而晚清暗殺風潮的形成，與仁人志士對「遊俠」的這一解讀互為因果。

暗殺從來就是政治鬥爭的一種重要手段，只不過在晚清推翻清廷的革命中，扮演了特別重要的角色。革命黨人將其定為排滿的兩大途徑之一（一為暴動一為暗殺）[74]，報刊書籍大談暗殺的好處，而接二連三的暗殺案，也確實激勵鬥志振奮精神。以致當你思考辛亥革命的成敗得失時，無論如何不該漠視暗殺的作用。

戊戌變法失敗後，康有為流亡海外，在與宮崎寅藏談話中，大讚日本志士之遊俠精神，「終乃漏其欲藉此等俠士之力，狙擊西后之意」，被宮崎以不掠頭功為理由拒絕[75]。同屬改良派的梁啓超雖有〈中國之武士道〉和〈論俄羅斯虛無黨〉之作，但對現實鬥爭中的暗殺影響甚微。晚清的暗殺活動及其宣傳，大致皆革命黨人所為。而按照時人的理解，「暗殺主義，非有遊俠主義不能擔負之」。

從一九〇〇年興中會會員史堅如謀炸兩廣總督德壽，到武昌首義革命成功，中間十幾年發生過許多起暗殺事件。值得注意的是，這些赴死的刺客大都是熱血沸騰的讀書人，而不是秘密會黨或職業殺手。而且，這些殺身成仁的「刺客」，有的甚至還在行刺之前或之後，就「暗殺」這一行為的意義與作用做過專門論述。如吳樾行刺前著〈暗殺時代〉，稱「排滿之道有二：一曰暗殺，二曰革命。暗殺為因，革命為果。……今日之時代，非革命之時代，實暗殺之時代也」[76]。溫生才槍殺廣州將軍孚琦後被捕，針對「一將軍死，一將軍來，於事何濟」的譏刺，慷慨陳詞：「殺一孚琦，固無濟於事，但藉此以為天下先。」[77]這是一批有清醒政治頭腦的特殊刺客，或許只有俄國虛無黨人的行為可以與之媲美。

實際上，晚清志士之熱中於暗殺，正是受虛無黨人的刺激與啓示。「慷慨蘇菲亞，艱難布魯東」（柳亞子〈偕劉申叔……約爲結社之舉，即席賦此〉），晚清歌詠蘇菲亞的詩文小說可謂車載斗量。本世紀初，一批旅歐、留日的知識分子被虛無黨人的綱領及奮鬥精神所吸引，將其作爲二十世紀「執牛耳握霸權主盟全球」的新主義[78]，介紹到中國來。一九〇二年，馬君武譯《俄羅斯大風潮》，大讚「無政府黨人者，各國政府之最大公敵也」[79]；一九〇三年，馬敍倫著《二十世紀之新主義》，稱「彼無政府黨者，其宗旨高，其識見卓，其希望偉，帝國主義遇之而卻步，民族主義遭之而退走」[80]。其後，張繼、蔡元培、金一、劉師培、李石曾等人都曾熱心於無政府主義的介紹。對於晚清志士來說，虛無黨人之値得欽佩，除了其「抱至高無上之宗旨，具無堅不摧之願力」外，更因其「以殺戮官吏爲正義者」這一手段以及「視死如歸之精神」[81]。也許是中國人崇拜犧牲，也許是中國人熟讀遊俠與刺客傳，太欣賞「十步之內，劍花彈雨浴血相望，入騶萬乘，殺之有如屠狗」[82]這一鬥爭方式了，因此，虛無黨人的政治理想遠不及其「敢死的刺客」形象更廣爲傳誦並深入人心。一九〇三年在上海出版的張繼編譯的《無政府主義》一書，對這一閱讀傾向的形成起了不容忽視的作用。此書上編輯錄革命黨人和無政府黨人提倡暗殺之言論，下編是截止到一九〇一年各國無政府黨人暗殺政府要人的紀錄。而燕客爲此書寫的〈序〉，更強調暗殺手段的有效性：「羨暗殺手段，其法也簡捷，而其收效也神速。以一爆裂彈，一手槍，一匕首，已足以走萬乘君，破千金產；較之以軍隊革命之需用多，準備煩，不秘密，不確的者，不可同時而語。」這一說法爲不少革命黨人所接受，在此後討論遊俠或暗殺的文章中可以不斷聽到其回音。

如果眞像孫中山先生說的，一九〇〇年史堅如的暗殺只是史個人自行決定[83]，那麼，一九〇三年成立的軍國民教育會，以鼓吹、起義、暗殺爲三大策略[84]；一九〇四年蔡元培組織光復會，

「本爲暗殺計，然亦招羅暴動者」[85]，便都是有組織有宗旨有計畫的暗殺團。一九〇五年同盟會成立後，暗殺活動更爲活躍。參與暗殺清廷大吏的青年書生，雖也進行過一些初步的訓練，但成功率不高，常令人有「惜哉劍術疏，奇功遂不成」（陶淵明〈詠荊軻〉）的感慨。但不管暗殺是否成功，都起了激勵民氣的作用，並對大吏要員形成某種威懾力量。這裏不準備討論革命黨人採用暗殺手段在政治操作中的得失，而是探究促成其採用這一特殊手段的心態。

革命黨人之選擇暗殺，首先是出於雙方力量對比的考慮。雖說滿清江山岌岌可危，但以其軍事力量鎮壓各地零星起義還是綽綽有餘的。蔡元培等人之所以「覺得革命止有兩途：一是暴動，一是暗殺」[86]，很大原因是其時發動大規模暴動有困難，不單是人力，還有財力的困難。康有爲、孫中山都曾因海外籌款未能及時運到，導致起義失敗，因而受到同人嚴厲責難。梁啓超分析俄國虛無黨「何故不行暴動手段，而行暗殺手段」時，特別強調革命之成本：「凡暴動者必藉巨款」，「嘯聚草澤，其最少數亦必須千人以外」，故「暴動必兼賴他力，而暗殺則惟賴自力」[87]。林獬在論及刺客容易成功時，也首先指出其「第一不要多花錢」[88]。既然發動一次起義須動員大量人力物力，而派出一兩名刺客相對簡單多了，何樂而不爲？黃侃解釋「救民之道」衆多何以獨取暗殺時稱：「夫孤身赴敵，則逸於羣衆之揭竿；忽得渠魁，則速於軍旅之戰伐。」[89]湯增璧的意見大致相同：「去干戈而用爆彈，捨羣團而取狙擊，蓋手腕捷，心志專，莫善於此。」[90]黃、湯二文均刊於《民報》，而《民報》乃晚清倡導暗殺最力的刊物，各期所刊照片有一半以上與暗殺有關。只是革命成功不能單靠暗殺，這點誰都明白，即便最熱心暗殺的人也都承認：「匹夫提劍，屠惡有限，殆非吾黨之專策。」[91]其時雖有「當急軍人而緩刺客」抑或「刺客之與軍人，相須爲命，何有緩急之分」之類的爭論[92]，但決策的關鍵其實在於時機而不在原則。據說孫中山對暗殺問題

「不爲絕對之主張」，暗殺「惟與革命進行事機相應，及不至搖動我根本計畫者，乃可實行耳」[93]。明知「革命斷非一次就可以成功」，而人民尚未覺醒，要想喚起民衆，「則莫若行此暗殺主義」[94]，起碼可以起到「伸民氣」、「鑄國魂」的作用。至於是否會因此犧牲骨幹或濫殺無辜，實無暇顧及。

對暗殺活動的大力鼓吹，很大原因還在於晚清志士多爲熱血青年，而不是成熟的政治家。因而，他們更多考慮理想與信念，而不是實際操作。革命是一個複雜的「系統工程」，需要綜合的考察以及周密的計算；而晚清志士的政黨意識、組織觀念大都不強（章太炎甚至反對政黨形式），政治理想也較爲簡單空泛，因而不免時時自作主張，意氣用事。將「社會種種不進化的緣故」歸因於一、二政治家或貴紳、族長，不能說是高明的政治主張；而由此推導出「要想把衆生拔出地獄」，「只有單刀匹馬以做刺客爲不二的法門」[95]，也並非高明的鬥爭策略。不過，這一思維方式倒是更接近於古代獨掌正義的遊俠，而不是率兵打仗的戰將。這也是他們在詩文、言談中格外推崇古代刺客和遊俠的原因。黃侃稱「荆軻、聶政之事，蓋勝於陳涉、吳廣」[96]；湯增璧則讚烈士劉道一「其心純潔高尚，張良、豫讓、荆軻、聶政，烏能比其烈歟」[97]。而柳亞子以「胡塵遍中原，俠風久不作」開篇的悼詩，歷數從史堅如到秋瑾諸多英烈事跡，並描摹了他們的共同心願：「得當竟報漢，一擊天地復」（〈有悼二首，爲徐伯蓀烈士作〉）。醉心於「流血五步，世界之幸福以進」[98]的戲劇性後果，再加上對犧牲的崇拜，晚清志士當然推崇充滿個人英雄主義色彩的刺客，而不欣賞現代戰爭中起決定作用的大軍團的士兵或將軍。遊俠的個人魅力，經過千百年騷人墨客的渲染張揚，早就深深烙在這代人的腦海裏。一方面是晚清志士用新的政治理想來重新詮釋、改造古老的遊俠作風和刺客精神，另一方面是充滿神奇色彩的遊俠夢始終制約著晚清志士的思維方式以及其對鬥爭策略的選擇。

大批文人投身革命並舞文弄墨提倡(歌頌)暗殺，固然使得革命黨人慷慨赴難殺身成仁的光輝形象廣泛傳播，但也使這種最為血腥慘烈的活動在某種程度上文學化了。不少詩文不大注重暗殺的實際政治作用，反倒有欣賞其審美價值的傾向。史家多從政治鬥爭的策略以及英雄史觀的偏頗來談論晚清的暗殺風潮，其實還必須關注這批志士的知識結構以及心理特徵。並非久經考驗的職業革命家(如孫中山)，大部分是血氣方剛的青年知識者，既有獻身精神與浪漫激情，又因對語言文字的過分沉迷而容易衝動與興奮。暗殺之所以形成風潮，除了政治家的有意引導，還有時人對暗殺意象(而非實際手段)的迷戀。其時談論暗殺的文章，絕少論及刺客的命運，似乎守大義死國難是一件很容易的事。革命高潮中，像吳樾那樣眞心相信與其「奴隸以生」，不如「不奴隸而死」[99]，或者如陳天華那樣「遇有可死之機會則死之」[100]者，當不在少數。但我還是覺得晚清志士遊俠詩文中體現的輕視生命的傾向，與其用審美眼光來看待「死亡」這一意象有關。湯增璧在〈崇俠篇〉中呼喚「匹夫提劍」刺殺專制魔王，文章結尾處特別渲染易水悲歌這一場景的美感：「且易水蕭騷，落日荒涼，親朋嚥淚，至以白衣冠餞送，而酒酣拔劍，擊筑高歌，怒髮上指，氣薄虹霓；大丈夫不稍短氣，近兒女沾巾之態，此古之俠風，則有然矣，寧獨不可再見於今日耶？」[101]此等頗具文采的宣傳鼓動文字，對於綠林豪傑或許絲毫不起作用，但晚清志士不乏因此而悲歌一曲慷慨赴死的。最讓他們醉心的，還不是臨危一擊的實戰效果，而是「酒酣拔劍，擊筑高歌」的意境，於此可見其文人心態。

這原也不無道理，晚清志士注重的是「烈士精神」，而不是技擊本領。暗殺乃「謀事在人成事在天」，偶然性太大了，不能以成敗論英雄。因比晚清志士之大談刺客，不少只是希望在國民中養成一種隨時可以赴國難的「烈士精神」，而並非眞地想鼓吹或實行暗殺。英雄建功立業得益於天時地利，而刺客則特立獨行不借他力；前者取其才智，後者揚其精神。而在時人看來，「得一英雄誠不如得一烈士」，因爲「英雄罕能眞，烈士不可僞也」。英雄不一定死國難，而刺客幾乎注定是「壯士一去兮不復還」。「故曰刺客之道，必死之道也」[102]。對於崇尙犧牲的晚清志士來說，刺客因而遠比英雄更有魅力。

千古文人談遊俠、刺客而怦然心動者大有人在，而晚清志士更是感慨良多。康有爲〈讀《史記·刺客傳》〉詩云：「遷史憤心尊聶政，泉明詩詠慕荆軻。要離有冢誰能近，博浪無椎可奈何。」康氏還只是嘆惜「羞甚蒼生四百兆，豈聞一客劍橫磨」，章太炎則以身作則，一九一四年冒險入京力挽狂瀾時高歌：「時危挺劍入長安，流血先爭五步看」（〈時危〉）。只不過康、章二人之採用刺客典故，只是表示報國情懷與必死信念，而並非眞地準備採用暗殺手段。

五、聯絡會黨的策略

在晚清各社會階層中，最接近古代遊俠生存方式者，莫過於秘密會黨。革命黨人爲了壯大反清力量而採取聯絡會黨的鬥爭策略，也是影響晚清志士遊俠心態形成的一個重要因素。

孫中山先生在回憶當初革命思潮剛起之時勢及所作的戰略思考時說：「內地之人，其聞排滿之言而不以爲怪者，只有會黨中人耳。然彼衆皆知識薄弱，團體散漫，憑藉全無，只能望之爲嚮應，而不能用爲原動力也。」[103]其時的革命志士頗有主張愼用會黨者，因其沒有明確的政治理想，且多桀驁不馴難以駕馭。如陳天華稱「會黨可以偶用，而不可恃以爲本營」[104]；就連長期在浙江聯絡會黨且很有成績的陶成章也承認：「欲得會黨之死力也難。」[105]但是否聯絡會黨不是個理論是非問題，而是個鬥爭策略問題。會黨標榜「反淸復明」，與革命派之主張「革命排滿」，宗旨大致吻合；另外，會黨深入社會底層，有極大的活動能量，這一點是革命黨人所望塵莫及的。在新軍沒有被感化改造以前，會黨可以說是革命黨人能夠利用的主要武裝力量。

戊戌變法失敗後，晚淸志士再也無法從上而下地實行改革，只好依賴下層社會力量。而一九〇〇年「自立軍起義，乃是我國第一批近代知識分子羣，首次與下層會黨羣衆在反淸目標下的初步聯合」[106]。據周錫瑞統計分析，在有案可查的參加起義的六十四人中，二十二人是秘密會黨頭領，五人在軍隊裏面(秘密會黨力量的重要據點)，三十七人爲知識分子[107]。此後革命黨人的歷次起義，大都與秘密會黨的合作分不開。

自立軍起義被鎭壓後，湖南巡撫俞廉三有一奏摺，分析此次起義：「大抵此項匪徒中有二等：一系文人，皆曾在各處學堂肄業，及曾經出洋學生，與康有爲等交往素密；一系痞匪，即內地舊有之會匪痞徒，貪利與之聯合。」在他看來，「軍營散勇無業遊民」之「偷竊劫掠」本不足爲慮，因其「手無利器巨貲，胸無遠謀大志」；値得擔憂的是此種「文人」與「痞匪」的結合[108]。後來的事實證明，俞氏的擔心頗有先見之明。不管是革命派還是改良派，都在努力爭取會黨的支持與合作。若孫中山的興中會，黃興的華興會，陶成章、秋瑾的浙江光復會等，都與會黨攜手；因而在反淸鬥爭中發揮了巨大的作用。

正如研究者指出的，「在某些方面，革命派和秘密會社是天然盟友。兩者都被宣布爲亡命之徒，都由進不了傳統社會等級的人組成，都憎恨外國人的統治」[109]。曾樸先後寫作的《孽海花》；都提到陳千秋奉孫中山命「聯絡各處會黨」，以及哥老會頭目表示願「率江上健兒，共隸於青年會會長孫君三色旗之下」[110]。至於聯合的理由，據說是「內憂外患，豈可同室操戈」。其實，聯合的根本原因在於會黨需要「讀書人」的新思想和財政支持，而「讀書人」則需要會黨的組織系統和軍事力量。在二者聯手開展反清鬥爭的過程中，革命黨人不曾忘記用新思想逐步改造會黨。陶成章稱「其開導之方法，則多運革命書籍，傳布內地」；「而革命之思想，亦遂普及於中下二社會矣」[111]。改造會黨不是一件簡單的事情，不過由於新時代交通及信息傳播的發達，加以革命黨人於所到之處登臺演說民族大義，有利於會黨中人增進知識開闊眼界，因此昔日散漫貪財的會黨，有可能如秦力山預言的，成爲「滿洲之司命閻羅」[112]。

馮自由在談及會黨在晚清的作用時稱：「至戊戌庚子二次變亂之後，遂有革命志士乘時奮興，日以聯絡會黨爲事，由是諸會黨乃漸浸染民族民權兩種思想，而滿清末祚從此多事矣。」[113]革命黨人之聯絡會黨，有兩種不同的操作方式。一是因會黨之勢力「日見其強大，時勢逼人」，而與之合作，「爲之助其焰而揚其波」[114]。具體做法包括提供武器與財政資助，慫恿其獨立舉事或聯合起義。如一九〇七年宋教仁赴東北聯絡大孤山「馬賊」，表示「欲與公等通好，南北夾攻，共圖大舉」[115]；黃興則希望爲北方之會黨提供費用，促其舉事，「以驚撼北京，此則爲出奇者也。勢雖不成，牽制北清之兵力有餘」[116]。這基本是一種利用會黨製造社會動亂，分散清廷軍事力量，以便乘機發動武裝起義的策略。也就是說，以會黨爲偏師，而以革命黨人自己掌握的武裝爲「原動力」。另一種方式則是由革命黨人直接參加會黨，掌握領導權，使其成爲可以「依爲心腹」的革命力量。一九〇八年，遠在巴黎以宣傳無政府主義爲宗旨的《新世紀》，曾發出「去矣，與會黨爲伍！」的呼號，理由是「中國會黨之力，實足爲中國近代史上之偉觀」[117]；但在此之前，孫中山一派早就實行了這一策略。如孫中山之「令史堅如入長江，以聯絡會黨；命鄭士良在香港設立機關，招待會黨，於是乃有長江會黨及兩廣、福建會黨併合於興中會之事也」[118]。革命派之運動會黨，最為典型的當推浙江光復會的活動。陳去病為徐錫麟作傳，謂其「運動紹屬會黨，盡交其酋豪，旁及金華諸府，由是草澤間往往知君名」，至開辦大通學校，「綠林之豪，麇集其間，而勢力亦益盛」[119]。此大通學校的開辦，據參與主持其事的陶成章介紹，竟是「遍招各處會黨頭目」，而且規定本學校學生成為光復會會友，「於是大通學校遂為草澤英雄聚會之淵藪矣」。後來秋瑾甚至「編制各洪門部下為八軍，用『光復漢族，大振國權』八字為大軍記號」，隨時準備武裝起義[120]。

革命黨人之運動會黨，確是一高招。儘管在推翻清廷的最後一擊中，新軍起了決定性作用，但會黨激發社會危機的作用，以及其在新軍中的強大勢力，都使它在晚清「革命排滿」鬥爭中有舉足輕重的地位。而革命黨人之所以能運動會黨，除了共同的反清宗旨外，還由於其對遊俠的一致推崇。也就是說，撇開政治理想與組織形式，單就個人氣質而言，晚清志士和會黨中人都可能讚賞或認同「仗義行俠」。

或許正因為這樣，晚清志士頗能理解這些被「正人君子」所鄙視的草莽英雄。當初宋教仁為聯絡滿洲「馬賊」，致信其頭領李逢春等，稱讚其「集義遼海之間，以扶弱抑強，抗官濟民為志」，並引為同志[121]。這並非只是權宜之計。革命黨人對民眾參加會黨的心理以及會黨的性質見解相當通達，如孫中山稱「其固結團體，則以博愛施之，使彼此手足相顧，患難相扶，此最合夫江湖旅客、無家遊子之需要也」[122]；陶成章稱其「會員之宗旨，專崇義氣，取法劉、關、張；既崇義氣，力求平等主義，故彼此皆稱兄弟，政體主共和」[123]。而吳稚暉等人主編的《新世紀》發表〈去矣！與會黨為伍〉和蔡元培等人主持的《俄事警聞》發表〈告會黨〉，甚至讚揚江湖好漢會黨中人「視死如歸，大有古武士風」；「個個像《三國志》裏的張飛，《水滸傳》裏頭的魯智深」，是「軍國民的材料」[124]。至於俠民的長篇小說《中國興亡夢》，乾脆讓紅鬍子黨（「馬賊」）的統帥大談其如何「每喜拔刀助人」，「以此屢觸法網」，儼然司馬遷筆下的古俠[125]。會黨中人以「患難相扶」爲主要宗旨，其講義氣求平等是受《三國》、《水滸》的影響，這一點已爲現代學者所證實[126]。

會黨中人雖則大多愚昧放蕩，但也可能因其粗豪脫略、講義氣守信用、喜打抱不平的性格，爲晚清志士所賞識。孫中山物色到的第一個同志鄭士良即「曾投入會黨」，而吸引孫中山的正是其「爲人豪俠尚義，廣交遊，所結納皆江湖之士，同學中無有類之者」[127]。這一選擇幾乎帶有象徵意味，會黨中的佼佼者很可能因其「豪俠尚義」而與同是「豪俠尚義」的晚清志士走到一起。並非每個晚清志士都天性豪俠，但能聯絡會黨者，大都喜拔劍高歌使氣任俠。

「好任俠，善劍術」，爲「物色豪傑」浪跡天涯的譚嗣同[128]，倘若不是早死，大概是聯絡會黨的最佳人選。譚氏去世後，其「刎頸交」唐才常即「七尺微軀酬故友，一腔熱血濺荒邱」（〈臨難詩〉），其重要策略正是聯絡會黨舉事。而唐才常等組自立軍並以富有山堂統一長江之所以進展如此神速，除本人賦性豪俠易得會黨中人好感外，更因其很早就意識到「兵亂將起」，故「於風塵中稍物色豪傑之士，而與之交」[129]。在革命黨人聯絡會黨的工作中，浙江光復會成績卓著，陶成章、徐錫麟爲此付出了巨大努力。而「身不得，男兒列，心卻比，男兒烈」（秋瑾〈滿江紅〉）的鑑湖女俠秋瑾，居然也能統領、駕馭會黨，更令人驚嘆不已。這自是與其「不拘小節，放縱自豪，喜酒善劍」，「尤好《劍俠傳》，慕朱家、郭解爲人」[130]的豪俠性格有關：「不惜千金買寶刀，貂裘換酒也堪豪」（秋瑾〈對酒〉）；「寶刀俠骨孰與儔，平生了了舊恩仇」（秋瑾〈寶刀歌〉）。也許，正是這種豪氣與俠骨，懾服或傾倒了會黨中人，才使得他們心甘情願服從一個「女流」的指揮。

革命黨人聯絡會黨，一開始很可能只是一種鬥爭策略，但改造是雙向的；尤其是在情感氣質和行爲方式等與政治理想距離較遠的方面，革命黨人實際上不可能不受其盟友的影響。既然在「豪俠尚義」這一點上雙方找到了共同話語，就難保晚清志士不會因與會黨結盟而強化其遊俠心態。

六、大小傳統之溝通

晚清乃中國歷史上至關重要的轉折關頭，這一點大概誰也不會否認。有爭議的是，在這一社會轉型中，傳統到底起了怎樣的作用。思考晚清社會變革和文化轉型中，先行者如何借助西學激活傳統，完成傳統的選擇與重構，使之成爲促進改革的重要思想資源，無疑是十分重要的。從梁啓超、錢穆到侯外廬、張舜徽、余英時等，都注意到清中葉以後諸子學的復興及其對作爲主流意識形態的儒學的衝擊[131]。張灝更將諸子學的復興、大乘佛學的重新崛起以及儒家傳統中致用思想的凸現這三種主導思潮，作爲晚清志士思想得以形成與成熟的中土思想背景[132]。這一思想背景的形成，既有調整結構回應社會危機的功能，也與外部世界的衝擊（從堅船利砲到制度文明）不無關係。清理這一思想背景，必須在拋棄「挑戰—應戰」的研究模式的同時，防止過分執著中國史自身的「劇情主線」因而漠視西學的巨大影響[133]。將中學與西學的對話，與傳統的內部對話重疊起來透視，方才能夠理解晚清社會思潮的紛紜複雜。

即便只是考慮傳統的內部對話，諸子學與佛學的復興以及儒學的自我調整，仍不足以說明晚清思想界的動盪與變革。這三種主導思潮的崛起，確實使得某些原先非主流、非正統的學說從邊緣向中心移動，進而牽發、影響了社會思潮的激盪。可是這種描述並非天衣無縫，因其忽略了「小傳統」或曰「通俗文化」的存在對思想界和社會思潮的制約。傳統的內部對話，不應只是局限於士大夫中儒釋道的此起彼伏，也應包括以儒釋道爲代表的精英文化與民間通俗文化的對話。

一般而言，大傳統（精英文化）和小傳統（通俗文化）之間既互相獨立，又互相交流，絕對的封閉和絕對的開放都是不可想像的。余英時曾說，相對於其他源遠流長的文化，「中國大、小傳統之間的交流似乎更爲暢通，秦漢時代尤其如此」；只是「漢代以後，中國大、小傳統逐漸趨向分隔」[134]。唐宋以下，自然還有個別卓異之士，努力溝通大小傳統；但作爲主流意識形態維護者的儒生，基本上是鄙視、排斥小傳統的。晚清社會動盪綱紀廢弛，草野間崛起大批仁人志士，因其特殊的社會地位與鬥爭策略，大小傳統之間的交流較爲暢通。尤其是晚清志士遊俠心態的形成，更是主要得益於民間文化精神的薰陶。

對於古俠的起源，學術界至今仍衆說紛紜[135]；顧頡剛關於戰國時「古代文武兼包之士至是分歧爲二，憚用力者歸『儒』，好用力者爲『俠』」的設想[136]，也受到諸多攻擊。但顧氏強調社會分工與文武分途發展的關係，描述秦漢間遊俠的興盛與衰落的歷史軌跡，大致是可信的。東漢以下史家不再爲遊俠列傳，不只是統治者必欲誅之而後快，士大夫也鄙視其以武犯禁或自掌殺生大權。即便歷朝歷代仍有不少輕生重義鋤強扶弱的俠士，不過氣勢與規模都絕難追蹤秦漢。文人學士偶爾還會歌吟遊俠，但此時的「遊俠」已不再只是「失意杯酒間，白刃起相仇」（鮑照〈代結客少年場行〉），而必須「慷慨赴國難，視死忽如歸」（曹植〈白馬篇〉）。借助於「仗劍行俠—馳騁邊關—立功受賞」這麼一個三部曲，使得俠客少年時代的不法行爲不但可以原諒，彷彿還是日後保家衛國的前奏，以便讓這令人仰慕又令人害怕的逸出常軌的「流浪兒」重新回到文明社會[137]。此等赴公義而不報私仇，驍勇善戰而非狂蕩不羈的遊俠，已與英雄相差無幾，這也是越到後世遊俠詩越與邊塞詩混在一起的原因。現實中的遊俠，因其「不軌於法」，「時扞當世之文罔」，必然處於社會底層；在一個相對穩定的社會裏，其價值觀不可能被有希望出將入相的舉子所認可。

至於文人所追憶的遊俠，實際上是一種歷史人物與文學想像的混合，並且經過當代主流思想的重新詮釋。傅山、金聖嘆和黃宗羲同處社會急遽動盪的明清之際，自是較能領悟遊俠的難能可貴，一稱「每耽讀刺客、遊俠傳，便喜動顏色，略有生氣矣」（傅山《霜紅龕文集．雜記三》）；一道「讀《虯髯客傳》，不亦快哉」（金聖嘆《〈西廂記〉批語》）；一讚「有儒者抱咫尺之義，其所行不得不出遊俠之途」（黃宗羲〈陸周明墓志銘〉）。遊俠之被追憶，仍局限於「懷古」，而且還要被儒家思想所約束與規範。讀書人並沒希望爲遊俠全面平反，更不要說起而效之。

晚清可就不一樣了，如果說康有爲的「撫劍長號歸去也，千山風雨嘯青鋒」（〈出都留別諸公〉）還只是表示報國情懷與豪放之氣，譚嗣同和柳亞子則乾脆以俠自許，以俠許人：「生隨李廣眞奇數，死傍要離實壯遊」（譚嗣同〈丙申之春……〉）；「已拚俠骨成孤注，贏得英名震萬方」（柳亞子〈弔鑑湖秋女士〉）。晚清詩文中的「俠骨剛腸還自賞」（周實〈書憤〉），並非只是遊戲文字，這代人頗多認同遊俠的行爲方式，有的甚至用鮮血和生命重寫失落千載的「遊俠傳」。

晚清志士遊俠心態的形成，既源於政治策略，也基於文學想像。而這兩者都與晚清思想文化界中大小傳統的交流與溝通密切相關。帶有理想主義色彩的晚清志士，既然無力從上而下勵精圖治，只有藉改良羣治推動社會進步。力圖喚起民衆的啓蒙者，與作爲「革命事業之中堅」的「下等社會」之間[138]，並非只是改造與被改造的關係，而是一種廣泛而深刻的「對話」。精英文化在改造通俗文化的同時，也被通俗文化所改造。小傳統的升值及其向主流意識形態的挑戰，使得不少有識之士開始調整眼光與趣味，在某種程度上認可其價值觀念。晚清志士之部分恢復「文武兼設」、「帶劍行俠」的古老士風，主要得益於這一大小傳統的對話。

醉心革命的晚清志士們立誓「勿言溫和，唯言破壞」[139]，反觀歷史，必然認可歷朝歷代揭竿而起的綠林豪傑。稱陳涉爲「中國革命家第一人」，洪秀全爲「漢族好男兒」，即便嗜殺成性的張獻忠也是「莽英雄」，就因爲他們都曾立志「推倒政府，普救國民」[140]。只有梁啓超大唱反調，對「今日國中迷信革命之志士」不問「革命之結果」，只管運動會黨輸入軍械以推翻政府這一「下等社會革命」方式甚不以爲然。梁氏所期待的「中等社會革命」沒有出現，而革命黨人所賴以舉事的下等社會，「其血管內皆含黃巾、闖、獻之遺傳性也」[141]，這就是晚清志士所面臨的困境。在改良與革命的論爭中，革命派以「敢死」的道德優勢占了上風；可是梁啓超的擔憂並非毫無道理。強調破壞與反叛，選擇暗殺手段，部分認同會黨的生存方式，使得以知識者爲主體的革命黨人逐漸向下層社會的政治意識和文化觀念靠攏。

這一傾向落實在思想文化界，就是力圖以「俠」來打破儒釋道三分天下的傳統局面。俠無書，沒有獨立的思想學說，與九流十家不是一個層次上的概念。儘管遊俠「不愛其軀，赴士之阨困」的精神氣概「亦有足多者」（《史記·遊俠列傳》），令千古文人感嘆不已；但只有到了晚清，讀書人才會想起爭論俠出於儒抑或出於墨。前此，「俠」主要是一種民間文化精神，爲下層社會所崇拜和效仿。俠的增值意味著儒的貶值。「儒俠」並稱，已是打破儒學的獨尊地位；更何況還有像章、黃師徒那樣將實現儒家仁義理想的重任全部擱在俠士肩上[142]。而「墨俠」的提法，同樣意味著儒家中心地位的衰落，以及中國文化中大小傳統的溝通。

「遊俠」作爲一種文學想像，在晚清同樣呈現大小傳統對話的態勢。晚清志士喜歡將國勢衰弱歸因於中國人主文而不尚武的習俗，進而追究「中國歷代詩歌皆言從軍苦」的責任[143]。其實，六朝之遊俠詩與唐代之邊塞詩，何嘗沒有「祈戰死」的慷慨悲歌。只不過宋元以降，中國詩歌確實偏於柔美。不過，中國文學還有偏於陽剛的一面，世人何以視而不見？從《水滸傳》到《三俠五義》，明清小說中只要貼近民間傳統的，多尚武粗豪之氣(文人味濃的小說偶爾也會出現「俠客」，但多是假的，如《儒林外史》第十二回中的張鐵臂，即此一端，可見文人心態)。只因小說(尤其民間氣息濃的章回小說)未登大雅之堂，時人才會紛紛感慨中國文學缺乏尚武精神。

晚清志士爲配合其改良羣治的政治運動，提出「小說界革命」口號，將前此貶爲「小道」的小說提高到「文學之最上乘」。從推崇詩文到注重小說，這一文學轉向的核心是意識到「小說有不可思議之力支配人道」，希望「六經不能教，當以小說教之」[144]。接受一種文學形式，同時意味著接受其蘊涵的文化精神與審美趣味。梁啓超一開始擺出全面批判傳統小說的架勢，將《水滸傳》、《紅樓夢》作爲誨盜誨淫的代表[145]，但曾幾何時，梁氏等新小說的提倡者又大讚起《水滸》、《紅樓》來。一方面是受西方民主精神的啓迪，大談《水滸傳》「純是社會主義」[146]；另一方面則是受粗豪尚武的民間文化精神薰陶，欣賞《水滸傳》之「鼓吹武德，提振俠風」，「遺武俠之模範，使社會受其餘賜」[147]。新小說家不但重評《水滸傳》，而且續寫《水滸》再造「梁山」(如西泠冬青和陸士諤各著有《新水滸》)。至於結合《水滸傳》傳統與虛無黨小說，大講暗殺復仇，聯絡會黨發動起義者，如王妙如的《女獄花》、海天獨嘯子的《女媧石》、懷仁的《盧梭魂》、陳景韓的《刺客談》等，更能「鼓吹武德，提振俠風」。流風所及，小說家即便不以「尚武」爲中心，也喜歡在小說中插入幾段關於俠士或暗殺的描寫，如曾樸的《孽海花》、林紓的《劍腥錄》、李伯元的《文明小史》、旅生的《癡人說夢記》等。陳景韓更編有專門「以俠客爲主義」的《新新小說》雜誌，每期刊登各種類型的「俠客談」。一時間主尚武談俠客，成爲小說創作中的熱門。

一九〇七年，宋教仁前往東北，聯絡他稱之爲「二十世紀之梁山泊」的「滿洲之馬賊」[148]。就在致信通好希望「共圖大舉」的那一天，他「至一中國書店，購得《大八義》及《兒女英雄傳》」[149]。宋氏日記中沒說明購書目的，不過揣測當時心境，大概與聯絡「馬賊」一事不會毫無關係。此事頗有象徵意味，晚清志士要聯絡會黨共同舉事，必然會認可這些表彰綠林豪傑江湖好漢的「誨盜」小說。而新小說家之投入「尚武」小說的創作，也必然會努力改造清代俠義小說傳統；最突出的一點，就是將俠客的立足點重新從官府移回江湖——不再「爲王前驅」，而是「替天行道」。這一價值觀念的轉換，對此後武俠小說的繁榮至關重要。

借助於大小傳統的對話，原來流行於下層社會的俠義小說得到民主思想的洗禮，而晚清志士則受其「提振俠風」的刺激，進一步強化其遊俠心態。只是辛亥革命後，遊俠精神再度失落。當年「立身儒與俠，知己劍兼簫」（周實《無盡庵獨坐》）的志士們，一旦坐起江山來，著眼點從破壞轉爲建設，依靠力量由會黨轉爲士紳，暗殺行爲受到一致譴責（起碼表面上如此），不軌於法的遊俠只能再次遁入江湖。從孫中山就任總統的第二天起，各省都督陸續發布取締會黨的布告[150]，新的當權者照樣不允許閭巷之俠「以匹夫之細竊殺生之權」（《漢書・遊俠傳》）。新政府取締會黨作爲一種政治策略的功過得失不在此論，但沒有綠林豪氣，沒有暗殺風潮，即便有個別推崇尚武精神的特立獨行之士，也無法眞正「提振俠風」。三、四〇年代國難當頭，不少文人學者又開始談兵論俠[151]，大概希望藉此激勵民氣，但再也無力像晚清志士那樣坐而論劍起而行俠。「此日窮途士，當年遊俠人」（黃侃〈效庾子山詠懷〉）。晚清一代志士或許是大俠永遠隱入歷史深處前的迴光返照。現代人不只失落了藉以行俠的寶劍，連遊俠詩歌也吟不成篇，唯一剩下的，是近乎「過屠門而大嚼」的武俠小說。

晚清志士推翻清廷的功績不時被人提及，而我則更欣賞其作爲一種精神氣質的遊俠心態，包括擔當精神、悲劇意識、激進情緒、反抗與破壞欲、臨危一擊根本解決問題的思想方式，以及劍氣豪氣江湖氣與流氓氣等等。晚清特殊的思想文化背景及晚清志士採取的特殊政治策略，使得這代人在某種程度上實現了千古文人的俠客夢。單憑這一點，也值得後人羨慕與懷念——儘管其思想方式與政治策略其實並不值得效仿。

---

❶蔡尚思等編，《譚嗣同全集》（北京：中華書局，一九八一），頁一五〇。

❷同❶，頁五四三。

❸陳去病，〈鑑湖女俠秋瑾傳〉，《南社》第九集《文集》，一九一四年。

❹〈浙案徵略〉，湯志鈞編《陶成章集》（北京：中華書局，一九八六），頁三七四、三七五、三八一、三八八、三八四、三八八。

❺馮自由，《革命逸史》（北京：中華書局，一九八一），第一集，頁四、八五、九二；第二集，頁一五八、一八三、一九九；第三集，頁一八八；第五集，頁一八二。

❻孫中山，〈《孫逸仙》序〉，中國近代史資料叢刊《辛亥革命（一）》（上海：上海人民出版社），頁九二。

❼龔鵬程，《大俠》（臺北：錦冠出版社，一九八七），頁四八，稱：「試比較秦漢、南北朝、隋唐以及明清、民初各個時期對俠的看法，就可知道，俠並不是個固定的類型或人物。」

❽參閱陳平原，《千古文人俠客夢——武俠小說類型研究》（北京：人民文學出版社，一九九二），頁二。

❾梁啟超，〈《中國之武士道》自序〉，《飲冰室合集．專集》（上海：中華書局，一九三六），第六冊。

❿陶希聖，《辯士與遊俠》（臺北：商務印書館，一九七一），頁九八。

11 〈建國方略〉，《孫中山選集》（北京：人民出版社，一九八一），頁一九二。

12 梁啟超，〈中國之武士道〉，《飲冰室合集・專集》，第六冊，頁六一。

13 章行嚴，〈蘇報案始末記敘〉，《辛亥革命（一）》，頁三八七。

14 章、鄒獄中聯句〈絕命辭〉中不乏俠客意象：「擊石何須博浪椎（鄒），羣兒甘自作湘累（章）。要離祠墓今何在（章），願借先生土一坯（鄒）。」

15 同11，頁二〇〇。

16 章太炎，〈贈大將軍鄒君墓表〉，《章太炎全集》（上海：上海人民出版社，一九八五），卷五，頁二二九；《太炎先生自定年譜》（香港：龍門書店，一九六五），頁一〇。

17 〈咄！漢滿兩種族大爭訟〉，《江蘇》，第四期，一九〇三年六月。

18 〈獄中答《新聞報》〉，湯志鈞編，《章太炎政論選集》（北京：中華書局，一九七七），頁二三四。

19 張玉法，《清季的革命團體》（臺北：中央研究院近代史研究所，一九八二），頁一三三。

20 陳天華，〈獅子吼〉第七回，《陳天華集》（長沙：湖南人民出版社，一九八二），頁一五九。

21 〈絕命辭〉，《陳天華集》，頁二三五。

22 梁啟超，《新民說》，《飲冰室合集・專集》，第三冊，頁一。

23 〈原強〉，《嚴復集》（北京：中華書局，一九八六），第一冊，頁二七。

24 梁啟超，〈《清議報》一百冊祝辭並論報館之責任及本館之經歷〉，《飲冰室合集・文集》，第三冊，頁五四。

25 〈謹告閱報諸公〉，《杭州白話報》，第一年，第三十三期，一九〇二年六月。

26 〈國魂篇〉，《浙江潮》，第一、三、七期，一九〇三年；壯游，〈國民新靈魂〉，《江蘇》，第五期，一九〇三年。

27 同1，頁三四四。

㉘〈中國積弱溯源論〉，《飲冰室合集．文集》，第二冊，頁二五。
㉙〈軍國民篇〉，毛注青等編，《蔡鍔集》（長沙：湖南人民出版社，一九八三），頁二〇。
㉚楊度，〈《中國之武士道》敘〉，《飲冰室合集．專集》，第六冊。
㉛蔣智由，〈《中國之武士道》敘〉，《飲冰室合集．專集》，第六冊。
㉜梁啟超，〈論尚武〉，《新民說》，《飲冰室合集．專集》，第三冊，頁一〇八—一一八。
㉝同㉜。
㉞同㉘，頁二六。
㉟同❶，頁三四四。
㊱同㉜。
㊲分別刊於《時務報》，第三十九冊，一八九七年九月；《安徽俗話報》，第八—九期，一九〇四年七—八月；《杭州白話報》，第二年，第一—三期，一九〇二年六月；《第一晋話報》，第三期，一九〇五年九月。
㊳壯游（金松岑），《國民新靈魂》。
㊴鄒容，〈革命軍〉，《鄒容文集》（重慶：重慶出版社，一九八三），頁四八。
㊵〈中國兵魂錄〉，刊《安徽俗話報》，第十七—十八、二十期，一九〇四年十二月、一九〇五年六月。
㊶梁啟超，〈論私德〉，《新民說》，《飲冰室合集．專集》，第三冊，頁一三一。
㊷章太炎，〈東京留學生歡迎會演說辭〉，《章太炎政論選集》，頁二七二。
㊸同㉙，頁三八。
㊹章太炎，〈中國魂安在乎〉，《自由書》，《飲冰室合集．專集》，第二冊，頁三八—九。
㊺同㉛。
㊻同❾。

47同1，頁八。

48同1，頁二八九。

49同1，頁二六六。

50〈論中國學術思想變遷之大勢〉，《飲冰室合集‧文集》，第三冊，頁二一。

51同31。

52揆鄭(湯增壁)，〈崇俠篇〉，《民報》，第二十三號，一九〇八年八月。

53〈儒俠〉三篇，分別見《章太炎全集》(上海：上海人民出版社，一九八四)，卷三，頁一二。

54同53，頁一四一。

55同53，頁一一。

56運甓(黃侃)，〈釋俠〉，《民報》，第十八期，一九〇七年十二月。

57同12，頁二。

58同53，頁一二。

59同56。

60同53，頁四四〇。

61同12，頁四九。

62同12，頁六〇。

63同56。

64同1，頁五四六。

65梁啟超，〈新中國未來記〉；楊篤生，〈湖南之湖南人〉等。

66〈熊烈士供詞〉，《辛亥革命(三)》，頁二四一。

(67)章太炎，〈駁康有為論革命書〉，《章太炎政論選集》，頁二〇一。
(68)章太炎，〈革命之道德〉，《章太炎政論選集》，頁三一一。
(69)〈吳樾遺書〉，「《民報》臨時增刊」〈天討〉，一九〇七年四月。
(70)不佞（黃侃），〈論立憲黨人與中國國民道德前途之關係〉，《民報》，第十八號，一九〇七年十二月。
(71)〈怪哉上海各學堂各報館之慰問出洋五大臣〉，《陳天華集》，頁二二八。
(72)同(69)。
(73)同❽，頁二六—八。
(74)參閱蔡元培的〈我在教育界的經驗〉、吳樾的〈暗殺時代〉、宋教仁的〈既設警部復置巡警道果何為耶〉等。
(75)宮崎寅藏著，黃中黃譯，〈孫逸仙〉，《辛亥革命（一）》，頁一〇四。
(76)同(69)。
(77)〈溫生才擊孚琦〉，《辛亥革命（四）》，頁一七二。
(78)馬敘倫，〈二十世紀之新主義〉，《政藝通報》，第十四—十六期，一九〇二年。
(79)馬君武，〈《俄羅斯大風潮》序言〉，《俄羅斯大風潮》（上海：廣智書局，一九〇二）。
(80)同(78)。
(81)自然生（張繼），〈無政府主義及無政府黨之精神〉，《無政府主義思想資料選》（北京：北京大學出版社，一九八四），上冊，頁二八、三四。
(82)金一，〈《自由血》緒言〉，《無政府主義思想資料選》，上冊，頁五三。
(83)孫中山，《建國方略之一：心理建設》稱史堅如謀炸德壽是臨時自行決定的；馮自由，《革命逸史》，第五集，頁一六，則稱孫中山派史堅如等赴廣州，本就有「組織起事與暗殺機關」二職。
(84)參閱馮自由，《革命逸史》，初集，頁一一二。

85 陶成章，〈浙案紀略〉，《陶成章集》，頁三三四。
86《蔡元培自述》（臺北：傳記文學出版社，一九六七），頁三九。
87 梁啟超，〈論俄羅斯虛無黨〉，《飲冰室合集・文集》，第五冊，頁二六—七。
88 白話道人（林獬），〈論刺客的教育〉，《中國白話報》，第十七—十八期，一九〇四年八月。
89 同 56。
90 揆鄭（湯增璧），〈劉道一〉，《民報》，第二十五號，一九一〇年一月。
91 同 52。
92 寄生（汪東），〈刺客校軍人論〉，《民報》，第十六號，一九〇七年九月。
93 參閱《胡漢民自傳》，見《革命文獻》（臺灣：一九五八年版），第三輯。
94 同 88。
95 同 88。
96 同 56。
97 同 90。
98〈義大利暗殺歷史之一〉，《新世紀》，第二十三號，一九〇七年十一月。
99 同 69。
100 同 21，頁二三五。
101 同 52。
102 伯夔（湯增璧），〈革命之心理〉，《民報》，第二十四號，一九〇八年十月；寄生（汪東），〈刺客校軍人論〉，《民報》，第十六期，一九〇七年九月。
103 同 11，頁一九七。

104同21，頁二三六。

105同85，頁四二五。

106蔡少卿，《中國近代會黨史研究》（北京：中華書局，一九八七），頁二八七。

107周錫瑞著，楊慎之譯，《改良與革命》（北京：中華書局，一九八二），頁二二—三。

108〈光緒二十六年閏八月二十一日湖南巡撫俞廉三奏摺〉，《辛亥革命（一）》，頁二七三、二七一。

109費正清主編，《劍橋中國晚清史》中譯本（北京：中國社會科學出版社，一九八五），下冊，頁五六〇。

110參見小說林本《孽海花》第四、五回，真善美本《孽海花》第二十九回。

111同85，頁三四二。

112秦力山，〈革命箴言〉，轉引自王德昭《從改革到革命》（北京：中華書局，一九八七），頁一九五。

113馮自由，《革命逸史》，第五集，頁四二—三。

114同85，頁三三五。

115《宋教仁日記》（長沙：湖南人民出版社，一九八〇），頁三五七。

116〈覆孫中山書〉，《黃興集》（北京：中華書局，一九八一），頁一九。

117反，〈去矣！與會黨為伍〉，《新世紀》，第四十二號，一九〇八年四月。

118同11，頁一九七。

119南史氏（陳去病），〈徐錫麟傳〉，《民報》，第十八號，一九〇七年十二月。

120同85，頁三七八。

121同115，頁三五六。

122同11，頁一九五。

123同85，頁四二三—四。

124〈去矣！與會黨為伍〉，《新世紀》，第四十二號；〈告會黨〉，《俄事警聞》，一九〇三年十二月二十日。

125〈中國興亡夢〉，《新新小說》，第二期，一九〇四年十月。

126蔡少卿，《中國近代會黨史研究》，頁一九，稱：「我們查考了有清以來各地主要會黨的結會情況，發現它們的基本宗旨，大多是為實行患難相助」；羅爾綱，〈《水滸傳》與天地會〉（《會黨史研究》〔上海：學林出版社，一九八七〕），則論證天地會「其思想來源出自《水滸傳》」。

127同11，頁一九二。

128同1，頁五四三。

129〈致唐次丞書〉，《唐才常集》（北京：中華書局，一九八〇），頁二四四。

130徐自華，〈鑑湖女俠秋君墓表〉，《秋瑾集》（上海：中華書局上海編輯所，一九六二），頁一八五—七。

131如梁啟超的《中國近三百年學術史》、錢穆的《中國近三百年學術史》、侯外盧的《近代中國思想學說史》、張舜徽的《清代揚州學記》、余英時的《中國近代思想史上的胡適》等。

132張灝著，高力克等譯，《危機中的中國知識分子》（太原：山西人民出版社，一九八八），第一章。

133參閱柯文著，林同奇譯，《在中國發現歷史》（北京：中華書局，一九八九），第四章。

134余英時，《士與中國文化》（上海：上海人民出版社，一九八七），頁一三二、一三八。

135參閱崔奉源，《中國古典短篇俠義小說研究》（臺北：聯經出版公司，一九八六），〈緒論〉部分對各家說法的介紹。

136顧頡剛，〈武士與文士之蛻化〉，《史林雜識》（北京：中華書局，一九六三），頁八九。

137同8，頁一六一—二六。

138〈民族主義之教育〉，《遊學譯編》，第十期，一九〇三年九月。此文所述「下等社會」，包括秘密社會、勞動社會和軍人社會。

139 亞盧(柳亞子),〈中國立憲問題〉,《江蘇》,第六期,一九〇三年九月。

140 亞盧〈中國革命家第一人陳涉傳〉、復漢種者〈新國史略〉、金一〈莽英雄殺人記〉,三文分別刊於《江蘇》第九—十、六、七期。

141 梁啟超,〈中國歷史上革命之研究〉,《飲冰室合集・文集》,第五冊,頁三一—四一。

142 參閱章太炎十幾年間三次寫作的三篇〈儒俠〉和黃侃的〈釋俠〉。

143 梁啟超,《自由書・祈戰死》,《飲冰室合集・專集》,第二冊,頁三七。

144 參閱康有為,〈《日本書目志》識語〉和梁啟超,〈論小說與羣治之關係〉,《二十世紀中國小說理論資料》(北京:北京大學出版社,一九八九),卷一。

145 梁啟超,〈譯印政治小說序〉,《清議報》,第一冊,一八九八年十二月。

146 蠻,〈小說小話〉,《小說林》,第一期,一九〇七年二月。

147〈小說叢話〉中定一語,《新小說》,第十五號,一九〇五年四月。

148 劫(宋教仁),〈二十世紀之梁山泊〉,《二十世紀之支那》,第一期,一九〇五年六月。

149 同註115。

150 同註106,頁三一三—二九。

151 如顧頡剛、郭沫若、聞一多、雷海宗等都有專文論述。

附錄

自立門戶與徑行獨往

——章太炎的學術品格

錢穆先生在《餘杭章氏學別記》中曾讚揚章太炎治學能「守平實」，「不偏尊一家，輕立門戶」，大別於「極恢奇」的康有爲。稱章氏不「偏尊一家」沒錯，但說其不「輕立門戶」則未必。世人常將偏尊一家與自立門戶混爲一談，章太炎恰好是主張自立門戶以破偏尊一家的。故章氏後期的主張諸科平等，兼取漢宋，與前期的推崇「矜己自貴，不相通融」，其實並沒有根本性矛盾，只不過側重點不同而已。

太炎先生論學，門戶之見相當明顯，而且似乎並不想隱瞞這一點。因爲在他看來，現代中國學術界並非過多門戶，太講獨立，而是「其病多在汗漫」。學者立論之所以漫無標準不著邊際，其表是缺乏己見不能自立，其裏則是懾於一尊不敢放言。救治之法是重新高揚先秦諸子自立門戶百家爭鳴的學術精神，首先是敢於自立門戶，然後才談得上百家爭鳴。若都一味依人門下，所謂爭鳴最多不過是補苴罅漏的小把戲，談不上別樹一幟推陳出新。當然，是否能夠自立門戶，還有個客觀環境的限制，若漢武帝罷黜百家獨尊儒術，既「定一尊於孔子，雖欲放言高論，猶必以無礙孔氏爲宗」，這就難怪學者「強相援引，妄爲皮傅，愈調和者愈失其本眞，愈附會者愈違其解故」（《諸子學略說》）。衡量一個時代學術成就的高低，很重要的一個標誌就是學者能否自立，能否別創新說。社會能否允許百家爭鳴是一回事，學者本身有沒有自立的意識和要求又是一回事。章氏主要著眼於後者，希望後世學人能追蹤先秦諸子，「各爲獨立，無援引攀附之事」。古學主獨立，「雖同在一家者，猶且矜己自貴，不相通融」；不像今學多調和，明明風馬牛不相及，也硬要說是殊途同歸。章氏在評述孔墨之後「儒分爲八，墨離爲三」時稱：

> 此可見當時學者，惟以師說爲宗，小有異同，便不相附，非如後人之忌狹隘、喜寬容、惡門戶、矜曠觀也。蓋觀調和獨立之殊，而知古今學者遠不相及。（《諸子學略說》）

門戶之見並不如世人描述的那麼可惡，因其能獨立；寬容之態也不像世人設想的那麼可喜，因其只是調和。章氏本人議政論學，頗多驚世駭俗之舉，與其力主獨立的學術宗旨甚爲相符。

認準「中國之學，其失不在支離，而在汗漫」（《諸子學略說》），章氏於是極力詆毀近世學人之貌似博學通達，實則無卓識難自立。這其間對具體學者(如魏源、康有爲)的評價或許過分苛刻乃至充滿偏見，但以能否自立來衡文量人，確能「見大體」，時有出人意表的精采之論。至於怎樣才算學能自立，章太炎沒有專門論述，但考察其零星散論，至少應包括如下幾個層面。

首先，學求專精，切忌博雜無所歸依。在章太炎看來，「聞見雜博，喜自恣肆」，無論爲學還是作文，都非正道，雖說比「凌亂無序」或「剽竊成說」好些，可是遠未及「成一家言者」值得推崇（《說林下》）。一九〇六年章太炎致書劉師培，專論「泛覽羣籍，未若專精一家」，對世間俗儒之道聽途說，縱偶有所得，亦如孤魂野鬼一樣無所歸依非常不以爲然。章氏論學旗幟鮮明，

「經術則專主古文，無取齊學」，故對今文經學大家廖平多有抨擊，列爲近世經師末等。但即便如此，章氏對廖平仍不乏敬意，晚年更爲其撰寫墓誌銘。就因爲在他看來，廖氏雖「智慮過銳，流於譎奇」，但畢竟「學有根柢，於古近經說無不窺」。能專精，有家數，儘管是論敵，也還值得尊重；章太炎最看不起的是學界「漫羨無所歸心」的「蕩者」。

其次，學主獨立，並非鼓勵「放恣之論」。章太炎對康有爲師徒的攻擊正是「狂悖恣肆，造言不經」，這既包括爲人，也包括論學。章氏本人雖自視極高，且多非常之舉奇異之論，但治學畢竟講究師承。十年詁經精舍打下考名物詁經史的牢固基礎，所謂「覺定宇、東原眞我師表」，並非只是一句空話。而學有師承學有根基，說白了就是了解並能夠遵守某種學界大致認可的學術規則，並因此使得自己的研究進入某一學術傳統。學術研究中存在著某些「規矩」，隨著時代的推移學術的發展，「規矩」自然也會變動；可是在特定歷史階段，這些「規矩」大致凝定。承認不承認這些規矩的權威性，或者說遵守不遵守這些規矩，可以成爲區分不同學派的最佳標尺。但也有些規矩超越學術派別，比如除非不搞考據或者存心犯規，否則附會臆測不足以定論這一「規矩」你就不能不遵守。古文經學派的章太炎固然是主張「實事求是」、「無徵不信」；今文經學派的康有爲不也稱「無徵不信，則當有據；不知無作，則當有考，百學皆然」（《長興學記》）？正是在這意義上，章氏主張治學守規矩。對「自謂精審」的《劉子政左氏說》和《新方言》，章太炎專門做了「然皆履蹈繩墨」的自我表白。

完全不守規則，只能是野狐禪，縱有所得，絕難大成；完全守規則，最多只能算入大門走正道，離大成也甚遠。其實，問題不在於要不要規則，而在於如何在遵守規則中超越規則，也就是章太炎說的：

學無繩尺，鮮不眠亂，徒知派別，又不足與於深造自得者。（《與人論國學書》）

這個尺度實際上不大好把握，只能大致說，對初學之士講「履蹈繩墨」，以保證其學入門上路；對積學之士講「深造自得」，以免囿於師門裏足不前。不過，第一步應是入正門守師法，未入門而大談破門而出超越前賢，近於癡人說夢。「守一家之學，爲之疏通證明」，雖不若「發前修所未見，每下一義，泰山不移」，卻也算二等經師，遠勝於「侈談大義而雜以誇言」者（《說林下》）。

乾嘉時代，學術規則的權威性被普遍承認，學界之弊或許在太守師法，缺乏創新精神。而在清末民初，世人爭言變革，惟新是從，奇談怪論風靡天下，學界之弊則在太不守師法，太多浮泛汗漫之論。章氏早年之推崇劉師培，晚年之讚賞黃侃，都是因其學有所守，學有根基。有感於「中國士民，流轉之性爲多，而執著之性恆少，本無所謂頑固黨」（《箴新黨論》），章氏論學特重師法。但學有所守，不等於墨守師法，更不同於黨同伐異。眞正有所持守者，師法不同仍然可以溝通；最可怕的是隨時流轉，永遠追趕潮流，隨時準備反戈一擊。

不入門而侈談創新，必然「雜糅瞀亂，直是不古不今非漢非宋之學」；入了門則須破除門戶之見，「兼採古今」，方才能「獨樹一幟」——章太炎之譏魏源與褒王闓運，用的正是這一標尺。讚俞樾爲近世經師第一等，也是因俞氏符合這一有家法而又不爲家法所囿的標準：

爲學無常師，左右採獲，深疾守家法違實錄者，（《俞先生傳》）

章氏之非難墨守，並非只是消極的破家法門戶之見，而是著眼於自創新說，自堅門戶。重要的是

「字字徵實，不蹈空言，語語心得，不因成說」，有心得自然出新意，有新意自然超越家法門戶之見。不是急於去破人家的門戶，或者防異說的浸染，而是敢於獨樹一幟，力求自我完善。古學之所以能獨立，表面在「破」（分與離），實際上卻是「立」——「既立一宗，則必自堅其說」。也就是章氏總結的，「古學之獨立者，由其持論強盛，義證堅密，故不受外薰也」。只有「持論強盛，義證堅密」，才能「自堅其說」；只有「自堅其說」，才能避免「同門相黨，專己守殘」。世人多有攻訐「黨同門妒道眞」者，但若章氏那樣藉自立門戶自堅其說，來破門戶之見家法之陋者，實不多見。

民國以前，章太炎論學主獨立，「但顧求眞，不怕支離」，力破「汗漫」與「調和」，勇於向正統和權威挑戰，這點學界不會有太大的爭論。問題在於民國以後，章氏是否「開始流露保守的、調和的動向」。古今中外第一流的文人學者，老來不如年輕時激進，立論日趨平實公允，此乃常態；越老越偏激的畢竟罕見，而且給人「冬行春令」的感覺。康有爲曾引明人顧憲成語，「學者宜從狂狷起脚，從中行歇脚」，就是這個道理。晚年追悔少時好爲高論，或者「激而詆孔」，這只能說明章氏學術思想有所調整，不一定證實他在學術上「放棄了先前堅持門戶，不忌『黨同伐異』的原則」。先是著《齊物論釋》，後又有《菿漢微言》，認可莊子「無物不然，無然不可」的說法，學術上頗有調和漢宋的傾向，如稱：「漢宋爭執，焉用調人？喻以四民各勤其業，瑕釁何爲而不息乎？」不過，揚棄漢宋爭執與不立門戶是兩回事。章氏只是承認學術上家數理路不同，各有利弊得失，「疏通知遠好爲玄談者」與「文理密察實事求是者」都有其存在價值；而並非主張所有學術不分高低。即便在「操『齊物』以解紛，明『天倪』以爲量」時，章氏還是有個限定，

「苟外能利物，內以遣憂，亦各從其志爾」（《菿漢微言》）。換句話說，倘若外不能「利物」，內不足「遣憂」，此等「僞學術」也就沒有存在價值了。

兼求訓詁與義理，乃章太炎之超越清儒處。所謂揚棄漢宋爭執，不過是個說與不說的問題。以融合「華梵聖哲之義諦，東西學人之所說」自命的章太炎，早就非漢學藩籬所能限制。早年之力主自立門戶，與晚年之傾向於調和漢宋，之所以沒有根本區別，就因爲章氏心目中的「門戶」、「家法」，既包括思想體系，也包括學術規則。在思想體系層面上，可以百家爭鳴，「各從其志」；而在學術規則層面上，則必須「履蹈繩墨」，不得胡攪蠻纏。其實，在一九〇六年作《諸子學略說》讚賞「古學之獨立」時，章氏就意識到這個難題，即如何區分「承受師法各爲獨立」與「黨同門妒道眞」（用今天的話說，就是既要有學派又不能鬧宗派）。章太炎的答案很簡單，卻耐人尋味：「此說經與諸子之異也。」說經乃「客觀之學」，「考其典章制度與其事跡而已」，故必須博覽羣籍，不能專守一家之說，黨同妒眞當然不可取；諸子則是「主觀之學」，「要在尋求義理，不在考跡異同」，故「既立一宗，則必自堅其說」，盡量避免「調和」與「汗漫」。也就是說，評價說經之學的標準是「實事求是」，而評價諸子之學的標準則是「自堅其說」。說經之學與諸子之學學術思路不同，評價標準也不同，就好像漢宋之學各有長短，不必互相攻訐一樣。不過，倘言「義理之學」，確須持通達態度，不得黨同伐異；而言「考據之學」（典章制度名物訓詁），則有一定之規，不妨講講家法繩墨。章氏晚年雖不爭漢宋，但仍嚴守古文家法，一有機會必嘲諷今文經學；至於多次指責疑古思潮和甲骨之學，更顯其門戶之見甚深。

章氏論學的具體內容當然前後有別，但其「不惑時論」、「立說好異前人」，喜獨樹一幟自立門戶，這一點則是始終未變。這與其性情志趣大有關係。《訄書》第一版上有章氏題詞，劈頭便是「幼慕獨行」四字。這四字可以說是其一生立身處世的基本準則。論學時的自立門戶與處世中的特立獨行，其實是一回事。不管對章太炎如何評價，其多姿多采的一生及其特立獨行的性格，都給人留下不可磨滅的印象。

「時危挺劍入長安，流血先爭五步看」（〈時危〉）這樣的氣概；「以大勳章作扇墜，臨總統府之門，大詬袁世凱的包藏禍心」（魯迅〈關於太炎先生二三事〉）這樣的壯舉，千載之下還會令人感嘆不已。高旭〈題太炎先生駁康氏政見詩〉，其實可移爲章氏一生寫照：

拔劍何崢嶸，俠骨磨青天。

不只生死關頭，平日立身處世乃至品評古人，都以是否「惟我獨尊」、率性而行爲尺度。章氏當年之提倡佛教，看中的正是其「自貴其心，不依他力，其術可用於艱難危急之時」。用世如此，論學也不例外，「儒、道、名、法，變易萬端，原其根極，惟依自不依他一語」。章氏本人正是以其提倡的「排除生死，旁若無人，布衣麻鞋，徑行獨往」的俠士氣概，縱橫馳騁於淸末民初的政壇與學界。

在章太炎看來，提倡遊俠精神並非只是鼓吹種族革命的權宜之計。早年以獨行俠自任，頗多驚人之舉；晚年目睹山河破碎，重新闡揚俠士風神，將其作爲眞正的中國文化精華，「中國文化本無宜捨棄者，但用之則有緩急耳。今日宜格外闡揚者，曰以儒兼俠」（〈答張季鸞問政書〉）。從一九〇〇年到一九一五年，章太炎三作〈儒俠〉，每次都有大的修訂，對俠的理解日益深入，評價也日漸提高。《訄書》初刻本中除考俠之起源及表現外，更斷言「天下有亟事，非俠士無足屬」。《訄書》重訂本則用兩句話概括俠在歷史發展中的作用和功能：「當亂世則輔民，當治世則輔法。」到了編定《檢論》，章氏更推盜跖「爲大俠師」，與伯夷「貞橫雖異，本之一宗也」，「要其主無政府一也」。將伯夷比擬托爾斯泰，將盜跖比擬巴庫寧，自是不大妥當；可是強調大俠精神不再只著眼於其拯危濟難或自我犧牲，而是突出其獨尊自貴，否定政府的絕對權威，這點頗有新意。古俠雖有「以匹夫之細竊殺生之權」，不把王權法律放在眼裏的傾向，但章太炎受無政府主義思潮影響，更自覺地將個人置於國家之上。

認準「個體爲眞，團體爲幻」，章太炎因而著《五無論》、《四惑論》。作爲對專制統治的抗議，這一思想自有其深刻處，但「無政府」的命題畢竟只是偏激之辭。有趣的是，借用「無政府」的命題以及道、釋的某些觀念，章氏重新思考國家與個人的關係，批評法家之「有見於國，無見於人；有見於羣，無見於孑」（《國故論衡・原道下》）。從尊重個體自由和人格尊嚴，反對極權統治角度，章氏進一步肯定自掌正義、放蕩不羈，因而「時扞當世之文罔」的遊俠，這比單從「救人於危」立論深刻得多。

以此「依自不依他」、「徑行獨往」的大俠精神治學，自是易於衝決網羅，別樹一幟。只是禍福相倚伏，性拙者易於守一家之學，無大成也無大失；才大者則易率其胸臆，無視規矩，汪洋恣肆，徒以新奇矜人。用章氏自己的話說就是「庸者玩物而喪志，妄者縱欲以敗度」（〈王文成公全書題辭〉）。章太炎提倡「以儒兼俠」，目的是讓血性之軀高明之士，行俠或論學時「自無逾軌之事」。這是有感而發的，提倡「儒俠相附」，針對的是當時之「新說恣行，而民如麋鹿」（《葑漢微言》）。章太炎本人歷來「徑行獨往」，立說好異前人與時人；但恰恰是章太炎，晚年往往批評時人之「好爲瑰異」。

明清間說經者「人自爲師，無所取正」，直到惠棟「以漢儒爲歸」，學術才走上正軌。如今又是「學者好爲瑰異」，輪到章太炎來反「恣爲新奇之論」，認定「欲導中國入於正軌，要自今日講平易之道始」（《歷史之重要》）。於世人爭奇好異之時，大談「平易之道」，其實仍是「徑行獨往」，也可以說仍是「好爲瑰異之辭」。

或許，這個大轉折時代，本就很不「平易」，反是瑰異之辭更能道出其中奧秘。讚嘆也罷，遺憾也罷，此等崇尚瑰異，只能屬於那個特定的「始言變法」的年代。後人盡可嘲笑其偏激與淺薄，但其衝決網羅的氣魄，自有其魅力。

第八章

現代中國的「魏晉風度」與「六朝散文」

關於「文學」的歷史記憶，必定影響作家的當下寫作。在此意義上，重寫文學史，不可避免地介入了當代文學進程。在二十世紀初正式引入「文學史」的教學與撰述之前，中國文人並沒有認眞區別文學理論、文學批評與文學史的必要。幾乎所有的文論，都是三位一體。這麼一來，提倡文學革命與重寫文學史，往往合而爲一。比如，標榜「秦漢文章」或者推崇「八代之文」，都既是「論」，也是「史」；既指向往昔，也涉及當下。即便以引進西方文化爲主要特徵的「五四」新文化運動，「重寫文學史」依然是其尋求突破的重要手段，謂予不信，可讀讀胡適的〈文學改良芻議〉、陳獨秀的〈文學革命論〉等發軔之作。只有在社會分工日益加劇、學界與文壇各自爲戰的今天，才有必要論證「歷史記憶」與「現實變革」的必然關係。

「歷史」與「現實」的相對隔閡，使得本文在進入正式論述之前，有必要先解決題目的「合法性」。既是「現代中國」，哪來的「六朝文章」？「魏晉」距今何止千載，豈能植入當代生活？倘若討論嵇康對於魯迅的影響，或者劉師培的中古文學研究，一般不會有異議。只是本文主旨不在此，更希望討論現代作家對於「魏晉風度」與「六朝文章」的想像，如何規定著文學潮流的發展方向。

如此立說，並非「毫無疑義」。不妨先從一則軼事講起。一九四〇年代，周作人撰《紅樓內外》，述及北大教授林損（公鐸）在中國大學的兼課：

> 什麼課呢，說是唐詩。我又好奇追問道，林先生講哪些人的詩呢？他的答覆很出意外，他說是講陶淵明，大家知道陶淵明與唐朝之間還整個的隔著一個（姑且說一個吧）南北朝，可是他就是那樣的講的。

二十年後重提此事，周作人加了個「文不對題」的批語[1]。著眼於史實考辨，「陶淵明」當然不屬於「唐詩」；但如果從接受美學的角度，在唐詩的論述框架中，未嘗不可以討論陶淵明，林損之故意違反常識，只是爲了與沈尹默唱對臺戲，最多只能作爲「名士風度」解讀。這實在有點可惜，「唐詩中的陶淵明」，本來可以做成一篇別具風韻的好文章。

其實，每一代作家，都是在與先賢的對話中，體現其藝術理想；每一次文學運動，也都是在與往聖的對話中，體現其發展方向。對屈原、揚雄或者陶淵明的不同評價，以及褒貶秦漢、抑揚六朝，從來都是史家不敢輕視的「文學現象」。在「西學東漸」背景下成長起來的「二十世紀中國文學」，雖曾有過激烈的「反傳統」姿態，但畢竟是「剪不斷，理還亂」，隨處可見韓柳、李杜或者王實甫、曹雪芹的身影。問題在於，除了個別作家的衣缽傳承，以及國民必備的文化教養，「文學史」圖像的構建，是否介入了當代文學進程？

談論這個問題，沒有創作實踐的學者，或者缺乏學術眼光的作家，都不是理想的發言人。幸虧有不少興趣廣泛的「讀書人」，不理會學界與文壇的隔閡，縱橫馳騁，上下溝通，使得我們有可能追躡其脚步，將學者的研究與文人的視野重疊，進而勾勒「文學史」進入「當代生活」的具體途徑。這裏將「文章學」置於學術史視野中考察，在描述現代中國散文發展大趨勢的同時，凸顯「文學革命」的另一種閱讀方式，以及「古典文學」進入「當代生活」的另一種可能性。

一、被壓抑的「文藝復興」

一九五七年，寓居紐約的胡適開始「口述自傳」，距離其歸國提倡文學革命正好四十周年。四十年前，歸國途中的適之先生，讀薛謝兒女士(Edith Sichel)著《文藝復興》(*Renaissance*)一書，除將其改譯爲「再生時代」，更強調「書中述歐洲各國國語之興起，其作始皆極細微，而其結果皆廣大無量。今之提倡白話文學者，可以興矣」[2]。四十年後，追憶平生功業，最令適之先生感到自豪的，是其對於「中國文藝復興」的貢獻。

唐德剛編譯的《胡適口述自傳》，第八章題爲〈從文學革命到文藝復興〉，稱「在北京大學所發起的這個新運動，與當年歐洲的文藝復興有極多的相似之處」。全書最後一章的最後一節「現代的中國文藝復興」，又「從廣泛的歷史意義」立論，將北宋初期以來的歷史，概括爲「中國文藝復興階段」，具體表現爲「反抗中古的宗教」以及獲得「格物致知」的「新的科學方法」。由提倡科學方法而推崇清儒，由推崇清儒而上溯「朱子的治學精神」，並進而以「文藝復興」涵蓋十一世紀以來中國的文化運動，實在過於粗枝大葉，根本無法「小心求證」[3]。倒是將五四新文化運動命名爲「文藝復興」，乃胡適的一貫觀點，且有較爲充分的闡述，值得認眞關注。

在《胡適與中國的文藝復興》一書中，格里德(J. B. Grieder)稱：「除了啓蒙運動外，歐洲的文藝復興也提供了一種『五四』時代的知識分子們有意識地加以利用的靈感。」這一基本判斷，有了以下的限定，似乎較穩妥：「與他許多的同代人比起來，胡適是更爲小心地在一種嚴格的歷史聯繫上來使用文藝復興這個詞的。」[4]也就是說，提倡新文化的主將，未見得都像胡適那樣認同歐洲的文藝復興。比如陳獨秀，便對法國大革命更感興趣。刊於《新青年》前身《青年雜誌》創刊號上的〈法蘭西人與近世文明〉，稱近世文明乃歐羅巴人所獨有，「而其先發主動者率爲法蘭西人」。著眼於政治改革與現代民族國家建設，陳獨秀關注的是「使人心社會劃然一新」，的人權說、生物進化論和社會主義，故文藝復興沒能進入其視野。否則，以陳之學識，不至於如此獨尊法蘭西。考慮到陳獨秀始終如一地傳播西方文明，且對「盲目之國粹論者」持嚴厲的批判態度，稱「直徑取用」今日歐羅巴，較之追蹤「二千年前學術初興之晚周」，「誠勞少而獲多」[5]，很難將其歸入文藝復興的精神傳人。

其實，對比五四文學革命的兩篇發軔之作：胡適的〈文學改良芻議〉與陳獨秀的〈文學革命論〉，也能看出二者微妙的差別。前者之推崇「但丁、路得之偉業」，與後者的全面排斥貴族文學、古典文學、山林文學，各自心目中「莊嚴燦爛之歐洲」不盡相同，文學革命的取徑自然也就有不小的差異[6]。格里德之認定「再生主題就像貫穿在這些年文學中的一根銀線」[7]，明顯地受胡適的《中國的文藝復興》（*The Chinese Renaissance: The Haskell Lectures for the Summer of 1933*, The University of Chicago Press）一書的影響。此書乃胡適於一九三三年在芝加哥大學作「中國文化的趨勢」系列演講的結集，對英語世界的讀者影響較大，也很能表現作者本人的文化理想，但難以涵蓋整個新文化運動。

適之先生爲了說明五四新文化運動「實在是個徹頭徹尾的文藝復興運動」，追述一九一九年所撰〈新思潮的意義〉一文，尤其強調「整理國故」乃新文化運動中重要的一環，並承認章太炎

《國故論衡》的啓示意義❽。其實，晚清的新學之士，以文藝復興爲重要的思想資源的，遠不只太炎先生一人。不過，在「復興古學」的目的、方法與途徑上，尤其是如何處理「復興古學」與迫在眉睫的政治革命的關係，各家說法不一，值得仔細玩味。

一九〇二年，在〈論學術之勢力左右世界〉中，梁氏高度讚賞盧梭《民約論》之提倡天賦人權以及法國大革命促成「今日之民權世界」：

> 自此說一行，歐洲學界，如旱地起一聲霹靂，如暗界放一光明，風馳雲捲，僅十餘年，遂有法國大革命之事。自茲以往，歐洲列國之革命，紛紛繼起，卒成今日之民權世界。❾

兩年後，《論中國學術思想變遷之大勢》第七章〈近世之學術〉發表，梁氏對歐洲文藝復興運動也給予極高的評價：

> 歐洲之所以有今日，皆由十四、五世紀之時，古學復興，脱教會之樊籬，一洗思想界之奴性，其進步乃沛乎莫能御。❿

表面上看，「古學復興」與「法國大革命」，在晚清的思想文化界，同樣受到讚賞。但實際上，後者的魅力更加無法抗拒。就拿梁氏主編的《新民叢報》來說，所推介的思想家、所關注的政治運動，基本上都局限於十八、十九世紀。雖有康有爲之渲染流血與恐怖⓫，法國大革命仍是《新民叢報》極爲關心的話題。至於「激進主義」的《民報》之傾心於盧梭與法國大革命，更是意料之中。對於晚清主張改革的政治家——不管是溫和派還是激進派——來說，法國大革命遠比文藝復興更接近於其現實關懷。只有回到學術文化建設時，「遠在天邊」的文藝復興，方才引起國人的熱切關注。就在上述《論中國學術思想變遷之大勢》第七章中，梁氏開始以清學的繁榮比附歐洲的文藝復興：

此二百餘年間總可命爲中國之「文藝復興時代」，特其興也，漸而非頓耳。然固儼然若一有機體之發達，至今日而葱葱鬱鬱，有方春之氣焉，吾於我思想界之前途，抱無窮希望也。⓬

一九二〇年，梁啓超爲蔣方震《歐洲文藝復興時代史》作序，再次強調清代學術潮流之「以復古爲解放」，「與歐洲文藝復興時代相類甚多」。此序因篇幅過長而獨立成書，即後來極受思想史家關注的《清代學術概論》。蔣方震反過來爲梁書撰寫序言，稱：「由復古而得解放，由主觀之演繹進而爲客觀之歸納，清學之精神，與歐洲文藝復興，實有同調者焉。」⓭此類假設，本有待進一步的論證；可是因了胡適極力表彰「科學精神」，清儒地位迅速上升，將清代學術比附文藝復興，似乎也就被中國學界默認了。當然，這已經是五四新文化運動以後的「故事」了。

在晚清思想界，以提倡革命著稱的章太炎，也曾對歐洲的文藝復興表示強烈的興趣。一九〇六年，章氏在〈東京留學生歡迎會演說辭〉中提及：「若是提倡小學，能夠達到文學復古的時候，這愛國保種的力量，不由你不偉大的。」同年撰寫〈革命之道德〉，稱其心目中的「革命」即「光復」，而講漢學者之「追論姬漢之舊章，尋繹東夏之成事」，大有益於光復大業，接著引證「彼義大利之中興，且以文學復古爲之前導，漢學亦然，其於種族，固有益無損」⓮。

章太炎的思路，明顯得益於一九〇五年創刊的《國粹學報》。黃節述及《國粹學報》的創刊，既有「同人痛國之不立，而學之日亡也」的現實刺激，也受文藝復興成功的啓迪：

昔者歐洲十字軍東征，馳貴族之權，削封建之制，載吾東方之文物以歸，於時義大利文學復興，達泰氏以國文著述，而歐洲教育遂進文明。[15]

半年後，許守微作〈論國粹無阻於歐化〉，稱「國粹絕而希臘衰矣」，而「今日歐洲文明，由中世紀倡古學之復興」[16]。緊接著，鄧實發表〈古學復興論〉，將提倡國粹的意圖表達得淋漓盡致：

鄧子曰：十五世紀，爲歐洲古學復興之世，而二十世紀，則爲亞洲古學復興之世。夫周秦諸子，則猶之希臘七賢也；土耳其毀滅羅馬圖籍，猶之嬴秦氏之焚書也；舊宗教之束縛，貴族封建之壓制，猶之漢武之罷黜百家也。嗚呼！西學入華，宿儒瞠目，而考其實際，多與諸子相符。於是而周秦學派遂興，吹秦灰之已死，揚祖國之耿光，亞洲古學復興，非其時邪？[17]

以上文章，均發表在章太炎東京演講之前一年，而章與《國粹學報》諸君關係密切，立論因而遙相呼應。

周秦諸子與希臘學派，同是「軸心時代」的英才，借用鄧實的說法，即「繩繩星球，一東一西，後先相映，如銅山崩而洛鐘應」。「卓然自成一家言」的周秦諸子，完全「可與西土哲儒並駕齊驅者也」[18]，復興其學說，應該具有同等效果。但實際上，十五世紀義大利文藝復興的盛況，並沒有在二十世紀初的中國出現。了解國情不同，時世變遷，更因提倡者「動機不純」。章太炎、梁啓超等表彰希臘、義大利之「復興古學」，既用「古典」，也含「今事」——十九世紀中葉發生在希臘、義大利的革命或獨立戰爭，讓晚清的中國人大爲感動，並浮想聯翩。一九〇九年，章太炎的《新方言》刊行，劉師培在爲其撰寫的〈後序〉中，發露「太炎之志」：

> 昔歐洲希、義諸國，受制非種，故老遺民，保持舊語，而思古之念沛然以生，光復之勛，灌薌於此。今諸華夷禍與希、義同，欲革夷言，而從夏聲，又必以此書爲嚆矢。[19]

此說並非空穴來風。同年，太炎先生〈與鍾君論學書〉中曾述及其致力於文字訓詁之學，乃有鑑於義大利之前例，只要「葆愛舊貫，毋忘故常」，那麼「國雖零落，必有與立」[20]。

義大利之所以令太炎先生感慨遙深，主要因其十九世紀的重新立國。如何建立現代民族國家，這樣的話題，無疑更切合面臨「亡國滅種」危機的國人的心境。就像梁啓超更關心瑪志尼等「建國三傑」，冷淡但丁或米開朗基羅一樣，世人之注目義大利，主要並非因其乃文藝復興的發祥地。專門的文藝復興史，直到二、三〇年代方才出現[21]，而演繹義大利獨立建國故事的著作，一九〇三年前後便已蔚爲奇觀[22]。對於本世紀初普遍傾向於「以史爲鑑」的中國人來說，亡國史、立憲史、革命史與獨立史的編纂[23]，無疑更爲迫切。至於文藝復興，作爲一種歷史知識，世人雖也不時提及，卻談不上認眞對待。

思想界之「冷落」文藝復興，直到五四前後，仍無根本改觀。一九一九年元旦創刊的《新潮》，其英文名稱爲 *The Renaissance*，可是，觀其〈發刊旨趣書〉之批評國人「不辨西土文化之美隆如彼，又不察今日中國學術之枯槁如此」，其取向依然是引入西潮。其標榜「文藝復興」，著眼的是學者追求眞理時的「率意而行，不爲情牽」：

> 又觀西洋Renaissance與Reformation時代，學者奮力與世界魔力戰，辛苦而不辭，死之而不悔，若是者豈眞是好苦惡樂，異乎人之情耶？彼能於眞理眞知灼見，故不爲社會所征服，又以有學業鼓舞其氣，故能稱心而行，一往不返。[24]

《新潮》的兩員主將羅家倫、傅斯年，均在創刊號上發表文章，鼓吹的都是法國式的政治革命與俄國式的社會革命——且更偏向於後者[25]。至於作爲刊名的「文藝復興」，反而不見「新潮」諸君專門論述。在文化選擇上，新潮社屬於典型的歐化派，與主張「學兼新舊」的國故派尖銳對立，不再欣賞「古學復興」之類的說法，而是強調汲取歐洲思想，以醫治「我們學術思想上的痼疾」，理由是：

> 我們倘若單講到學術思想，國故是過去的已死的東西，歐化是正在生長的東西；國故是雜亂無章的零碎智識，歐化是有系統的學術。[26]

這種文化革新的策略，自有其合理性；但與「文藝復興」的基本精神，似乎不可同日而語。儘管胡適、周作人、鄭振鐸、顧頡剛等對「整理國故」抱有好感，也承認其必要性[27]，可是一直到二〇年代前期，新文化人仍以引進西學、反對復古爲主要職責。

如果排列歐洲思想運動對中國人的深刻影響，晚清崇拜的是法國大革命，五四摹仿的是啓蒙運動；至於文藝復興，始終沒有形成熱潮。即便在其已經浮出海面的二、三〇年代，也仍局限於很小的學術圈子，無法讓青年學生(此乃二十世紀中國思想文化界風潮湧起的原動力)如癡似醉。在一個以「西學東漸」爲主要標誌、以「救亡圖存」爲主要目標的時代，相對冷淡「遙遠的」的文藝復興，實在是再自然不過的了。

可是，在一個相對寂寞的角落，文藝復興的「圖像」，正悄然呈現：我指的是二、三〇年代以後中國現代散文的歷史命運。晚清以降，受西學東漸大潮衝擊，中國文學的整體格局產生很大變化，其中一個重要標誌，便是小說的迅速崛起與散文的走向邊緣。不再承擔「經國大業」的現代散文，其痛苦而成功的蛻變，無意中呼應了遙遠的文藝復興。而最早對此走向做出準確描述的，當推周作人。

周作人對歐洲文藝復興的強烈興趣，在其初版於一九一八年的《歐洲文學史》中，已有所表現。此書乃作者在北京大學的講義，是過去十年間閱讀歐洲文學及文學史著作的一個總結。具體論述或許不夠深入，頗有將前人成果「拿來做底子」的，但畢竟是中國人編寫的第一部歐洲文學史。更重要的是，透過教書、編講義，督促其「反覆的查考文學史料」[28]，此等豐厚的西方文化修養，對其日後的寫作散文大有裨益。《歐洲文學史》的第三卷第一篇，總題爲〈中古與文藝復興〉，除討論希臘思想與希伯來思想、各國史詩及騎士文學，更著重探究文藝復興之前驅、文藝復興期拉丁民族之文學(義大利、法國、西班牙)、文藝復興期條頓民族之文學(英國、德國)等。在具體論述中，周氏強調文藝復興「發動之精神，則仍由國民之自覺，實即對於當時政教之反動也」。一方面是「東羅馬亡，古學流入西歐，感攖人心」，另一方面是教會信仰漸失，民衆疑寶叢生，久蟄之生機，俄忽覺醒，求自表現。「終乃於古學研究中得之，則遂竟赴之，而莫可御矣」。「古學研究」之值得重視，在於其體現了文藝復興之眞精神，即「竟於古文明中，各求其新生命」，以及「志在調和古今之思想，以美之一義貫之」[29]。這一藉「調和古今」而尋求新生命的文化理念，在其日後的社會及文學實踐中，得到自覺的凸現。

比起同時代忙於追趕西方文學新潮的批評家來，周作人對於「古老的」文藝復興，有更多的了解與同情。正因爲如此，周氏對於「文藝復興」概念的使用，不像胡適那樣「無所顧忌」。同樣以「文藝復興」解釋中國文化進程，周氏不但不會考慮北宋的「新儒學」，連「五四運動」也不太合適[30]；只有在描述新文學的某一門類——現代散文——的進展時，「文藝復興」方才姍然出現。一九二六年，在爲俞平伯重刊《陶庵夢憶》作序時，周作人借題發揮：

> 我常這樣想，現代的散文在新文學中受外國的影響最少，這與其說是文學革命的還不如說是文藝復興的產物，雖然在文學發達的程途上復興與革命是同一樣的進展。[31]

兩年後，爲俞平伯《雜拌兒》作跋，周作人再次闡述「復興」與「革命」、「新」文學與「舊」傳統的辯證關係：

> 現代的散文好像是一條湮沒在沙土下的河水，多少年後又在下流被掘了出來；這是一條古河，卻又是新的。[32]

由文學革命初期的歡呼「西潮」、批判「國粹」，到十年後的發掘「傳統」，強調其對於「現代」（藝術與生活）的積極意義，周作人的思路並非絕無僅有。在衆多「尋根」之作中，周作人的特點是始終咬住散文，而且步步爲營，從不泛論「文藝復興」的可能性。

將範圍縮小到散文，把時間上溯到晚清，以白話文學的自我調整爲契機，在討論中國文章轉型成敗得失的同時，思考如何「競於古文明中，各求其新生命」，此乃周作人的工作策略。從強調「革命」轉爲注重「復興」，對於傳統的態度，自然也就由「反叛」變爲「選擇」。思想文化界的這一「大趨勢」，在文學創作與研究——尤其是「現代散文」的創作與研究中，得到最爲突出的表現。三〇年代中期，魯迅曾感慨，新文化運動以來，「散文小品的成功，幾乎在小說戲曲和詩歌之上」[33]。胡適、曾樸、朱自清、周作人等，也都有過類似的判斷[34]。根據當事人的這些描述，文學史家很容易演繹出另一個更加有趣的命題：散文小品之所以獲得成功，得益於其豐厚的傳統資源[35]。因爲，在中國文學史上，小說、戲曲很長時間裏不登大雅之堂，而散文則源遠流長，名家輩出，歷來高居文壇霸主地位。另外，經過五四文學革命的洗禮，現代中國的小說、戲劇、詩歌等，其體制及基本精神，均與「世界文學潮流」接軌；惟獨散文，儘管已經改用白話，仍保有鮮明的「民族特徵」。

倘若此說成立，接下來的問題便是，到底是何種傳統資源，促成了現代中國散文的輝煌？

二、逐漸清晰的文學史圖像

考慮到五四作家對於域外文學的借鑑一目了然，談論現代中國散文的發展，一般都不會忽略Essay（小品文）的影響。倒是以白話文運動起家的「新文學」，是否應該或如何借鑑「舊文學」的長處，是個值得關注的課題。即便在新文化運動初期，以白話為主，以文言為輔，力求文白合一的主張，依然占有重要位置[36]。胡適的提倡「整理國故」，象徵著新文學家為取得進一步發展而求助於傳統資源。只不過鑑於傳統力量之強大，新文學家不得不兩面作戰，在發掘傳統資源的同時，警惕復古派的反攻。落實到具體文類，這種「縱觀古今，橫覽歐亞，擷華夏之古言，取英美之新說」的努力[37]，方才比較容易得到實現。以現代散文為例，林語堂之提倡小品筆調，乃是認定：「須尋出中國祖宗來，此文體才會生根」；周作人之褒獎晚明小品，也是堅信：「新文學在中國的土裏原有它的根，只要著力培養，自然會長出新芽來。」[38]

「傳統」之浮出海面，很大程度得益於新文學家之「重寫文學史」。從革命者轉為史學家，胡適等人對於五四新文學的論述，不能不發生很大變化。從強調「以今世歷史進化的眼光觀之，則白話文學之為中國文學之正宗，又為將來文學必用之利器，可斷言也」，到轉而論證白話文運動之所以獲得成功，就因為「一千年來，白話的文學，一線相傳，始終沒有斷絕」[39]，只有短短五年時間。在胡適看來，漢魏六朝的樂府、唐代的白話詩和禪宗語錄、宋代的白話詩及詞、金元小曲及雜劇，以及五百年來的白話小說，分別代表了中國歷史上五個時期的白話文學。五四新文化運動只是在有意提倡以及攻擊古文權威這兩點上，區別於此前的白話文學運動。如此敘述，自是基於其一貫遵循的「歷史的文學觀念」[40]。一九三五年，胡適為《中國新文學大系・建設理論集》撰寫導言，依然認定白話文學運動的成功，「最重要的因子」，「第一是我們有了一千多年的白話文學作品：禪門語錄，理學語錄，白話詩調曲子，白話小說」。

為了「要人人都知道國語文學乃是一千幾百年歷史進化的產兒」，胡適急於重寫中國文學史。其具體策略是：從論證白話文學的合理性，轉為力主「白話文學史就是中國文學史的中心部分」41。這一轉變的順利實現，得益於教育體制的重建。一九二〇年，教育部頒布部令，要求國民學校一、二年級的「國文」課改用國語(白話)，此乃白話文運動迅速獲得成功的根本保證。就像胡適在〈五十年來中國之文學〉中所說的，教育制度的變遷，牽一髮而動全身：初小改了，初級師範及高小就不得不改；初師動了，高師也不能無動於衷。一時間，如何從事國語教學，成了教育界的熱門話題。教育部於是舉行國語講習所──胡適《白話文學史》的初稿，正是在第三屆國語講習所(一九二二)上的講義。這與周作人《中國新文學的源流》乃據其在輔仁大學的演講紀錄整理而成，頗爲相似，都是成功者的「傳道授業解惑」，而不是基於嘗試時的「立異恐怖」42。

不同意胡適「白話文學是中國文學唯一的目的地」這一研究思路，周作人的基本主張是：「中國文學始終是兩種互相反對的力量起伏著。」依照「言志」與「載道」兩大潮流之消長與起伏，周氏構建了與《白話文學史》不同的另一種文學史圖像。以五四新文化運動的反對復古、主張自我，對應明末公安派之「獨抒性靈，不拘格套」，周氏於是得出一個相當大膽的結論：「今次的文學運動，其根本方向和明末的文學運動完全相同。」43同樣是爲新文學運動「溯源」，不同於胡適的貪多求全──從漢魏樂府一直說到明清小說，周作人牢牢鎖定在「晚明小品」這一特定朝代的特定文類，因而顯得有理有據，易懂易學。如果說胡著主要著眼於歷史闡釋，周著則希望兼及現實寫作──實際上，《中國新文學的源流》的出版，確實對三〇年代小品文的繁榮起了決定性的作用。

周作人對晚明小品的推崇，二〇年代中期便已開始形諸文字；但是一九三二年輔仁大學的系列演講以及《中國新文學的源流》的出版，仍是其學說大爲普及的關鍵。林語堂之創辦《論語》、《人間世》，提倡「性靈」與「閒適」，構成三〇年代中國文壇別具一格的「風景線」，此舉與周氏的指點大有關係。儘管林氏後來上溯蘇東坡、陶淵明、莊周，下及金聖嘆、李笠翁、袁子才，入門嚮導仍是周作人「發現」的公安三袁。難怪其〈四十自敍詩〉稱：「近來識得袁中郎，喜從中來亂狂呼。……從此境界又一新，行文把筆更自如。」[44]

就在小品文大行其時、論戰隨之而起的一九三三年，魯迅發表了〈小品文的危機〉，力主「生存的小品文，必須是匕首，是投槍，能和讀者一同殺出一條生存的血路的東西」，而不應該是「太平盛世」的「小擺設」。依此思路，魯迅構建了另一幅文學史圖像，除了強調明末小品「並非全是吟風弄月，其中有不平，有諷刺，有攻擊，有破壞」，更追根溯源，歷數同樣屬於「掙扎和戰鬥」的晉朝清言與唐末雜文[45]。

倘若將論題限定在「如何解釋現代中國散文的成功」，胡適的禪門語錄與白話小說，顯得過於空泛；魯迅的魏晉清言與唐末雜文，未曾認眞闡述；林語堂的蘇軾與莊周，只能算是明末小品的上溯。況且，魯、林二說，乃是對於周作人明末小品說的回應。如此說來，影響最大且較有說服力的，還是當推周作人的假說。作爲一種文學史詮釋框架，借助於晚明小品來解讀五四文章，自有其合理性。但有趣的是，眞正談得上承繼三袁衣缽的，不是周作人，而是林語堂。周氏文章不以清新空靈爲主要特徵，其「寄沉痛於幽閒」，以及追求平淡、厚實與苦澀，均與明末小品無緣。周氏可謂明末小品的知音，卻絕非其傳人。強調公安三袁與現代散文有明顯的歷史聯繫，但並非佩服得五體投地：周氏的文章趣味，與晚明小品實有不小的距離。

如何解釋這種文學史主張與個人閱讀趣味的差異，不妨就從《風雨談》中一則短文說起。錢鍾書在評論《中國新文學的源流》時，對周氏提及許多文學史上的流星，偏偏漏掉了「可與張宗子的《夢憶》平分『集公安竟陵二派大成』之榮譽」的《梅花草堂集》頗不以爲然[46]。一九三六年，周作人撰《〈梅花草堂筆談〉等》，正面回應錢氏的批評[47]：

我贊成《筆談》的翻印，但是這與公安竟陵的不同，只因爲是難得罷了，他的文學思想還是李北地一派，其小品之漂亮者亦是山人氣味耳。

不要說對「假風雅」的「山人派的筆墨」不以爲然，就連屢受表彰的公安、竟陵，周氏也不無批評。一方面欣賞晚明非正統文人的「勇氣與生命」，以爲「裏邊包含著一個新文學運動」，另一方面又對其作品的藝術價值表示懷疑：

我以爲讀公安竟陵的書首先要明瞭他們運動的意義，其次是考查成績如何，最後才用了高的標準來鑑定其藝術的價值。我可以代他們說明，這末一層大概不會有很好的分數的。……我常這樣想，假如一個人不是厭惡韓退之的古文的，對於公安等文大抵不會滿意，即使不表示厭惡。

也就是說，相對於世人頂禮膜拜的唐宋八大家，周氏更欣賞其反叛者；基於此文學史判斷，晚明小品方才值得表彰。對於三〇年代出現的晚明小品熱，作爲始作俑者，周作人承認不無流弊，尤其擔心「出現一新鴛鴦蝴蝶派的局面」。此前年年，魯迅在《雜談小品文》中，也曾譏諷不願面對危難與感憤，一味提倡「抒寫性靈」者，很容易變成「賦得性靈」。據魯迅稱，如此「性靈」，其「可憐之狀」，「已經下於五四運動前後的鴛鴦蝴蝶派數等了」[48]。對鴛鴦蝴蝶派的重新評價，並非本文的責任。這裏只是藉以窺探新文化人的基本立場：對於「輕佻」與「媚俗」，始終保持高度警惕。

晚明小品的提倡，由於得到林語堂等衆多文人的呼應，很快形成熱潮。就在晚明小品急遽升溫的時候，周作人已經轉而關注六朝文章的現代意義。一九三二年，周氏作〈《近代散文抄》新序〉，稱：

> 正宗派論文高則秦漢，低則唐宋，滔滔者天下皆是，以我旁門外道的目光來看，倒還是上有六朝下有明朝吧。我很奇怪學校裏爲什麼有唐宋文而沒有明清文——或稱近代文，因爲公安竟陵一路的文是新文學的文章，現今的新散文實在還沿著這個統系……[49]

約略完成於同時的《中國新文學的源流》，其第二講也曾述及六朝文章的魅力，只不過重點落在這「下有明朝」的公安三袁。至於對「上有六朝」的體認與闡發，有待此後幾年的努力。

一九四五年，周作人撰〈關於近代散文〉，述及二、三〇年代在各大學講授「國語文學」的經過，可見其構建文學史圖像的進程。時人均由「現時白話文」追溯到四大古典小說，周氏覺得此思路「雖是容易，卻沒有多大意思，或者不如再追上去，到古文裏去看也好」。於是從《儒林外史》的楔子講開去，由王冕一跳就到了明清之際的文人，別的白話小說就此略去。「接下去是金冬心的畫竹題記等，鄭板橋的題記和家書數通，李笠翁的〈閒情偶記抄〉，金聖嘆的〈《水滸傳》序〉。」至此，仍不過是新編《古文觀止》而已。直到發現了可與五四新文學運動直接掛鉤的李卓吾、張宗子、公安三袁等，眼界豁然開朗，終於理清了「中國新文學的源流」[50]。周氏此文，只講到輔仁大學的系列演講；其實，好戲還在後頭。

此前，周作人已在孔德學校的國文課裏講起了《顏氏家訓》；此後，周氏更在北京大學開設「六朝散文」課程。由「近代(明清)散文」而「六朝散文」，不只是課程設置的變更，更代表其文學史圖像的重新修訂[51]。抗戰很快爆發，周氏重寫文學史的苦心孤詣，沒能得到廣泛的響應。不過，當年的老學生，若柳存仁、金克木、張中行等，都曾在回憶文章中，提及此別具慧心的「六朝散文」課[52]。可見，周氏的自信不無道理：「大家的努力絕不白費。」[53]

周作人之追慕六朝文人及文章，有許多自我陳述，不待後人搜奇索隱。有趣的是，周氏一口咬定，兄長魯迅與他同道，同樣愛六朝文勝於秦漢文或唐宋文。在五〇年代撰寫的《魯迅的青年時代》裏，有四章(〈魯迅的國學與西學〉、〈魯迅與中學知識〉、〈魯迅的文學修養〉、〈魯迅讀古書〉)提及魯迅如何「看重魏晉六朝的作品，過於唐宋，更不必說『八大家』和桐城派了」。稱魯迅讀書「絕不跟著正宗派去跑」，不喜歡韓愈、朱熹，而推崇嵇康、陶潛，這自是在理[54]。但以下這兩段具體敍述，可就有點離譜了：

> 他可以說愛六朝文勝於秦漢文，六朝的著作如《洛陽伽藍記》、《水經注》、《華陽國志》，本來都是史地的書，但是文情俱勝，魯迅便把它當作文章看待，搜求校刻善本，很是珍重。純粹的六朝文他有一部兩冊的《六朝文絜》，很精簡的輯錄各體文詞，極爲便用。他對於唐宋文一向看不起，可是很喜歡那一代的雜著……
>
> 一般文人也有看佛經的，那大半是由老莊引申，想看看佛教的思想，作個比較，要不然便是信仰宗教的居士，但魯迅卻兩者都不是，他只是當作書讀，這原因是古代佛經多有唐以前

> 的譯本，有的文筆很好，作爲六朝著作去看，也很有興味。[55]

之所以說「有點離譜」，並非否認魯迅對六朝著作及漢譯佛經的興趣，而是這兩段話，與周作人本人的自述，實在太相像了。

自從孫伏園記載劉半農贈送魯迅「託尼學說，魏晉文章」的聯語，「當時的朋友都認爲這副聯語很恰當，魯迅先生自己也不加反對」[56]，研究者論及魯迅文章，一般都會兼及其〈魏晉風度及文章與藥及酒之關係〉[57]。倘若再將《漢文學史綱要》考慮在內，則魯迅的「文章趣味」大致可以把握。一是欣賞人格獨立，二是強調文采與想像，三是從文字到文章的論述思路。關於「文筆之辨」的敍述，以及對「文學的自覺」之體認，可見劉師培的影響；至於關注魏晉風度，尤其是爲人的徑行獨往與爲文的淸峻通脫，則主要得益於章太炎。

在〈魏晉風度及文章與藥及酒之關係〉中，魯迅直接引述的是劉師培的《中國中古文學史》；〈關於太炎先生二三事〉提及東京受業，懷念的是章師「戰鬥的文章」，而非「文筆古奧」，或者「經學與小學」。儘管如此，我還是認定魯迅之發現魏晉，主要得益於太炎先生。同樣，雖然有過〈謝本師〉的壯舉，在學術思想上，周作人受章師影響也很深。單以文章論，褒揚六朝而貶斥唐宋，周氏兄弟的這種閱讀趣味，明顯帶有太炎先生的印記。爲了突出太炎先生「革命家」的一面，追憶二十幾年前的東京問學，魯迅稱：

> 先生的音容笑貌，還在目前，而所講的《說文解字》，卻一句也不記得了。[58]

求學時所接受的具體知識，或許眞的是「一句也不記得了」，可是學術趣味的潛移默化，卻頑強地有所表現。魯迅之以一種特殊的方式溝通了與清儒的歷史聯繫，以及晚年仍念念不忘撰寫中國字體變遷史，在在體現章太炎的影響[59]。好長時間裏，周氏兄弟不但沒有亦步亦趨，甚至頗有反出師門的意味，之所以判定其文章趣味有所師承，原因在於，章氏復興魏晉文的努力，具有劃時代的意義。相對來說，劉師培主要延續清人的思路，而章太炎及周氏兄弟則更有創造性的發揮。

在〈自述學術次第〉中，太炎先生自稱先慕韓愈爲文奧衍不馴，後學汪中、李兆洛，及至誦讀魏晉文章並宗師法相，方才領略談玄論政舒捲自如的文章之美，逐漸超越追蹤秦漢文的唐宋八大家以及追蹤唐宋文的桐城派，又與汪、李等追摹六朝藻麗俳語的駢文家拉開了距離，形成兼及清遠與風骨的自家面貌：

> 三十四歲以後，欲以清和流美自化。讀三國兩晉文辭，以爲至美，由是體裁初變。然於汪、李兩公，猶嫌其能作常文，至議禮論政則躓焉，仲長統、崔實之流，誠不可企。吳魏之文，儀容穆若，氣自捲舒，未有辭不逮意，窘於步伐之內者也。而汪、李局促相斯，此與宋世歐陽、王、蘇諸家務爲曼衍者，適成兩極，要皆非中道矣。匪獨汪、李，秦漢之高文典冊，至玄理則不能言。余既宗師法相，亦兼事魏晉玄文。觀乎王弼、阮籍，嵇康、裴頠之辭，必非汪、李所能窺也。……中歲所作，既異少年之體，而清遠本之吳魏，風骨兼存周漢，不欲純與汪、李同流。[60]

《太炎先生自定年譜》「光緒二十八年(一九〇二年)三十五歲」則，有這麼一段話，可與上述總結互相呼應：

> 初爲文辭，刻意追躡秦漢，然正得唐文意度，雖精治《通典》，以所錄議禮之文爲至，然未能學也。及是，知東京文學不可薄，而崔實、仲長統尤善。既復綜核名理，乃悟三國兩晉文誠有秦漢所未逮者，於是文章漸變。[61]

這段「文章漸變」的自述，針對的是《訄書》的文體探索。比起「其辭取足便俗，無當於文苑」的「論事」，章太炎更看重自家「博而有約，文不奄質」的「述學」。最能體現其「文實閎雅」的述學風格的，章氏列舉的正是《訄書》[62]。

《訄書》、《國故論衡》等對於三國兩晉文辭的借鑑，須與太炎先生此前此後對於六朝文的闡揚相結合，方更能顯示其轉化傳統的意義。周氏兄弟作爲本世紀中國最重要的兩大散文家，在繼往開來，拓展章氏的創造性思考方面，起著關鍵性作用。三〇年代以後的散文家，追摹的不再是章太炎，而是周氏兄弟。世紀末回眸，構建現代中國散文的譜系，其中借助於六朝文章而實現傳統的創造性轉化的，很可能是如此描述：章太炎、劉師培——魯迅、周作人——俞平伯、廢名、聶紺弩——金克木、張中行[63]。這一譜系的中心在於周氏兄弟，章、劉作爲先驅，自是功不可沒；至於周氏兄弟的弟子及後續，只是爲了便於敘述而「舉例說明」。

借用魯迅的概念，或「藥．酒」，或「女．佛」[64]，魏晉文與南北朝文，其實頗有差異。只是相對於「如日中天」的秦漢文與唐宋文，六朝文的獨立品格方才得以確認。這裏暫不分疏各位作家與六朝文的具體聯繫，而只是粗枝大葉地描述此「大趨勢」。同樣是「舉例說明」，不妨先以廢名的一篇短文作爲「楔子」：

> 中國文章，以六朝人文章爲最不可及。我嘗同朋友們戲言，如果要我打賭的話，乃所願學則學六朝文。我知道這種文章是學不了的，只是表示我愛好六朝文，我確信不疑六朝文的好處。六朝文不可學，六朝文的生命還是不斷的生長著，詩有盛唐，詞至南宋，俱係六朝文的命脈也。在我們現代的新散文裏，還有「六朝文」。[65]

此文表明周作人及馮文柄師徒對於六朝文的強烈興趣，至於其談論現代中國的「六朝文」，舉的竟是以譯介並摹擬英國隨筆著稱的梁遇春。梁氏散文之「玲瓏多態，繁華足媚」，以及「蕪雜」與「深厚」，確與六朝文有相通之處；至於將其徑稱爲「新文學當中的六朝文」[66]，則只有學佛的廢名，方敢如此直指本心。相對於梁遇春，更適合於作爲「新文學當中的六朝文」來把握與闡發的，其實應該是周作人、廢名師徒。

討論「從文言到白話」，胡適的溯源章回小說，頗有說服力；探究「從白話到美文」，周作人的追蹤明末小品，更是風行一時。至於描述周氏兄弟文章的典範意義，上串下連，六朝文的面影於是逐漸浮現。「重寫文學史」時對於六朝文的日漸重視，與「新文學當中的六朝文」的迅速成長，二者密不可分。只是具體分疏時，最好將「三國兩晉文辭」與「南北朝文鈔」分而治之，因其牽涉到現代中國散文兩大主將的不同發展途徑。

三、師心使氣與把酒賞菊

三〇年代中期，郁達夫爲良友圖書公司編纂《中國新文學大系・散文二集》，周氏兄弟的文章竟占了全書十之六七，郁達夫的解釋是：

> 中國現代散文的成績，以魯迅、周作人兩人的爲最豐富，最偉大，我平時的偏嗜，亦以此二人的散文爲最所溺愛。[67]

六十年後，重新引述此段文字，幾乎不必作任何改動。也曾出現不少顯赫一時的散文家，但周氏兄弟始終是兩面不倒的大旗。近百年中國文壇上，小說、詩歌羣雄角逐，唯有散文雙峰並峙——周氏兄弟的地位無可爭議。

可是，周氏兄弟的文章趣味又是如此的不同，以致從二、三〇年代起，論文者總喜歡以其作爲「判教」的依據。周氏兄弟文章之或寸鐵殺人，辛辣遒勁，或舒徐自在，清冷苦澀，與其思想傾向與文化性格大有關聯，從阿英、郁達夫到近年的舒蕪、錢理羣等，對此都有精到的評述[68]。這裏希望提供思考的另一維度，即「文學史寫作」與其「文章趣味」之間的互動。作爲新文化運動的主將，周氏兄弟都曾積極鼓吹白話文。白話文運動成功後，二位又都有意識地引文言入白話，以其略帶澀味、略顯古奧的獨特文體，征服了廣大讀者。幾乎與此同時，二位所撰文學史著，也都引起學界的廣泛關注，並波及文學潮流。

周氏兄弟雖曾在大學教書，卻並非一般意義上的專家學者，其文學史寫作，頗有表明個人文學趣味的傾向。因此，其「言說」固然重要，其「沉默」同樣意味深長。對「文章」的研究，魯迅的目光集中在從先秦到魏晉，周作人則關注南北朝以降。魯迅偶爾也會提及公安、竟陵，就像周作人之談論莊周、孔融，遠不及對方精采。把周氏兄弟的目光重疊起來，剛好是一部完整的「中國散文史」（這裏暫不考慮現代文類意義上的「散文」，與秦漢文或六朝文的區別）。一九二三年後的周氏兄弟，已經告別「兄弟怡怡」的情態，也不可能再有學術上的分工合作。正因如此，周氏兄弟對於中國文章的不同選擇，大有深意在。討論這一點，最好將其師長章太炎、劉師培的目光考慮在內。

魯迅剛去世時，周作人撰《關於魯迅》，介紹其學問上的貢獻，開列九種著述，其中包括校訂《嵇康集》（未刊）。二十年後，魯迅對於嵇康的一往情深已廣爲人知，學界論及魯迅與中國古典文學的歷史聯繫，必定在此大作文章，反而是周作人的《魯迅的青年時代》，似乎有意迴避「師心以遣論」的嵇中散。在四段談論魯迅讀古書的文字中，周作人提及不少詩文家，而出現嵇康名字的，只有輕描淡寫的這一筆：

> 他愛《楚辭》裏的屈原諸作，其次是嵇康和陶淵明，六朝人的文章，唐朝傳奇文，唐宋八大家不值得一看，「桐城派」更不必提了。[69]

對唐宋八大家及桐城古文的蔑視，固然屬於周氏兄弟；將嵇康與陶淵明並列，卻難以表現魯迅的文學趣味。翻閱周氏兄弟文集，明顯可以感覺到兄愛嵇而弟愛陶，各有所好，且都相當執著，還由此而引發「文壇風波」，兄弟雖失和，畢竟不願直接對壘，諸多旁敲側擊的妙語，只有還原到歷史語境中，方才明白其具體所指。

從一九一三到一九三五年，二十三年間，魯迅先後校勘《嵇康集》達十餘遍[70]，並撰有〈《嵇康集》逸文考〉、〈《嵇康集》著錄考〉、〈《嵇康集》序〉、〈《嵇康集》跋〉、〈《嵇康集》考〉等文。在魯迅整理的衆多古籍中，《嵇康集》算得上是最爲勞心勞神、費時費力的。三〇年代初，魯迅曾試圖將此校本刊行，但「清本略就，而又突陷兵火之內」[71]，終於未能如願。直到魯迅去世後的一九三八年，凝聚先生多年心血的《嵇康集》，方才首次收入《魯迅全集》。

魯迅之接近魏晉文章，得益於章太炎的提倡及劉師培的闡發。至於在魏晉文章中獨重嵇康，則更能顯示魯迅的心跡與趣味。章太炎之推崇魏晉文，最著名的莫過於《國故論衡・論式》中的一段話：

> 魏晉之文，大體皆埤於漢，獨持論彷彿晚周，氣體雖異，要其守己有度，伐人有序，和理在中，孚尹旁達，可以爲百世師矣。

在章氏看來，漢文、唐文各有所長，也各有所短，「有其利無其病者，莫若魏晉」，魏晉文之所以值得格外推崇，因其長於持論：

> 夫持論之難，不在出入風議，臧否人羣，獨持理議禮爲劇。出入風議，臧否人羣，文士所優爲也；持理議禮，非擅其學莫能至。自唐以降，綴文者在彼不在此。[72]

在〈通程〉中，章氏表達了大致相同的意見：「魏晉間，知玄理者甚衆。及唐，務好文辭，而微言幾絕矣。」[73]而在衆多清峻通脫、華麗壯大的魏晉文章中，太炎先生對嵇、阮大有好感：「嵇康、阮籍之倫，極於非堯、舜，薄湯、武，載其厭世，至導引求神仙，而皆崇法老莊，玄言自此作矣。」[74]

章氏的好友劉師培，對嵇、阮文章之精采，有進一步的發揮。嵇、阮歷來並稱，所謂「嵇康師心以遣論，阮籍使氣以命詩」，正如劉師培所說的，乃互言見意[75]。雖則詩文俱佳，嵇、阮實際上各有擅場，阮長於詩，而嵇長於論。在《中國中古文學史》第四課中，劉氏是這樣比較嵇、阮之文的：

> 嵇、阮之文，豔逸壯麗，大抵相同。若施以區別，則嵇文近漢孔融，析理綿密，阮所不逮；阮文近漢禰衡，託體高健，嵇所不及，此其相異之點也。

表面上嵇、阮不分軒輊，但同課還有正面表彰嵇康的文字。一是引述李充《翰林論》後稱：「李氏以論推嵇，明論體之能成文者，魏晉之間，實以嵇氏爲最。」一是評述嵇文之「析理綿密」：「嵇文長於辨難，文如剝繭，無不盡之意，亦阮氏所不及也。」[76]

魯迅對嵇文的評價，與章、劉大體相同，只是更強調其性格上的獨立與反叛。在魯迅看來，所謂「思想通脫」，便是「廢除固執」，「充分容納異端和外來的思想」，爲了堅持思想的獨立性，甚至不惜冒著生命危險「非湯武而薄周孔」[77]。在〈《嵇康集》考〉中，魯迅稱：「康文長於言理，藻豔蓋非所措意；唐宋類書，因亦眇予徵引」；而在〈魏晉風度及文章與藥及酒之關係〉中，魯迅說得更顯豁：「嵇康的論文，比阮籍更好，思想新穎，往往與古時舊說反對。」[78]嵇文之所以「析理綿密」，與其「思想新穎」有關；之所以能夠「思想新穎」，與其不願依傍司馬氏更是不可分離。借用明人張溥爲《嵇中散集》所作題辭：「集中大文，諸論爲高，諷養生而達莊老之旨，辨管蔡而知周公之心，其時役役司馬門下者，非惟不能作，亦不能讀也。」[79]此等獨立不羈的姿態，自然容易招來殺身之禍。

比起文章之高低，嵇、阮二人的不同遭遇，更爲歷來的論者所關注。同是德行奇偉，邁羣獨秀，爲衰世所不容，可是阮得以終其天年，而嵇則喪於司馬氏之手，世人於是多喜就此大發議論。〈與山巨源絕交書〉中有云：「阮嗣宗口不論人過，吾每師之，而未能及。」連嵇氏本人都有此「自我批評」，世人於是更心安理得地認同阮籍之處世哲學。也有直接批評嵇之心高氣傲，頗有將其歸結爲「性格悲劇」的，最明顯的莫過於《顏氏家訓》：「嵇康著養生之論，而以傲物受刑」；「嵇叔夜排俗取禍，豈和光同塵之流也」[80]。宋人葉適則另闢蹊徑。在我看來，《石林詩話》對嵇殁而阮存的解釋，更具洞見：

> 吾嘗讀《世說》，知康乃魏宗室婿，審如此，雖不忤鍾會，亦安能免死邪？嘗稱阮籍口不臧否人物，以爲可師；殊不然，籍雖不臧否人物，而作青白眼，亦何以異，籍之得全於晉，直是早附司馬師，陰託其庇耳。史言：「禮法之士，疾之如仇，賴司馬景王全之。」以此而言，籍非附司馬氏，未必能脫也。今《文選》載蔣濟〈勸進表〉一篇，乃籍所作，籍忍至此，亦何所不可爲，籍著論鄙世俗之士，以爲猶蝨處乎褌中，籍委身於司馬氏，獨非褌中乎？觀康尚不屈於鍾會，肯賣魏而附晉乎？世俗但以跡之近似者取之，概以爲嵇、阮，我每爲之太息也。

葉氏的意見，更接近現代史學家陳寅恪、唐長孺等的論述。在〈魏晉風度及文章與藥及酒之關係〉中，有這麼一句話：「嵇康的害處是在發議論；阮籍不同，不大說關於倫理上的話，所以結局也不同。」同文，依據傳統的說法，魯迅以爲嘲笑鍾會「也是嵇康殺身的一條禍根」。八年後，魯迅撰〈再論「文人相輕」〉，重新闡釋嵇康之死：

> 嵇康的送命，並非爲了他是傲慢的文人，大半倒因爲他是曹家的女婿，即使鍾會不去搬弄是非，也總有人去搬弄是非的，所謂「重賞之下，必有勇夫」者是也。[81]

作爲曹家女婿，嵇康無可選擇地處於司馬氏的對立面。這種無法掩飾的政治立場，使得嵇康要不投降，要不對抗，沒有裝傻或轉圜的餘地。讀讀嵇康的《家誡》，不難明白葉適所說的致嵇康於死地的「不屈」。《家誡》當然也有世俗的一面，開篇仍見其志向遠大：

> 人無志，非人也。但君子用心所欲，準行自當，量其善者，必擬議而後動。若志之所之，則口與心誓，死守無貳。恥躬不逮，期於必濟。

此等「口與心誓，死守無貳」的人物，即便意識到面臨的危險，仍會堅持「師心」與「使氣」。

正是在這一點上，周氏兄弟出現明顯的分歧。從〈摩羅詩力說〉讚賞屈原「放言無憚，爲前人所不敢言」，到〈漢文學史綱要〉表彰司馬相如與司馬遷「桀驁不欲迎雄主之意」，再到〈魏晉風度及文章與藥及酒之關係〉之認同嵇康「往往與古時舊說反對」，魯迅追求的是反抗與獨立。博識儒雅的周作人，則更傾向於思想通達性情溫潤的陶淵明。至於嵇康的劍拔弩張，與知堂趣味相去甚遠，難怪後者有意迴避。周作人的遠離嵇康，與其極力推崇的顏之推不謀而合。顏氏批評嵇康不善養生，身處亂世而仍有那麼多的牢騷與不平，這不由得令人想起林語堂的「幽默文章」〈悼魯迅〉。以「儒家之明性達理」，來嘲笑「戰士」之「持矛把盾交鋒以爲樂」，未免失之輕薄[82]。

周作人之追摹陶淵明，並非一蹴而就，而是歷經十年的艱苦磨練。從「在文學上尋求慰安」的《自己的園地》（一九二三年）出發，經由「作文極慕平淡自然的景地」的《雨天的書》（一九二五年），再到聲明「閉戶讀書」卻仍隱含憂憤的《永日集》（一九二九）和《看雲集》（一九三二），終於，在一九三二年所撰致俞平伯信及〈《雜拌兒之二》序〉中，周氏表達了實現轉變之自信：「不佞自審近來思想益消沉耳，豈尚有五四時浮躁凌厲之氣乎？」「這是以科學常識爲本，加之明淨的感情與清澈的理智，調和成功的一種人生觀。」[83]十年間，周氏的思考日漸成熟，其自我定位也日漸清晰。而一九三四年〈五十自壽詩〉的發表並引起極大爭議，更使得其「現代隱士」的形象深入人心。

就在世人紛紛評說周作人之「漸近自然」、「把生活當作一種藝術」以及陶淵明式的隱逸時[84]，周氏本人也開始大談陶令之如何「高古曠達」。一九二九年的《麻醉禮讚》中，周氏也曾提及陶詩之三句不離酒，但並無精采的發揮，撰寫於一九三一年的〈《苦茶隨筆》小引〉則不一樣，開始強調「古代文人中我最喜諸葛孔明與陶淵明」：前者的「知其不可而爲之確是儒家的精神，但也何嘗不即是現代之生活的藝術呢」？對於後者，「我卻很喜歡他詩中對於生活的態度，所謂『衣沾不足惜，但使願無違』，似乎與孔明的同是一種很好的生活法」。周氏關於陶淵明的引證與評述，集中在一九三四至一九三六年，且以〈歸園田居〉、〈自祭文〉、〈擬輓歌辭〉等爲中心，推崇其「看徹生死」，「乃千古曠達人」，其「以生前的感覺推想死後況味」，「大有情致」。周氏稱，此種「婉而趣」的生活態度，正是自家追慕的「閒適」，亦即「大幽默」[85]。

對於隱者，周作人「向來覺得喜歡」，就因爲在他看來，「中國的隱逸都是社會或政治的，他有一肚子理想，卻看得社會渾濁無可實施」，於是只好當隱士去了——舉出來的例子，恰好便是陶淵明[86]。但在具體談論陶的詩文及人格時，周氏從來只提情致與閒適，而未及其被埋沒的「一肚子理想」。即便提及陶詩裏的刑天舞干戚案，也只談校勘，而不及志向。直到已經物換星移的五〇年代末，周作人方才承認〈讀山海經〉之「慷慨激昂」，顯示陶令也有「很積極」的一面，並反過來批評「古來都當他作隱逸詩人，這是皮相之見」[87]。後一種說法明顯受魯迅影響，也是三〇年代的周作人所不願接受的。

不能否認歷代文人讚嘆不已的「結廬在人境，而無車馬喧」、「採菊東籬下，悠然見南山」，對於「久在樊籠裏」者有極大的感召力。可是陶淵明並非永遠平淡恬靜，〈擬古〉中的「少時壯且厲，撫劍獨行遊」，已經讓人刮目；〈讀山海經〉之「猛志」與〈詠荊軻〉的俠情，更爲歷代讀陶者所關注，蕭統〈陶淵明集序〉已稱「吾觀其意不在酒，亦寄酒爲跡者也」，所謂「語時事則指而可想，論懷抱則曠而且眞」，陶令不純爲世外高人，其賦辭歸來、高蹈獨善乃別有幽懷，朱熹更是一語破的：

> 陶淵明詩，人皆說是平淡，據某看他自豪放，但豪放得來不覺耳，其露出本相者，是〈詠荊軻〉一篇，平淡底人如何說得這樣言語出來（《朱子語類》卷一四〇）。

在回答陶淵明與韋應物的區別時，朱熹的說法非常有趣：

> 陶卻是有力，但語健而意閒。隱者多是帶氣負性之人爲之，陶欲有爲而不能者也，又好名，韋則自在，其詩直有做不著處，便倒塌了底。

顧炎武同樣談論陶、韋，稱其詩「何等感慨，何等豪宕」，足證其人「非直狷介，實有志天下者」（《菰中隨筆》）。〈詠荊軻〉之「淩厲」，絕非「平淡」二字所能描述，歷代評陶詩者沒有異議；倒是〈讀山海經〉常被解讀爲「詞雖幽異離奇，似無深旨耳」；「皆言仙事，欲求出塵」，「總是遺世之志」[88]，很少像魯迅那樣，從「金剛怒目」的角度立論。

陶潛不只「把酒」，也曾「撫劍」，這一點，並非現代人的獨特發現。龔自珍《己亥雜詩》中的〈舟中讀陶詩三首〉，便將陶潛與屈原、孔明相提並論，強調其豪情與俠骨，甚至認定其性情磊落遠在杜甫之上：

> 陶潛詩喜說荊軻，想見《停雲》發浩歌。
> 吟到恩仇心事湧，江湖俠骨恐無多。

陶潛酷似臥龍豪，萬古潯陽松菊高。
莫信詩人竟平淡，二分《梁甫》一分《騷》。

陶潛磊落性情溫，冥報因他一飯恩。
頗覺少陵詩吻薄，但言朝叩富兒門。

唐宋以降，陶令確實主要作爲隱逸詩人而受到尊崇。但同樣不可忽視的是，其「帶氣負性」，歷來不乏解人。當然，渲染其「平淡」，抑或突出其「豪俠」，很大程度取決於讀陶者的志趣與心境。

正因如此，當曹聚仁評述〈五十自壽詩〉，並以陶淵明比附周作人時，語調相當克制：

周先生近年恬淡生涯，與出家人相隔一間，以古人相衡，心境最與陶淵明相近。朱晦庵謂「隱者多是帶性負氣之人」，陶淵明淡然物外，而所嚮往的是田子泰、荊軻一流人物，心頭的火雖在冷灰底下，仍是炎炎燃燒著。周先生自新文學運動前線退而在苦雨齋談狐說鬼，其果厭世冷觀了嗎？想必炎炎之火仍在冷灰底下燃燒著。[89]

只是由於周氏本人以及諸同道對於「平淡」的過分推崇，越說越玄虛，引起左翼文化人的反感，這才有魯迅揪住一則短文大發議論的「軼事」。

一九三五年十二月，朱光潛在《中學生》雜誌六十號上發表〈說「曲終人不見，江上數峰青」〉。此文係答覆夏丏尊關於錢起這兩句詩「究竟好在何處」的提問，本是卑之無甚高論。可是朱君不願就詩論詩，希望藉此發揮其別具心得的「靜穆説」。於是有了以下這段被魯迅揪住不放的妙語：

> 「靜穆」是一種豁然大悟，得到歸依的心情。它好比低眉默想的觀音大士，超一切憂喜，同時你也可説它泯化一切憂喜。這種境界在中國詩裏不多見，屈原阮籍李白杜甫都不免有些像金剛怒目，忿忿不平的樣子。陶潛渾身是「靜穆」，所以他偉大。

朱氏學有根基，將「靜穆」作爲藝術的最高境界，自成一家之言。只是其言必稱希臘，靠「打殺」屈原、阮籍來「墊高」自家的美學理想，爲魯迅所不恥。即便如此，魯迅反應的迅速而強烈，仍遠遠超出對一篇通俗文章的「斧正」：

> 我總以爲倘要論文，最好是顧及全篇，並且顧及作者的全人，以及他所處的社會狀態，這才較爲確鑿。要不然，是很容易近乎説夢的……自己放出眼光看過較多的作品，就知道歷來的偉大的作者，是沒有一個「渾身是『靜穆』」的。陶潛正因爲並非「渾身是『靜穆』」，所以他偉大」。現在之所以往往被尊爲「靜穆」，是因爲他被選文家和摘句家所縮小，凌遲了。[90]

這篇〈「題未定」草(七)〉，是和〈「題未定」草(六)〉同時初刊於上海《海燕》月刊第一期(一九三六年)的，二文題旨相近，可互相參照。後者同樣提及陶淵明，同樣強調其並非「整天整夜的飄飄然」：

又如被選家錄取了《歸去來辭》和《桃花源記》，被論客讚賞著「採菊東籬下，悠然見南山」的陶潛先生，在後人的心目中，實在飄逸得太久了……就是詩，除論客所佩服的「悠然見南山」之外，也還有「精衛銜微木，將以塡滄海，形天舞干戚，猛志固常在」之類的「金剛怒目」式，在證明著他並非整天整夜的飄飄然。這「猛志固常在」和「悠然見南山」的是一個人，倘有取捨，即非全人，再加抑揚，更離眞實。[91]

表面上一譏朱光潛「摘句」，一批施蟄存「選文」，涉及的是讀書方法以及文學批評的原則。但爲何又有「我每見近人的稱引陶淵明，往往不禁爲古人惋惜」[92]？分明是施、朱之外，另有所指。考慮到其時周作人正大談陶淵明，追隨者也喜歡以陶說周，而同屬「京派」文人的周、朱，關係又非同尋常——後者還曾專門撰文，讚賞前者之「能領略閒中清趣」[93]。種種跡象表明，魯迅對於陶潛形象的修正，與乃弟大有關係。

在衆多關於〈五十自壽詩〉的評述中，曹聚仁的〈從孔融到陶淵明的路〉最值得重視。稱「周先生十餘年間思想的變遷，正是從孔融到陶淵明二百年間思想變遷的縮影」，此語可與前一年劉半農爲《初期白話詩稿》所撰〈序目〉相參照：

這十五年中國內文藝界已經有了顯著的變動和相當的進步，就把我們這班當初努力於文藝革新的人，一擠擠成了三代以上的古人，這是我們應當於慚愧之餘感覺到十二分的喜悅與安慰的。[94]

與劉半農的思路不同，曹聚仁強調的是周氏的「備歷世變，甘於韜藏」，其以隱士生活自全，乃時勢所逼，不得不然。只從時勢變遷著眼，而不考慮新世代的崛起與思想潮流的轉移，未免低估了周氏「隱逸」的象徵意義，儘管如此，曹氏還是提供了一個很好的思考線索：從孔融到陶淵明。

正如魯迅所說的，「陶潛之在晉末，是和孔融於漢末與嵇康於魏末略同，又是將近易代的時候」——同處風雲際會而又遍地荊棘的易代之際，孔、陶的生存策略大有差異。「孔融作文，喜用譏諷的筆調」，而且專與最高當局過不去，難怪曹操要將其殺掉。陶潛雖「於世事也並沒有遺忘和冷淡，不過他的態度比嵇康阮籍自然得多」，故博得「田園詩人」的名稱[95]。據馮雪峰回憶，魯迅「曾以孔融的態度和遭遇自比」[96]，可想而知，對「悠然見南山」的陶征士，魯迅不會特別感興趣。〈「題未定」草〉之六、之七辨白陶潛並非渾身靜穆，〈隱士〉、〈病後雜談〉等，更乾脆拿陶令之「雅」開玩笑。可惜的是，周氏兄弟之談論陶淵明，多及其政治態度，而很少將其置於思想史背景來考察。

依照史家陳寅恪的觀點，陶淵明的「平淡」與「自然」，並非「落伍」，而是一種獨立的思想創造。既不同於尚老莊是自然者之「避世」，也不同於尚周孔是名教者之「進取」，更不同於名利兼收的「自然名教兩是之徒」，而是別創一種足可安身立命的「新自然說」：

> 惟其仍是自然，故消極不與新朝合作，雖篇篇有酒，而無沈湎任誕之行及服食求長生之志。

寅恪先生強調，陶氏的新自然說與魏晉之際持自然說最著之嵇康、阮籍血脈相連，同樣涉及家世姻親及宗教信仰，而且隱含著反抗與激情。而其「惟求融合精神於運化之中」，「實外儒而內道」，「與千年後之道教採取禪宗學說以改進其教義者，頗有近似之處」。若此說屬實，則陶氏不愧爲「吾國中古時代之大思想家」97。陶氏是否「大思想家」尚可商議，但將其「生活方式」作爲一種思想史現象來審視，寅恪先生的眼光大可借鑑。

可惜，三〇年代的中國文人，面對新文化運動退潮後同人間「有的高升，有的退隱，有的前進」局面98，無力深入到思想史層面探討，大多只在是否堅持知識者的批判立場上做文章。局限於道德判斷，不但容易持論過苛，而且可能漠視學術史、思想史上的突破與創造。正因如此，在我看來，曹聚仁等雖找了個好題目，藉「從孔融到陶淵明」來解讀三〇年代中國知識分子的心路歷程，卻沒有眞正做好這篇大文章。

四、亂世中的「思想通達」

談論六朝文章，嵇康與陶潛，都是題中應有之義：評價可以有高低，但無論如何繞不過去。至於顏之推，可就不一樣了，在被章門師徒「發現」之前，很少有人將其作爲文學家認眞看待。《北齊書‧文苑傳‧顏之推傳》提及其「文致清遠」，不過指的是〈觀我生賦〉。此賦與庾信的〈哀江南賦〉命意大同，皆哀音苦節，有讚許其「頗爲悃款」者，也有稱其「文情遠遜」的99。但顏氏主要不以賦家名世，使其得以不朽的，無疑是《家訓》二十篇。

在漫長的歷史歲月中，《顏氏家訓》因「篇篇藥石，言言龜鑑」而廣爲流傳。世人對於此書的理解與評價，多集中在事理與學問，如宋人沈揆〈《顏氏家訓》跋〉稱：

> 顏黃門學殊精博。此書雖辭質義直，然皆本之孝弟，推以事君上，處朋友鄉黨之間，其歸要不悖《六經》，而旁貫百氏。至辨析援證，咸有根據；自當啓悟來世，不但可訓思魯、愍楚輩而已。

清大黃叔琳的意見大致相同：「人之愛其子孫也，何所不至哉！愛之深，故慮焉而周；慮之周，故語焉而詳。」顏著之所以度越衆賢，就在於「其誼正，其意備。其爲言也，近而不俚，切而不激」。清人盧文弨強調其「委曲近情，纖悉周備」，此語爲周作人《關於家訓》所引，故廣爲人知。但盧氏注重的，依然是「家訓」的啓蒙意義：「立身之要，處世之宜，爲學之方，蓋莫善於是書，人有意於訓俗型家者，又何庸捨是而疊床架屋爲哉？」[100]也就是說，此書雖流傳甚廣，基本上是被當作「思想讀物」，論者只及其世事洞明與學識淵博。直到今天，將《顏氏家訓》作爲文章閱讀的，依然是少數[101]。

章太炎及其弟子對《顏氏家訓》的褒揚之所以值得關注，因其直接牽涉周作人的爲人與爲文，乃現代思想史、文學史上的一個重要關節。從嵇到陶，大約一百五十年；從陶到顏，又是一個一百五十年。借助於三百年間三個文人的命運及其思想史、文學史意義的思考，周氏兄弟完成了各自的形象塑造。

章太炎以其特有的敏感，在《檢論・案唐》中首先提出顏之推在中國思想史上的意義。章氏認爲，唐代因科舉及政俗而過分注重華辭，「韓、李之徒，徒能窺見文章華采，未有深達理要、得與微言者」，對於主張「學貴其僕，不貴其華」的太炎先生來說，作爲文人的顏之推，反而值得欣賞：「若夫行己有恥，博學於文，則可以無大過，隋唐之間，其惟《顏氏家訓》也。」[102]晚年講學蘇州，太炎依然不忘顏氏，在「文學略說」部分，稱「之推文學之士，多學問語」，又引《顏氏家訓》之「別易會難，古人所重；江南餞送，下泣言離」，說明「論感情，亦古人重於後人」：「非獨愛別離如此，即杯酒失意，白刃相仇，亦惟深於感情者爲然。」章氏承認《顏氏家訓》「言處世之方，不及高深之理」[103]，但欣賞其博於學且深於情。這一論述角度，與周作人頗爲相似。

周作人喜歡列舉其追慕的古人，談孔丘、諸葛亮、陶淵明，取其人格及生活態度；舉王充、李贄、俞正燮，注重的則是思想[104]。至於兼及人格、思想與文章，周氏最欣賞的，很可能是顏之推。四〇年代中期，周氏曾表示，顏之「理性通達，感情溫厚，氣象沖和，文詞淵雅」，乃是其理想的境界[105]。

二〇年代初，周作人在孔德學校中學部教國文課，便選用《孟子》、《顏氏家訓》、《東坡尺牘》作爲教材[106]。三〇年代中在北大講「六朝散文」，給聽衆留下深刻印象的，也是這部《顏氏家訓》。半個多世紀後追憶，張中行、金克木都言之鑿鑿，前者更「由此可以推知他的『所知』是，文章要有合乎人情物理的內容，而用樸實清淡的筆墨寫出來」[107]。相對來說，柳存仁的描述更精采。就在魯迅去世的第二天，周作人照樣挾著一冊《顏氏家訓》，走進北大的教室：

> 上了一點鐘的課，沉沉靜靜的，大家既不開口發問或表示悼慰，周先生也單是念著書本講話，忽然，下課的鈴聲響了，啓明先生挾起書，說：「對不起，下一點鐘我不來了，我要到魯迅的老太太那裏去。」這個時候，看了他的臉色的肅穆，沉靜，幽黯，眞叫人覺得他悲痛的心境的憂傷，絕不是筆墨或語言所能夠形容出的了。他並沒有哭，也沒有流淚，可是眼圈

有點紅熱，臉上青白的一層面色，好像化上了一塊硬鉛似的。這一點鐘的時間，眞是一分鐘一秒鐘的慢慢的捱過，沒有一個上課的人不是望著他的臉，安靜的聽講的。這個時候容易叫你想起魏晉之間的阮籍喪母的故事。啓明先生講的是顏之推的〈兄弟〉篇，這可紀念的一課也是不rotten的。[108]

如此合於禮，深於情，蘊藉溫潤，純是晉人風采，很容易讓人聯想起謝安的故事。不知是周氏刻意摹仿，還是作者妙筆生花。《顏氏家訓・兄弟》有云：「人或交天下之士，皆有歡愛，而失敬於兄者，何其能多而不能少也！人或將數萬之師，得其死力，而失恩於弟者，何其能疏而不能親也！」周氏兄弟由「怡怡」而「反目」，文藝界盡人皆知；選擇兄長去世的那天，講〈兄弟〉篇，實在太戲劇化了，或許是敍述者略加修飾，藉以表達惋惜之意。

不過，藉《顏氏家訓》的閱讀，凸顯周氏兄弟的分歧，倒是一個很有趣的題目。周作人經常在文章中提及「思想通達」的顏之推，且將其與陶潛、傅山以及日本的兼好、芭蕉等相比附[109]，但正面論述顏書的，只有〈《顏氏家訓》〉（一九三四年四月）和〈關於家訓〉（一九三六年一月）二文。其兄長魯迅，恰好也有兩篇談論《顏氏家訓》的雜文，可供參照閱讀。魯迅在一九二三年五月十三日的日記中，曾記下「夜重裝《顏氏家訓》二本」，但未作任何評價。在三〇年代以前，魯迅似乎從沒對此書發表意見。只是有感於當時的社會思潮，魯迅才在一九三三年十月撰〈撲空〉，一九三四年五月作〈儒術〉。魯迅的雜文，直接針對的，是給青年開書目的施蟄存以及在無線電臺演講的馮明權；周作人則只是介紹自己何以特別喜歡《顏氏家訓》。略微排比寫作時間，仔細玩味言外之意，我以爲，二者不無關聯。

在二、三〇年代的中國文壇上，宣講顏之推且廣爲人知的，只能是周作人。施蟄存給青年開書目時列入《顏氏家訓》，絕非「獨立的發現」。魯迅當然明白這一點，這才有文章「並非專爲他個人而作的」的表白。魯迅稱，「這雖爲書目所引起，問題是不專在個人的，這是時代思潮的一部」。這裏所說的「思潮」，當然包括乃弟，本世紀三〇年代，顏氏名聲迅速上揚，周氏堪稱「始作俑者」。因爲，太炎先生的《國故論衡》不爲一般大衆所了解，而蘇州講學又在日後，且傳播面不會很廣。《顏氏家訓》之從「啓蒙讀物」上升爲「經典著作」，周作人起了關鍵性的作用。請看魯迅是如何評說顏氏此書：

> 這《家訓》的作者，生當亂世，由齊入隋，一直是胡勢大張的時候，他在那書裏，也談古典，論文章，儒士似的，卻又歸心於佛，而對於子弟，則願意他們學鮮卑語，彈琵琶，以服事貴人——胡人。這也是庚子義和拳敗後的達官，富翁，巨商，士人的思想，自己念佛，子弟卻學些「洋務」，使將來可以事人：便是現在，抱這樣思想的人恐怕還不少。[110]

關於敎子弟學鮮卑語事，魯迅記憶有誤，把顏之推的態度弄反了。好在魯迅很快作了自我更正。在〈敎子〉篇中，顏之推是如此對待齊士的熱心介紹經驗：

> 吾時俯而不答。異哉，此人之敎子也！若由此業，自致卿相，亦不願汝曹爲之。

對於顏氏在書中所表現出來的骨氣，後人多有表示讚賞的。如顧炎武《日知錄》卷十三「廉恥」

則引錄這段話後，有云：

> 嗟乎！之推不得已而仕於亂世，猶爲此言，尚有《小宛》詩人之意；彼闇然媚於世者，能無愧哉！

現實生活中的顏之推，與〈教子〉篇中所體現出來的，有不小的距離。這也是魯迅在訂正錯誤的同時，對「顏氏的渡世法」仍持嚴厲批評態度的原因。爲嚴謹起見，魯迅將齊士與顏氏合而爲一，稱爲「北朝式道德」，並斷言其「也還是社會上的嚴重的問題」。

第二年，又有「時賢」出來宣講《顏氏家訓》中的〈勉學〉篇，其強調有學藝者，即使兵荒馬亂，也能「觸地而安」，尤爲魯迅所反感。聯繫到時局艱危，魯迅感慨遙深：

> 這説得很透徹：易習之伎，莫如讀書，但知讀《論語》、《孝經》，雖則被俘虜，猶能爲人師，居一切別的俘虜之上。這種教訓，是從當時的事實推斷出來的，但施之於金元而準，按之於明清之際而亦準，現在忽由播音，以「訓」聽衆，莫非選講者已大有感於方來，遂綢繆於未雨麼？[111]

最後一句體現出來的憂患，實在刻骨銘心，而且竟很快地「不幸而言中」。理解這一點，才能明白魯迅爲何對顏之推持如此苛刻的態度。〈撲空〉中所稱的「假使青年，中年，老年，有著這顏氏式道德者多，則在中國社會上，實是一個嚴重的問題，有蕩滌的必要」，除了「顏氏」一詞有待修正，基本立論沒必要改動。魯迅當然明白「家訓」這一文體的特殊性，〈魏晉風度及文章與藥及酒之關係〉便對高傲的嵇康竟在《家誡》中教兒子「做人要小心」表示理解與同情；魯迅憤怒的是世人對於《顏氏家訓》的過分推崇，將不得已而爲之的「生存技巧」合理化，因而導致民心潰散、風雅凋零。

有趣的是，周作人撰於一九三四年四月的〈《顏氏家訓》〉，同樣提及〈教子〉篇中齊士教兒學鮮卑語事，對顏「俯而不答」的態度表示讚賞：「此事傳誦已久，不但意思佳，文字亦至可喜，其自然大雅處或反比韓柳爲勝。」同樣拒絕齊士式卑微的處世哲學，周作人不像魯迅那樣嫉惡如仇且浮想聯翩，反而強調身處亂世之艱難。言外之意，不滿時人對顏氏的苛責：

六朝大家知道是亂世，顏君由梁入北齊，再入北周，其所作〈觀我生賦〉云，「一生而三化，備荼苦而蓼辛」，注謂已三爲亡國之人，但是不二、三年而又入隋，此蓋已在作賦之後歟。積其一身數十年患難之經驗，成此二十篇書以爲子孫後車，其要旨不外慎言謹跡，正是當然，易言之即苟全性命於亂世之意也。但是這也何足爲病呢，別人的書所說無非也只是怎樣苟全性命於治世而已，近來有識者高唱學問易主趕快投降，似乎也是這一路的意思罷。

最後一句，話中有話。參照〈關於家訓〉之嘲笑「後世宣傳家」寫文章時極不誠實，「自己猴子似的安坐在洞中只叫貓兒去抓爐火裏的栗子」，不難明白其所指。三〇年代周氏兄弟之間深深的隔膜，於此可見一斑。周作人出於對「宣傳家」的反感，強調「說話負責任」，本不無道理；但由此轉而懷疑魯迅對社會思潮的憂慮，則顯得「所見者小」[112]。

《顏氏家訓》之〈勉學〉篇，不及道德精微，只講利害得失，本就有「取便」的意味；其批評「嵇叔夜排俗取禍」，更因強調「全眞保性」，而很容易滑入「偷生」。〈養生〉篇有云：「夫養生者先須慮禍，全身保性，有此生而後養之，勿徒養其無生也。」這句可圈可點的「見道語」（黃叔琳批），雖有「行誠孝而見賊，履仁義而得罪，喪身以全家，泯軀而濟國，君子不咎也」作爲補充，仍不改其「苟全性命於亂世」的初衷。比起後世「道學家」的虛假與驕矜，顏氏的低姿態敍述自有其好處，起碼是「深明世故」，「懂得人情物理」。

三〇年代中期的周作人，講情理，重常識，求節制，主要體現「得體地活著」，不再「知其不可而爲之」，故「溫潤」有餘，而「勇猛」不足。一九三四年夏訪日，周氏花二十錢燒了一支小花瓶，題上杜牧〈遣興〉詩句：「忍過事堪喜。」第二年，在〈杜牧之句〉中，周作人解釋爲何喜歡這句詩：「我不是尊奉它作格言，我是賞識他的境界。這有如吃苦茶。」藉「吃苦茶」這「大人的可憐處」，論證「忍辱」之微妙。由「苦雨」而「苦茶」而「苦住」，周氏未免過分重視「苦」過之「甜」、「忍」後之「喜」了。兩年後，就在北京城淪陷前夕，周作人撰〈桑下談・序〉，重引杜牧的「忍過事堪喜」，稱：「這苦住的意思我很喜歡，曾經想借作庵名」；「反正在中國旅行也是很辛苦的，何必更去多尋苦吃呢。」[113]如此談論「隱逸」，已經沒有絲毫「帶氣負性」的意味，純爲「苟全性命於亂世」。難怪論者懷疑其不斷宣講「忍辱」，乃是對於自己日後的命運「有所自覺或預感」[114]。

從「悠然見南山」的陶淵明，轉爲力求「全身保性」的顏之推，周作人論說對象的轉移，固然是「亂世」陰影的壓迫日漸嚴重，但也跟其趨向於屈從與忍辱大有關係。博學通識的周氏，又一次找到了「合適」的話題。正因爲對《顏氏家訓》這一話題背後的意味十分了然，力主獨立與反抗的魯迅，才會如此反感。倘說魯迅對於陶詩的辨正，還有學術爭鳴的姿態；評說顏著時之聲色俱厲，則只能讀出對「北朝式道德」泛起之高度警覺。

正如周作人所說的，「古人的家訓」，「在一切著述中這總是比較誠實的」，從漢人馬援《誡兄子嚴敦書》、晉人陶淵明《與子儼等疏》，到明末清初的傅青主《家訓》，馮鈍吟《家戒》，均通達人情，少有僞飾。而在衆多家訓中，顏氏的著述之所以鶴立雞羣，最爲後人所稱道，就因其「寬嚴得中，而文詞溫潤與情調相副，極不易得」[115]。這種兼及思想與文辭的評判，方是周作人的獨家秘訣。

〈夜讀抄・《顏氏家訓》〉中有一段話，常常出現在周氏關於六朝文章的論述中，只不過略有增刪而已：

> 南北朝人的有些著作我頗喜歡，這所說的不是一篇篇的文章，原來只是史或子書，例如《世說新語》、《華陽國志》、《水經注》、《洛陽伽藍記》，以及《顏氏家訓》。其中特別又是《顏氏家訓》最爲我所珍重，因爲這在文章以外還有作者的思想與態度都很可佩服。

這裏講的是，「文章以外」，很可佩服的，「還有作者的思想與態度」；《風雨談・關於家訓》則反過來，強調「見識情趣皆深厚」之外，還有「文章亦佳」：

> 《顏氏家訓》成於隋初，是六朝名著之一，其見識情趣皆深厚，文章亦佳，趙敬夫作注將以教後生小子，盧抱經序稱其委曲近情，纖悉周備，可謂知言。

周氏十分喜歡伍紹棠的〈《南北朝文鈔》跋〉，曾在文章中多次引用。遺憾的是，伍跋遺漏了這情文俱佳的顏著，〈關於家訓〉於是表示一點小小的不滿。將《顏氏家訓》作爲「六朝文章」來解讀，此乃周作人品味獨特且過人處。

在〈立春以前・文壇之外〉中，周作人稱其理想是達到《顏氏家訓》的境界：「理性通達，感情溫厚，氣象沖和，文詞淵雅。」可惜的是，此文寫於一九四四年十二月五日——此前半個月，周氏參加僞華北政務委員會公祭汪精衛大會；此後一年，周氏因漢奸罪而鋃鐺入獄——這一寫作背景，使得其傾心「思想通達」，很難被公正對待。至於「文詞淵雅」，更是被視爲「末務」，未曾引起足夠的關注。其實，談論本世紀中國「六朝文章的復興」，章太炎之推崇王弼、裴頠與范縝，魯迅之追慕嵇康，以及周作人之發現「吾家世文章，甚爲典正，不從流俗」的顏之推[116]，都是至關重要的一環。

五、「謬種」與「妖孽」的不同命運

談論「六朝文章的復興」，首先必須面對的，便是五四先驅者對於「選學」的激烈批判。錢玄同的「桐城謬種，選學妖孽」說，不只當年風行一時，經由文學史家的再三詮釋，更成爲五四文學革命的代表性口號之一。但仔細分疏，「謬種」與「妖孽」的命運不盡相同。章門弟子的文學趣味，決定了其論述策略，必然是「厚此薄彼」；「選學」不但沒有受到徹底的清掃，反而成爲新文化人批判桐城文章的重要武器。

作爲五四文學革命的發軔之作，胡適的〈文學改良芻議〉和陳獨秀的〈文學革命論〉，共設立了三個批判的靶子：桐城派、駢體文和江西詩派。相對來說舊學修養更深的錢玄同，則牢牢鎖定在「當世所謂能作散文之桐城巨子,能作駢文之選學名家」117。比陳獨秀的「十八妖魔」說更刻毒,錢氏徑呼「桐城」爲「謬種」、「選學」爲「妖孽」,而且一而再,再而三,從不改口,斷然拒絕學術研究不該採用「謾罵」方式的批評118。在「疑古玄同」看來,文選派與桐城派乃新文化運動的最大障礙,非予以徹底的打擊,白話文章無法眞正成長:

> 這兩種文妖,是最反對那老實的白話文章的。因爲做了白話文章,則第一種文妖,便不能搬運他那些垃圾的典故,肉麻的詞藻;第二種文妖,便不能賣弄他那些可笑的義法,無謂的格律。119

錢氏對「彼古奧之周秦文,堂皇之兩漢文,淫靡之六朝文,以及搖頭擺尾之唐宋八大家文」,似乎都無好感,可是眞正不滿的還是當下文壇,即所謂「惟選學妖孽所尊崇之六朝文,桐城謬種所尊崇之唐宋文」。這篇〈論應用之文亟宜改良〉,討論的是國文教科書的編選,不妨作爲普及型的文學史框架閱讀。而錢氏的策略,有明確的針對性,恰好應了那「一切歷史都是當代史」的名言。錢氏稱:「其實所謂『說理精粹行文平易』者,固未嘗不在周秦兩漢六朝唐宋文中也」,只不過時人不識而已;當務之急是批判桐城、選學二派,至於同樣主張追慕古人的周秦兩漢派,可網開一面,就因爲「其人尙少」,「間或有之,亦尙無選學妖孽桐城謬種之臭架子,故尙不討厭」120。以上說法,都是革命家的思路——不必顧慮是否禍及無辜,方能如此大刀闊斧;唯有如此旗幟鮮明,方能吸引廣大讀者。即便放在五四的學術語境中,錢氏的論述,也並非最出色;可是「桐城謬種,選學妖孽」這一口號,足以使其得到後人充分的體認。

在當代文壇三大流派中，選擇「桐城」與「選學」開刀，而且以極端激烈的批判，引起對手及公衆的廣泛關注，錢氏對自己的這一工作，明顯十分得意。三〇年代中期，新文化人對古文的研究已經大爲深入，評價的基調也從全盤否定轉爲選擇與汲取，錢氏仍念念不忘其「發明權」。一九三四年和周作人〈五十自壽詩〉，有云：「腐心桐選誅邪鬼，切齒綱倫打毒蛇。」據周氏稱，錢玄同後來將這兩句改爲語意更加顯豁的「推翻桐選驅邪鬼，打倒綱倫斬毒蛇」[121]。錢氏的自信並非毫無道理，作爲此口號仍未過時的證據，不妨舉出魯迅的〈感舊〉。這篇發表在一九三三年十月《申報・自由談》上的雜文，對「勸人讀《莊子》、《文選》了」的復古思潮很不以爲然，稱此乃新瓶裝舊酒，「大可以埋伏下『桐城謬種』或『選學妖孽』的嘍囉」[122]。但即便如此，這句極爲流行的口號，仍無法標示新文學的眞正走向。

作爲五四文學革命的主將，胡適與周作人的選擇，似乎更能代表這一運動的發展趨勢。在狂飆突進的《新青年》時期，新文化人確有橫掃文壇、否定一切既有權威的姿態。隨著新文化運動的節節勝利，胡、周等人對「舊文學」的態度日漸寬容，評價也隨著發生微妙的變化。其中一個重要標誌，便是對於「桐城」與「選學」，不再一棍子打死。一旦超越「全盤性反傳統」的思維模式，強調理解與選擇，個人趣味立即呈現，新文化人的「統一戰線」迅速瓦解。

對於此前全盤否定的「謬種」與「妖孽」，新文化人開始進行理性而具體的分析，胡、周於是出現明顯的分歧。先看看胡適是如何評價桐城古文的。在〈五十年來中國之文學〉中，有一段概括性的論述，很能體現胡適的趣味：

平心而論，古文學之中，自然要算「古文」（自韓愈至曾國藩以下的古文）是最正當最有用的文體。駢文的弊病不消說了。那些瞧不起唐、宋八家以下的古文的人，妄想回到周、秦、漢、魏，越做越不通，越古越沒有用，只替文學界添了一些似通非通的假古董。唐、宋八家的古文和桐城派的古文的長處只是他們甘心做通順清淡的文章，不妄想做假古董。學桐城古文的人，大多數還可以做到一個「通」字；再進一步的，還可以做到應用的文字。故桐城派的中興，雖然沒有什麼大貢獻，卻也沒有什麼大害處，他們有時自命爲「衞道」的聖賢，如方東樹的攻擊漢學，如林紓的攻擊新思潮，那就是中了「文以載道」的話的毒，未免不知分量。但桐域派的影響，使古文做通順了，爲後來二、三十年勉強應用的預備，這一點功勞是不可埋沒的。

在胡適的論述框架中，古文是「死文學」，只有白話才是「活文學」。桐城文章能獲得如此的理解與同情，已屬不易。具體評析時，隻字不提追慕秦漢者，更不要說步武六朝的，桐城文章彷彿成了「舊文學」的唯一代表。承認「章炳麟的古文學是五十年來的第一作家」，同時強調其「及身而絕」——胡適斷然拒絕「回到魏晉」的主張[123]。至於章氏「並不反對桐城派的古文」，胡適的解說，似乎不得要領。

在《菿漢微言》中，章太炎稱桐城文章「雅馴近古，是亦足矣」，針對的是今日「明末猥雜佻脫之風」復作。這一針砭時弊的發言姿態，在太炎先生的〈自述學術次第〉中，有更加清晰的表白：「今世文學已衰，妄者皆務爲猷散，亦何暇訾議桐城義法乎？」不想攻擊桐城文章，只是因其「文能循俗」且易於模仿，「後生以是爲法，猶有壇宇，不下墮於猥言釀辭，茲所以無廢也」。倘作文學評價，當世文人中，章氏最爲欣賞的，是輯《八代文粹》、一意追慕六朝的王闓運，因其「能盡雅」[124]。明明追慕六朝，卻又不願過分鄙薄桐城文章，其中的奧妙，不妨借用王闓運弟子廖平的說法：

至桐城派古文，天分低者可學之，桐城派文但主修飾，無眞學力，故學之者無不薄，其欲求亂頭粗服之天姿國色，於桐城派文，不可得也。[125]

區分爲人與爲己、才厚與才薄、獨創與因襲，晚淸之追慕魏晉風度、六朝文章者，也有並不特別排斥桐城派的。可是，將其定義爲「天分低者」的摹仿對象，這種居高臨下、近乎憐憫的目光，不也是對於桐城文章的蔑視？這與適之先生表彰其「使古文做通順了」的功勞，不可同日而語，以胡適的文學眼光，「通」與「不通」，最爲關鍵。桐城能做「通順清淡的文章」，胡適的這一評價，與其對「有欠文明」的駢體文始終不渝的攻擊[126]，恰好形成了鮮明的對照。

在古代中國的「文章」中，胡適欣賞的是唐宋八大家及其後裔桐城古文。周作人則相反，正是在對韓柳文及桐城派持續不斷的批判中，逐漸領略六朝文章的「質雅可誦」，確有不可及處。三〇年代中期，周氏在北大開設「六朝散文」課，其課程綱要稱：「不必持與唐宋古文較短長，但使讀者知此類散文亦自有其佳處耳。」但緊接著的按語，很快打破了作者表面的中立：「案成忍齋示子弟帖云：近世論古文者以爲壞於六朝而振於唐，然六朝人文有爲唐人之所必不能爲，而唐人文則爲六朝才人之所不肯爲者矣。」[127]在周氏「重寫文學史」的過程中，批判桐城在前，表彰六朝在後；而且，表彰六朝的風流蘊藉，往往是爲了反襯韓柳及桐城的虛驕粗獷。應該說，對於桐城文章的淸算，才是周作人最爲用力處。

新文化運動初期，胡適、陳獨秀、錢玄同、傅斯年等，都對桐城文章有過嚴厲的批評。二〇年代中期以後，桐城已成死老虎，昔日的反對者，也都不屑揮拳相向[128]。唯獨周作人，認定茲事體大，戰鬥尚未結束，因而鍥而不捨地挖桐城的祖墳。之所以稱爲「挖祖墳」，因周氏不但批桐城，而且更批桐城追摹的唐宋八大家；不但批八大家，而且主要火力集中在領頭的韓愈。清人之批桐城，多將其與唐宋八大家區別對待，若蔣湘南〈與田叔子論古文書〉稱：「非八家之弊古文，乃學八家者之弊八家也。」章太炎開始批評「宋世吳蜀六士」，但對韓愈尚有恕詞[129]。周作人則大不一樣，批的正是這「文起八代之衰」的韓文公。

周作人對於桐城派及唐宋八大家的批判，頗多精采之處。如《苦口甘口・我的雜學》稱：「八大家的古文在我感覺也是八股文的長親，其所以爲世人所珍重的最大理由我想即在於此。」《苦茶隨筆・楊柳》斷言八大家這一路的作品「一無可取」，理由是：「文章自然不至於不通，然而沒有生命」；「可是很不幸的是卻易於學，易於模仿。」在《中國新文學的源流》第四講中，周氏承認桐城派的文章「比較那些假古董爲通順」，但更強調「他們的文章統系也終和八股文最親近」，故「對他們的思想和所謂『義法』，卻始終是不能贊成」。以上的論述，多借用清人的言論，並作進一步的發揮。周氏的文論中，更具獨創性的，還是其對於韓愈的批判。三〇年代中期，周作人常提及韓文的「裝腔作勢」[130]，而收入《秉燭談》的〈談韓文〉，更稱「韓退之留贈後人有兩種惡影響」，一是求統制的道，一是講腔調的文。周作人的「不贊成統制思想，不贊成青年寫新八股」，有對左翼文學旁敲側擊的意味，但並不背離其文學觀及其構建的文學史圖像。直到五〇年代初，周作人依然將韓文作爲「情理不通」、「文理不通」的「壞文章」的代表[131]。

周之批韓，很大程度是批桐城思路的延伸。而在論證桐城文與八股文之聯繫，批評桐城文家學識空疏、於人情物理之變幻處缺乏閱歷揣摩以及空談義法之不可取時，周氏倚重王湘綺、伍紹棠、蔣湘南的論說[132]。清人對於桐城文章的批判，主要出於漢學家及駢文家。蔣的思路大致屬於前者，王、伍則當歸入後者。對於伍紹棠，周氏反覆引用的，其實只是其〈《南北朝文鈔》跋〉；王則不一樣，其學漢魏六朝詩文，到了出神入化的地步，論者甚至稱其「簡直是六朝人的脫胎，六朝人的返魂」[133]。清代的駢文家及六朝文章的擁護者，乃桐城之「死敵」，其論說很可能正是周氏最適用的批判武器。倘若左右開弓，以選學批桐城、以桐城攻選學，固然也有成效，但未免過於機巧，並非論辯的正道。以批桐城爲主要志向的周作人，對推崇六朝者的論說有所倚重，自然不能不對「選學」有所寬恕。談及韓文的做作與虛驕，周氏稱「八代的駢文裏何嘗有這樣的爛污泥」[134]——這未免有些過分了，如此刻意抬高八代之文，已非「韓文起八代之衰，實集八代之成」、「淺儒但震其起八代之衰，而不知其吸六朝之髓也」之類的「折中公允」可比[135]，更多地帶有策略性的考慮。

在〈中國新文學的源流〉中，周作人特別提出桐城的「學行繼程朱之後，文章在韓歐之間」，作爲批判的靶子。談及桐城「文即是道」的抱負，前人多譏其名不副實，乃拉大旗做虎皮。周氏反過來，站在新文化立場，最想批判的，正是其所載之「道」，連帶及其自以爲手握眞理，因而爲文時裝腔作勢、搔首弄姿。清代提倡駢文者，多強調其「沉思翰藻」、「修詞之尤工者也」、「其遙情雋致，使人摩挲於神骨間，一唱三嘆焉」[136]，而極少渲染其思想的「正確性」。針對駢文無用之譏，袁枚甚至主張文學不當「以適用爲貴」（〈答友人論文第二書〉）。相反，桐城派則喜歡突出其文道合一。對於朝廷提倡的程朱理學，桐城文家普遍奉爲圭臬，且不容他人置疑，動輒將對手判爲「邪說」，必誅之而後快。周作人曾引方苞、姚鼐詛咒「欲與程朱爭名」者必定斷子絕孫的書札，說明其「識見何其鄙陋，品格又何其卑劣」[137]。桐城文家學殖不厚、見識不高，但衛道的立場堅定，很容易因此而派生出為文的鑾與悍。努力追求平淡、溫潤的周作人，對此尤為深惡痛絕。與朝廷提倡的學說結盟，即便無力參與意識形態的建構，起碼也可因「積極捍衛」而使得文章「有用」。但時過境遷，很可能因「冰山既倒」而「一無所有」。提倡六朝文者，一般沒有那麼大的野心，只講文章的美感，反而容易取得某種獨立性，不大受意識形態變遷的拖累。周氏等人之狠批桐城，而對選學手下留情，與五四新文化人對程朱理學極為反感大有關係。

民初文壇上，早已不是桐城文章的一統天下。可是，所謂「天下文章，其在桐城乎」的格局，並未真正煙消雲散。起碼在教育界，桐城派仍占有優勢。漢學家可以攻擊桐城「不學」，駢文家可以嘲笑桐城「不文」，但桐城文章容易摹仿，即便科舉制度已經取消，也仍是讀書人學做古文的最佳摹本。新文化運動的提倡者多為大學教授，當然明白此中利害。更何況，這種文派之爭，就發生在新文化運動的發源地北京大學。

從清末的京師大學堂到民初的北京大學，桐城派曾經占有絕對優勢，先後在此任教的有吳汝綸、嚴復、林紓、馬其昶、姚永樸、姚永概等。其中嚴、林二位，不是道地的桐城家法，但仍起重要的羽翼作用。民國初建，章門弟子北上，北京大學裏的新舊之爭，首先體現在六朝文之逐漸取代唐宋文。據沈尹默回憶，章門弟子也有趨新守舊之分，但「大批湧進北大以後，對嚴復手下的舊人則採取一致立場，認為那些老朽應當讓位，大學堂的陣地應當由我們來占領」[138]。這一糾合著人事、意氣、學術觀念的「新舊之爭」，當然也會落實在文派上。林、馬、姚等之很快去職，與章門弟子大舉進攻有關。在《現代中國文學史》中，錢基博曾述及民初北大校園裏力持唐宋與推崇魏晉兩派之消長起伏，並進而解釋林紓後來之所以「不曉時變」，獨與浩浩蕩蕩的新文化潮流相抗爭[139]，所說大致可信。

姚永樸的《文學研究法》、林紓的《春覺齋論文》、黃侃的《文心雕龍札記》以及劉師培的《中國中古文學史》，這四部頗邀時譽的名著，都曾是作者在北大的講義[140]。同是講授「文學」，前兩種站在桐城立場，後兩者則傾向於六朝文章[141]。當錢玄同參與新文化的提倡，開始批評「桐城」與「選學」時，引述的是「章太炎師」及「吾友劉申叔先生」的意見[142]。即便隨後有「謬種」、「妖孽」之類痛快淋漓的謾罵，錢氏其實不能不分別輕重緩急。劉師培去世後，錢氏抱病搜集編校遺書，使其學術成果得以傳世；錢氏〈輓季剛〉的聯語，下聯云：「文章宗六代，專致力沉思翰藻，如何不淑，吾同門遽喪此雋才。」發明此口號的錢氏，與劉、黃二位「選學名家」，關係非同尋常。至於周氏兄弟，對劉、黃也無惡感。這就使得新文化人之批桐城是實，攻選學則虛。章太炎曾嘲笑黃季剛與「桐城派人爭論駢散，然不罵新文化」，乃「敢於侮同類，而不敢排異己」[143]。此說大可商議。季剛先生乃性情中人，意氣用事有之，「不敢排異己」則未必。章門弟子中之新派與舊派，似乎達成一種默契，即便箭在弦上不得不發，也都留有餘地。況且，就新舊文學而言，「選學」當然屬於舊派，與提倡白話者格格不入；可是就批判桐城義法而言，「選學」其實可與新文化人結盟。這就難怪面對五四新文化的衝擊，舊文學陣營裏跳出來力爭的，只能是林紓，而不可能是黃侃。

在清代學界，著力批評桐城的「不學」與「不文」，一爲揚州學派，一爲浙東學派。落實在晚清，不妨以劉師培、章太炎作爲代表——儘管章、劉二君廣泛接受西學，已非原來意義上的學派傳人。章、劉論文，頗有差異，但都承認對方學有根基，故互相欣賞。章、劉二位如此，其後學也不例外。黃侃論文，接近劉申叔，但兼採太炎師的意見；魯迅問學於章太炎，可是對於「文學」的理解，卻帶有劉師培的印記。五四新文化人中舊學修養好、有能力從學理上批評選學的，基本上都是章門弟子。章門弟子虛晃一槍，專門對付桐城去了，這就難怪「謬種」不斷挨批，而所謂的「妖孽」則基本無恙。

六、千年文脈之接續

晚清那一代學人，雖然接受西潮的衝擊，但思考方向及提出問題的方式，大多是延續本土已有的紛爭。所謂「開眼看世界」、「向西方尋求眞理」，很大程度是意識到單靠本土的理論資源，無法走出面臨的困境。考慮到這一代人的探索與掙扎，描述世紀初中國的學界與文壇，「西潮東漸」之外，必須添上「舊學新知」。以文論而言，劉師培之承襲阮元，痕跡十分明顯。章太炎更具獨立意識，但〈自定年譜〉及〈自述學術次第〉之談論文章，依然是對清代文派之爭的回應。借助於這兩位師長，周氏兄弟的思考，自然而然地「往上走」。〈漢文學史綱要〉由六朝的文筆之辨，帶出阮元的〈文言說〉；〈中國新文學的源流〉之提倡晚明小品，卻以批判八股及桐城爲中心，這些都絕非偶然。在三〇年代關於小品、雜文、隨筆的爭論中，周氏兄弟之所以高人一籌，與其學術淵源大有關係。後世之追摹周氏兄弟文章者，不見得考慮有清一代桐城、選學、樸學三派文章的消長起伏；但周氏兄弟的選擇，內在地影響著此後中國散文的發展方向。世紀末回眸，周氏兄弟文章的軸心地位日益凸顯，而其摒棄唐宋、偏愛六朝的趣味，在接續傳統的同時，也爲現代中國散文開出一條新路。

章、劉及周氏兄弟的選擇，絕非只是簡單的「隔代相傳」，或者「以邊緣挑戰中心」；其在漫長的中國文學史上，獨取六朝，大有深意在，值得認眞評說。

在具體論述前，有一點必須略作交代。廢名撰於一九三六年的〈中國文章〉中，有一妙語：「我讀中國文章是讀外國文章之後再回頭來讀的。」讀了英國哈代的小說，方才眞正明白庾信文章之「美麗」、「善寫景物」與「見性情」[144]。此前，廢名曾對周作人關於五四新文學乃「文藝復興」，可與晚明公安派直接掛鉤的著名論斷做了如下補充：「西方思想給了我們撥去障礙之功。」[145]像廢名那樣，可以直接說出哈代與庾信的聯繫的，或許不多；但晚清以降的中國文人，討論問題時，無法完全擺脫其西學背景。章太炎以希臘文學「自然發達」的順序，「征之禹域，秩序亦同」；劉師培稱駢文之切響浮聲，引同協異，「乃禹域所獨然，殊方所未有也」[146]，都並非單一文化背景下可能具有的思考。魯迅的〈摩羅詩力說〉與周作人的〈論文章之意義暨其使命因及中國近時論文之失〉，更是直接套用西方學說來解釋中國問題。即便走出「雜抄文學概論」的困境[147]，超越簡單的比附，西學作爲重要的理論資源，依然潛在地制約著探索者的思考。當劉師培強調「其以文學特立一科者，自劉宋始」、魯迅渲染魏晉乃「文學的自覺時代」、周作人以不曾強求「載道」作爲六朝文章的魅力所在時[148]，顯然都有其關於文學自主性的理論預設——魯迅甚至稱：「或如近代所說的爲藝術而藝術(Art for Art's Sake)的一派。」

清末民初，最早接受西方文論的中國學人，如王國維、黃人、周氏兄弟等，都曾對「純文學」、「超功利」之類的說法感興趣，並以此批評傳統中國的「文以載道」。比起小說論中排山倒海的「改良羣治」說，周氏兄弟等人的聲音實在過於微弱。但就在這最初的文論中，周作人已經開始了對「不切實用，故無取焉」的載道文學觀的批判，並極力爲建安七子和晉代清談辯護[149]。此舉頗帶象徵意味：文學觀的嬗變，迅速轉化爲文學史的重建，而最合適的時段，莫過於六朝。

六朝文章，此前因拒絕載道，沉湎於聲色藻繪，而受到嚴厲的譴責。如今出現了「純文學」

的口號，但劉師培「駢文之一體，實爲文類之正宗」的預言[150]，依然沒有得到實現。六朝文章的復興，並不等於駢文派的勝利。姑且不說「純文學」的想像，受到章太炎、梁啓超以及後來的陳獨秀、胡適之等人的狙擊，而沒能眞正展開；落實在文學史層面上的重新闡釋六朝，也與駢文派的初衷大相逕庭。

與文學觀的革新同樣值得重視的，還有「文學史」寫作的引進。中國古代的文論家，當然也有「史」的意識，但其著述體例迥異於晚清傳入的「文學史」。比起「文苑傳」和「詩品」來，「文章流別」算是比較接近「文學史」的。但也正是這「文章流別」與「文學史」的微妙差異，導致「六朝文章的復興」逸出駢文家的視線。一九〇三年頒布的〈奏定大學堂章程〉中，對「中國文學門」的科目設計，有一醒目的變化：此前之「考究歷代文章源流」，乃「練習各體文字」的輔助；而今則以「文學史」取代「源流」，以「文學研究法」包容「文體」。這就使得史家觀察的角度，由「文體」轉爲「時代」。

講「文體」，注重的是體制的統一與時間的連續；講「時代」，關注的則是空間的展開與風格的多樣。這裏的以「時代」爲考察單位，不同於焦循、王國維、胡適之的「一時代有一時代的文學」，唐詩宋詞元曲明清小說之類的表述，著眼的是某一時代的代表性文類。唐詩無法涵蓋有唐一代的文學精華，宋詞更不足以窮盡宋代文學的魅力。同樣道理，駢文也不能作爲「六朝文學」的唯一代表。這麼一來，史家撰寫中古（或魏晉南北朝）文學史，完全可以兼及駢散。孫德謙的《六朝麗指》不妨獨尊駢偶，劉師培的《中國中古文學史》則眼界要開闊得多，建安、魏晉、宋齊梁陳各有春秋，並不以任、沈或徐、庾爲唯一歸宿。

比劉師培的思路更具挑戰性的，是章太炎的全面顚覆策略：六朝確有好文章，但並非世代傳誦的任沈或徐庾，而是此前不以文名的王弼、裴頠、范縝等。一九二二年，章太炎在上海作系列演講，論及「文章之派別」時，讚揚晉文華妙清妍，舒捲自如，平易而有風致。至任昉、沈約，「每況斯下」；到了徐陵、庾信，「氣象更是不雅淡了」。「至當時不以文名而文極佳的，如著《崇有論》的裴頠，著《神滅論》的范縝等；更如孔琳(宋)、蕭子良(齊)、袁翻(北魏)的奏疏，干寶、袁宏、孫盛、習鑿齒、范曄的史論，我們實在景仰得很。」[151]如此立說，整個顛覆了傳統學界對於「八代之文」的想像。章氏這一驚世駭俗的高論，乃長期醞釀，且淵源有自。早在一九一〇年的《國故論衡・論式》中，章氏便如此談論六朝文：

> 近世或欲上法六代，然上不窺六代學術之本，惟欲厲其末流……余以為持誦《文選》，不如取《三國志》、《晉書》、《宋書》、《弘明集》、《通典》觀之，縱不能上窺九流，猶勝於滑澤者。

在〈自述學術次第〉中，章氏對有清一代追慕六朝最成功的駢文大家汪中、李兆洛表示不以為然，而格外推崇綜刻名理、清和流美的魏晉玄文：「觀乎王弼、阮籍、嵇康、裴頠之辭，必非汪李所能窺也。」在章氏看來，文章的好壞，關鍵在於「必先豫之以學」。深深吸引太炎先生的，首先是六朝學術(或曰「魏晉玄理」)，而後才是六朝文章(或曰「魏晉玄文」)。太炎先生一反舊說，高度評價魏晉玄言，稱「真以哲學著見者，當自魏氏始」；清儒之所以無法致玄遠，正因其「牽於漢學名義，而忘魏晉干蠱之功」[152]。六朝人學問好，人品好[153]，性情好，文章自然也好，後世實在望塵莫及[154]——如此褒揚六朝，非往日汲汲於捍衛駢文者所能想像。直到晚年講學蘇州，太炎先生仍堅持其對於六朝文的獨特發現。

章氏論文，講求思想獨立，析理綿密，故重學識而不問駢散。魯迅獨尊嵇康，周作人偏好顏之推，均背離傳統文人對於六朝的想像，與太炎師的選擇不無關係。周氏兄弟不治經學、子學，對太炎先生之欣賞議禮之文與追求玄妙哲理，不太能夠領略。魯迅讚美的是嵇康之「思想新穎」，周作人則欣賞顏之推的「性情溫厚」，只是在重學識而不問駢散這一點上，兄弟倆沒有分歧：辨名實，汰華詞，義蘊閎深，筆力遒勁，深得乃師文章精髓。在一九四四年所撰〈我的雜學〉中，周作人曾表示「駢文也頗愛好」，但不敢貪多，「《六朝文絜》及黎氏箋注常在座右而已」。可是接下來的這段話，似乎顛覆了以上自白：

伍紹棠跋《南北朝文鈔》云：「南北朝人所著書多以駢儷行之，亦均質雅可誦。」此語眞實，唯諸書中我所喜者爲《洛陽伽藍記》、《顏氏家訓》，此他雖皆篇章之珠澤，文采之鄧林，如《文心雕龍》與《水經注》，終苦其太專門，不宜於閒看也。

談駢文而不舉蕭統《文選》、李兆洛《駢體文鈔》，只將便利初學、偏重小品的《六朝文絜》置於座右，可見周氏的「愛好」其實不深。伍氏之〈南北朝文鈔跋〉，撰於光緒乙亥（一八七五）年，經過周作人的反覆引述，很容易被誤解爲已開章氏論說之先河。其實，一尊駢，一主散，二者立說根基大異。嘉慶年間彭兆蓀之輯《南北朝文鈔》，正如原書的「引言」所稱，擬想讀者是「攻選體者」，目的是「挽頹波而趨正軌」。伍氏希望擴大駢文家的視野，故建議將「亦均質雅可誦」的《文心雕龍》、《詩品》、《水經注》、《洛陽伽藍記》等「勒爲一書，與此編相輔而行，足爲詞章家之圭臬」。

駢文家的這種擴大眼界、更新趣味的努力，由既考經史又擅駢偶的揚州學人李詳，表述得更爲精采。李氏當然推崇六朝儷文，但也稱：

> 其散文亦爲千古獨絕，試取《三國志注》、《晉書》及南北兩史，酈擅長《水經注》、楊衒之《洛陽伽藍記》與釋氏《高僧傳》等書讀之，皆散文之至佳者，至今尚無一人能承其緒，蓋誤以雕琢視之，而未知其自然高妙也。[155]

李審言與章太炎、劉申叔、黃晦聞等，同爲《國粹學報》的中堅，其〈論桐城派〉固然引起世人關注，〈文心雕龍補注〉、〈顏氏家訓補注〉等更見學術功力。李氏以「選學」名家[156]，且撰有〈汪容甫文箋〉，晚年著述多在章太炎創辦的《制言》雜誌刊行。像這樣「初好容甫文，又嗜《文選》昭明之序，日加三復。阮太傅《文言說》，尤所心醉」的駢文大家，深知「以自然爲宗，以單復相間爲體，以貌爲齊梁僞作爲戒」的道理[157]。正因其兼採散文，其論學書札不事雕飾，而情韻自見，錢基博評爲「乃正蕭散似魏晉間人也」[158]。駢文家之兼採六朝散文，與章太炎及周氏兄弟之撇開駢文，專門欣賞六朝的子、史，顯然難以同日而語。相對於被駢文家奉爲圭臬的任、沈、徐、庾來，上述「無意爲文」故駢散相間，或乾脆純用散行文字書寫的「著作」，似乎更容易與現代中國散文接軌。

「一種風流吾最愛，六朝人物晚唐詩」——此乃日人大沼枕山的漢詩，爲永井荷風所引錄，更爲周作人所激賞[159]。六朝人的生命體驗、玄學境界以及一往情深，爲百代之下的中國人所永遠追慕。首先是人格的美，而後才是文章韻味。美學家宗白華有一高度概括的評價：

　　漢末魏晉六朝是中國政治上最混亂、社會上最苦痛的時代，然而卻是精神史上極自由、極解放，最富於智慧、最濃於熱情的一個時代。因此也就是最富有藝術精神的一個時代。[160]

史家陳寅恪也有類似的表述，而且將思想自由與文章之美直接掛鉤：

　　吾國昔日善屬文者，常思用古文之法，作駢儷之文。但此種理想能具體實行者，端繫乎其人之思想靈活，不爲對偶韻律所束縛。六朝及天水一代思想最爲自由，故文章亦臻上乘，其駢儷之文遂亦無敵於數千年之間矣。[161]

對於六朝的評述，宗氏提及政治混亂但精神自由，陳氏指出思想自由故文章上乘。此前的周氏兄弟，則將兩句併作一句，且使用因果而非並列句式。

　　對於「今人攘臂學六朝」，晚清重臣張之洞甚爲不滿，理由是：「神州陸沈六朝始，疆域碎裂羌戎驕；鳩摩神聖天師貴，末運所感儒風澆。」（〈哀六朝〉）周氏兄弟則對因戰爭引起的「思想混亂」，並不特別反感。魯迅將魏晉文章概括爲清峻、通脫、華麗、壯大，得益於劉師培的《中國中古文學史》；但其強調亂世中的思想通脫，如何有利寧廢除固執容納異端，並使得文章奇崛、立意新穎[162]，則多有引申發揮。周作人更直截了當地指出：「小品文是文學發達的極致，它的興盛必須在於王綱解紐的時代。」只有在亂世，才可能處士橫議，百家爭鳴，那「集合敍事說理抒情的分子，都浸在自己的性情裏，用了適宜的手法調理起來」的「言志的散文」，才得到眞正發達[163]。比起明末來，六朝似乎更適合於作爲王綱解紐故人格獨立、思想自由故文章瀟灑的例證。這也是周氏的興趣逐漸從公安三袁轉爲陶淵明、顏之推的原因。

三〇年代中期，郁達夫在爲《中國新文學大系・散文二集》作序時，接過周作人的命題，做了進一步的發揮。郁氏稱：「現代的散文之最大特徵，是每一個作家的每一篇散文裏所表現的個性，比從前的任何散文都來得強。」而古代中國散文中，「富於個性的文字」，只能出現在個性比較活潑的「王綱解紐」的時代，比如兩晉、宋末與明末。這裏所述，只及於思想不定於一尊、文章不定於一格，尙非「妙品」、「神品」的充足條件。此外，還需要學識淵博，性情溫潤，「混和散文的樸實與駢文的華美」，並藉雜糅口語、歐化語、古文、方言等，以造成「有澀味與簡單味」的「有雅致的俗語文來」[164]。只是因緣和合，並非每個優秀的散文家，都能夠或願意領略「八代之文」的眞正韻味。

現代作家對於六朝文章的借鑑，不再頂禮膜拜，而是有選擇的接納。王闓運、劉師培、黃侃、李詳等雅馴古豔的駢文，經由新文化運動的衝擊，已經退居一隅，不再引領風騷。而太炎先生對於六朝文的別擇，經由周氏兄弟的發揚光大，產生巨大而深遠的影響。經歷一番解構、挑選、轉化、重建，六朝文作爲重要的傳統資源，正滋養著現代中國散文。胡適曾斷言章炳麟的文章「及身而絕」，但是，如果不過分拘泥、不局限於「古奧」與「艱深」，允許其接上魯迅的「魏晉風度」與周作人的「六朝散文」，再連通廢名所說的「新文學當中的六朝文」（實即擅長借鑑「六朝文」的「新文學」），則成了現代中國文壇的一大奇觀。

「文起八代之衰，道濟天下之溺」，此乃蘇軾稱頌韓文公的千古名句。章太炎及周氏兄弟對於唐宋派及桐城文章的批判，對於六朝人及六朝文的表彰與借鑑，將隨著歷史的推移，日益展示其風采。

---

❶參閱周作人，《知堂乙酉文編》（上海：上海書店，一九八五），頁一〇九；《知堂回想錄》（香港：三育圖書文具公司，一九七四），第一五七節。

❷《胡適留學日記》（上海：商務印書館，一九四七），頁一一五一—五。

❸唐德剛譯，《胡適口述自傳》（北京：華文出版社，一九九二），頁一九二、二九五—三〇〇。

❹格里德著，魯奇譯，《胡適與中國的文藝復興》（南京：江蘇人民出版社，一九八九），頁三三六。

❺陳獨秀，〈法蘭西人與近世文明〉，《青年雜誌》，創刊號，一九一五年九月；〈學術與國粹〉，《新青年》，卷四，第四號，一九一八年四月。

❻胡適，〈文學改良芻議〉，《新青年》，卷二，第五號，一九一七年一月；陳獨秀，〈文學革命論〉，《新青年》，卷二，第六號，一九一七年二月。

❼同❹。

❽參閱唐德剛譯，《胡適口述自傳》，頁一九五—六。

❾梁啟超，〈論學術之勢力左右世界〉，《新民叢報》，第一號，一九〇二年二月。

❿梁啟超，《論中國學術思想變遷之大勢》，第七章〈近世之學術〉，《新民叢報》，第五十三—五十八號，一九〇四年九—十二月。

⓫參閱明夷（康有為）〈法國革命史論〉，《新民叢報》，第八十五、八十七號，一九〇六年八—九月。

⓬同❿。

⓭參閱朱維錚校注，《梁啟超論清學史二種》（上海：復旦大學出版社，一九八五），頁六、八二、八九。

⓮章太炎，〈東京留學生歡迎會演說辭〉，《民報》，第六號，一九〇六年七月；〈革命之道德〉，《民報》，第八號，一九〇六年十月。

⓯黃節，〈《國粹學報》敘〉，《國粹學報》，第一期，一九〇五年二月。

⓰許守微，〈論國粹無阻於歐化〉，《國粹學報》，第七期，一九〇五年八月。

⓱鄭實，〈古學復興論〉，《國粹學報》，第九期，一九〇五年十月。

⓲同⓱。

⓳劉師培，〈《新方言》後序〉，《新方言》，一九〇九年東京刊本。

⓴章太炎，〈與鍾君論學書〉，《文史》，第二輯，一九六三年。

㉑如蔣方震的《歐洲文藝復興史》（一九二一）、陳衡哲的《文藝復興小史》（一九三〇）、傅東華的《歐洲文藝復興》（一九三四）、常乃德的《文藝復興小史》（一九三四）等。

㉒除了譯述的《義大利獨立戰史》（上海：商務印書館，一九〇二）、《義大利獨立史》（上海：廣智書局，一九〇三）、《義大利獨立戰史》（作新社，一九〇三）、《義大利建國史》（一新書局，一九〇三），還有梁啟超撰寫的《義大利建國三杰傳》（上海：廣智書局，一九〇三）、《新羅馬傳奇》（一九〇二－一九〇四年連載於《新民叢報》）等。

㉓參閱胡逢祥、張文建，《中國近代史學思潮與流派》（上海：華東師範大學出版社，一九九一），第三章，第四節。

㉔〈《新潮》發刊旨趣書〉，《新潮》，卷一，第一號，一九一九年一月。

㉕參閱羅家倫的〈今日之世界新潮〉、孟真的〈社會革命——俄國式的革命〉，均見一九一九年一月《新潮》創

刊號。

㉖毛子水，〈國故和科學的精神〉，《新潮》，卷一，第五號，一九一九年五月。

㉗參見胡適的〈新思潮的意義〉、周作人起草的〈文學研究會簡章〉、鄭振鐸的〈新文學之建設與國故之新研究〉和顧頡剛的〈我們對於國故應取的態度〉。

㉘周作人，《知堂回想錄》，第一九九節。

㉙周作人，《歐洲文學史》（長沙：岳麓書社，一九八九），頁一二六、一七六、一二七。

㉚在〈代快郵〉（《談虎集》〔上海：北新書局，一九二八〕，上冊）中，周作人將五四運動以來的民氣作用，與「漢之黨人，宋之太學生，明之東林」相比附，否定其為「國家將興之兆」，並斷言：「總之不是文藝復興！」

㉛周作人，〈《陶庵夢憶》序〉，《澤瀉集》（上海：北新書局，一九二七）。

㉜周作人，〈《雜拌兒》跋〉，《永日集》（上海：北新書局，一九二九）。

㉝〈小品文的危機〉，《魯迅全集》（北京：人民文學出版社，一九八一），卷四，頁五七四——七。

㉞參見胡適的〈五十年來中國之文學〉、曾樸的〈覆胡適的信〉（《真善美》，卷一，第一二號）、朱自清的〈《背影》序〉和周作人的〈《中國新文學大系·散文一集》導言〉等。

㉟王瑤先生的〈論現代文學與中國古典文學的歷史聯繫〉（《王瑤文集》〔太原：北岳文藝出版社，一九九五〕，卷五）一文，對此有精采的論述，請參閱。

㊱參見胡適的〈建設的文學革命論〉與傅斯年的〈文言合一草議〉，均見《中國新文學大系·建設理論集》（上海：良友圖書公司，一九三五）。

㊲〈題記一篇〉，《魯迅全集》（北京：人民文學出版社，一九八一），卷八，頁三三二。

㊳參閱林語堂的〈小品文之遺緒〉（《人間世》，第二十二期）和周作人的〈關於近代散文〉（《知堂乙酉文編》）。

㊴參閱胡適的〈文學改良芻議〉和〈五十年來中國之文學〉。

㊵參閱胡適的〈五十年來中國之文學〉以及〈歷史的文學觀念論〉。

㊶參見胡適，《白話文學史》(上海：新月書店，一九二八)的〈自序〉與〈引子〉。

㊷有關《中國新文學的源流》的評述，錢鍾書發表在《新月》卷四第四期上的書評最見功力；只是「立異恐怖」一說，無助於解釋周氏之立論。

㊸周作人講校，鄭恭三記錄，《中國新文學的源流》(北平：人文書店，一九三四年訂正三版)，頁三六、五二、一〇四。

㊹林語堂，〈四十自敘詩〉，《論語》，第四十九期，一九三四年。

㊺同註㉝。

㊻中書君，〈評周作人的《新文學的源流》〉，《新月》，卷四，第四期，一九三二年十一月。

㊼周氏稱：「若張大復殆只可奉屈坐於王稚登之次，我在數年前偶談中國新文學的源流，有批評家賜教謂應列入張君，不佞亦前見《筆談》殘本，憑二十年前的記憶不敢以為是，今復閱全書亦仍如此想。」

㊽〈雜談小品文〉，《魯迅全集》，卷六，頁四一七—八。

㊾周作人，〈《新代散文抄》新序〉，《苦雨齋序跋文》(上海：天馬書店，一九三四)。

㊿周作人，〈關於近代散文〉，《知堂乙酉文編》。

51周作人，《知堂回想錄》，第一五一節。

52參見柳存仁的〈北大和北大人·不是萬花筒〉(《宇宙風乙刊》，第三六期，一九四一年一月)、金克木的〈「南渡衣冠思王導」〉(《金克木小品》〔北京：中國人民大學出版社，一九九二〕)和張中行的〈苦雨齋一二〉(《負暄瑣話》〔哈爾濱：黑龍江人民出版社，一九八六〕)。

53此乃五四那代人的共同信仰。周作人〈關於近代散文〉中的這段話，可與胡適的「不相信有白丟了的工作」

（《胡適的日記》〔北京：中華書局，一九八五〕，頁四一九）以及「耕種必有收穫」的「個人的宗教」（《胡適來往書信選》〔北京：中華書局，一九七九〕，中冊，頁二九六）相參照。

54 周啟明，《魯迅的青年時代》（北京：中國青年出版社，一九五七），頁六〇、四八、五五。

55 周啟明，《魯迅的青年時代》，頁六八。

56 孫伏園，〈魯迅先生逝世五周年雜感二則〉，重慶：《新華日報》，一九四一年十月二十一日。

57 王瑤〈論魯迅作品與中國古典文學的歷史聯繫〉（《文藝報》，一九五六年十九、二十期）對此有精闢的論述，請參閱。

58〈關於太炎先生二三事〉，《魯迅全集》，卷六，頁五四六。

59 參閱拙文〈作為文學史家的魯迅〉，《學人》（南京：江蘇文藝出版社，一九九三年七月），第四輯。

60 章太炎，〈自述學術次第〉，附錄於《太炎先生自定年譜》（香港：龍門書店，一九六五）。

61《太炎先生自定年譜》，頁九。

62〈與鄭實書〉，《章太炎全集》（上海：上海人民出版社，一九八五），卷四，頁一六九—七〇。

63 在廢名帶自傳色彩的〈莫須有先生坐飛機以後〉中，莫須有先生鄙棄韓昌黎，而崇拜庾子山，「因為他相信庾信的文章是新文學」。俞平伯〈樓頭小擷〉之嫵媚、〈古槐夢遇〉之迷離，以及其力辨詞藻與典故對於文學的意義（舉的例子正是六朝文，參見〈「標語」〉），都令人懷疑所謂「竟陵傳人」的說法。近讀俞氏一九八四年致友人信，方才釋懷：「相傳（已數十年）我受明朝文人影響，實毫無根據」；「我在大學時愛六朝文則有之」（參見吳小如，〈俞平伯先生的一封佚信〉，《文匯讀書週報》，一九九七年二月二十二日）。聶紺弩的「魏晉風度」，雜文外，更落實在其人其詩。張中行如此稱道周氏兄弟：「一位長槍短劍，一位和風細雨，我都喜歡。尤其喜歡老弟的重情理、有見識、行雲流水、沖淡平實的風格。」（《再談苦雨齋》）。在眾多後學中，最得周氏文章神韻的，當推張中行。沈祖芬〈涉江詩〉中憶金克木云：「月裏挑燈偏說鬼，酒闌揮麈更談玄。斯人一去風流歇，寂寞空山廿五年。」沈詩（參見金克木，《珞珈山下四人行》）描述金氏性情及文章，十分傳神。

64 參閱許壽裳，《亡友魯迅印象記》（北京：人民文學出版社，一九七七），頁五〇。

65 〈三竿兩竿〉，《馮文炳選集》（北京：人民文學出版社，一九八五）。

66 廢名，〈《淚與笑》序〉，《馮文炳選集》。

67 郁達夫，〈《中國新文學大系‧散文二集》導言〉，《中國新文學大系‧散文二集》（上海：良友圖書公司，一九三五）。

68 參閱阿英的〈《現代十六家小品》序〉、郁達夫的〈《中國新文學大系‧散文二集》導言〉、舒蕪的《周作人的是非功過》（北京：人民文學出版社，一九九三）、錢理羣的《周作人論》（上海：上海人民出版社，一九九一）。

69 周啟明，《魯迅的青年時代》，頁五五—六。

70 魯迅整理《嵇康集》的具體經過，請參閱趙英，《籍海探珍——魯迅整理祖國文化遺產擷華》（北京：中國文史出版社，一九九一），頁三三—九。

71 〈致許壽裳〉，《魯迅全集》，卷一二，頁六九。

72 章太炎，〈論式〉，《國故論衡》（上海：大共和日報館，一九一二年再版）。

73 《檢論‧通程》，《章太炎全集》（上海：上海人民出版社，一九八四），頁四五三。

74 《訄書‧學變》，《章太炎全集》，卷三，頁一四五。

75 參閱劉勰《文心雕龍‧才略篇》及劉師培《中國中古文學史》第四課。

76 劉師培，《中國中古文學史‧論文雜記》（北京：人民文學出版社，一九五九），頁四三、四六。

77 〈魏晉風度及文章與藥及酒之關係〉，《魯迅全集》，卷三。

78 〈嵇康集考〉、〈魏晉風度及文章與藥及酒之關係〉，《魯迅全集》，卷十，頁七六；卷三，頁五一一。

79張溥著，殷孟倫注，《漢魏六朝百三家集題辭注》（北京：人民文學出版社，一九六〇），頁九二。

80顏之推，《顏氏家訓》的〈養生篇〉及〈勉學篇〉。

81〈再論「文人相輕」〉，《魯迅全集》，卷六，頁三三六。

82林語堂，〈悼魯迅〉，《宇宙風》，第三十二期，一九三七年一月。

83見《周作人書信》（上海：青光書局，一九三三）和《苦雨齋序跋文》（上海：天馬書店，一九三四）。

84參見陶明志編，《周作人論》（上海：北新書局，一九三四）中廢名的〈知堂先生〉、許杰的〈周作人論〉和曹聚仁的〈周作人先生的自壽詩——從孔融到陶淵明的路〉三文。

85參閱〈《顏氏家訓》〉、〈鬼的生長〉、〈隅卿紀念〉、〈老年〉、〈關於家訓〉、〈讀戒律〉、〈自己的文章〉等。

86周作人，〈《論語》小記〉，《苦茶隨筆》（上海：北新書局，一九三五）。

87周作人，〈談錯字〉，《風雨談》（上海：北新書局，一九三六）；〈夸父追日〉，《知堂集外文・四九年以後》（長沙：岳麓書社，一九八八）。

88參見《陶淵明詩文匯評》（北京：中華書局，一九六一），頁二八八——三一〇。

89曹聚仁，〈周作人先生的自壽詩——從孔融到陶淵明的路〉，一九三四年四月二十四日《申報・自由談》。

90〈題未定草（七）〉，《魯迅全集》，卷六，頁四三〇。

91〈題未定草（六）〉，《魯迅全集》，卷六，頁四二二。

92同91。

93朱光潛，〈周作人《雨天的書》〉，《一般》，卷一，第三期，一九二六年十一月。

94劉半農編，《初期白話詩稿》（北平：星雲堂書店，一九三三）。

95同77。

96 馮雪峰，〈魯迅論〉，《雪峰六集》（北京：人民文學出版社，一九八五），卷四。

97 陳寅恪，〈陶淵明之思想與清談之關係〉，《金明館叢稿初編》（上海：上海古籍出版社，一九八〇）。

98 參閱魯迅，〈《自選集》自序〉，《魯迅全集》，卷四，頁四五六。

99 參閱沈豫，《秋陰雜記》，卷八；以及錢鍾書，《管錐編》（北京：中華書局，一九七九），第四冊，頁一五四七。

100 參閱黃叔琳的〈《顏氏家訓節鈔本》序〉和盧文弨為【抱經堂叢書】本《顏氏家訓》所作的序。

101 郭預衡，《中國散文史》（上海：上海古籍出版社，一九八六），上冊，有關於顏之推的論述；王利器的《顏氏家訓集解》則持傳統觀點，其〈敘錄〉稱此書價值有五：對於研究《南》、《北》諸史，可供參考；對於研究《漢書》，可供參考；對於研究《經典釋文》，可供參考；對於研究《文心雕龍》，可供參考；《音辭》一篇，尤為治音韻學者所當措意。

102 〈案唐〉，《章太炎全集》，卷三，頁四五〇——二。

103 章太炎，《國學講演錄》（上海：華東師範大學出版社，一九九五），頁二三七、二四五、二三七。

104 參閱周作人，〈關於英雄崇拜〉（《苦茶隨筆》）、〈啟蒙思想〉（《藥堂雜文》〔北京：新民印書館，一九四四〕）及〈我的雜學〉（《苦口甘口》〔上海：太平書局，一九四四〕）。

105 周作人，〈文壇之外〉，《立春以前》（上海：太平書局，一九四五）。

106 參見周作人的《苦茶隨筆》中〈隅卿紀念〉一文。

107 參閱張中行，《負暄瑣話》（瀋陽：黑龍江人民出版社，一九八六），頁三七，和《金克木小品》（北京：中國人民大學出版社，一九九二），頁一五六。

108 柳存仁，〈北大和北大人·不是萬花筒〉，《宇宙風乙刊》，第三十六期，一九四一年一月。

109 參閱周作人的〈鬼的生長〉（《夜讀抄》）和〈老年〉（《風雨談》）。

(110)〈撲空〉，《魯迅全集》，卷五，頁三四九、三五三。

(111)〈儒術〉，《魯迅全集》，卷六，頁三三。

(112)周作人，〈《顏氏家訓》〉，《夜讀抄》；〈關於家訓〉，《風雨談》。

(113)參閱周作人的〈杜牧之句〉（《苦竹雜記》〔上海：良友圖書公司，一九三六〕）和〈桑下談・序〉（《秉燭後談》〔北京：新民印書館，一九四四〕）。

(114)參閱錢理羣，《周作人傳》（北京：北京出版社，一九九〇），頁四二四。

(115)參見周作人的〈關於家訓〉和〈《顏氏家訓》〉二文。

(116)參見《顏氏家訓》的〈文章〉篇。這裏的「典正」，直接針對的是「今世音律諧靡，章句偶對，諱避精詳，賢於往昔多矣」。

(117)錢玄同，〈寄陳獨秀〉，《中國新文學大系・建設理論集》（上海：良友圖書公司，一九三五）。

(118)參見刊於《新青年》卷二第六期及卷三第一——六期上的錢氏致陳獨秀、胡適信。

(119)錢玄同，〈《嘗試集》序〉，《中國新文學大系・建設理論集》。

(120)錢玄同，〈論應用之文亟宜改良〉，《新青年》，卷三，第五號，一九一七年七月。

(121)參見周作人，《知堂回想錄》與《錢玄同的復古與反復古》。

(122)〈重三感舊〉，《魯迅全集》，卷五，頁三二五。

(123)胡適，〈五十年來中國之文學〉，《胡適文存》（上海：亞東圖書館，一九二四），二集。

(124)〈與人論文書〉，《章太炎全集》（上海：上海人民出版社，一九八五），卷四，頁一六八。

(125)轉錄自錢基博，《現代中國文學史》（長沙：岳麓書社，一九八六），頁六七。

(126)參閱《胡適口述自傳》，頁二九三；胡頌平編著，《胡適之先生晚年談話錄》（臺北：聯經出版公司，一九八四），頁七七。

127 同51。

128 錢基博在答李詳書中稱：「曩時固不欲附桐城以自張，而在今日又雅勿願排桐城已死之虎，取悅時賢。」此信收在《李審言文集》（南京：江蘇古籍出版社，一九八九）頁一〇五一，可參閱。

129 參閱章太炎，〈與人論文書〉及〈自述學術次第〉。

130 參閱舒蕪的《周作人的是非功過》中〈中國新文學史的「溯源」〉章。

131 參見收入《知堂集外文・《亦報》隨筆》（長沙：岳麓書社，一九八八）中〈壞文章(二)〉和〈古文的不通〉二文。

132 參見〈古文與理學〉（《知堂乙酉文編》）、〈關於家訓〉（《風雨談》）及〈蔣子瀟《談藝錄》〉（《苦竹雜記》）等。

133 瞿兌之，《中國駢文概論》（上海：世界書局，一九三六），頁五一。

134 周作人，〈文學史的教訓〉，《立春以前》。

135 參見劉熙載的《藝概》卷一〈文概〉、蔣湘南的〈與田叔子論古文第二書〉。

136 參閱阮元的〈書梁昭明太子《文選》序後〉、袁枚的〈胡稚威駢體文序〉、毛際可的〈汪蓉洲駢體序〉等。

137 周作人，〈談方姚文〉，《秉燭談》（上海：北新書局，一九四〇）。

138 沈伊默，〈我和北大〉，《文史資料選輯》（北京：中華書局，一九七九），第六十一輯。

139 參見錢基博，《現代中國文學史》，頁一九三—九。

140 林紓一九一三年離開北大，《春覺齋論文》一九一六年方由北京都門印書局刊行；但此書的內容，民初曾以《春覺生論文》為題連載於《平報》。

141 黃侃論文時兼採章、劉二師，但其審美趣味更接近於劉師培。參見周勛初的《當代學術研究思辨》（南京大學出版社，一九九三）中〈黃季剛先生《文心雕龍札記》的學術淵源〉一文。

142 錢玄同，〈寄陳獨秀〉。

143 《章炳麟論學集》(北京：北京師範大學出版社，一九八二)，頁四三九。

144 〈中國文章〉，《馮文炳選集》，頁三四五。

145 廢名，〈《周作人散文鈔》序〉，《周作人散文鈔》(上海：開明書店，一九三二)。

146 參閱章太炎的《文學說例》、劉師培的《中國中古文學史》第一課。

147 參閱周作人，《知堂回想錄》，第八十一節。

148 參閱劉師培的《中國中古文學史》第五課、魯迅的〈魏晉風度及文章與藥及酒之關係〉、周作人的《風雨談・關於家訓》。

149 獨應(周作人)，〈論文章之意義暨其使命因及中國近時論文之失〉，《河南》，第四、五期，一九〇八年五、六月。

150 劉師培，〈文說〉，《中國近代文論選》(北京：人民文學出版社，一九八一)，頁五五二。

151 章太炎主講，曹聚仁記述，《國學概論》(香港：學林書店，一九七一年港新六版)，頁八五—六。

152 參見章太炎的〈論中古哲學〉(《制言》，第三十期)和〈漢學論〉(《制言》，第一期)。

153 收入《章太炎全集》卷四的〈五朝學〉中有云：夫經莫穹乎《禮》、《樂》，政莫要乎律令，技莫微乎算術，形莫急乎藥石。五朝諸名士皆綜之。其言循虛，其藝控實，故可貴也。凡為玄學，必要之以名，格之以分；而六藝方技者，亦要之以名，格之以分。……五朝有玄學，知與恬交相養，而和理出其性。故驕淫息乎上，躁竟弭乎下。……五朝士大夫，孝友醇素，隱不以求公車征聘，仕不以名勢相援為朋黨，賢於季漢，過唐、宋、明益無訾。」

154 在一九三六年《國學講演錄》的〈文學略說〉中，太炎先生論及文章與性情的關係：「駢散合一之說，汪容甫倡之，李申耆和之。然晉人為文，如天馬行空，絕無依傍，隨筆寫去，使人難分段落。今觀容甫之文，句句鍛煉，何嘗有天馬行空之致。」

155《李審言文集》（南京：江蘇古籍出版社，一九八九），頁一〇六一。

156當被問及近時選學名家時，章太炎稱弟子黃侃「其學或不如李公之專」，參見橋川時雄，〈章太炎先生謁見記〉，《制言》，第三十四期。

157《李審言文集》，頁一〇五〇、一〇五八。

158錢基博，《現代中國文學史》，頁一二九。

159周作人，〈日本管窺〉，《苦茶隨筆》。

160宗白華，〈論《世說新語》和晉人的美〉，《美學與意境》（北京：人民出版社，一九八七），頁一八三。

161陳寅恪，〈論再生緣〉，《寒柳堂集》（上海：上海古籍出版社，一九八〇），頁六五。

162同77。

163周作人，〈《冰雪小品選》序〉，《看雲集》（上海：開明書店，一九三二）。

164參見周作人〈《燕知草》跋〉，《永日集》；〈《苦竹雜記》後記〉，《苦竹雜記》。

第九章
現代中國學者的自我陳述

「追憶逝水年華」，此乃古往今來無數聖君明相、文人哲士所無法迴避的誘惑。不管是出於「自我不朽」的祈求、「文明延續」的領悟，還是功利主義的「以史爲鑑」，「追憶」總是人類著書立說時的一大動力。至於追憶往事所使用的文體，可以是書信日記、詩文小說，也可以是隨筆雜感、學術著述。反過來說，「追憶」之於各種文類，均有不容漠視的貢獻。

「追憶」並非簡單的追溯既往、回到過去，而是用「今天」的眼光，賦予「往事」某種意義與邏輯。不只是因爲時間的鴻溝，使得往事失落，無法完整呈現；更因爲人們只能記憶其願意記憶的，陳述其能夠陳述的。在這個意義上，追憶既是一種呈現，也是一種掩蓋；既在講述眞情，也在散布謊言❶。對此陷阱，不是每個追憶者都渾然不覺。大詩人歌德在談及其自傳《詩與眞》時，便對一本正經追憶往事的價值表示懷疑：「生平有些或許算是好的東西是不可言傳的，而可以言傳的東西又不值得費力去傳。」❷自傳無法傳達不可言傳之「意旨」，但起碼可以講述激動人心的「故事」。因而，即便不乏歌德式的疑惑，「名人自述」仍爲廣大讀者所歡迎，其創作與傳播自然也就歷久不衰。

追憶往事，可以有兩種策略：一以自己的生命歷程爲中心，穿插各種議論；一就某一主題發表議論，夾雜對於往事的回憶。此中差異，不妨以《往事與隨想》和《隨想錄》作比較。七〇年代末，巴金譯完俄國作家赫爾岑的回憶錄，在後記中表達了拜師學藝的願望。十年後，《隨想錄》合訂本出版，體例卻與《往事與隨想》迥異：著眼點不在往事，而在對於往事的思考。用巴金自己的話來說，就是：「儘管我接觸各種題目，議論各種事情，我的思想卻始終在一個圈子裡打轉，那就是所謂十年浩劫的『文革』。」這座「用眞話建立起來的揭露『文革』的『博物館』」，就其「是時代的藝術性概括」而言，與赫氏之作確有異曲同工之妙❸。即便「同工」，因「異曲」而帶來的諸多差別，仍不能等閒視之。本文將要探討的，乃是赫爾岑式的「史中帶論」，而不是巴金式的「論中夾史」。

對於往事的追憶，詩人、政客、商家、學者，各有各的擬想讀者，也各有各的敍述策略。「瞞天過海」固然是所有追憶的共同天敵，但必不可少的「騰挪躲閃」，使得各類「追憶」自然而然地拉開了距離。沒有理由認定哪一類「追憶」價值更大，但就接受面而言，學者的追憶，大概最難獲得公衆的青睞。詩人的激情洋溢與文采飛揚，永遠能夠吸引廣大讀者；搏殺於政壇商海並獲得功名利祿者，其縱橫捭闔的技巧以及重大決策的內幕，對公衆與專家同樣具有吸引力。惟獨學者的「追憶逝水年華」，很可能既乏浪漫情懷，也無驚險遭遇，以「質樸的文筆」，配「平淡的生平」，可想而知，很難引起一般讀者的興趣。

公衆的相對冷淡，並不等於學者的追憶缺乏魅力。不管是著眼於史學價值，還是文章趣味，不少學者的自敍傳，令人回味無窮。這裏選擇五十位生活在二十世紀的中國學者的「自述」（詳見附錄之「基本文獻」），討論其敍事策略及其背後蘊涵著的文化理想，在理解現代中國學術進程的同時，思考「文章」與「著述」各自的功能及自我超越的途徑。

在正式論述以前，有關選樣標準，必須略作交代：一、王韜和譚嗣同均卒於上世紀末，之所以破例列入，乃著眼於其文化觀念及文體意識對後世的影響。二、周氏兄弟及茅盾、郭沫若等，既是文人，也是學者，本文注重其後一側面❹。三、選擇的樣本，半爲古已有之的年譜，半爲西方傳來的自傳，但爲了尊重自述者超越傳、譜鴻溝的努力，這裏暫不作進一步的區分。四、學者自述，可能今夕完稿明朝刊布，也可能藏之名山傳之後世，讀者的鎖定，自然會影響其敍述策略，但在召喚讀者、渴望理解這一點上，二者並無根本性的區別；因此，將當初弟子秘藏的自定年譜，與傳主生前刊行的回憶錄，放在一起論述，並無大的妨礙。

一、學者爲何自述

古已有之的「學者自述」，在二十世紀的中國翻新出奇，成爲學界與文壇共享的小小時尚。對此「時尚」有促成之功者，首推新會梁任公和績溪胡適之。梁、胡二君對傳記以及自述均有極大的興趣，且互相啓迪。新型傳記的鑑賞及寫作，梁曾爲胡引路；年譜體例的革新，胡則走在梁前頭❺。同樣欣賞西方的自傳，梁氏轉而發掘清人「實寫其所經歷所感想」的自定年譜，而胡君則更多提倡「給史家做材料，給文學開生路」的自傳❻。在具體論述中，前者以自傳眼光評說年譜，後者則在自定年譜中尋找中國的長篇自傳。二者思路仍有共通處，那便是力圖溝通古今中外的「自述」。就研究成果而言，梁啓超的《中國近三百年學術史》和《中國歷史研究法補編》對年譜及自定年譜的論述，遠非胡適的隨感雜錄所能企及；但胡適從早年的留學日記，到晚年的公開演講，幾十年間鍥而不捨地提倡「傳記文學」，並且身體力行，完成了《四十自述》及《胡適口述自傳》，其影響力遠遠超過梁啓超的專門著述。

不管是梁啓超還是胡適，其提倡自定年譜或自傳，對撰述者並無階層或職業的限定。表面上，自述生平，是人人俱有的權利；三教九流，男女老少，均可寫作並出版自傳。可是實際上，自傳是一種「最不平等」的文體。傳主、譜主的功名業績，對自傳、自定年譜的價值認定及傳播範圍，均起決定性作用。胡適勸其寫作自傳的，都是「做過一番事業的人」；梁啓超講得更明白，「自撰譜譜中主人若果屬偉大人物，則其價值誠不可量」[7]。回憶錄的限制相對小些，但也要求與「名人」略有瓜葛，方才能引起讀者的興趣。金克木《天竺舊事・小引》對寫作回憶錄的困境，頗多調侃語：

> 名人大抵常有回憶錄，回憶的都是一些名人、名勝、大事或者與自己有關的親切的人和事。名人往往進入別人的回憶錄。不名之人也往往由回憶名人和大事而得名。

這種文體的「勢利相」，固然不曾剝奪「未名者」寫作自傳或回憶錄的權利，卻能有效地阻礙其流通。

統而言之的「傳記文學」，對作者的身分地位並不苛求；但基本上屬於史學的自傳及自定年譜，則要求作者有一定的「知名度」。因而，「學者自述」之能否大量產生並廣泛傳播，主要取決於其是否「知名」，是否有足夠的「自信」。換一句話說，學者的價值是否得到社會的普遍認可。

本世紀初的中國學者，之所以二、三十歲便寫作並發表自傳（如劉師培、梁啓超），與社會轉型期先覺者開天闢地的自我感覺有關。三〇年代的中國，撰寫自傳蔚然成風，除了胡適、林語堂等人的大力提倡，更因其時文人學者尚有充分的自信[8]。到了五、六〇年代，大陸學者極少寫作（更不要說發表）自傳，主要原因是知識分子處於被改造的地位，根本不敢「揚才露己」。至於其時大量湧現的「思想總結」和「自我批判」，乃迫於外界的壓力，不得已而爲之，不能作爲自傳來閱讀評判。像呂思勉那樣，將《三反及思想改造學習總結》作爲自傳來寫，而且基本上沒有違心之論（正因如此，此「總結」二十多年後方才得以作爲「自述」發表），實在是個奇蹟。進入八〇年代以後，學者地位相對提高，這才有《中國現代社會科學家傳略》（山西人民出版社，一九八二～一九八七年，共十輯）和《中國當代社會科學家》（書目文獻出版社，一九八二～一九九〇年，共十一輯）中諸多學者撰寫的自傳。三聯書店陸續出版的《我在六十歲以前》（馬敘倫）、《三松堂自序》（馮友蘭）、《韌的追求》（侯外廬）、《天竺舊事》（金克木）以及《吳宓自編年譜》等，對於恢復甚至提高學者自述的信心與興致，起了很好的作用。到了一九九三年，遠在西南的巴蜀書社，更打出「學術自傳叢書」的旗幟，以每種五至十萬字的篇幅，推出張岱年、蔡尚思、錢仲聯等一批老學者撰寫或口授的自傳。

某一時段學者自傳大量湧現，最多只能說明其時社會對學者的關注，並不保證這些自述的史學或文學價值。後者取決於學者自述的動機、體例、策略以及欣賞趣味等。這裏先從「動機」入手，討論學者爲何在專業著述以外，還要撰寫自傳或自定年譜。

學者對其爲何自述生平，而且公開刊行，大都有所解釋。清人自定年譜中，多有追念平生，聊示子孫，俾知起家不易之類的說法[9]。這種過於私人性的敘述姿態，基本上不爲現代學者所取（羅振玉除外）。對於那些身前便已公開發表的「自述」，再強調「聊示子孫」，未免顯得矯情。

有了《論語・衛靈公》中「君子疾沒世而名不稱焉」的感嘆，自認懷才不遇的文人學者，其自我表彰便顯得理直氣壯。「去冬咯血，至今未瘉，日在藥爐火邊作生活」的王韜，撰《弢園老民自傳》，理由是「老民蓋懼沒世無聞，特自敍梗概如此」。「未入中年」的劉師培，也都因「百感並合」而賦〈甲辰年自述詩〉：

恆子著書工自序，潘生懷舊述家風；
廿年一枕黃粱夢，留得詩篇證雪鴻。

雖也有「年華逝水兩蹉跎」的抑鬱與不平，但更多的仍是躊躇滿志。其實，所有的自述，不管其姿態如何低微、謙恭，骨子裏仍透出一股傲氣。繆荃孫《藝風老人年譜》開篇自稱「無可記錄」，但馬上又是「身歷十六省，著書二百卷」，不妨「略志雪鴻」。不管是感嘆「平生所懷，百未一償」，而「忽焉老至」（羅振玉《集蓼編》），還是將人生比作一次「壯遊」，只是希望「留一點跡爪」（王雲五《岫廬八十自述》），姿態萬千的學者自述，其實都脫不開「自鳴」的基本特徵。

學者之所以願意自述，借用盧梭的話來說，便是自信「除了他本人外，沒有人能寫出一個人的一生」。因爲，「眞實的生活只有他本人才知道」。爲了「不願人家把我描繪得不像我自己」⑩，盧梭創作了《懺悔錄》；基於同樣的理由，現代中國學者寫下了各種各樣的自敍傳。這種「我最了解我自己」的假設，不見得每個自述者都堅信不疑；或許，《錢仲聯自傳・前言》中的提法，更容易爲作者和讀者所接受：「當然自己寫自己的事，近似回憶錄，總比他人根據傳聞而寫的要可靠。」即便誠實、嚴謹的學者，其自述也並非天衣無縫，仍大有可質疑處。這一點，留待下面論述。此處只想指出，認定「自述」比「傳聞」可靠，乃支撐起大量學者自傳及自定年譜的理論根基。

正因爲自述「可靠」，往往被史家視爲難得的第一手資料。對於有「歷史癖」的作者和讀者來說，寫作自敍傳，因而是個極大的誘惑。錢穆在《師友雜憶・序》中稱：「讀此雜憶者，苟以研尋中國現代社會史之目光視之，亦未嘗不足添一客觀之旁證。」而自稱閱讀過五百種以上的傳記文學專集，且促成周作人撰寫回憶錄的曹聚仁，在其《我與我的世界・代序》中更如此表白：

> 從我是一個研究歷史的人來說，把第一手史料保留起來，也眞的「匹夫有責」了。這是我決定談談過去經歷的主因。

比起錢、曹諸君「補正史之闕」的自信，《知堂回想錄》之故作低調，自認瑣碎，要求讀者「姑且當作『大頭天話』(兒時所說的民間故事)去聽，或者可以且作消閒之一助吧」，反而顯得不夠眞誠與坦率了。因爲，〈緣起〉所說的「消閒」，與〈後記〉再三強調的「只知道據實直寫」，明顯牴牾。實際上，周氏希望提供的，乃「信史」，而非「閒書」。

相對於飽經滄桑、功成名就者的「八十自述」，初出茅廬、志氣遠大者的「三十自紀」，可就別有一番滋味在心頭。當然也會略述行誼與經歷，但更多的是感慨歲月蹉跎，壯志未酬。《林語堂自傳・弁言》所說的藉寫自傳「分析我自己」，在此類著述中得到比較充分的表現。譚嗣同、梁啓超的「平旦自思」，雖則眞誠，可惜略嫌空泛；遠不若王國維的自我分析深入。王氏的兩篇〈三十自序〉，一述「數年間爲學之事」，一述「爲學之結果」。後者的辨析學說之可愛與可信、哲學與哲學史，以及「近日之嗜好所以漸由哲學移於文學」，都是博學深思後的悟道之語。此類藉自述清理思路，確定重新出發的路徑，另外一個成功的例證，可舉出顧頡剛爲《古史辨》第一冊所寫的〈自序〉。顧氏自認「是一個初進學問界的人」，之所以「貿貿然來做這種自傳性的序文」，除了總結研究古史的方法，更想分析面臨的困境，提出亟待解決的問題。事實上，王、顧二君日後學術上的進展，與其「自述」所表達的意願，大致吻合。

學者之所以熱中於「自述」，因其不只提供史料，本身便可能是成功的著作，唐文治《茹經先生自訂年譜・題辭》稱自幼喜讀先賢年譜，方才「志氣發揚，更慨然以建功立業爲事」。由此推論：「立德立功者，必以前賢年譜爲先路之導。」正是基於此「有益後學」的想像，不少著名學者方才講述「我的自學小史」（梁漱溟），或「我在教育界的經驗」（蔡元培）。羅爾綱《師門五年記》的〈自序〉說得更清楚：「我覺得我這一段從師故事，或許可以使青年人領會得到一位當代大師那一條教人不苟且的教訓，去做治學任事的信條吧。」林語堂也承認自傳「確是一種可喜可樂的讀品」，不過加了個限制，那就是文章必須「涵有乖巧的幽默，和相當的『自知之明』」[11]。一著眼道德教誨，一強調文章趣味，合起來，方是自敍傳獨特的魅力所在。

爲後人提供有益的讀物，這種強烈的責任感與功名心，固然可欽可佩；但學者自述，不只爲了他人，更重要的，是爲了自己。對於具有詩人氣質的學者來說，自述乃留住春夢的唯一策略。陳寅恪《寒柳堂記夢未定稿・弁言》有云：

> 東坡詩云，「事如春夢了無痕」。但又云，「九重新掃舊巢痕」。夫九重之舊巢亦夢也，舊巢之舊痕既可掃，則寅恪三世及本身舊事之夢痕，豈可不記耶？

清人汪輝祖的自定年譜題爲《病榻夢痕錄》，序言中也引東坡詩句，但「不敢視事如夢」，仍希望子孫讀此而「知涉世之艱，保身之不易也」。寅恪先生則無一語及於教誨，在提供歷史證辭的同時，撫今思昔，感慨萬千。據說撰稿之初，先生曾對助手言：「此書將來作爲我的自撰年譜。」[12]晚年心血所寄，可惜只存零星殘稿，年譜全貌因而無從揣摹。即便如此，三十年後拜讀遺文，仍能感覺到先生沉入歷史深處時的神情與風采——那定然是充滿惆悵而又洋溢著歡樂的時光。在某種意義上說，追憶往事，乃閱歷豐富者「自我娛樂」的最佳手段。

學者願意自述，其實不一定非找到冠冕堂皇的理由不可。撫今思昔，乃人之常情；飽經滄桑的長者，更有理由沉湎於過去的回憶。這一點，茅盾說得很坦然，也很實在：

> 人到了老年，自知來日無多，回憶過去，凡所見所聞所親身經歷，一時都如斷爛影片，呈現腦海。此時百感交集，又百無聊賴。於是便有把有生以來所見所聞所親身經歷者寫出來的意念。[13]

對於學者來說，將「追憶往事」作爲正業來從事，確實是「百感交集」。既是對曾經輝煌的「過去」的思念，也是對百無聊賴的「老年」的感嘆。這也是許多學者傾向於將自敍傳留待晚年來完成的原因。「自知來日無多」，於是希望借助「自述」，使自己的學術生命得以延續。問題在於，眞正的「讀書種子」，往往「不知老之將至」。需要某種契機，方才促使其中斷長期從事的學術研究，沉入對於往事的追憶。清人自定年譜，往往是譜主病中口述，命弟子或兒孫作記；錢大昕五十七歲那年大病一場，「自謂必不起矣」，於是方才「病中自編年譜一卷」[14]。現代學者中，也頗多像陳寅恪那樣，深感「今既屆暮齒，若不於此時成之，則恐無及」[15]，因而從事自述者。其中最具戲劇性的，莫過於楊守敬的篤信三十年前推命，認定「今年命將盡」，於是從弟子請而「追述生平」——事實上，楊氏也只比預想的多活了三年。

倘若承認學者的「自述生平」，也是一種獨立的著述；那麼，除了了解學者自述的動機，更應該追究其自述的體式，如何成就並限制了這些歷史證辭兼自我評說的產生。

二、自傳與自定年譜

一九一四年九月，其時正留學美國的胡適，在其《藏暉室札記》中比較東西方傳記的差異，批評古來中國傳記之四大短處；緊接著，筆鋒一轉：

> 吾國人自作年譜日記者頗多。年譜尤近西人之自傳矣。

如此神來之筆，日後在胡適關於「傳記文學」的提倡中，得到進一步的發揮。以司馬遷、王充的自敍，來配弗蘭克林、斯賓塞的自傳，確實不成比例；但倘若引入明清兩代著名學者的自定年譜，所謂東方傳記「太略」、「多本官書」、「靜而不動」等指責，可就落空了。三〇年代，胡適終於找到了「確證」，正式將自定年譜與自傳掛鉤。斷言《葉天寥年譜》「可算是一部好的自傳」，得益於周作人的提醒；認定《羅壯勇公年譜》「在自傳中爲第一流作品」，方才屬於胡適的發現[16]。前者的文章趣味，其實與適之先生相左；後者的史料價值，無疑更合胡君的口味。晚年在臺北介紹「中國最近一、二百年來最有趣味的傳記」，胡適將《葉天寥年譜》替換成汪輝祖的《病榻夢痕錄》，原因是後者可讓人「了解當時的宗教信仰和經濟生活」[17]。也正是著眼於史料，胡適在表彰汪、羅之作後，稱其父胡傳的《鈍夫年譜》「是自傳中最難得的好作品」，並準備「加上他的日記」，以湊成一部完整的自傳[18]。將日記看作「自傳的一部分」[19]，並非胡適個人的獨好。清人李塨編《顏習齋先生年譜》，多依據譜主日記；近人楊樹達作《積微居回憶錄》，更是日記的摘編。

這裏暫時避開日記與自傳、年譜的關係，著重討論西人自傳傳入後，中國學者如何自述生平。大致而言，比較傳統的學者傾向於年譜，而相對西化的學者則喜歡自傳；清末民初年譜占了上風，而近年則是自傳和回憶錄的天下。這種閉著眼睛也能想像得到的「大趨勢」，掩蓋了更值得關注的「小問題」：自定年譜與西人自傳的對話，以及由此而來的互動。

之所以談「自傳」而強調出於西人之手，並不是說中國古來無此文體；恰恰相反，「自傳」在中國古已有之。只是此等漢人已有先例的「自傳」，並不構成對於自定年譜的巨大挑戰，也並非本世紀中國學者自述生平時取法的主要目標。勞乃宣〈題自訂年譜後〉十六首，最後一則云：

> 回頭往事已成煙，聊記鴻泥舊日緣。
> 自序敢希班馬筆，願隨五柳傳同傳。

將不同源流的自定年譜與自序、自紀、自傳等相提並論，如此「文史不分」，很難說是「偶然的過失」。不管是文人氣的徐渭、王士禎，還是學者型的孫奇逢、錢大昕，都不會將其自定年譜，比附司馬遷的《太史公自序》，或者陶淵明的《五柳先生傳》。因爲，在古代中國，這是兩類截然不同的著述，一屬文章，一歸史著。勞氏不辨源流，亂攀親戚，如此充滿創造性的「誤讀」，其實很有意思。現代讀者認同的，很可能正是勞氏的「謬見」：所謂「自序」、「自傳」與「自定年譜」，其淵源與體式固然大有區別，但既然都是「自述」，也就具備可比性。

這種打通自序、自紀與自定年譜的思路，很大程度上得益於西人自傳的輸入。述過「歐美名士，多爲自傳」，而後方才是司馬遷等人「附於所著書後」的自序，以及孫奇逢諸君的自定年譜——梁啓超的這一論述策略，並非空穴來風。在《中國近三百年學術史》以及《中國歷史研究法補編》中，梁氏都是用歐美的自傳，來統馭並詮釋古已有之的自序或自定年譜。照梁氏的說法，同屬自敍傳，由自序過渡到自定年譜，「勢子自然很順」；但爲何後者「起得很晚」，梁氏卻沒有深究。稱孫奇逢爲撰寫自定年譜「最早的一個」[20]，自是失考；但從漢人的「自序」，一跳而爲清人的「自定年譜」，如此大的歷史跨度，無論如何不能說是順理成章。

自定年譜除了譜主自撰或口述，更重要的特徵是「排次事實，繫以年月」[21]。因而，其最爲直接的淵源，應是年譜，而非自序。清代學者論及年譜一體之創立，多歸功於宋人。其中，尤以章學誠《韓柳二先生年譜書後》的論述最爲精采：

> 年譜之體，仿於宋人考次前人撰著，因而譜其生平時事，與其人之出處進退，而知其所以爲言，是亦論世知人之學也。

以譜主的生平歲月爲經緯，這一敍述體例，凸顯了文人學者之「用功先後」與「學問變化」[22]。因而，「繫以年月」，成了此類著述的關鍵。儘管明清以下，不時有人提出將《論語》中「吾十有五而志於學」那段有名的夫子自道，作爲最早的自定年譜；近年更因雲夢秦簡中出現喜這個人物的編年記，年譜溯源之爭，有可能再燃烽火⑫。在我看來，目前能夠找到的史料，只能證明先秦已偶有爲個人而編年紀事；至於從編年、紀傳、諜譜等演變而來的年譜，其創立之功，似乎仍只能判歸宋人。

宋人之「爲年譜以次第其出處歲月」，主要是爲了知人論世，並「得以究其辭力之如何」㉔。因此，關於文人學者的年譜，數量最多，體例也最爲完善。在已知一百四十餘種宋人所編纂的年譜中，至少有兩種屬於自撰，那就是劉摯《劉忠肅公行年記》（已佚）和文天祥《文山紀年錄》。明清兩代，自定年譜數量逐漸增加，但其與年譜的關係，依然是「剪不斷，理還亂」。最明顯的例證是，不少自定年譜乃譜主提供大綱或親自口述，而由門生整理補注（如《孫夏峰先生年譜》、《漁洋山人自撰年譜》、《李恕谷先生年譜》等）。年譜與自定年譜的界限不太明晰，正好說明二者的因緣極深。

將是否「繫以年月」放在第一位，而後才區分自撰或他撰，這是因爲，「時間」乃年譜的第一要素。梁啓超在《中國近三百年學術史》中盛讚司馬遷、王充、劉知幾等人附在書後的自序與自紀，「尤能以眞性情活面目示吾儕」，而對自撰墓誌銘等「文人發牢騷之言」，則頗有微辭。自序、自傳以及自撰墓誌銘等，提供的史料或多或少、或眞或僞，但都屬於「文章」；而年譜和自定年譜，即便附於文集刊行，也只是被作爲「史籍」閱讀評判。對於後者來說，體例謹嚴、考證翔實，便足以成爲傳世之作。而對於前者，讀者更多地要求文章趣味，至於所述是否「眞實可信」，反倒不是最要緊的。

西方自傳的傳入，無意中化解了自序與年譜之間的緊張。「傳記文學」的提法，更是凸顯了溝通文史的意願。借用胡適《四十自述》的表白，寫作自敍傳，追求的是「可讀而又可信」。自序之「可讀」與年譜之「可信」，在理想的自敍傳中，將得到完美的結合。王韜及其友人蔣敦復之自述，雖也有「文人發牢騷之言」，但已兼具史學意味。蔣、王二君長期「與英吉利人遊」，是否受西方自傳影響，沒有確鑿的證據[25]。丁福保稱其《疇隱居士自訂年譜》（謂之自序可，謂之自訂年譜亦可，謂之言舊錄亦無不可」[26]，此說極富魅力，可惜從體例到筆法，丁譜並無任何革新。

倒是俞樾的《曲園自述詩》，無意中打破了年譜與自序的界限，在內在精神上，更接近於西方的回憶錄。以詩撰譜，俞樾前有古人，後有來者，只是均不若其聲名顯赫[27]。《曲園自述詩》成於己丑五月（一八八九），凡一九九首，詩下以雙行夾注，補出事實。十二年後，作者又作《補自述詩》八十首，體例一如前作，述至八十三歲止。自述詩的排列，雖依年代先後，卻並非各詩均「繫以年月」。記載著述或科名者，大都有明確的紀年；至於描摹民俗風情，可就沒有確定時間了。年譜通常只記大事，「自述詩」則必須兼顧詩意盎然的日常瑣事。就以日後俞平伯（僧寶）追憶爲「九秩衰翁燈影坐，口摹笘帖教重孫」的畫面爲例，請看曲園先生如何「自述」：

嬌小曾孫愛似珍，憐他塗抹未停勻。
晨窗日日磨丹研，描紙親書上大人。（小兒初學字，以朱字令其以墨筆描寫，謂之描紙。「上大人孔乙己」等二十五字，宋時已有此語，不知所自始。僧寶雖未能書，性喜塗抹，每日爲書一紙，令其描寫）

正是此等不避瑣事，多記閒情，使得自述詩與自定年譜拉開了距離——後者容易趨於正襟危坐。而這兩者的區別，很像回憶錄與自傳的差異。

「自述詩」之敘事，畢竟有很大的限制，對於注重史料的學者來說，尤其不能容忍其本末倒置的「以詩帶事」。但是，晚清以降，即便史學意識很強的學者，其自述的體例與策略，也都發生了巨大的變化。一個明顯的標誌，便是自定年譜與西式自傳的邊界，變得日益模糊。《康南海自編年譜》之定名《我史》，還只是在題目上變花樣；《吳宓自編年譜》插入了許多有趣的社會風情、旁枝細節，明顯是作爲文章來寫作。廖平撰《四益館經學四變記》，如此專業化的著述，竟自稱「聊以當年譜耳」；楊樹達自述生平，明明按年月日排纂，偏偏不叫「年譜」，而叫「回憶錄」。

最有趣的，當屬〈《古史辨》第一冊自序〉和〈三松堂自序〉。單看題目，不難明白其淵源所自。一稱喜歡讀「帶有傳記性的序跋」，一讚「傳統體例，有足多者」，顧、馮於是做起現代人的「自序」來。只是顧頡剛之盡情揮灑，已非司馬遷所能範圍；馮友蘭的「憶往思，述舊聞，懷古人，望未來」，寫成一部二十五萬字的大書，更非劉知幾所能想像。顧、馮二位都是史學大家，其撰寫「自序」時的「下筆不能自休」，並非不明體例，而是以西方文人學者的「自傳」爲憑藉和潛在樣板。

更能說明現代中國學者的自述，與西人的自傳密不可分者，莫過於如下事實：不少爲國人所讚嘆不已的自敘傳，原本是用英文寫作，而後才譯成中文的。比如，容閎的《我在美國和在中國生活的追憶》、蔣夢麟的《西潮》，以及《趙元任早年自傳》、《林語堂自傳》和《胡適口述自傳》等。不難想像，這些以西方人爲擬想讀者的作品，其追摹的，自然只能是西人的自傳。據說蔣夢麟之用英文寫作，就因爲防空洞裏既無桌椅，又無燈光，用英文寫作，「可以閉起眼睛不加思索的畫下去」㉘。如此戲劇性的描述，依然沒能消解以下假設：選擇英文寫作，也就必然選擇了西人自傳的趣味。

蔣夢麟等人用英文撰寫自傳，大都心態自如，筆墨瀟灑。另外一些學者則不然，埋怨「自傳」這一體式過於冠冕堂皇。魯迅自稱「不寫自傳」，卻又抵擋不住「思鄉的蠱惑」㉙，於是以回憶錄形式，寫下了獨具一格的《朝花夕拾》。蔣維喬也嫌自傳「體裁比較嚴謹，材料也要豐富」，故寧願以《我的生平》爲題，錄下若干早年的記憶。蔡元培對撰寫自傳，似乎也有畏懼心理；不過他所選擇的《自寫年譜》，也不是輕鬆的文體。孑民先生的解釋是：「自傳因頭緒頗繁，不適於旅行中之準備（參考書既不完全，工作亦時時中輟）。」㉚其實，自傳與自定年譜，哪一種更瀟灑、更隨意，純屬個人感覺，與各自所受的學術訓練有關。這裏有個例外，教西洋文學的吳宓，偏偏選擇了「自編年譜」。但略作品味，便會發現，吳譜之縱橫恣肆，妙趣橫生，與明清兩代衆多言簡意賅的自定年譜，還是大異其趣。

「自序」與「自定年譜」壁障的打通，同「自傳」與「回憶錄」的引進密切相關。因此，可以說現代中國學者的自敘傳，之所以異彩紛呈，得益於西學東漸的大趨勢。但仔細傾聽，學者們之強調「我與我的世界」、迴避「懺悔」與「詩」，突出「朝花夕拾」與「師友雜憶」，又依稀可辨古老中國悠揚的回聲。

三、「我與我的世界」

曹聚仁將其自敘傳題爲《我與我的世界》，並在其中「插說一段話」，表白此書的敘述策略：

> 我這回所寫的，著眼在「我的世界」，至於「我」這一部分，只是用作串珠的線，可作交代之用就是了。

曹氏自稱「頗想勾畫出我們那一世代的生活輪廓」，故其所述，比《太史公自序》要「更廣大一些」[31]。以「我的生平」爲中心，卻又不囿於「我」有限的經歷與見聞，這對於有「歷史癖」的中國學者來說，是個很有誘惑力的挑戰。

蔣夢麟《西潮》第一部第一章有一句妙語，可說是代表了許多中國學者的趣味，也大致體現了他們的追求：

> 我原先的計畫只是想寫下我對祖國的所見所感，但是當我讓這些心目中的景象一一展布在紙上時，我所寫下的可就有點像自傳，有點像回憶錄，也有點像近代史。

《西潮》共六部三十四章，其中第四部「國家統一」基本不見作者的身影，第七部「現代世界中的中國」，更是關於中日關係、中國文化特徵以及現代文明命運等大題目的論述。在一部自述傳裏，三分之一的篇幅竟與作者本人無關，這確實是個大膽的嘗試。曹聚仁將此書「看得跟李劍農先生的《近百年中國政治史》等量齊觀」[32]，自然是一種極高的讚賞。可是太像近代史的自敍傳，未免模糊了傳主的自家面貌。偶一爲之(尤其是寫給外國人)，自是高招；大量推廣，則難免弄巧成拙。

「論世」當然有利於「知人」，但並非每個人的命運都能與偉大的歷史事件直接掛鉤。《寒柳堂記夢未定稿・弁言》有云：「寅恪以家世之故，稍稍得識數十年間興廢盛衰之關鍵。今日述之，可謂家史而兼信史歟？」陳氏以家世故，自述生平時必須爲戊戌變法立專章；而一介書生董作賓則完全有理由掉頭而去，關注第二年發生的一件將改變其命運的「小事」：「甲骨文字發現於河南省，彰德府，安陽縣，小屯村。」[33]在我看來，如此敘述，各得其所。也就是說，在描述「我」與「我的世界」時，首先必須明確自己在歷史中的位置。比如，同是三十自述，王國維連哪一年出生都不說，只強調「歲月不居，時節如流，犬馬之齒，已過三十」；而梁啓超的自報生年，則必須有一系列重大歷史事件作陪襯：

> 余生同治癸酉正月二十六日，實太平國亡於金陵後十年，清大學士曾國藩卒後一年，普法戰爭後三年，而義大利建國羅馬之歲也。

不難想像，梁、王心目中的「我的世界」，會如何天差地別。

活躍在政治舞臺上的康有爲、章太炎、郭沫若，與固守書齋的楊樹達、呂思勉、黃雲眉，各有各的「我的世界」。這種「自我意識」，使得其選擇了不同的敘述策略。《康南海自編年譜》將一半的篇幅留給戊戌這一年；《太炎先生自定年譜》大講民國以後的政治活動，並以「授勳一位」作結；郭沫若寫了四卷自傳，其中涉及學術研究的只有收入第三卷的〈我是中國人〉一文，而且著重在控訴日本警察的迫害。不以尋常書生自命，康、章、郭於是更願意突出其經世才能與抱負，至於楊、呂、黃等，「性不喜談政治」（準確地說，是既不爲，亦不能）[34]，故轉而集中介紹學界之是非，與自家著述之功過。

作爲自敘傳中的「我的世界」，歷史事變太大，三言兩語說不清；自家著述又太小，讀起來不太過癮。倒是教育制度的變革、新式學堂的崛起、留學生活的趣味、文化出版的運作、學術思潮的形成等不大不小的題目，容易在「學者自述」中得到最佳表現。比如，齊如山、周作人談清末科舉考試；容閎、趙元任談留學生生活；蔡元培、錢穆談大學教育；楊守敬、王先謙談校勘古書；茅盾、王雲五談現代出版業在文化建設中的作用；顧頡剛、侯外廬談學術思潮與流派的形成等等，都是絕好的文化史料。倘若希望了解二十世紀中西學術進程，這批「學者自述」，將是無論如何也繞不過去的。舉一個小小的例子，談論學術史者，對以下這段文字大概都不會陌生：

　　宣統紀元，法國大學教授伯希和博士賃宅於京師蘇州，將啓行返國，所得敦煌鳴沙石室古卷軸已先運歸，尚有在行篋者。博士託其友爲介，欲見予。乃以中秋晨驅車往。博士出示所得唐人寫本及石刻，詫爲奇寶，乃與商影照十餘種，約同志數人觴之。

羅振玉《集蓼編》中的這段描述，對於了解本世紀顯學之一的敦煌學的形成，無疑是不可替代的。

　　考慮到北京大學在現代中國思想文化史上的特殊地位，只要與其略有關聯，一般都會在「自述」中有所表示。關於五四運動和三、四〇年代北大的追憶，無疑最容易引起作者與讀者的興趣。曾任校長的蔡元培、蔣夢麟、胡適不用說，名教授名學生如周作人、馬敍倫、梁漱溟、顧頡剛、錢穆、馮友蘭等，都有十分精采的證辭。由於各自所處位置以及所抱持的理想不同，對「學潮」的敍述與評價大相逕庭；落實在具體人物，除了蔡元培德高望重無可爭議外，餘者多衆說紛紜。讀《知堂回想錄》，你會覺得當年北大的「三沈二馬」儒雅博學，且性情溫和；再讀《顧頡剛自傳》，「三沈二馬」則成了專門躲在背後挑撥離間、刺激周氏兄弟出來罵人的陰謀家。此類截然不同的追憶，最好對照著閱讀。或許正是這種觀察角度的差異，方才構成了眞正意義上的「文化史」。

同是自述，學者之不同於文人、政客與商家，就在於其不只提供「史料」，更願意貢獻「史識」。像蔣夢麟那樣，眞地將「自敍傳」作成「近代史」，藉總結百年中國的「西風東漸」，來探討現代文化出路的，其實不太多；絕大部分自述者，更喜歡提供對於具體的歷史事件與人物的評判。容閎對其接觸的前後三位大臣曾國藩、李鴻章、張之洞的比較，寥寥數筆，卻很有見地。康有爲關於變法前後君臣關係的描述，章太炎對孫中山處世爲人的評價，不見得都在理，但畢竟「成一家之言」[35]。不過，話說回來，熟讀《世說新語》的學者們，其月旦人物，主要還是集中在學界同人。

正因爲是同行，相互之間知根知柢，容易相親，也容易相斥。一九四二年，吳宓被教育部任爲西洋文學部聘教授，當天的日記稱：「此固不足榮，然得與陳寅恪(歷史)、湯用彤(哲學)兩兄並列，實宓之大幸矣！」一九五一年，杜國庠在中山大學演講時盛讚陳寅恪和容庚，遠在長沙的楊樹達聞知，在日記中寫下這麼兩句：「官吏尊重學人，固大佳事。然以容配陳，有辱寅恪矣！」第二年，大學評薪，楊樹達被定爲最高級，但仍耿耿於懷：

> 平心論之，余評最高級，決不爲少；而與楊榮國、譚丕模同級，則認爲一種侮辱也。[36]

不應將此等快人妙語，一概視爲文人相輕或意氣之爭。限於著述的體例，吳、楊並沒有展開對陳寅恪等人的評價，但一稱「大幸」，一曰「侮辱」，不難發現論者的學術取向。至於錢穆稱「適之於史學，則似徘徊頡剛、孟眞兩人之間」；馮友蘭評胡適《中國哲學史大綱》「既有漢學的長處又有漢學的短處」㊲，可就帶有學術史的味道了。學養豐厚者的自述，其中涉及學界同行，評判時往往一針見血。而且，因其多爲晚年所作，「青梅煮酒論英雄」時，眞的是肆無忌憚。此等寸鐵殺人般的品鑑，即便帶有明顯的偏見，作爲同時代人的證辭，也都值得充分重視。

學者自敍傳中的「自我鑑定」，更是歷來爲研究者所尊重與珍惜。具體著述的評判倒在其次，學術思路的醞釀與展開，幾乎只有本人最清楚。一八八八年康有爲上書失敗，沈曾植「勸勿言國事，宜以金石陶遣」，於是有了《廣藝舟雙楫》之作；一八九〇年梁啓超年初見康有爲，被其「以大海潮音，作獅子吼，取其所挾持之數百年無用舊學更端駁詰，悉舉而摧陷廓清之」；一九〇二年，章太炎因「綜核名理」，由追躡秦漢，轉爲取法三國兩晉，「於是文章漸變」……諸如此類學者治學過程中關鍵性的「轉折」，倘若不是本人道破，旁人即便窮搜博考，也都很難準確把握。至於具體的著述，也有許多壓在紙背的甘苦不爲人知。學術成果的鑑定固然重要，但治學過程的描述，或許更有人情味，其文也更可讀。像《吉本自傳》述及寫完《羅馬帝國衰亡史》那一瞬間的感受，實在是美不勝收。現代中國學者中，如馮友蘭之完成「貞元六書」、錢穆之撰寫《國史大綱》以及侯外廬的三譯《資本論》，都是書之外有事，書之中有人，頗具傳奇色彩。即使作爲「故事」閱讀，也都值得再三品味。

時刻準備「爲王者師」的士大夫，一轉而成爲學院裏的專家學者，難得再有康有爲那樣波瀾壯闊的人生。缺乏戲劇性，使得學者自述時更多關注自己學術思路的演進。自傳與年譜的寫作，因而可能日趨專業化。常常勸朋友寫自傳的胡適，對其學生羅爾綱所撰《師門五年記》極爲讚賞，理由是：

爾綱這本自傳，據我所知，好像是自傳裏沒有見過的創體。從來沒有人這樣坦白詳細的描寫他做學問的經驗，從來也沒有人留下這樣親切的一幅師友切磋樂趣的圖畫。[38]

隻字不提日常瑣事，專講五年間師生的切磋學問，這點令同樣書生氣十足的適之先生非常感動。以致日後在美國口述自傳時，竟也毫不猶豫地捨棄了紅塵十丈的「世俗人生」。

其實，胡適與羅爾綱不同，不僅有豐富的社會閱歷，而且也曾介入現實政治，寫自傳時完全撇開這些，實在有點可惜。胡適願意「自囿於『學術範圍』之內」，寫成一部「別開生面、自成一格的『學術性的自傳』」，除了時間緊迫外[39]，更因其對「神聖」的學術癡情未改。這點，恰好與郭沫若形成了鮮明的對照。二位都是學有所成，而又身兼社會活動家，輪到自述生平時，郭著意強調其政治生涯，而胡則更欣賞自家的學術貢獻。單憑這一點，胡適便能博得後世無數學人的好感。不過，更重要的是，「適之先生是二十世紀中國學術思想史上的一位中心人物」[40]，其《口述自傳》撇開政治上的「傳奇故事」，大談「青年時期逐漸領悟的治學方法」、「從文學革命到文藝復興」以及「現代學術與個人創穫」，不只是成就了一本「夫子自道的『胡適學案』」[41]，更幾乎構成半部現代中國學術史。

嚴格說來，每個從事自述的學者，都在寫作其心目中的「學術史」。當然，這裏所說的學術史，命裏注定，必是「殘缺不全」(世上固然沒有完美的學說，但卻有相對完整的陳述)。除了每個學者只能提供「一面之辭」，更因其未必眞能充分了解自己、陳述自己。

四、「詩與眞」的抉擇

回到第一節提出的問題：「我」是否「最了解我自己」、「自傳」是否就一定「比傳聞可靠」。十八世紀英國大史學家吉本在其回憶錄的「楔子」中，有這麼一段話：

> 我的姓名日後也許會列入一部《英國名人傳記集》的上千篇文章裏；因此我必須想到，要介紹我的一系列思想和行動，沒有人能像我自己那樣完全合格了。

一個半世紀後，羅振玉在其自述《集蓼編》的開篇，表達了另一種意見：

> 且自敍，語皆質實，較異日求他人作表狀，以虛辭諛我，不差勝乎？

二人都認定其「自述」比後人所寫的「傳記」更有價値，可是理由迥異。羅振玉擔心的是，後人會把「學行遠愧昔賢」的「我」說得太好(是否眞如此，暫且不論)；吉本則害怕學究們的刻板介紹，會使「我」變成一個沒有趣味的人。這裏似乎隱含著東西方學者對「自述」的不同期待，前者強調「眞實」，後者則更看重「有趣」42。在一個相對封閉的文學—學術傳統裏，作者的自許與讀者的評價，很容易成爲「共謀」。蒙田、盧梭、歌德以及吉本等人的自述，常被作爲文章欣賞；而約略同時代的徐渭、葉天寥、孫奇逢、王士禎等人的自述，則只能歸入史著。

不只是明清兩代的自定年譜，漢人唐人的自敍，也因其能夠入史，得到廣泛而長久的讚譽。《史記》、《漢書》、《晉書》、《梁書》等之引錄文人自敍，通篇照錄或整段擷取者多注出處；

至於片言隻語，可就沒必要聲明來歷了。文人透過自敍，有可能影響史家的見解，甚至讓「自畫像」直接進入正史，這無疑是個極大的誘惑。事實上，古往今來的史家，對於名人之「自述」，從不敢掉以輕心。大到歷史事件的描述，小至少年生活的追憶，現代中國學者的自述，同樣爲史家所珍惜，並在形形色色的史著中，以各種面貌出現——或直接引錄，或間接轉述，或作爲注脚。這種對「自畫像」（尤其是學者的自畫像）的充分尊重，當然是根於「自述」比「傳聞」可靠的假設。

梁啓超曾斷言年譜中自撰者價值最高，「蓋實寫其所經歷所感想，有非他人所能及者也」；王雲五更想像不管自訂、口述抑或門人故舊所撰，年譜「鮮有顧忌」，故「所述言行史實大都詳確」[43]。如此理想的自述者，不能說沒有；但問題還有另一面：正因利害相關，故意隱瞞事實歪曲眞相的，當更爲普遍。清人章學誠區分一國之史、一家之史與一人之史，希望三者能夠互相配合；但提醒史家注意，後者（傳志或年譜）往往「私而多諛」[44]。胡適則感嘆中國人「多忌諱」、「缺乏說老實話的習慣」，因而難以寫出「可靠的生動的傳記」[45]。相對來說，梁、王懸得過高，只是標示了自傳寫作的理想境界；而章、胡的憂慮，牽涉到對現代中國學者自述的理解與評價，因而更值得注意。

由於文人自敍可能直接進入正史，時人及後世的評價，自然集中在是否「詞不矜大而事皆明備」。像劉禹錫那樣不諱言與王敍文的關係，或者像裴度那樣善於自嘲，可以博得滿堂采[46]。至於馮道、江總「最堪連類」的兩篇自敍，則只能換來一句「其可謂無廉恥者矣」[47]。進入二十世紀，學者自述時，歷史框架與文體意識均發生巨大變化，惟獨對於「詞不矜大」的追求沒有絲毫移動。曹聚仁專門敲打那些勇於立言的「誇大狂」，嘲笑其自傳「失之於浮誇，顚倒了輕重」；

侯外廬承認「作爲一個史學工作者寫回憶」，對史實之準確必須有更高的要求；揚守敬自稱記憶可能有誤，「然不敢虛浮妄作」；馬敍倫則乾脆聲明：「我從得了神經衰弱病以後，記憶力日差」，言下之意，即使出現誤差，也非有意作僞[48]。追憶逝水年華，從來就不可能沒有絲毫誤差；中國學者需要如此再三表白，可見「眞實性」在其心目中的地位至高無上。

「戒浮妄」成了自傳寫作的第一信條，這就難怪中國學者幾乎千篇一律地在其自述的「前言」、「後記」中，表明「存眞」的強烈願望。有趣的是，這一優良傳統，竟演化成對於「自述中的詩性」的恐懼。作爲表徵，不妨以對歌德自傳《詩與眞》的不恭爲例。在《留德十年》的「楔子」中，季羨林闡述其不同於歌德的創作原則，那就是：「我這裏只有Wahrheit，而無Dichtung」（季將歌德自傳譯爲《創作與眞理》，故此語應是「我這裏只有眞理，而無創作」）。這段話，與周作人的〈《知堂回想錄》後序〉如出一轍：「裏邊並沒有什麼詩，乃是完全只憑眞實所寫的。」（周將歌德自傳譯爲《詩與眞實》）。對於「詩」或「創作」的拒絕，使得周主張「據實直寫」，而季則強調「實事求是」。與周、季二君對文學家自傳的不滿相映成趣的，是胡適撰寫《四十自述》時的中途轉向。據此書的〈自序〉稱，作者本想寫成「小說式的文字」，剛完成了第一篇，便因「受史學訓練深於文學訓練」，又「回到了謹嚴的歷史敍述的老路上去了」。

學者自述時之選擇「眞」而排斥「詩」，不只是源於「史學訓練」，更重要的是「文化趣味」；而趣味的養成，有賴於整個社會的價值系統。爲了表示言之有據，盡量排除自述時的虛構、造作與修飾，周作人、季羨林喜歡在回憶錄中引錄舊日記；楊樹達則乾脆將「回憶錄」變成「日記摘編」。另外，胡適、吳宓等幾十年持之以恆寫作的日記，也曾在其自述生平時發揮極大的作用[49]。《齊如山回憶錄》第十四章中有一段話，頗能說明國人對於「有日記作根據」的自傳（包括自定年譜與回憶錄)的好感：

> 我就很後悔我從前沒有寫日記，現在想寫點東西，有時記不清就不能寫了，記不清的已經不能寫，一點也不記得的就更不能寫了，這是多堪追悔的事情，而別人還誇獎我記得的多，眞是又悔又愧。

日記能夠爲「追憶」提供線索，減少不必要的失誤，故歷來爲自述者所重視。清人所撰《顏習齋先生年譜》和《李恕谷先生年譜》，已經大量採用譜主的日記。周作人與胡適之強調只憑記憶不可靠，必須有日記作依據，不過將此傳統發揚光大[50]。至於那些沒有日記可誇耀的自述者(如茅盾、侯外廬等)，則往往突出渲染其查核報刊、博考檔案以及咨詢友朋。如此認眞嚴肅的寫作態度，使得「學者自述」比起「文人自述」，在提供史實方面，更具權威性。

不過，這種「權威性」，只是相對而言。學者自述時常常標榜的「只記事實」，並非無懈可擊。儘管周作人表示不願「自畫自讚」，但這確實正是「自述」的文體特徵；「好漢專提當年勇」，不該受到過多的嘲諷[51]。任何一個自述者，都願意而且必定從「最好的角度」來描述自己。在漫長歲月中選擇某一時刻、在無數事件中凸顯某些情景，都不是無緣無故的。即使是那些最具自我反省意識的自述者，其追溯過去，也受制於今日的生存處境與文化追求。因此，其記錄下來的「事實」，可能是眞的；但被有意無意篩選掉的，同樣也是眞的。而且，並非所有的「事實」都能完整地呈現，思想學說的精微之處，便難以用言語傳達[52]。更何況「敍述」中包含「詮釋」，而詮釋的框架只能屬於「今日之我」。像胡適那樣「思想前後一致」，晚年自述時「沒有進步」[53]，對於自敍傳的寫作來說，反而是件好事。絕大部分自述者，則是立足於當下，重新結構歷史並闡述自我。

「今日之我」的處境，必定影響「今日之我」的心情與自我評價。其「自述」，因而不可能只是「事實」。年少氣盛的劉師培，「自言生平治學之法」時，未免誇大其辭；處於思想改造狀態下的呂思勉，對自家著述雖多有辯解，卻必須檢討「馬列主義，愧未深求」[54]。最能說明生存處境對於學者自述的深刻影響的，或許當屬如下二例。顧頡剛和吳宓都與魯迅有過很不愉快的爭執，自述生平時，這無疑是個不該繞過去的難題。以魯迅在當代中國的特殊地位，顧、吳自述時的尷尬可想而知。《顧頡剛自傳》寫作於五〇年代，還能自我辯解，而且語氣相當強硬（即使到了九〇年代，發表時都必須有所刪節）；《吳宓自編年譜》撰寫於文化大革命中，可就沒有這種便利了。其一九二二年則，專門提及〈估《學衡》〉一文，稱「魯迅先生此言，實甚公允」。接下來解釋第一期登錄邵祖平古文乃胡先驌之過，已屬多餘；下面這段話，尤其令人傷心：

> 而彼邵祖平乃以此記恨魯迅先生，至有一九五一年冬，在重慶詆毀魯迅先生之事，禍累幾及於宓，亦可謂不智之甚者矣。

吳宓本性天眞率直，如此懼禍[55]，更顯形勢之嚴峻，實非個人能力所能抗拒。討論學者自述時，倘若不將此類外在的壓力考慮在內，難得同情之了解。

當下的心境，制約著「我」對於過去的敍述。反過來，過去的心境，又是如何在今日的著述中呈現的呢？學者自述，一旦跨越「有案可稽」的事件與著述，涉及言語對答與心理描寫，就可能面臨「懸空」與「虛擬」的詰問。其信誓旦旦的「眞實性」，也將受到質疑。比如，茅盾在《我走過的道路》的〈序〉中所作的承諾，起碼在邏輯上略有欠缺：

> 所記事物，務求眞實。言語對答，或偶添藻飾，但切不因華失眞。

既然承認必須「偶添藻飾」，又怎能保證「切不因華失眞」呢？包含心理描寫與人物對話的自傳，與自傳體小說到底又有多大的區別？

將並不排斥虛構的自傳體小說，與以眞實性爲第一訴求的學者自述相提並論，並非「天方夜譚」。錢鍾書爲楊絳《幹校六記》寫的〈小引〉，以及金克木的《天竺舊事・小引》，都提及清人沈三白的《浮生六記》。與王韜的強調「筆墨之間，纏綿哀感」不同[56]，錢、金顯然注重的是其自傳體小說特徵，因而才會在談論回憶錄時，將其連帶述及。實際上，作爲現代學者回憶錄的《幹校六記》、《天竺舊事》，與清人小說《浮生六記》，其分界處並非一目了然。

揚、金二作的文學色彩比較突出，在衆多學者自述中，或許不夠典型；但追憶往事時無法完全排斥主觀想像，卻由此得到了證明。在衆多學者關於其自述「眞實性」的自我評估中，我比較認同魯迅和錢穆的看法。在《師友雜憶》的最後一章，錢穆有一妙語：

> 能追憶者，此始是吾生命之眞。其在記憶之外者，足證其非吾生命之眞。

是否屬於「生命之眞」，主要取決於「意義」而非「事實」。或者說，只有在錢氏看來具有「意義」，方才能被感知而且敍述出來。至於身兼學者與小說家的魯迅，不只稱《朝花夕拾》乃是「從記憶中抄出來的，與實際容或有些不同」，而且承認，這些記憶中的故鄉風景，「也許要哄騙我一生」[57]。

至於追憶往事時的自我分析與自我反省，不只牽涉到是否「眞實可信」，更與其所能達到的境界、所能實現的價值密切相關。

五、「懺悔錄」之失落

所謂「自述」，除了講述「我」的故事，更重要的是面對自我、分析自我、反省自我。對「自我」的設計與要求不同，其自述自然也就千差萬別。《林語堂自傳》所表明的「分析我自己」的願望，並沒被大多數自述者所接受；即使以「林語堂，你是誰」開篇的《八十自敍》，也並非自省的理想之作。「一捆矛盾」的自我解嘲，雖則幽默可愛，畢竟代替不了「靈魂深處爆發革命」。除了開篇與結尾，林氏的自述，其實與茅盾等並無多大差別，都只是講述「我走過的道路」。以「追憶」而不是「自省」爲中心，乃現代中國學者自述的基本特色。

古往今來被納入「自述」框架討論的衆多作品，本來就不是鐵板一塊。這裏包括宗教徒以「改宗」爲中心的懺悔錄、成功企業家的發家史、先行者的自我辯護詞、政治家的回憶錄，以及專家學者的經驗總結等等。依其敍述角度，大體可分爲「外部視角」與「內部視角」兩類：前者注重事件的再現，後者則突出心理的發展。現代中國學者的自述，其基本立場並非「向上帝懺悔」，也不是「與朋友推心置腹」，更不是「自己同自己的內心對話」，而是「對後代說話」，這就難怪其採取的主要是「外部視角」[58]。這一點，對比常被現代中國學者提及的外國自傳，若法國的盧梭、俄國的托爾斯泰、德國的歌德、義大利的契利尼、日本的河上肇等，更能顯示其差別。其中，盧梭《懺悔錄》在中國的命運，尤其值得關注。

盧梭在二十世紀中國，可稱得上「聲名顯赫，影響深遠」。以《懺悔錄》爲例，二〇至四〇年代，便有七種中譯本問世。其中，一九二九年商務印書館出版的章獨譯本，附有大名人吳稚輝、蔡元培的序。周作人一九一八年出版的《歐洲文學史》，已開始討論《懺悔錄》的得失；約略同時，吳宓、林語堂則在哈佛大學聽白璧德(Irving Babbitt)講授關於盧梭的專題課[59]。有趣的是，如此絕好因緣，竟沒能催生出衆多摹仿之作。

《懺悔錄》的敍述姿態，強調的是內心感受，而不是事變過程。以下這段關於著述「本旨」的論述，對中國人來說，可能顯得相當陌生：

> 我向讀者許諾的正是我心靈的歷史，爲了忠實地寫這部歷史，我不需要其他紀錄，我只要像我迄今爲止所做的那樣，訴諸我的內心就行了。[60]

對於希望借助查閱日記、鉤稽文獻來保證自述的可靠性的中國學者來說，只是「訴諸內心」，其「眞實性」大可懷疑。周作人正是從此出發，將其視爲「虛實淆混」的藝術作品，或者「只把它當作著者以自己生活爲材料的抒情散文去讀」[61]。周氏撰寫回憶錄時，從早年《歐洲文學史》的立場後退，只強調《懺悔錄》裏「也有不少的虛假的敍述」，而不談其「自寫精神生活」，以及「即恥辱惡行，亦所不諱」[62]。實際上，盧梭最讓中國學者難堪的，也正是此如何面對並敍述自己曾經有過的「恥辱惡行」。

《管錐編》中，錢鍾書多有驚人的發現，其中之一，便是將《懺悔錄》的發源地移回中國：

> 相如於己之「竊妻」，縱未津津描畫，而肯夫子自道，不諱不作，則不特創域中自傳之例，抑足爲天下《懺悔錄》之開山焉。[63]

此說雖激動人心，卻不無可疑處。錢氏以《史通‧序傳》對相如、王充的批評爲根基，在此基礎上引申發揮。唐人劉知幾認定琴挑寡婦爲失禮、怨仇衆多爲可恥，這才有相如自汚、王充不肖的批評。可是，倘若漢代文人司馬相如欣賞女子夜奔、王充認同任俠使氣，後人實在沒理由對其《自敍》說三道四。既然相如沒有表示「痛改前非」，其自述「竊玉偷香」，也只是表示傲世獨立越禮自放；至於王充之不願自高門第，更是「欲破時俗之陋見」，二者皆與今人所理解的《懺悔錄》相去甚遠[64]。在我看來，關鍵在於自述者的態度，而不是後人的評價。必須考慮不同時代倫理道德標準的巨大差異。以「竊妻」爲例，或風流自賞，或潔身自愛，其自述將是天差地別。即便承認此乃「惡俗」，撰寫「懺悔錄」，也當以自述者之「覺醒」爲前提。否則，很容易將「大膽的誇耀」，誤讀爲「深刻的反省」。

倒是劉知幾《史通‧序傳》中爲「自敍」所下的定義，爲後世無數文人學者所尊奉：

> 然自敍之爲義也，苟能隱己之短，稱其所長，斯言不謬，即爲實錄。

像揚雄那樣「以誇尙爲宗」，固然不太好；但自敍時除了「時亦揚露己才」，更重要的是「隱己之短」。借用隋代劉炫《自讚》的表述，即「自敍風徽，傳芳來葉」，而且「薄言胸臆」，「使夫將來俊哲知余鄙志耳」。至於「恥辱惡行」，必須努力將其遺忘，絕不能在自敍傳中出現。在中國人看來，恰如其分地表彰自己，短處則採取「不提也罷」策略；如此預留「空白」，讓後人去描摹塡補，並沒違背史家的「實錄精神」。既然承認「人的素質不同，有狂有狷，有誇有謙，難免影響到自傳的寫作」，仍一口咬定自傳保存了「眞人眞事的紀錄」[65]；這種自信，正是根源於古來國人對此文類的理解。

現代學者中，多有深諳此道者。其自述，時見騰挪趨避、隱惡揚善的「高招」。《王先謙自定年譜》多處引錄大吏或御史要求表彰的奏摺，並再三表示「余讀之慚赧」；七十生辰，衆人以詩文爲壽，一錄便是近兩萬字，據說是「用志友朋厚誼」。祝壽文章，毫無疑問都是好話，且必定言過其實。唐文治《茹經先生自訂年譜》中，提及七十生辰時陳衍的「揄揚過度」，但不錄文章，顯得頗有「大將風度」：

> 同年陳石老欲爲余作壽序，再四辭之，乃集余所著書爲總序，洋洋數千言，深可感激。惟揄揚過當，心殊不安耳。

初讀二譜，很想以王、唐爲例，討論對待「揄揚過度」的兩種不同策略。《石語》的出版，提供了解讀這段話的另一種可能性：唐之所以不錄陳序，或許並非出於謙虛。據錢鍾書記載，三〇年代，陳衍曾有言：

> 唐蔚芝學問文章，皆有紗帽氣，須人爲之打鑼喝道。余作《茹經室》三集序，駁姚惜抱考訂、義理、詞章三分之説，而別出事功一類，即不以文學歸之也。[66]

倘因讀出陳序的弦外之音，唐撰年譜時，故意含糊其辭，那確實是一著妙棋。

在《積微翁回憶錄》中，楊樹達經常引錄學界名流的表彰之語；而《蔡尚思自傳》更附錄若干高度評價自家著述的師友來信。這些引錄，都準確無誤，絕非作者杜撰。但文獻的眞實，並不保證評價的眞實。對此，楊氏有充分的自覺，在回憶錄的〈自序〉中，有這麼一段話：

> 至奬藉之語，友人既在勵余，余便姑取以自勵；故卷中存者頗多。阿好之辭，自多溢美，非語語信爲誠然也。

明白此乃「阿好之辭」，每錄奬藉語，必「慚愧」兩聲，此舉雖略有做作之嫌，畢竟無傷大雅。反而是像繆荃孫或康有爲那樣不動聲色地高自標榜，需要略作分辨。《藝風老人年譜》光緒元年條之自稱《書目答問》出於己手，陳垣已有所辨正[67]；《康南海自編年譜》之故意不提與廖平的會晤，以及稱朱一新「既請吾打破後壁言之，乃大悟」，更是故弄玄虛，抹煞不利於己的證辭[68]。

自揚雄以下，「自嘲」之作，其實代不乏人。只是此類文章，表面卑微謙恭，實則憤世嫉俗，主要是表達感傷、孤傲與不平。因此，「自訟」往往成了「自讚」[69]。至於沈約等受佛教影響而作的《懺悔文》，與自述平生又關係不大。倒是清初的顏李學派，肯下工夫自省，自述生平時也頗爲清醒。《顏習齋先生年譜》一六六六年(三十二歲)條有云：

> 思《日記》纖過不遺，始為不自欺。雖暗室有疚不可記者，亦必書「隱過」二字，至喜怒哀樂驗吾心者，尤不可遺。

李塨依據顏元的《日記》編撰年譜，也取「功過並錄，一字不為鏝飾」的態度，為的是「守先生之教也」。輪到弟子為李恕谷修年譜，也取「記功過以策勵習行」的策略，不敢漫為誇飾[70]。

現代學者中，像郭沫若那樣，自述生平時拒絕懺悔，只是著力控訴社會的不公[71]，固然也是一種選擇；但更多的學者，還是願意認眞檢討過去的生命。容閎述及大學階段最後一年意志消沉，乃出於對中國命運的關注；胡適提及上海求學時代曾因醉酒而入巡捕房，「心裏萬分懊悔」；吳宓詳細描寫少年時代性意識的萌現以及「與騾馬狎」的過程[72]。除了吳氏明顯受盧梭影響，容、胡二位的敍述，強調的是「精神上的大轉機」，而非品行的過失。侯外廬提到出版《中國思想通史》時，屈服於當時不成文的規定，沒把韓國磐列為執筆者，此錯誤「二十多年來一直在咬噬著我的心」。張岱年被錯劃為右派，反省年近五十遭此大厄，「實亦由自己狂傲不愼所致」；批孔時「不敢曲學阿世」，「但對於一些有意的曲解亦不敢提出反駁」。此類反省，說不上多麼深刻；好處是沒有事後充英雄，故意拔高當年的思想境界[73]。

盧梭曾這樣評述蒙田的「說眞話」：「蒙田讓人看到自己的缺點，但他只暴露一些可愛的缺點。」安德烈・莫洛亞為《懺悔錄》法譯本作序，將盧梭也歸入「假裝誠實的人」行列，理由是盧梭同樣「只暴露一些可愛的缺點罷了」[74]。此類近乎苛刻的挑剔，揭示了「說眞話」所能達到的極限，自述時不妨暴露小的過失，以獲取讀者的信任；至於大是大非，則可能仍諱莫如深。對於大節有虧的學者，如何闖過這一關，無疑是個嚴峻的考驗。就像周作人所說的，「回憶的文章」

境界之高下，關鍵在於「著者的態度」[75]。胡適《四十自述・自序》所標榜的「赤裸裸的敘述」，或許根本就不存在；但眞誠地面對自我，努力反省過去的生命，還是可以做到的。馮友蘭對自己在文化大革命中的所作所爲，歸結爲「譁衆取寵」，卻又稱「我當時自以爲是跟著毛主席、黨中央走的」[76]；一代哲學大師的自我剖析，竟是如此輕描淡寫，實在令人扼腕。無論如何，馮氏還算直接面對自己的過失；周作人則對抗戰時的附逆採取「不辯解主義」。所謂「人所共知」的事實，不說也罷；因爲一旦敘述，不免有所辯解——此等關於「不辯解」的辯解，即便拉上盧梭等人墊底，也無法掩蓋周氏「隱過」的企圖[77]。自述者只能暴露「可愛的缺點」，與以「一說便俗」爲由故意迴避過失，二者還是不可同日而語的。

套用錢鍾書爲楊絳《幹校六記》所作的〈小引〉語，現代中國學者的自述，基本上都缺了「記愧」這一章。有一部《師門五年記》（原名《師門辱教記》），著眼點主要落在「煦煦春陽的師教」，故「不是含笑的回憶錄，而是一本帶著羞慚的自白」[78]。但絕大部分自敘傳，都以自我的功業爲中心，即便願意自省，也都是一筆帶過。

熟記孔夫子「吾日三省吾身」教誨的中國讀書人，何以其自敘傳中如此缺乏自我反省的精神？宗教背景、倫理觀念、文化傳統等，自是主要原因；但也不該忽略中國「自敘傳」的文體特徵與特殊功能。史家之直接採納自敘、自傳與自定年譜，使得文人自述時，託諸寓言者不妨海闊天空，講求實錄時則顯得過分拘謹。一想到筆下的自我陳述，很可能一轉便成了正史中的「蓋棺論定」，無論如何不敢掉以輕心。對「自傳」與「傳記」的文體界限分辨不清，其結果往往是「坦白從嚴，抗拒從寬」。這就使得深知「證辭」重要性的學者，自我反省時難得嚴苛，筆墨也無法瀟灑。

伴隨著「回憶錄」的迅速崛起，以及史家對待自述的態度日趨謹愼，開始出現虛實界限模糊、反省相對深入之作。而這，必然回到文章開頭提出的話題，自敍傳到底屬「文」還是屬「史」、如何協調「詩與眞」的關係、「半部學術史」能否又是「一篇大文章」。

六、「朝花夕拾」與「師友雜憶」

梁啓超曾建議有志史學者，從編纂年譜入手，理由是「做傳不僅需要史學，還要有相當的文章技術。做年譜卻有史學便夠了」[79]。一般說來，編纂年譜，確實不需要「有相當的文章技術」；但傳世的年譜中，不乏值得欣賞的文章片段。清人章學誠在提及案牘的整理、譜諜的利用以及方志的編撰時，要求當事人「能文學而通史裁」[80]。大概只能將章氏之說，作爲「雖不能至，心嚮往之」的理想境界。現代學者的大部分自述，也都只能從史學角度閱讀。揚守敬、羅振玉等人的自訂年譜不用說，近年出版的《學術自傳叢書》，也因其面面俱到的整體設計，而很難具有可讀性[81]。

也有雖爲年譜，卻可作爲文章閱讀的。這種兼具文史價值的自述，不外三種原因：一是作者極富才情，無意爲文，筆下卻能搖曳生姿。最合適的例證，當舉《康南海自編年譜》和《太炎先生自定年譜》。二是年譜中引錄文章，結構上自然也就成了「史中有文」。王先謙、丁福保毫無節制地引錄長文，將年譜作爲「文存」編纂[82]，實在不足爲訓；蔡元培、吳宓之摘錄舊作，只是偶一爲之，且以不破壞年譜的整體風格爲前提，故可以接受。三是以詩篇作年譜，最著名的莫過於《曲園自述詩》；另外，黃雲眉將歷年所作舊詩中「與余歷史思想有關者」，與著述相並列，「以資互證」，也是這個思路。不過，總的來說，要求年譜兼具文章功能，不大可行。

學者自述，逐漸從編纂年譜轉爲寫作自傳，文章趣味，方才日益浮現。「傳記文學」的提法，便是明顯的表徵。回憶錄因其體裁靈活，視角多變，可以化整爲零，更容易成爲「文章集錦」。蔡元培、蔣維喬、魯迅、周作人、馬敍倫、胡適、趙元任、顧頡剛、林語堂等人的自傳或回憶錄，都曾在雜誌(尤其是文學刊物)上連載，可見其「文章化」的傾向。

談論這種可分可合、可文可史的著述體例，不妨以蔡元培、周作人爲例。爲紀念蔡元培百年誕辰，臺灣《傳記文學》十卷一期(一九六七年)推出《蔡元培自述》，並附有編者說明：「本刊特將此三文合編爲蔡先生自述，如視之爲蔡氏自傳當無不可。」同年，傳記文學出版社刊行《蔡元培自述》一書，兼收黃世暉、高平叔、蔣維喬等文。其實，將諸多文章彙編而成自傳，這一思路，蔡元培三〇年代便有所表述。在一九三八年十一月七日覆高平叔函中，蔡氏自稱重寫自傳「提不起精神來」，建議「不妨用集體式」。其開列的篇目，與後人所編《蔡元培自述》大同小異[83]。至於周作人撰寫回憶錄時，將早年文章巧妙地編織進去，更是廣爲人知。若〈日本的衣食住〉、〈小河與新村〉、〈北大感舊錄〉等，都曾大量採用舊文；一九四四年所撰長文〈我的雜學〉，更是被「仍照原樣的保存」，化作《知堂回想錄》中完整的十節。

學者自述之所以能夠走出專業圈，成爲大衆欣賞的文章，很大原因在於其著眼點，由「書裏」轉爲「書外」。不是關於著述的評介，而是從事著述的契機、過程、心態以及成功的喜悅。注重「人之常情」，學者的自述，因而能夠爲廣大讀者所接受。至於乾脆撇開專門著述，只是「追憶逝水年華」，那就更容易作成好文章了。歌德撰寫自傳，之所以止於二十六歲，據說一是因爲青少年乃人生「最有意義的時期」，一是爲了表示感恩，追想今日的成就「怎樣得來」、「從誰得來」[84]。中國學者之撰寫回憶錄，其策略與歌德大同小異。套用魯迅和錢穆的書題，或「朝花夕拾」，或「師友雜憶」。

對於以表彰功業爲主的年譜來說，少年時期無關緊要。《太炎先生自定年譜》二十九歲前一筆帶過，可謂深明史例；像《吳宓自編年譜》那樣，尙未開蒙進學，已有諸多議論，乃是以回憶錄筆法作年譜，只能稱爲變體。回憶錄當然仍以「我」爲主體，只是除了自述生平，還可以觀察世態、描摹人情。暮年回首，兒時生活最容易成爲追憶的目標。學者的「朝花夕拾」，與其專業著述距離最爲遙遠；再加上對於「故鄉」、「童年」的詩意想像，因而也最容易獲得審美效果。

以童年故事爲主體，並非學者自述的「正路」。在《朝花夕拾》中，魯迅對於兒童讀物以及民間美術的興趣，固然蘊涵著日後的學術意識；而在《趙元任早年自傳》裏，我們也能強烈感受到傳主對於語言的特殊才華。可是，將自述終止於學術生涯開始之前，實在難以體現作爲著名學者的風采。但也正因爲作不成「自撰的學案」，很容易往文學方向漂移。與廖平專門介紹其經學思想的自述截然相反，齊如山、魯迅、周作人、趙元任、胡適、梁漱溟等之講述童年故事，充滿感性色彩，多細節描寫，甚至平添幾分小說意味。正如趙元任所說的，「回想到最早的時候兒的事情，常常兒會想出一個全景出來，好像一幅畫兒或是一張照相似的，可是不是個活動電影」[85]。「童年故事」在作者腦海裏呈現時，場面完整，且充滿詩情畫意，但互相之間缺乏邏輯性，很容易分割成各自獨立的篇章。《朝花夕拾》最爲典型，十篇文章構成一個整體[86]，但各篇之間其實只是遙相呼應，並無統一的布局。齊、周諸作，兼及「師友雜憶」，不若魯迅的專注於童年故事與故鄉風物，也不若魯迅之將其作爲「詩的散文」來經營[87]。就文章風韻而言，絕大部分學者自述，實難與《朝花夕拾》比肩。

同樣講究文章的情調與韻味，堪作「美女」欣賞的，還可舉出楊絳的《幹校六記》、金克木的《天竺舊事》以及季羡林的《留德十年》。這三部回憶錄，恰好都只切取人生的某一片段，濃墨重彩，大大渲染一番，而後戛然而止。正因為不承擔全面介紹傳主的責任，取材隨意，筆墨從容，更容易將其作為藝術品來「創作」。

對於學者來說，「師友」無疑是最值得追憶的。徐渭《畸譜》述過生平，專列「紀師」與「紀知」，以表示對於曾經提攜或啓迪自己的師友的感激之情。黃宗羲撰《思舊錄》，也是為了追憶「其一段交情，不可磨滅者」，全祖望稱此等「託之卮言小品以傳者」，實「取精多而用物宏」，可與如山如河的《明儒學案》相參照㊽。「師友雜憶」之所以受到作者與讀者的普遍關注，就因其最容易體現「學案」與「文章」的融合——就像全氏對於《思舊錄》的評價那樣。在嚴謹枯燥的述學外，添上師友切磋學問時的情誼，不僅是為了感恩，更可使文章溫潤。齊如山、周作人、馬敍倫、錢穆、曹聚仁等人的自述，將「朝花夕拾」與「師友雜憶」合而為一，兼及史學價值與文章趣味，最值得稱道。

自述時之「幽默」與否，繫乎個人性情，不足以作為通例；但《林語堂自傳・弁言》提到的「自知之明」，卻是自述獲得成功的基本保證。學者的自敍傳，大都完成於功成名就的「烈士暮年」。有了豐富的社會閱歷，再加上長期的學術訓練，學者的自述，一般思想通達，文字雅馴，較少濫情與誇飾。而老人的懷舊，與「少年不識愁滋味」迥異，自有不可及處。即便語調感傷，也有灑脫的心情作後應，不至於一發而不可收。再加上不以文學為職業，落筆時不做作，少賣弄，偶見風神逸韻，反而更令人回味無窮。

儘管有「傳記文學」的提倡，現代學者之撰寫自敍傳，主要著眼於「史」，而非「文」。強調周作人、錢穆等人的自我描述別具風韻，將通常所理解的「學案」，作為「文章」來閱讀與欣賞，既基於對「自傳」必然比「傳聞」可靠的懷疑，也蘊涵著重新融合「詩與眞」的期望。另外，還有對於純粹的「文人之文」的不滿。古代中國人所標榜的根柢經史熔鑄詩文，晚清以降備受嘲諷。「文」與「學」的急遽分離，自有其合理性，但對於文章（散文、隨筆、小品、雜感等）來說，卻是個不小的損失。時至今日，談論可以作為文章品味的「述學」，或者有學問作為根柢的「美文」，均近乎「癡人說夢」。

❶參閱周作人，〈《知堂回想錄》後序〉，《知堂回想錄》（凡本章末所附「基本文獻」已開列的版本，註釋中一概從略）；斯蒂芬·歐文著，鄭學勤譯，《追憶——中國古典文學中的往事再現》（上海：上海古籍出版社，一九九〇），頁二、一七。

❷愛克曼輯錄，朱光潛譯，《歌德談話錄》（北京：人民文學出版社，一九七八），頁二〇。

❸巴金，〈《往事與隨想》後記（一）〉，赫爾岑著、巴金譯，《往事與隨想》（上海：上海譯文出版社，一九七九），卷一；巴金，〈《隨想錄》合訂本新記〉，《隨想錄》（北京：三聯書店，一九八七）。

❹比如，《從文自傳》寫作在前，沈從文成為學者在後，故不錄。

❺胡適《四十自述》中提及「我個人受了梁先生無窮的恩惠」，指的是「新民說」及學術史研究，但考察其時胡氏發表在《競業旬報》上的四篇傳記，不難發現梁氏另一方面的「恩惠」。一九二二年胡適出版《章實齋先生年譜》，在〈自序〉中介紹其體例創新之處，第二年梁啟超《朱舜水先生年譜》完成，頗有同工之妙；若干年後撰寫《中國歷史研究法補編》，在論及年譜如何「記載當時的人」時，恰好拿這兩部作品作例證。

❻參閱梁啟超，《中國近三百年學術史》，第十五章，第九節；和胡適，《四十自述》的〈自序〉。

❼同❻。

❽胡適在《四十自述》的〈自序〉中稱：「我的這部《自述》雖然至今沒寫成，幾位舊友的自傳，如郭沫若先生的，如李季先生的，都早已出版了。自傳的風氣似乎已開了。」第二年，林語堂在《論語》上發表〈四十自敘詩〉，接著又用英文寫作自傳，並由簡又文譯成中文在《逸經》上發表。一九三七年郭登峰編《歷代自敘傳文鈔》出版，序言中感謝胡適的指導；同年，林語堂創辦的《宇宙風》陸續發表蔡元培、陳獨秀、葉公綽、太虛、宋春舫等人自述，後集為《自傳一章》，由宇宙風社單獨刊行。

❾參見傅詩的〈《傅雅三先生自訂年譜》後記〉、周盛傳的〈《磨盾紀實》自序〉，以及汪輝祖的〈《病榻夢痕錄》自序〉。

❿參閱盧梭，〈《懺悔錄》的訥沙泰爾手稿本序言〉，見人民文學出版社一九八二年版《懺悔錄》，第二部，頁八一四、八一九。

⓫林語堂，《八十自敘》，頁八二。

⓬參見蔣天樞，《陳寅恪先生編年事輯》（上海：上海古籍出版社，一九八一），頁一六六。

⓭茅盾，〈《我走過的道路》序〉，《我走過的道路》。

⓮前者如王士禎的《漁洋山人自撰年譜》、汪輝祖的《病榻夢痕錄》等；後者見錢大昕，《竹汀居士年譜》，「乾隆四十九年」則。

⓯陳寅恪，《寒柳堂記夢未定稿．弁言》，《寒柳堂集》。

⓰參見胡適分別刊於《人間世》第二、三期（一九三四年四、五月）關於《葉天寥年譜》和《羅壯勇公年譜》的「讀書小記」。

⓱《胡適古典文學研究論集》（上海：上海古籍出版社，一九八八），頁一三三〇—四。

⓲參見胡頌平編，《胡適之先生年譜長編初稿》（臺北：聯經出版公司，一九八四），頁三一六九、三二二〇。

⓳一九六〇年，胡適在談及「我自己的『自述』」時，舉出《四十自述》、《逼上梁山》和《藏暉室札記》，參

見《胡適之先生年譜長編初稿》，頁三一九四。

⑳梁啟超，《中國歷史研究法》（上海：上海古籍出版社，一九八七），頁二一一。

㉑參見錢大昕，《潛研堂文集》，卷二六之〈鄭康成年譜序〉、〈歸震川先生年譜序〉等。

㉒章學誠，《章氏遺書》，卷二一之〈劉忠介公年譜敘〉。

㉓參閱來新夏，《近三百年人物年譜知見錄》（上海：上海人民出版社，一九八三）中的〈清人年譜的初步研究（代序）〉；謝巍，《中國歷代人物年譜考錄》（北京：中華書局，一九九二）中的〈年譜的作用和價值（代序）〉；吳洪澤，《宋人年譜集目・宋編宋人年譜選刊》（成都：巴蜀書社，一九九五）的〈前言〉。

㉔參見文安禮的〈柳文年譜後序〉和呂大防的〈韓吏部文公集年譜後記〉。

㉕王韜的《弢園老民自傳》中提到的上海西館時代友人蔣劍人（名敦復，一八〇八～一八六七），其〈麗農山人自敘〉對王韜寫作自傳有明顯的影響。

㉖丁福保的自定年譜版本甚多，各本記時長短及記事詳略多有不同。這裏的引文出自刊於一九二五年版《佛學大辭典》卷首者，但這段話撰於四年前。

㉗前者如清人金之俊的《年譜韻編》、史澄的〈七十壽翁詩〉，後者則有近人夏仁虎的〈枝巢六十自述詩〉、錢文選的〈錢士青六十自述詩〉等。

㉘劉紹唐，〈《西潮》與《新潮》〉，《傳記文學》，卷一一，第二期，一九六七年八月。

㉙參閱《魯迅全集》（北京：人民文學出版社，一九八一），卷一三，頁三七六；卷二，頁二三〇。

㉚參見高平叔編《蔡元培全集》（北京：中華書局，一九八九），卷七，頁二三〇。

㉛曹聚仁，《我與我的世界》，頁二八五。

㉜同㉛，頁五六四。

㉝董作賓的《平廬影譜》不記戊戌變法，嚴一萍據此譜增輯而成的《董作賓先生年譜初稿》（見《董作賓先生全

集》〔臺北：藝文印書館，一九七七〕，第一二冊），在「一八九八年」則添上康梁出逃、楊銳被殺事，此舉似屬多餘。

34 參見楊樹達，〈《積微翁回憶錄》自序〉，《積微翁回憶錄．積微居詩文鈔》。

35 參見容閎的《我在美國和在中國生活的追憶》，以及《康南海自編年譜》和《太炎先生自定年譜》。

36 參見吳學昭，《吳宓與陳寅恪》（北京：清華大學出版社，一九九二），頁一〇九；楊樹達，《積微翁回憶錄．積微居詩文鈔》，頁三三一、三五二。

37 錢穆，《八十憶雙親．師友雜憶》，頁一四四；馮友蘭，《三松堂自序》，頁二二三。

38 胡適，〈《師門五年記》序〉，《師門五年記》。

39 參閱唐德剛，〈寫在書前的譯後感〉（《胡適口述自傳》和《胡適雜憶》〔北京：華文出版社，一九九〇〕頁三〇、二五五）。

40 余英時，《中國近代思想史上的胡適》（臺北：聯經出版公司，一九八四），頁六。

41 唐德剛一再提醒讀者，現在所見的「口述自傳」，未及原先「大綱」之半（見《胡適口述自傳》的〈編譯說明〉和《胡適雜憶》的〈歷史是怎樣口述的〉），這自是事實。但據臺北傳記文學出版社一九八一年版《胡適口述自傳》所附〈胡適之先生親筆所擬口述自傳大綱〉影本，即使胡適完成原定計畫，也仍是以其學術著作（《白話文學史》、《中古思想史》等）為中心，故唐德剛「胡適學案」之說依然成立。

42 吉本稱自畫像往往是傳主「著作中最有趣的」，因其描述真摯，寫出了人物的心靈、性情與胸襟。參見戴子欽譯，《吉本自傳》（北京：三聯書店，一九八九），頁四—五。

43 參見梁啟超，《中國近三百年學術史》，第十五章，和王雲五為臺北商務印書館《新編中國名人年譜集成》所寫的總序。

44 章學誠，《章氏遺書》，卷一四〈州縣請立志科議〉。

㊺參閱胡適，〈《南通張季直先生傳記》序〉和〈傳記文學〉二文。

㊻參見陳鴻墀纂，《全唐文紀事》（上海：上海古籍出版社，一九八七），頁五七一。

㊼錢鍾書，《管錐編》（北京：中華書局，一九七九），頁一五四五──六。

㊽參見曹聚仁的《我與我的世界》、侯外盧的《韌的追求》、楊守敬的《鄰蘇老人年譜》自序，以及馬敘倫，《我在六十歲以前》，頁一一八。

㊾參見唐德剛的《胡適雜憶》中〈歷史是怎樣口述的〉章，以及對照《吳宓自編年譜》和吳學昭據《吳宓日記》摘編的《吳宓與陳寅恪》（《吳宓日記》即將由三聯書店出版，屆時當更能看出其年譜與日記的關係）。

㊿參閱周作人，《知堂集外文．亦報隨筆》（長沙：岳麓書社，一九八八年），頁四二四；胡頌平，《胡適之先生年譜長編初稿》，頁三五九〇。

51參閱《知堂回想錄》，頁七一五；《胡適口述自傳》，頁一七二。

52在《梁漱溟問答錄》的〈序〉中，梁氏自稱只能「著重於政治社會話題」，而較少涉及「我的哲學思想、學術研究等方面」。蔣維喬對此困境有充分的了解，《我的生平》連「精神修養法」都避而不談，更不要說深邃的佛學。理由是，此中奧妙，「不是言語所能盡情表出的」。

53參見唐德剛為《胡適口述自傳》所寫的〈寫在書前的譯後感〉。

54見劉師培的〈甲辰年自述詩〉和呂思勉的〈三反及思想改造學習總結〉。

55《吳宓自編年譜》，頁二三一，提及「賀麟欲陪導宓往謁周揚，宓懼禍，辭未往」。下面的小注，更見其時之心有餘悸。

56王韜，《弢園文錄外編》，卷一一〈《浮生六記》跋〉。

57《朝花夕拾》的〈小引〉，《魯迅全集》，卷二，頁二三〇。

58參見伊．謝．科恩著，佟景韓等譯，《自我論》（北京：三聯書店，一九八六），頁五六──七、一七五──七。

59 吳宓一九一八年在哈佛大學聽白壁德講授題為「盧梭及其影響」的選修課(見《吳宓自定年譜》，頁一七八)，一九一九年秋赴美的林語堂，曾在哈佛大學就讀一年，〈四十自敘詩〉有「抿嘴坐看白壁德，開棺怒打老盧梭」句，《八十自敘》第三十九頁重提此事。

60 盧梭著，范希衡譯，《懺悔錄》，頁三四四—五。

61 周作人，《知堂回想錄》，頁五七七。

62 參見《知堂回想錄》，頁七二四，和周作人，《歐洲文學史》(長沙：岳麓書社，一九八九)，頁一五三。

63 錢鍾書，《管錐編》，頁三五八。

64 正如錢鍾書所說的，司馬遷為相如作傳，「必非照載原文而不予竄易」，「恐不得當」云云，明顯屬於太史公；張舜徽則指出，王充不曾自高門第，其用意在「力矯世人論士之偏」，而非「矜己辱先」(《史學三書評議》〔北京：中華書局，一九八三〕，頁九四)。

65 〈《錢仲聯自傳》前言〉，見《錢仲聯自傳》。

66 錢鍾書，《石語》(北京：中國社會科學出版社，一九九六)，頁二〇—一。

67 參見《陳垣史學論著選》(上海：上海人民出版社，一九八一)，頁三八二—五。

68 梁啟超《清代學術概論》中已稱其師「見廖平所著書，乃盡棄其舊說」；今人向楚〈廖平〉一文對此有詳細的評說，見廖幼平編，《廖季平年譜》(成都：巴蜀書社，一九八五)，頁一一二。

69 「自訟」與「自讚」相通，很能說明中國文人對待「自畫像」的態度。晚清馮桂芬的〈五十自訟文〉，以及抗戰中呂思勉所撰《蠹魚自訟》，都是藉「自訟」明志。

70 參見馮辰，〈《李恕谷先生年譜》序〉。

71 郭沫若在《少年時代》的〈序〉(一九四七)中稱，「我沒有什麼懺悔」。理由是：不曾阻礙社會進化者，不必懺悔；真正阻礙社會進化者，則必不肯懺悔。

(72)參見容閎，《我在美國和在中國生活的追憶》，第五章；胡適，《四十自述》，第五節；《吳宓自編年譜》，頁三〇、八〇、八九。

(73)參見侯外廬，《韌的追求》頁三一四；《張岱年自傳》，頁五六、六二。

(74)參見盧梭著，范希衡譯，《懺悔錄》，頁八一五、八二五—六。

(75)周作人，《知堂集外文·亦報隨筆》，頁五〇四。

(76)馮友蘭，《三松堂自序》，頁一八八、一九四。

(77)周作人，《知堂回想錄》，頁五七七。

(78)羅爾綱，〈《師門五年記》自序〉。

(79)梁啟超，《中國歷史研究法》，頁二三四。

(80)章學誠，《章氏遺書》，卷一四〈州縣請立志科議〉。

(81)蔡尚思稱其自傳「集舊說紀傳、編年、紀事本末三體為一傳，集生平專著二十多部、文章三百多篇的要目為一書，集事亦與學術思想的部分要點為一體」，如此龐雜的結構，雖直接對應巴蜀書社的〈編者的話〉，卻無法作為文章來苦心經營。《張岱年自傳》中最為可讀處，在於追憶無著述可言的幹校生活；一旦重返書齋，又恢復其板重沉悶的敘述風格。

(82)梁啟超的《中國歷史研究法補編》述及年譜中如何記載文章，持論公允，可參考(見〈年譜及其做法〉章)。王、丁年譜中大量引錄序跋、奏摺等，有長達萬言者，且與前後左右沒有任何關係。

(83)參見高平叔編，《蔡元培全集》，卷七，頁二三〇。

(84)參見朱光潛譯，《歌德談話錄》(北京：人民文學出版社，一九七八)，頁一九，以及劉思慕譯，《歌德自傳：詩與真》(北京：人民文學出版社，一九八三)，頁四二三。

(85)《趙元任早年自傳》，頁五。

86魯迅連續發表十篇《舊事重提》（後改題《朝花夕拾》），即是將其作為一本完整的書來經營的。這一點，魯迅本人一九二六年十月七日、十一月二十日致《莽原》編者韋素園信可作證。

87據馮雪峰的《魯迅先生計畫而未完成的著作》稱，魯迅晚年本擬再寫十篇此類「詩的散文」，以成一新書，從已完成的〈我的第一個師父〉和〈女吊〉看，先生關注的，仍然是童年生活與故鄉風物。

88參見黃宗羲，《思舊錄》的結語，以及全祖望，〈梨洲先生《思舊錄》序〉。

基本文獻

1 俞樾（一八二一～一九〇七）〈曲園自述詩〉，《春在堂全書》，光緒二十五年重訂本。

2 王韜（一八二八～一八九七）〈弢園老民自傳〉，見《弢園文錄外編》（北京：中華書局，一九五九）。

3 容閎（一八二八～一九一二）《我在美國和在中國生活的追憶》（即《西學東漸記》）（北京：中華書局，一九九一）。

4 楊守敬（一八三九～一九一五）《鄰蘇老人年譜》，一九一五年石印本。

5 王先謙（一八四二～一九一八）《王先謙自定年譜》，《葵園四種》（長沙：岳麓書社，一九八六）。

6 勞乃宣（一八四三～一九二一）《韌叟自訂年譜》，一九二二年排印本。

7 繆荃孫（一八四四～一九一九）《藝風老人年譜》（北平：文祿堂，一九三六）。

8 廖平（一八五二～一九三二）〈四益館經學四變記〉，《廖平學術論著選集(一)》（成都：巴蜀書社，一九八九）。

9 康有爲（一八五八～一九二七）《康南海自編年譜》（北京：中華書局，一九九二）。

10 葉德輝（一八六四～一九二七）《郋園六十自敍》，一九二三年刊本。

11 譚嗣同（一八六五～一八九八）〈三十自紀〉，《譚嗣同全集》（北京：中華書局，一九八一）。

12 唐文治（一八六五～一九五四）《茹經先生自訂年譜》（無錫：無錫國學專修學校，一九三五）。

13 羅振玉（一八六六～一九四〇）《集蓼編》，《羅雪堂先生全集續編》（臺北：大通書局，一九八九），第二冊。

14 蔡元培（一八六八～一九四〇）〈自寫年譜〉，《蔡元培全集》（北京：中華書局，一九八九），卷七；《蔡元培自述》（臺北：傳記文學出版社，一九六七）。

15 章太炎（一八六九～一九三六）《太炎先生自定年譜》（上海：上海書店，一九八六）；〈太炎先生自述學術次第〉，《制言》，第二十五期，一九三六年九月。

16 梁啓超（一八七三～一九二九）〈三十自述〉，《飲冰室文集》（上海：廣智書局，一九〇三）。

17 蔣維喬（一八七三～一九五八）〈我的生平〉，《宇宙風乙刊》，第二十三—二十五期，一九四〇年四—六月。

18 丁福保（一八七四～一九五二）〈疇隱居士自訂年譜〉，《佛學大辭典》，一九二五年刊本。

19 齊如山（一八七五～一九六二）《齊如山回憶錄》（北京：寶文堂書店，一九八九）。

20 王國維（一八七七～一九二七）〈自序〉及〈自序二〉（亦稱〈三十自序〉一、二），《靜庵文集續編》，見《王國維遺書》（上海：上海古籍出版社，一九八三），卷五。

21 魯迅（一八八一～一九三六）《朝花夕拾》，《魯迅全集》（北京：人民文學出版社，一九八一），卷二。

22 劉師培（一八八四～一九一九）〈甲辰年自述詩〉，《警鐘日報》，一九〇四年九月七至十二日。

23 呂思勉（一八八四～一九五七）〈自述〉（即〈三反及思想改造學習總結〉），《常州文史資料》，第五輯，一九八四。

24 楊樹達（一八八五～一九五六）《積微翁回憶錄》（上海：上海古籍出版社，一九八六）。

25 周作人（一八八五～一九六七）《知堂回想錄》（香港：三育圖書公司，一九八〇）。

26 馬敍倫（一八八五～一九七〇）《我在六十歲以前》（北京：三聯書店，一九八三）。

27 蔣夢麟（一八八六～一九六四）《西潮》（臺北：遠流出版公司，一九九〇）。

28 王雲五（一八八八～一九七九）《岫廬八十自述》，第一章，《傳記文學》，卷一一，第一期，一九六七年七月。

據稱，一百二十萬字的《岫盧八十自述》同年出版，未見。

29 陳寅恪（一八九〇～一九六九）《寒柳堂記夢未定稿》，《寒柳堂集》（上海：上海古籍出版社，一九八〇）。

30 胡適（一八九一～一九六二）《四十自述》（上海：亞東圖書館，一九三三）；《胡適口述自傳》（北京：華文出版社，一九九二）。

31 趙元任（一八九二～一九八二）《趙元任早年自傳》（臺北：傳記文學出版社，一九八四）。

32 顧頡剛（一八九三～一九八〇）〈《古史辨》第一冊自序〉，《古史辨》（北京：樸社，一九二六）；〈顧頡剛自傳〉，《東方文化》，第一—六期，一九九三～一九九五。

33 梁漱溟（一八九三～一九八八）《憶往談舊錄》（北京：中國文史出版社，一九八七）；《梁漱溟問答錄》（長沙：湖南人民出版社，一九八八）。

34 郭沫若（一八九三～一九七八）《沫若自傳》（四卷），見《沫若文集》（北京：人民文學出版社，一九五八～五九），卷六至卷九。

35 吳宓（一八九四～一九七八）《吳宓自編年譜》（北京：三聯書店，一九九五）。

36 董作賓（一八九五～一九六三）〈平廬影譜〉，《董作賓學術論著》（臺北：世界書局，一九六一）。

37 錢穆（一八九五～一九九〇）《八十憶雙親・師友雜憶》（長沙：岳麓書社，一九八六）。

38 林語堂（一八九五～一九七六）〈四十自敘詩〉，《論語》，第四十九期，一九三四年九月；《八十自述》（含《林語堂自傳》）（北京：寶文堂書店，一九九〇）。

39 馮友蘭（一八九五～一九九〇）《三松堂自序》（北京：三聯書店，一九八四）。

40 茅盾（一八九六～一九六九）《我走過的道路》（三卷）（北京：人民文學出版社，一九八一～一九八八）。

41 黃雲眉（一八九九～一九七七）〈五十年論文著述簡譜〉，《史學雜稿續存》（濟南：齊魯書社，一九八〇）。

42 曹聚仁（一九〇〇～一九七二）《我與我的世界》（北京：人民文學出版社，一九八三）。

43 羅爾綱（一九〇一～）《師門五年記》（臺北：胡適自刊本，一九五八）。
44 侯外廬（一九〇三～一九八七）《韌的追求》（北京：三聯書店，一九八五）。
45 蔡尚思（一九〇五～）《蔡尚思自傳》（成都：巴蜀書社，一九九三）。
46 錢仲聯（一九〇八～）《錢仲聯自傳》（成都：巴蜀書社，一九九三）。
47 張岱年（一九〇九～）《張岱年自傳》（成都：巴蜀書社，一九九三）。
48 季羨林（一九一一～）《留德十年》（北京：東方出版社，一九九二）。
49 楊絳（一九一一～）《幹校六記》（北京：三聯書店，一九八一）。
50 金克木（一九一二～）《天竺舊事》（北京：三聯書店，一九八六）。

主要參考資料

書目

艾爾曼(B. A. Elman)《從理學到樸學》(趙剛譯)(南京：江蘇人民出版社，一九九五)

白吉庵《胡適傳》(北京：人民出版社，一九九三)

蔡尚思《中國古代學術思想史論》(廣州：廣東人民出版社，一九九〇)

蔡少卿《中國近代會黨史研究》(北京：中華書局，一九八七)

蔡元培《蔡元培全集》(一—四卷、七卷)(北京：中華書局，一九八四、一九八九)

曹聚仁《我與我的世界》(北京：人民文學出版社，一九八三)

《中國學術思想史隨筆》(北京：三聯書店，一九八六)

柯文(P. A. Cohen)《在中國發現歷史》(林同奇譯)(北京：中華書局，一九八九)；

《在傳統與現代之間——王韜與晚清改革》(雷頤等譯)(南京：江蘇人民出版社，一九九四)

陳獨秀《陳獨秀文章選編》(北京：三聯書店，一九八四)

陳少明《漢宋學術與現代思想》(廣州：廣東人民出版社，一九九五)

陳天華《陳天華集》(長沙：湖南人民出版社，一九八二)

陳翔鶴編《主題學研究論文集》(臺北：東大圖書公司，一九八三)

陳寅恪《金明館叢稿初編》（上海：上海古籍出版社，一九八〇）
《金明館叢稿二編》（上海：上海古籍出版社，一九八〇）
《元白詩箋證稿》（上海：古典文學出版社，一九五八）
《寒柳堂集》（上海：上海古籍出版社，一九八〇）
陳旭麓《近代中國社會的新陳代謝》（上海：上海人民出版社，一九九二）
陳　垣《陳垣史學論著選》（上海：上海人民出版社，一九八一）
《勵耘書屋叢刻》（北京：北京師範大學出版社，一九八二）
崔　述《崔東壁遺書》（顧頡剛編訂）（上海：上海古籍出版社，一九八三）
戴　震《戴震文集》（北京：中華書局，一九八〇）
《孟子字義疏證》（北京：中華書局，一九八二）
丁文江、趙豐田編《梁啓超年譜長編》（上海：上海人民出版社，一九八三）
杜維運《清代史學與史家》（北京：中華書局，一九八八）
范文瀾《羣經概論》（北平：樸社，一九三三）
《范文瀾歷史論文選集》（北京：中國社會科學出版社，一九七九）
費海璣《胡適著作研究論文集》（臺北：商務印書館，一九七〇）
馮　契《中國近代哲學的革命進程》（上海：上海人民出版社，一九八九）
馮文炳《馮文炳選集》（北京：人民文學出版社，一九八五）
馮友蘭《中國哲學史》（上海：商務印書館，一九三〇、一九三三）
《三松堂學術文集》（北京：北京大學出版社，一九八四）
《三松堂自序》（北京：三聯書店，一九八四）

《中國哲學史新編》第六冊（北京：人民出版社，一九八九）

馮自由　《革命逸史》第一、二、三集（北京：中華書局，一九八一）

傅斯年　《傅斯年全集》（臺北：聯經出版公司，一九八〇）

傅柯（M. Foucault）《知識的考掘》（王德威譯）（臺北：麥田出版公司，一九九三）

格里德（J. B. Grieder）《胡適與中國的文藝復興》（魯奇譯）（南京：江蘇人民出版社，一九八九）

耿雲志　《胡適研究論稿》（成都：四川人民出版社，一九八五）

龔自珍　《龔自珍全集》（北京：中華書局，一九五九）

顧頡剛　《古史辨》（一）（上海：上海古籍出版社，一九八二）

《孟姜女故事研究集》（上海：上海古籍出版社，一九八四）

《當代中國史學》（香港：龍門書店，一九六四）

《中國上古史研究講義》（北京：中華書局，一九八八）

《顧頡剛古史論文集》（一、二）（北京：中華書局，一九八八）

《漢代學術史略》（北京：東方出版社，一九九六）

顧炎武　《日知錄集釋》（黃汝成集釋）（鄭州：中州古籍出版社，一九九〇）

《顧亭林詩文集》（北京：中華書局，一九八三）

郭沫若　《十批判書》（北京：人民出版社，一九五四）

《郭沫若全集・歷史編》（一、二、三、四）（北京：人民出版社，一九八二）

賀　麟　《五十年來的中國哲學》（瀋陽：遼寧教育出版社，一九八九）

《文化與人生》（北京：商務印書館，一九八八）

侯外廬　《近代中國思想學說史》（上海：生活書店，一九四七）

《中國近代啓蒙思想史》（北京：人民出版社，一九九三）
《中國思想通史》（一至五卷）（北京：人民出版社，一九八〇）
胡逢祥、張文建　《中國近代史學思潮與流派》（上海：華東師範大學出版社，一九九一）
胡　適　《中國哲學史大綱》（卷上）（上海：商務印書館，一九一九）
《嘗試集》（上海：亞東圖書館，一九二〇）
《胡適文存》一集（上海：亞東圖書館，一九二一）
《胡適文存》二集（上海：亞東圖書館，一九二四）
《胡適文存》三集（上海：亞東圖書館，一九三〇）
《章實齋先生年譜》（上海：商務印書館，一九二二）
《戴東原的哲學》（上海：商務印書館，一九二七）
《白話文學史》（卷上）（上海：新月書店，一九二八）
《四十自述》（上海：亞東圖書館，一九三三）
《胡適論學近著》（上海：商務印書館，一九三五）
《中國章回小說考證》（大連：大連實業印書館，一九四二）
《胡適留學日記》（上海：商務印書館，一九四七）
《丁文江的傳記》（臺北：中央研究院史語所，一九五六）
《胡適之先生詩歌手跡》（臺北：商務印書館，一九六四）
《胡適手稿》（十集）（臺北：中央研究院胡適紀念館，一九六六～七〇）
《胡適往來書信選》（三冊）（北京：中華書局，一九七九～八〇）
《先秦名學史》（上海：學林出版社，一九八三）

《胡適的日記》(北京：中華書局，一九八五)
《胡適演講集》(臺北：遠流出版公司，一九八六)
《胡適古典文學研究論集》(上海：上海古籍出版社，一九八八)
《胡適紅樓夢研究論述全編》(上海：上海古籍出版社，一九八八)
《胡適日記：手稿本》(十八冊)(臺北：遠流出版公司，一九八九)
《胡適學術文集：中國哲學史》(北京：中華書局，一九九一)
《胡適口述自傳》(唐德剛譯注)(北京：華文出版社，一九九二年二版)

胡頌平　《胡適之先生年譜長編初稿》(臺北：聯經出版公司，一九八四)
《胡適之先生晚年談話錄》(臺北：聯經出版公司，一九八四)

懷納(P. P. Wiener)編　《觀念史大辭典》(中譯本)(臺北：幼獅文化公司，一九八八)

黃　侃　《黃侃論學雜著》(上海：上海古籍出版社，一九八〇)
《黃季剛詩文鈔》(武漢：湖北人民出版社，一九八五)
《蘄春黃氏文存》(武漢：武漢大學出版社，一九九三)

黃宗羲　《明儒學案》(北京：中華書局，一九八五)
《黃梨洲文集》(陳乃乾編)(北京：中華書局，一九五九)

黃　興　《黃興集》(北京：中華書局，一九八一)

江　藩　《國朝漢學師承記》(北京：中華書局，一九八三)

姜義華　《章太炎思想研究》(上海：上海人民出版社，一九八五)

蔣夢麟　《西潮》(臺北：遠流出版公司，一九九〇)

焦　循　《雕菰集》(道光四年刊本)

金毓黻《中國史學史》（臺北：鼎文書局，一九七四）

康有爲《新學僞經考》（北京：中華書局，一九八八）

《孔子改制考》（北京：中華書局，一九八八）

《長興學記・桂學答問・萬木草堂口說》（北京：中華書局，一九八八）

《康子內外篇》（外六種）（北京：中華書局，一九八八）

《春秋董氏學》（北京：中華書局，一九九〇）

《康南海自編年譜》（外二種）（北京：中華書局，一九九二）

《康有爲政論集》（湯志鈞編）（北京：中華書局，一九八一）

《康有爲全集》（一、二、三）（上海：上海古籍出版社，一九八七～九二）。

庫恩(T. S. Kuhn)《科學革命的結構》（李寶恆、紀樹立譯）（上海：上海科學技術出版社，一九八〇年版）

《必要的張力》（紀樹立等譯）（福州：福建人民出版社，一九八一）

李潤蒼《論章太炎》（成都：四川人民出版社，一九八五）

李　詳《李審言文集》（南京：江蘇古籍出版社，一九八九）

李澤厚《中國近代思想史論》（北京：人民出版社，一九七九）

《中國古代思想史論》（北京：人民出版社，一九八五）

《中國現代思想史論》（北京：人民出版社，一九八七）

梁啓超《飲冰室合集》（上海：中華書局，一九三六）

《中國近三百年學術史》（北京：中國書店，一九八五）

《梁啓超論淸學史二種》（朱維錚校注）（上海：復旦大學出版社，一九八五）

《中國歷史研究法》（上海：上海古籍出版社，一九八七）

梁漱溟 《東西方文化及其哲學》(北京：商務印書館，一九八七)
廖 平 《廖平學術論著選集》(一)(成都：巴蜀書社，一九八九)
廖幼平編 《廖季平年譜》(成都：巴蜀書社，一九八五)
列文森(J. R. Levenson) 《梁啓超與中國近代思想》(劉偉等譯)(成都：四川人民出版社，一九八六)
林 紓 《春覺齋論文》(北京：都門印書局，一九一六)
林語堂 《八十自述》(北京：寶文堂書店，一九九〇)
林毓生 《中國意識的危機》(穆善培譯)(貴陽：貴州人民出版社，一九八六)
《中國傳統的創造性轉化》(北京：三聯書店，一九八八)
劉夢溪 《紅學》(北京：文化藝術出版社，一九九〇)
劉起釪 《顧頡剛先生學術》(北京：中華書局，一九八六)
劉師培 《中國中古文學史・論文雜記》(北京：人民文學出版社，一九五九)
《劉師培論學論政》(李妙根編)(上海：復旦大學出版社，一九九〇)
《劉申叔先生遺書》(寧武南氏校印本，一九三六年)
柳詒徵 《中國文化史》(上海：中國大百科全書出版社，一九八八)
《柳詒徵史學論文集》(上海：上海古籍出版社，一九九一)
《柳詒徵史學論文續集》(上海：上海古籍出版社，一九九一)
魯 迅 《魯迅全集》(北京：人民文學出版社，一九八一)
《魯迅小說史大略》(西安：陝西人民出版社，一九八一)
《魯訊輯校古籍手稿》(六函)(上海：上海古籍出版社，一九八六～九三)
魯迅博物館編 《魯迅手跡和藏書目錄》(北京：魯迅博物館，一九五九)

羅爾綱《師門辱教記》(桂林：建設書店，一九四四)
羅振玉《羅雪堂先生全集初編》(臺北：大通書局，一九八六)
　　　《羅雪堂先生全集續編》(臺北：大通書局，一九八九)
呂思勉《呂思勉讀史札記》(上海：上海古籍出版社，一九八二)
　　　《先秦學術概論》(上海：中國大百科全書出版社，一九八五)
毛子水《師友記》(臺北：傳記文學出版社，一九六七)
蒙文通《蒙文通文集》(一、二、三)(成都：巴蜀書社，一九八七～九五)
龐　樸《儒家辯證法研究》(北京：中華書局，一九八四)
皮錫瑞《經學歷史》(北京：中華書局，一九五九)
　　　《經學通論》(北京：中華書局，一九八二)
浦起龍《史通通釋》(上海：上海古籍出版社，一九七八)
錢大昕《潛研堂集》(上海：上海古籍出版社，一九八九)
　　　《廿二史考異》(北京：商務印書館，一九五八)
錢基博《現代中國文學史》(長沙：岳麓書社)
　　　《經學通論》(上海：中華書局，一九三六)
錢理羣《周作人論》(上海：上海人民出版社，一九九一)
　　　《周作人傳》(北京：北京出版社，一九九〇)
錢　穆《國學概論》(上海：商務印書館，一九三三)
　　　《國史新論》(香港：作者自刊本，一九七五年再版)
　　　《先秦諸子系年考辨》(上海：上海書店，一九九二)

《中國近三百年學術史》(北京：中華書局，一九八六)
《現代中國學術論衡》(長沙：岳麓書社，一九八六)
《八十憶雙親・師友雜憶》(長沙：岳麓書社，一九八六)
錢鍾書　《管錐編》(北京：中華書局，一九七九)
《七綴集》(修訂本)(上海：上海古籍出版社，一九九四)
《石語》(北京：中國社會科學出版社，一九九六)
秋　瑾　《秋瑾集》(上海：中華書局上海編輯所，一九六二)
全祖望　《鮚埼亭文集選注》(黃雲眉選注)(濟南：齊魯書社，一九八二)
容肇祖　《明代思想史》(濟南：齊魯書社，一九九二)
阮　元　《揅經室集》(道光三年刊本)
史華茲(B. Schwartz)　《尋求富強：嚴復與西方》(葉鳳美譯)(南京：江蘇人民出版社，一九八九)
舒　蕪　《周作人的是非功過》(北京：人民文學出版社，一九九三)
舒新城編　《中國近代教育史資料》(北京：人民教育出版社，一九六一)
宋教仁　《宋教仁日記》(長沙：湖南人民出版社，一九八〇)
宋　恕　《宋恕集》(胡珠生編)(北京：中華書局，一九九三)
孫中山　《孫中山選集》(北京：人民出版社，一九八一)
譚嗣同　《譚嗣同全集》(蔡尚思編)(北京：中華書局，一九八一)
湯用彤　《湯用彤學術論文集》(北京：中華書局，一九八三)
湯志鈞　《章太炎年譜長編》(北京：中華書局，一九七九)
《近代經學與政治》(北京：中華書局，一九八九)

唐才常《唐才常集》(北京：中華書局，一九八〇)
唐德剛《胡適雜憶》(臺北：傳記文學出版社，一九八〇)
唐文權、羅福惠《章太炎思想研究》(武漢：華中師範大學出版社，一九八六)
陶成章《陶成章集》(北京：中華書局，一九八六)
陶明志編《周作人論》(上海：北新書局，一九三四)
汪　東《寄庵隨筆》(上海：上海書店，一九八七)
汪榮祖《康章合論》(臺北：聯經出版公司，一九八八)
汪　中《述學》(嘉慶二十年刻本)
王　充《論衡集釋》(劉盼遂集釋)(北京：古籍出版社，一九五七)
王得后《兩地書研究》(天津：天津人民出版社，一九八二)
王德威《小說中國》(臺北：麥田出版公司，一九八三)
王汎森《章太炎的思想》(臺北：時報文化出版公司，一九八五)
《古史辨運動的興起》(臺北：允晨文化公司，一九九三)
王國維《王國維遺書》(上海：上海古籍出版社，一九八三)
王鑑平、楊國榮《胡適與中西文化》(成都：四川人民出版社，一九八九)
王遽常《諸子學派要詮》(上海：中華書局，一九三六)
王鳴盛《十七史商榷》(北京：商務印書館，一九五九)
王　韜《弢園文錄外編》(北京：中華書局，一九五九)
《漫遊隨錄・扶桑遊記》(長沙：湖南人民出版社，一九八二)
王先謙《葵園四種》(長沙：岳麓書社，一九八六)

王　瑤《魯迅作品論集》(北京：人民文學出版社，一九八四)
魏　源《魏源集》(北京：中華書局，一九七六)
韋勒克(R. Welleck)《批評的諸種概念》(丁泓等譯)(成都：四川文藝出版社，一九八八)
韋因斯坦(U. Weisstein)《比較文學與文學理論》(劉象愚譯)(瀋陽：遼寧人民出版社，一九八七)
聞一多《聞一多全集》(北京：三聯書店，一九八二)
吳承仕《吳承仕文錄》(北京：北京師範大學出版社，一九八四)
吳　虞《吳虞集》(成都：四川人民出版社，一九八五)
吳稚輝《吳敬恆選集》(臺北：文星書店，一九六七)
蕭公權《中國政治思想史》(臺北：聯經出版公司，一九八二)
謝國禎《明清之際黨社運動考》(北京：中華書局，一九八二)
《明末清初的學風》(北京：人民出版社，一九八二)
謝櫻寧《章太炎年譜摭遺》(北京：中國社會科學出版社，一九八七)
熊十力《十力語要初續》(臺北：洪氏出版社，一九七七)
《論六經》(一九五一年刊本)
熊月之《西學東漸與晚清社會》(上海：上海人民出版社，一九九四)
許冠三《新史學九十年》(香港：香港中文大學出版社，一九八六、一九八八)
許壽裳《章炳麟》(南京：勝利出版公司，一九四六)
《亡友魯迅印象記》(北京：人民文學出版社，一九七七)
徐復觀《中國思想史論集》(臺北：學生書局，一九八八)
徐一士《一士類稿・一士談薈》(北京：書目文獻出版社，一九八三)

薛福成《出使英法義比四國日記》(長沙：岳麓書社，一九八五)
楊承彬《胡適的政治思想》(臺北：中國學術著作奬助委員會，一九六七)
楊樹達《論語疏證》(上海：上海古籍出版社，一九八六)
　　《積微翁回憶錄》(上海：上海古籍出版社，一九八六)
楊向奎《繹史齋學術文集》(上海：上海人民出版社，一九八三)
　　《繙經室學術文集》(濟南：齊魯書社，一九八九)
　　《清儒學案新編》(一、二)(濟南：齊魯書社，一九八五、一九八八)
顏振吾編《胡適研究叢錄》(北京：三聯書店，一九八九)
易竹賢《胡適傳》(武漢：湖北人民出版社，一九八七)
殷海光《思想與方法》(臺北：文星書店，一九六四)
　　《中國文化的展望》(臺北：文星書店，一九六六)
嚴　復《嚴復集》(北京：中華書局，一九八六)
俞平伯《紅樓夢辨》(上海：亞東圖書館，一九二三)
　　《紅樓夢研究》(北京：人民文學出版社，一九七三)
俞　樾《諸子評議》(上海：上海書店，一九八八)
　　《茶香室叢鈔》(北京：中華書局，一九九五)
余嘉錫《古書通例》(上海：上海古籍出版社，一九八五)
余英時《論戴震與章學誠》(香港：龍門書店，一九七六)
　　《歷史與思想》(臺北：聯經出版公司，一九七六)
　　《史學與傳統》(臺北：時報文化出版公司，一九八二)

《中國近代思想史上的胡適》（臺北：聯經出版公司，一九八四）
《士與中國文化》（上海：上海人民出版社，一九八七）
《中國思想傳統的現代詮釋》（南京：江蘇人民出版社，一九八九）
《猶記風吹水上鱗》（臺北：三民書局，一九九一）
《中國文化與現代變遷》（臺北：三民書局，一九九二）
袁偉時 《晚清大變局中的思潮與人物》（深圳：海天出版社，一九九二）
章念馳編 《章太炎生平與思想研究文選》（杭州：浙江人民出版社，一九八六）
《章太炎生平與學術》（北京：三聯書店，一九八八）
章太炎 《章氏叢書》（浙江圖書館刻本，一九一九）
《章氏叢書續編》（北平刻本，一九三三）
《〈訄書〉原刻手寫底本》（上海：上海古籍出版社，一九八五）
《國故論衡》（上海：大共和日報館，一九一二年再版）
《菿漢微言》（北京鉛印本，一九一六）
《章太炎全集》（一—六卷）（上海：上海人民出版社，一九八二～八六）
《章太炎先生自定年譜》（上海：上海書店，一九八六）
《太炎先生自定年譜》（附〈太炎先生自述學術次第〉）（香港：龍門書店，一九六五）
《章太炎先生家書》（湯國梨編）（上海：上海古籍出版社，一九八五）
《章炳麟論學集》（吳承仕藏）（北京：北京師範大學出版社，一九八二）
《章太炎的白話文》（臺北：藝文印書館，一九七二）
《國學概論》（曹聚仁記述）（香港：學林書店，一九七一年港新一版）

《章太炎國學講演錄》(張冥飛筆述)(上海：新文化書社，一九三五年四版)
《章太炎先生國學講演錄》(王乘六、諸祖耿記)(八〇年代初南京大學據蘇州章氏國學講習會講演紀錄重刊)
《國學講演錄》(上海：華東師範大學出版社，一九九五)
《章太炎政論選集》(湯志鈞編)(北京：中華書局，一九七七)。
章太炎紀念館編　《先軀的蹤跡》(杭州：浙江古籍出版社，一九八八)
章學誠　《文史通義》(上海：上海書店，一九八八)
《乙卯札記・丙辰札記・知非日札》(北京：中華書局，一九八六)
《章學誠遺書》(北京：文物出版社，一九八五)
張岱年　《中國哲學大綱》(北京：中國社會科學出版社，一九八五)
張　灝　《危機中的中國知識分子》(高利克等譯)(太原：山西人民出版社，一九八八)
《梁啓超與中國思想的過渡》(崔志海等譯)(南京：江蘇人民出版社，一九九三)
張舜徽　《清代揚州學記》(上海：上海人民出版社，一九六二)
《清儒學記》(濟南：齊魯書社，一九九一)
《廣校讎略》(北京：中華書局，一九六三)
《史學三書評議》(北京：中華書局，一九八三)
《愛晚廬隨筆》(長沙：湖南教育出版社，一九九一)
張玉法　《清季的革命團體》(臺北：中央研究院近代史研究所，一九八二)
張正藩　《中國書院制度考略》(南京：江蘇教育出版社，一九八五)
張之洞　《勸學篇》(兩湖書院刊本，一八九八)

張仲禮《中國紳士》(李榮昌譯)(上海：上海社會科學院出版社，一九九一)

趙紀彬《趙紀彬文集》(一、二)(鄭州：河南人民出版社，一九八五)

鄭觀應《鄭觀應集》上冊(上海：上海人民出版社，一九八二)

鄭振鐸《中國文學研究》(上海：商務印書館，一九二七)

《中國俗文學史》(上海：商務印書館，一九三八)

《鄭振鐸古典文學論文集》(上海：上海古籍出版社，一九八四)

支偉成《清代樸學大師列傳》(長沙：岳麓書社，一九八六)

鍾敬文《鍾敬文民間文學論集》(上海：上海文藝出版社，一九八一)

鍾叔和《走向世界》(北京：中華書局，一九八五)

宗白華《美學與意境》(北京：人民出版社，一九八七)

周啓明《魯迅的青年時代》(北京：中國青年出版社，一九五七)

周錫瑞(J. W. Esherick)《改良與革命》(楊慎之譯)(北京：中華書局，一九八二)

周勛初《當代學術研究思辨》(南京：南京大學出版社，一九九三)

周予同《周予同經學史論著選集》(增訂本)(上海：上海人民出版社，一九九六)

周作人《歐洲文學史》(長沙：岳麓書社，一九八九)

《談虎集》(上海：北新書局，一九二八)

《澤瀉集》(上海：北新書局，一九二七)

《永日集》(上海：北新書局，一九二九)

《中國新文學的源流》(北京：北平人文書店，一九三四年訂正三版)

《苦雨齋序跋文》(上海：天馬書店，一九三四)

《苦茶隨筆》（上海：北新書局，一九三五）
《風雨談》（上海：北新書局，一九三六）
《苦竹雜記》（上海：良友圖書公司，一九三六）
《秉燭談》（上海：北新書局，一九四〇）
《苦口甘口》（上海：太平書局，一九四四）
《知堂回想錄》（香港：三育圖書公司，一九八〇）
《知堂乙酉文編》（上海：上海書店，一九八五）
《知堂集外文・四九年以後》（長沙：岳麓書社，一九八八）
《知堂集外文・亦報隨筆》（長沙：岳麓書社，一九八八）

鄒　容　《鄒容文集》（重慶：重慶出版社，一九八三）

朱維錚　《音調未定的傳統》（瀋陽：遼寧教育出版社，一九九五）

朱有瓛編　《中國近代學制史料》（一至四輯）（上海：華東師範大學出版社，一九八三～一九九三）

朱自清　《朱自清文集》（南京：江蘇教育出版社，一九八八）

雜誌

《時務報》、《清議報》、《新民叢報》、《民報》、《國粹學報》、《新青年》、《新潮》、《學衡》、《國學季刊》、《獨立評論》、《制言》等。

國家圖書館出版品預行編目資料

中國現代學術之建立 ： 以章太炎、胡適之爲中心／陳平原著. － 初版. － 臺北市 ： 麥田出版：城邦文化發行，2000 [民 89]

面； 公分. － (麥田人文；37)

參考書目：面

ISBN 957-469-045-8 (平裝)

1. 章炳麟 － 學術思想 2. 胡適 － 學術思想 3. 學術思想 － 中國 － 現代 (1900－)

112.8 89005565